华中农业大学博士出版基金资助

电话与近代上海城市（1882—1949）

霍慧新　著

科学出版社

北京

内 容 简 介

公用事业因城市的兴起而展开，城市因公用事业的发展而繁华。上海电话作为近代城市公用事业的代表性行业之一，起步时间早，经营业态丰富，管理模式特点鲜明，与城市发展密切相关。本书通过个案剖析，细致探究了不同发展模式下，上海电话事业的管理体制、经营方式、阻滞机制、发展成效等内容，特别是对近代上海华租两界不同的管理体制、不同的文化氛围、不同的经济结构下，上海电话事业管理理念、管理方式、管理成效等的异同进行了系统的比较分析，以期揭示出以电话为代表的城市公用事业发展的基本规律。

本书适合于对中国近代城市史、公用事业史、经济史感兴趣的读者阅读。

图书在版编目（CIP）数据

电话与近代上海城市：1882—1949/霍慧新著. —北京：科学出版社，2018.1
ISBN 978-7-03-055429-1

Ⅰ.①电… Ⅱ.①霍… Ⅲ.①电话–邮电业–历史–上海–近代 Ⅳ.①F632.751

中国版本图书馆 CIP 数据核字(2017)第 284051 号

责任编辑：陈 亮 耿 雪 / 责任校对：韩 杨
责任印制：张克忠 / 封面设计：润一文化
联系电话：010-64005207
电子邮箱：gengxue@mail.sciencep.com

科学出版社 出版
北京东黄城根北街 16 号
邮政编码：100717
http://www.sciencep.com

三河市骏走印刷有限公司 印刷
科学出版社发行 各地新华书店经销
*
2018 年 1 月第 一 版 开本：720×1000 1/16
2018 年 1 月第一次印刷 印张：20
字数：314 000
定价：89.00 元
(如有印装质量问题，我社负责调换)

目　　录

图 目 录

表　目　录

导　　论

一、研究电话事业发展的重要性

电话事业属于电信行业的一种，产生于 19 世纪七八十年代。作为社会基础设施和公共服务，它在经济发展和民生改善等方面发挥着重要作用，历来是政府管理和社会建设的重要对象。如何创新服务方式、改进服务水平、实现全民覆盖，仍旧是现今人们关注的重要问题。中国电话业最早起步于上海租界，在近代通信史上占据重要地位，然而却在近代中国企业史、公用事业史和经济社会史等书写中，被置于边缘化的地位。从现实关怀、历史叙述和历史事实等方面来看，将近代上海电话公用事业作为一个典型案例来考察，探究其治理运营、经营绩效、社会影响等，有利于理清早期中国电话事业的发展态势，对当今中国电信业的发展和管理也不无借鉴意义。

（一）电信业发展是当今学界研究、政府管理的重要关注对象

市政公用事业在我国国民经济发展、社会生活和城市发展中扮演着重要的角色。对其的关注历来是社会学、管理学、经济学的重要议题。公用事业，"即具有自然垄断特征、为市场提供基础公共服务的行业，通常包括电力、天然气、电话、邮政、供水、铁路以及其他类型的公共交通等，这些服务需要特殊的资本安排以及复杂的组织构造"[①]。学界对当今电信公用事业的关注，大都在自然垄断理论的研究框架内进行。我国公用事业的发展经历了一个从计划经济向市场经济体制过渡，从国有化垄断经营到自由竞争、政府规制的阶段。长期以来，我国公用事业存在政企不分、效率低下、价格及规制机制不合理、投融资体制滞后、财政亏损补贴严重等问题。改革开放后，国家开始了市政公用行业市场化改革，进行了投融资体制改

[①] Graham Bannock, R. E. Baxter and Evan Davis, *The Penguin Dictionary of Economics*, Fifth Edition, Beijing: Foreign Languages Press，1996；刘燕：《公共选择、政府规制与公私合作：文献综述》，《浙江社会科学》2010 年第 6 期。

革、政府管理体制的创新等，取得了明显的成效。这一系列举措的实施，也推动了我国作为基础设施行业——电信业的发展。

电信是信息化社会的重要支柱。电信业有力地推动了经济发展和社会进步，提高了人们的生活质量。作为我国市政公用事业中重要的一种，电信是指利用电子技术在不同的地点之间传递信息。它包括不同种类的远距离通信方式，如无线电、电报、电视、电话、数据通信及计算机网络通信等。我国电信业也经历了从改革开放前的中国电信独家垄断，到1994年中国联通公司成立，开始在电信市场引入竞争机制。之后经历过几次拆分重组，形成了现今中国电信、中国移动和中国联通"三分天下"的局面。其中，电话是通过电信号双向传输话音的设备。研究显示，在中国，电信服务收入以超过 GDP 的发展速度飞涨，电信增加值占 GDP 的比例稳步上升至 2.56%。[①]此外，由电信业衍生出的电子商务、商业外包、远程办公、电子政务、远程医疗、远程教育等所带来的间接经济影响不可估量。新信息通信技术产生了新的商机，"电信的普及降低了人们的沟通成本，扩展了市场范围，扩大了信息流量"[②]。作为借鉴和对比，近代中国电话事业的发展如何，在市政公用事业中的地位怎样，对城市社会发展的影响怎样，这些课题应该是中国近代史、城市史，特别是近代交通史和近代市政公用事业研究应该厘清和深究的问题。

（二）电话业发展在近代史研究中处于"失语"状态

近代电话通信历来被认为是少数人所能消费得起的"奢侈品"，近代全国各地电话事业发展水平参差不齐，特别是国民政府交通部属电话事业发展不足，外加电话设备的特殊性，未能留下关于通信内容的书面文字材料，电话对社会进程的影响较为隐性，学界更多地将电话作为一种技术的研发对象。无论是近代企业发展史，还是近代市政公用事业研究，或者近代交通史，或者近代城市史，抑或是传统传播学派视野下的信息传播媒介探讨，都未将近代电话列为重点关照对象。

诸多近代上海史乃至近代中国史的论著，较少将电话事业作为市政公

---

① 胡庄君：《中国电信发展分析》，北京：社会科学文献出版社，2006年，第4页。

② Leonard Waverman，Meloria Meschi，Melvyn Fuss，*The Impact of Telecoms on Economic Growth in Developing Countries*，Vodaphone Policy Paper Series. No.2，March 2005：23.

用事业来研究，关注最多的就是自来水、电力、煤气等。对电话事业要么避而不谈，要么语焉不详。向明亮在关于近代武汉的公用事业研究中，选取了电气和自来水为论述对象，认为"水电事业在晚清和民国时期的武汉，是最重要的公用事业，没有任何其他事业能像水电事业那样，与人们日常生活和社会经济发展有如此紧密的联系"①。张鹏将公共租界市政公用事业建设的讨论定位在煤气、自来水等方面上。②法国学者安克强认为"上海公用事业局在水处理和电力生产上做了令人难忘的工作"，"在改进公共行业的私营企业的工作和提高居民的生活条件方面取得了很大成功"③。樊果在考察上海公共租界工部局经济职能时，亦选择供水和供电为个案。④

近代交通史的相关研究中，往往较多注重人力车、电车、公共汽车、铁路、公路、桥梁、轮船等"有形的交通"，对邮政、电信等"无形的交通"关注不多。在近代电信事业的发展研究中，对电报研究较多，对电话事业的专门探讨则微乎其微。张仲礼在《近代上海城市研究（1840—1949年）》中肯定了电信通信、市政交通等为上海城市经济的发展提供了良好的环境⑤，但显然其"邮电通信条件"所指主要为能沟通海内外的电报电路。

传统传播学视域中，作为一种重要的信息传播方式，电话也并未受到足够重视。"电话是使人们跨越距离的装置，历史学家和社会学家很少在他们的著作中提及电话"，"人们已经意识到科学和技术对人类社会产生的影响，但同样作为社会变迁的原因，学者们对交通运输的研究远胜于对通信传播的研究。而在各种传播媒介中，电视、收音机、电影，甚至电报的研究都比电话的研究多"⑥。传统传播学派往往重视传播内容的文本分析，"随着传播技术的快速发展、更替，人们开始意识到传

---

① 向明亮：《近代武汉公用事业研究——以电气、自来水为中心（1906—1938）》，华中师范大学，博士学位论文，2010年，绪论，第4页。

② 张鹏：《都市形态的历史根基——上海公共租界市政发展与都市变迁研究》，上海：同济大学出版社，2008年。

③〔法〕安克强：《1927—1937年的上海市政权、地方性和现代化》，张培德、辛文锋、肖庆璋译，上海：上海古籍出版社，2004年。

④ 樊果：《陌生的"守夜人"——上海公共租界工部局经济职能研究》，天津：天津古籍出版社，2012年。

⑤ 张仲礼：《近代上海城市研究（1840—1949年）》，上海：上海人民出版社，2008年。

⑥〔美〕伊锡尔·德·索拉·普尔主编，邓天颖译：《电话的社会影响》，北京：中国人民大学出版社，2008年。

播技术本身对人类社会结构、组织方式、生活形态同样起着决定性的影响，甚至人类文明的每一次前进都是首先从传播技术的变革开始的"。传播技术学派代表人物麦克卢汉、伊尼斯等将传播技术对人类社会的影响纳入了研究的视野。从传播技术的层面分析，他们认为，文字和推广文字的印刷术的发明并未打破封闭的适合状态，知识阶层仍然居于统治地位；电报的发明虽然比电话早，但由于成本高昂，它并未获得大规模的应用；正是电话技术的出现，才引发了整个人类社会的通信革命，才对人类社会的组织关系形成了结构的冲击。①此种研究的转向，宣告了电话通信在信息传播过程中的重要地位。

（三）近代上海电话业在中国电话业史上的重要地位

长期未受重视的电话事业研究，在近代上海史尤其是近代上海公用事业史上占据重要地位。上海作为最早引进电话的城市，是近代市内电话通信的先驱。近代发达的电话通信网络在人们的商务沟通、人际交往中发挥了重要作用。

在全国范围内，上海是近代率先引进电话的城市。1876 年美国科学家贝尔发明电话的次年，电话就作为一种玩具被传到上海。1882 年 2 月 21 日，丹麦大北电报公司在上海设立电话交换所，正式开放通话，这是中国历史上第一个由外商经营的电话公司。1907 年清政府邮传部于上海正式建立电话局。到 1910 年，上海华洋德律风公司已安装 10 000 号电话交换设备。②这种引进速度堪与世界其他国家媲美。1876 年底，英国物理学家威廉·汤姆生把电话介绍到国内。1879 年，英国电话联合公司建立。1877—1878 年，电话最初出现于法国。1881 年，法国最早的电话经营单位大众公司正式成立。我国其他各大城市的电话创办，均在上海租界之后。1899 年12 月，电政督办盛宣怀请准由电报局兼办电话："中国之有德律风也，自英人设于上海租界始。近年各处通商口岸，洋人纷纷谋设……沿江沿海通商各埠，若令皆有德律风，他日由短线而达长路，由传声而兼传字。势必一纵不可收拾。不特中国电报权利必为所夺，而彼之消息更速于我。防备

---

① 〔美〕伊锡尔·德·索拉·普尔主编，邓天颖译：《电话的社会影响》，北京：中国人民大学出版社，2008 年，译者序，第 1—2 页。

② 邮电史编辑室：《中国近代邮电史》，北京：人民邮电出版社，1984 年，第 227—229 页。

不早，补救何从？现在官款恐难筹措。臣与电报各商董再四熟筹，惟有劝集华商赀本，自办德律风，与电报相辅而行。自通商各口岸次第开办，再以次及于省会各郡县，庶可预杜彼族觊觎之谋，保全电报已成之局。"①这份奏折得到光绪皇帝批准。自 1900 年起，"京师、天津、上海、奉天、福州、广州、江宁、汉口、长沙、太原皆设之，此则连类而及者也"①。上海租界电话业对全国电话事业的起步起到了示范作用。

各地虽创办了市内电话，却远不及上海发展迅速。20 世纪初，电话在各个城市中的发展较为迟缓，使用均不普遍。以天津为例，仅直隶总督衙门与李鸿章的官邸装有电话，由天津官电局负责经营管理。②租界中，也仅限于少量侨民使用。③武汉始有电话，是在 1901 年德商开办的"租界电话"。次年，湖广总督张之洞开始筹办市内电话，在武昌、汉口各装了 20—30 户磁石式电话机，以供官绅使用。1920 年武汉有电话者 3500 余户。1930 年达到 4812 户。④同期上海电话业发展逐渐趋于稳固，不断壮大，尤其是到了 20 世纪二三十年代，电话成为社会中上层尤其是中小商人必不可少的通信工具。1934 年，南京、上海、北平、青岛、威海卫、武汉、天津、镇江、苏州、扬州、芜湖、蚌埠、九江、沙市、太原、郑州、洛阳、烟台、保定等 19 个城市的交通部属市内电话用户数量为 49 051 户⑤，比同期上海租界电话用户还要少 5000 余户；该年上海电话局（华界）实装用户达 3420 线，约占前述 19 个城市市内电话总数的 7%。就全国电话用户总数而论，上海电话用户占到 1/4，"已为远东拥有最大电话网的城市"⑥。

近代上海电话公用事业的发展，是我国早期电话事业的一个缩影。"在全球性的变革中，人类形成共识或发生冲突的过程都是一个信息能否有效传播和信息的意义能否共享的过程。"⑦"只有我们了解了数百年来传播科

① （清）赵尔巽等：《清史稿》，卷 151，交通 3，电话，北京：中华书局，1998 年。
② 罗澍伟：《近代天津城市史》，北京：中国社会科学出版社，1992 年，第 247 页。
③ 〔英〕雷穆森：《天津：插图本史纲》，天津：天津印字馆，1925 年，第 115 页。
④ 武汉地方志编纂委员会：《武汉市志·交通邮电志》，武汉：武汉大学出版社，1998 年，第 641、693 页。
⑤ 南京国民政府主计处统计局：《中华民国统计提要》1940 年辑，上海：商务印书馆，1940 年，第 176 页。
⑥ 程乃珊：《趣谈电话》，上海《新闻晚报》2010 年 9 月 11 日，第 13 版。
⑦ 〔美〕伊锡尔·德·索拉·普尔主编：《电话的社会影响》，邓天颖译，北京：中国人民大学出版社，2008 年，总序，第 2 页。

技如何深刻影响社会结构和社会生活的时候，我们才有可能对传播技术的未来发展以及对未来世界的影响形成战略性的预测和思考，才有可能从科学理性和技术道德的层面对传播技术的发展予以掌控，而不是成为它的奴隶。"①近代上海电话事业作为一种市政公用事业，由谁来管理、具体如何运营、受到哪些因素影响、发展成效如何、与经济发展和市民生活关系如何等问题，值得深入探讨。

二、电话事业研究成果与现状

（一）近代城市公用事业研究

公用事业起步于城市。公用事业是城市的重要基础设施，它适应了城市工商业的发展，与市民日常生活息息相关，是为城市社会经济发展提供必要服务的部门。"近代化都市区别于传统城市的重要特征之一，就是为大众服务的城市公用事业相当发达"②，城市公用事业是近代城市变迁的重要组成部分，其发展成效关系着一个城市的城市化水平。对公用事业的研究，是近代城市史的重要课题。

1．上海城市公用事业研究

随着近代上海经济社会的发展，其公用事业发展走在前列。1863 年，自来火房（煤气公司）创设；1865 年煤气厂建成，路灯改用煤气灯；1870 年通电报；1882 年有电话，1882 年建电厂；1883 年水厂建成输水；1908 年第一条有轨电车通车。此类公用事业在城市繁荣、经济发展、市民生活中发挥重要作用。关于近代上海城市公用事业方面的研究，已取得了相当的成果。

上海作为近代东方大埠，公用事业发展早、管理完善。不同时期管理者的总结，形成了一套近代上海公用事业全景式报告。南京国民政府上海市公用局局长赵曾珏认为，近代"上海在我们中国是一个工业与商业最繁荣的都市，同时它的各种公用事业的规模在国内是第一"③。其著作《上海之公用事业》分通论、给水、电力、煤气、公共交通、轮渡、电话、港务、

---

① 〔美〕伊锡尔·德·索拉·普尔主编：《电话的社会影响》，邓天颖译，北京：中国人民大学出版社，2008 年，译者序，第 3 页。
② 皮明庥：《近代武汉城市史》，北京：中国社会科学出版社，1993 年，第 101 页。
③ 赵曾珏：《上海之公用事业》，上海：商务印书馆，1949 年，序，第 1 页。

附录等九部分对近代上海公用事业进行了总论和专叙，既有全局性的政策关照，也有单个部门改进报告，重点在于如何改善抗日战争后上海市公用局公用事业管理，做到有计划地发展近代上海公用事业。电话方面，收录有《上海市内电话技术委员会报告书摘要》，详细论述了上海市公用局接管美商上海电话公司后上海电话业务上存在问题、改进计划和筹建步骤等，是研究抗日战争后上海电话事业可资借鉴的珍贵史料。上海市公用事业管理局编著的《上海公用事业（1840—1986）》，从煤气、给水、公共交通、出租汽车等方面考察了近代到当代上海公用事业的发展概况①。长期从事城市交通科技研发和公用事业行政管理工作的蔡君时主编的《上海公用事业志》，记载了上海公用事业的历史和现状，分供气、供水、客运、公共交通、出租汽车、公用事业设备生产、科学技术、专业教育和人物等篇目，收录了对上海公用事业有贡献人物的传记等②。不同历史时期的总结梳理，有利于后来研究者对上海城市公用事业形成整体性认识。

　　更多关于近代上海公用事业研究分布于近代上海城市史、近代上海交通史等论著中。张仲礼专门论述了上海市内交通、电信事业等发展，强调了其对上海近代经济的影响作用③。日本学者小滨正子注意到民国时期上海民间社团在公共事业方面的推动作用，从民间慈善事业和上海救火会两方面进行了论述④。罗苏文认为"以自来水、电灯、煤气、排污工程、公共交通、电话通信等为主要标识的近代城市生活基础设施，在清末民初相继落户上海，并在民国形成规模经营，为上海市区居民生活质量的根本改善奠定了基础"⑤。张笑川论述了1927年之前上海闸北城区的道路、桥梁、水电等公共工程、公用事业的发展，从自治与官治冲突、华洋之间矛盾、绅商不同作用以及城乡和县乡区域争端等方面，探讨了制约闸北市政的影响因素⑥。熊月之、周武考察了近代上海"道路规划与建设""照明·供水·消防""交通工具演进""书信馆·电报·电话"等公用事业建设，认为"租界辟设后，一系列迥异于传统城市的市政设施诸如道路、煤气灯、自来水、

　　① 上海市公用事业管理局：《上海公用事业（1840—1986）》，上海：上海人民出版社，1991年。
　　② 蔡君时：《上海公用事业志》，上海：上海社会科学院出版社，2000年。
　　③ 张仲礼：《近代上海城市研究（1840—1949年）》，上海：上海人民出版社，1990年。
　　④〔日〕小滨正子：《近代上海的公共性与国家》，葛涛译，上海：上海古籍出版社，2003年。
　　⑤ 罗苏文：《近代上海都市社会与生活》，北京：中华书局，2006年，第26页。
　　⑥ 张笑川：《近代上海闸北居民社会生活》，上海：上海辞书出版社，2009年。

电灯、电话、公园、公厕等次第创建和发展起来，并逐渐形成了一整套'卓有成效'的市政管理体制"①。忻平将公用事业分为"硬件"和"软件"两种，煤气、水电、交通、通信等公用事业为软件，他认为"现代都市造就了现代生活，现代生活迫切要求公用事业的发展，公用事业以其大众化（市民共享）、高效率性与可靠性成为现代城市生产与生活不可或缺的重要组成部分，它方便了人们的生活，提高了生活质量与效率，成为都市生活现代化程度的一项重要指标，其本身的发达程度对于城市人口集聚、流动与人的社会化都有直接关系"，"人们公认上海是全国最早步入现代化的城市，这种认识也与上海具有全国最早、规模最大、门类齐全、技术先进的公用事业有密切关系"，上海水电、煤气、电话等"公用事业随着城市发展，并以其特有的功效强化了上海城市的内聚力与吸引力，不但提高了市民生活质量，也提升了上海人的现代性"。②另外，《上海通史》《上海近代工业史》等也梳理了上海公用事业的历史发展概况，主要集中在公用事业的数量、规模、经营、技术、设备等方面。

相关论文集中于公用事业若干部门的分析。除了王树槐对近代上海水电企业的研究外，邢建榕探讨了上海开埠后，租界当局和外侨在英法租界创办的水电煤等近代公用事业状况。他认为这些公用事业的创办和发展，使租界当局和外商达到了扩张政治影响、扩展租界势力范围、分享经济利益的目的，客观上也促进了近代上海城市的近代化③。薛念文考察了抗日战争时期上海市内道路交通情况④。

2．其他城市公用事业研究

关于重庆、天津、武汉的城市史著作专门论述了城市公用事业的沿革发展。《近代重庆城市史》较为详细地考察了近代重庆地区道路、码头、水电、卫生、交通等方面的情况。该书编者认为城区电话、国际长途、乡村电话的发展，适应了重庆城市发展的需求，密切加强了重庆与

---

① 熊月之、周武：《上海：一座现代化都市的编年史》，上海：上海书店出版社，2009年，第80—102页。

② 忻平：《从上海发现历史——现代化进程中的上海人及其社会生活（1927—1937）》，上海：上海大学出版社，2009年，第302—303页。

③ 邢建榕：《水电煤：近代上海公用事业演进及华洋不同心态》，《史学月刊》2004年第4期。

④ 薛念文：《抗战时期上海市内道路交通情况评述》，《史学月刊》2002年第1期。

其经济区的联系，反映了 20 世纪 30 年代中期重庆作为四川省政治、经济、军事中心的实际情况。^①《近代天津城市史》概述了天津电信、邮政、水电、煤气、公共交通、医疗卫生等情况，认为"电讯作为近代城市的一个独立的产业部门，传递的虽然是各种信息，产生的却是巨大的社会和经济效益"，提出"与上海不同的是，尽管这时天津租界已相当繁荣，但电话通讯似乎未被普遍应用"，"直到八国联军占领天津期间，天津的电话事业才逐步发展起来"。^②《近代武汉城市史》对近代城市公用事业和消防治安系统的变革进行了论述，认为处于近代化起步阶段的晚清武汉，城市公用事业除市内交通的进步和近代邮政、电信事业的肇始外，最引人注目的发展表现在城市的供电、供水方面的初步改良；提出"城市的近代化，客观上需要与此相适应的信息传播手段的近代化"，武汉近代电信业就是在这种客观需要的推动下渐次兴起的；评价"电话在当时还是一个相当新奇的通讯工具，其普及率很低"。^③

随着城市现代化的推进，城市公用事业研究成为学界关注的重点。除相关论著外，近年来出现了一大批硕士、博士论文。相关研究视角主要分为影响和管理两个方面。

其一，城市公用事业发展及影响问题。刘海岩将城市空间、社会结构和城市生活结合起来考察，对天津自来水的产生、发展及影响进行了论述^④；通过比较天津租界和老城区两大水供给系统的不同，他认为，从清末到民国时期，伴随着自来水进入人们的生活，健康、卫生等新观念逐步被接受，近代城市生活方式逐渐形成^⑤。方秋梅认为，自来水的使用，提高了清末民初汉口城市居民饮用水质量，促进了汉口城市消防、社会组织、城市居家卫生乃至公共卫生等方面的发展，提升了汉口城市现代化水平^⑥。谭慧施梳理了晚清民国时期广州自来水事业的发展变化^⑦。赵国正通过对杭州自来水厂的筹建背景、建设过程、经营管理状况及其作为公用事业的特色的

---

① 隗瀛涛：《近代重庆城市史》，成都：四川大学出版社，1991 年，第 491—496 页。
② 罗澍伟：《近代天津城市史》，北京：中国社会科学出版社，1993 年，第 246—247 页。
③ 皮明庥：《近代武汉城市史》，北京：中国社会科学出版社，1993 年，第 101、236 页。
④ 刘海岩：《空间与社会：近代天津城市的演变》，天津：天津社会科学院出版社，2003 年。
⑤ 刘海岩：《20 世纪前期天津水供给与城市生活的变迁》，《近代史研究》2008 年第 1 期。
⑥ 方秋梅：《自来水与清末民初汉口的城市生活》，《武汉大学学报》（人文科学版），2009 年第 2 期。
⑦ 谭慧施：《晚清民国时期广州自来水事业与城市近代化》，广州大学硕士学位论文，2007 年。

梳理和分析，通过与上海、北京等地自来水厂的比较指出，城市发展和公用事业二者互相促进，构成了杭州城市的初步近代化①。郑美霞论述了1899—1949 年岳阳公用事业的发展状况，具体包括交通、医疗、金融、通信等方面，她认为上述公用部门的设立和发展体现了岳阳城市从传统向近代的转变②。陈婉燕从区域社会史的角度，认为近代天主教会在直隶地区兴办的医药卫生事业在宣传福音的同时，客观上对直隶社会产生了积极影响③。王醒探讨了近代济南城市道路、交通、水电、消防、卫生、邮电等城市公用事业建设状况，他提出，由于民初和北洋时期山东商客云集，商办市内电话户数为全国之冠；诸多公用事业的发展均是济南现代化的结果④。樊鹏探讨了1840—1945 年呼和浩特城市交通、医疗、金融、通信等公用事业的设立及其作用，认为"通过近代化的邮政、电报、电话等通信工具，可以迅速了解行情的变化、货物的涨落，扩大市场并促进物资交流。近代邮政、电报、电话的开设和使用使呼和浩特具备了向近代化转型的通信设施"⑤。

其二，城市公用事业的经营管理问题。史明正论述了自来水供应、电灯照明、城市交通等基础设施和公用事业发展，认为近代京都市政公所这一新式市政管理机构对推动北京近代化转型起了巨大的推动作用。他提出"通过分析市政府与公用事业公司之间的关系和探究公司的结构、账目平衡表、服务记录和决策程序等问题，我们不仅可以了解近代中国企业史如何运营的，更重要的是，我们还可以了解它们如何改变了城市环境，又如何影响了 20 世纪初数百万城市人民的生活"⑥。王树槐以建设委员会档案为依托，从企业内部经营和政府外部管理等角度入手，对上海、镇江、南京、九江、广州等地的水电企业进行了系统研究。他认为，近代水电企业的发展生存与企业经营者的素质、企业本身的资本实力以及政府的协助支持等

① 赵国正：《民国时期杭州公用事业研究——以杭州自来水厂为例》，浙江大学硕士学位论文，2008 年。

② 郑美霞：《近代岳阳城市变迁初探》，湖南师范大学硕士学位论文，2008 年。

③ 陈婉燕：《近代直隶（河北）天主教会医疗卫生事业研究》，河北师范大学硕士学位论文，2011 年。

④ 王醒：《济南市政建设与城市现代化研究（1904—1937）》，山东师范大学硕士学位论文，2010 年。

⑤ 樊鹏：《新旧之间：近代呼和浩特城市建设与变迁研究（1840—1945）》，内蒙古大学硕士学位论文，2011 年。

⑥ 史明正：《走向近代化的北京城：城市建设与社会变革》，北京：北京大学出版社，1995 年，第290 页。

因素密切相关①。古银波对 19 世纪末 20 世纪初京师自来水公司的创建和发展进行了梳理，突出了袁世凯等个人因素的作用以及民众面对自来水的心态变化②。罗桂林通过考察福州电灯事业的发展及其面临的各种问题，以及当局对待这些问题的处理方式，关注当局是如何保障商办公用事业的发展环境和监督商办公用事业的质量，以此评估城市政府和私人资本在促进公用事业发展方面的不同作用③。陈常妹以民国时期南昌城市水电管理为分析个案，探讨近代南昌公用事业的发展途径、商人对公用事业的参与投资以及政府在其中的协调管理行为，研究民国时期城市公用事业的管理模式，揭示了政府和民间在市政建设和管理中的互动作用④。王德海以 20世纪 20 年代政府两次接管广州自来水公司为切入点，考察了该公司 1905—1938 年经营管理的发展演变情况，着重探讨了广州自来水公司民营时期和公营时期经营管理的不同特点及其转变过程和成效。作者认为，政府接管后的广州自来水公司能够充分尊重股民的权益，及时进行技术和制度的创新，建立起适合自身发展的组织体制并实行科学管理。⑤蒋露露认为，民国时期广州城市生活给水和排水问题的解决，是广州引入新的市政体制后政府对城市进行不同于以往管理和建设的体现。政府将自来水公司收归市营这一根本性的改革促进了自来水事业的蓬勃发展。⑥田玲玲选取公权力与自来水公司互动这一视角，通过实证研究，认为近代国家与民间社会之间并非一种良性互动关系，公权既是近代化强有力的支持者和推动者，也能阻

　　① 王树槐相关论文有《首都电厂的成长，1928—1937》(《"中央研究院" 近代史研究所集刊》第 20期)、《江苏武进戚墅堰电厂的经营（1928—1937）》(《"中央研究院" 近代史研究所集刊》第 21 期)、《上海浦东电气公司的发展，1919—1937》(《"中央研究院" 近代史研究所集刊》第 23 期)、《上海闸北水电厂商办的争执，1920—1924》(《"中央研究院" 近代史研究所集刊》第 25 期)、《上海翔华电气公司，1923—1937》(《郭庭以先生九十诞辰纪念论文集》上册)、《上海华商电气公司的发展，1904—1937》(《近世中国之传统与蜕变——刘广京院士七十五岁祝寿论文集》)、《江苏省第一家民营电气事业——镇江大照电气公司（1904—1937）》(《"中央研究院" 近代史研究所集刊》第 24 期)、《九江庐映电灯公司：自营与政府的整理（1917—1937）》(《"中央研究院" 近代史研究所集刊》第 27 期)等。

　　② 谷银波：《清末民初的京师自来水公司》，郑州大学硕士学位论文，2003 年。

　　③ 罗桂林：《现代城市的建构——1927—1937 年福州的市政管理与公共事业》，厦门大学博士学位论文，2006 年。

　　④ 陈常妹：《民国时期城市公用事业管理模式研究》，南昌大学硕士学位论文，2007 年。

　　⑤ 王德海：《政府接管前后的广州自来水公司（1905—1938）》，华南师范大学硕士学位论文，2007 年。

　　⑥ 蒋露露：《民国时期广州城市生活给水与排水考察》，暨南大学硕士学位论文，2008 年。

碍近代化的良性发展①。李蓉认为1900—1911年民族资本投资近代城市水电公用事业的新动向，是外资近代城市水电公用事业在中国的出现所带来的示范效应，反映了中国民族资本主义产生和初步发展的奠基作用，还受到了华人消费市场需求和晚清政府宽松的政策的激发。这一新动向是新时期民族资本主义发展的重要表征，对清末民初中国社会产生了深远影响。②

近代上海等城市公用事业的研究体现出两大取向。一是发展成果及其影响的评估，多采用现代化的视角，重点强调了水电煤气等事业促进城市发展建设、提高市民生活质量的作用。二是从纵向的史实梳理跳出来，深入企业经营、政府管理、多方纠纷等历史层面，注意到经营者的素质、企业资本构成、政府政策实施对城市公用事业发展的影响。

（二）近代上海等地电话事业研究

就视域所及，国内鲜有论著将电话事业发展纳入研究视野，却有部分论著涉及近代上海电话发展史与电话社会问题，外加其他国外相关研究，均对本书提供了理论基础和背景知识。特别是其中关于电话使用影响的论述，为本书提供了佐证。

早在20世纪二三十年代，国内就有一些学者注意到电话事业的初创问题，大多为一些概述性介绍。谢彬若介绍上海电话为我国电话事业之肇始，其中华界电话属于部办性质，租界电话为外人经营③。张心澂总括上海电话的初创、上海电话局的成立等④。陈炎林论述了早期电话事业的发展概况，摘录了20世纪30年代上海电话公司和交通部上海电话局营业条例及各类价目等，内容丰富，可作为原始资料加以引用⑤。金家凤介绍了晚晴民国电

① 田玲玲：《矛盾与冲突：北京自来水公司的早期发展（1908—1928）》，首都师范大学硕士学位论文，2009年。
② 李蓉：《清末民初民族资本投资近代城市水电公用事业问题初探（1900—1911）》，湖南师范大学硕士学位论文，2010年。
③ 谢彬若：《中国邮电航空史》，上海：中华书局，1928年影印版；周谷城：《民国丛书》第三编·经济类，上海：上海书店出版社，1992年。
④ 张心澂：《中国现代交通史》，上海：上海书店出版社，1931年；周谷城：《民国丛书》第四编·经济类，上海：上海书店出版社，1992年。
⑤ 陈炎林：《上海地产大全》，上海：上海地产研究所，1933年；全国图书馆文献缩微复制中心：《早期上海经济文献汇编》（四），北京：全国图书馆文献缩微复制中心，2004年。

信发展概况，论述了电话等电信事业对于国民经济和国防建设的重要性①。

后人很少专门研究上海电话事业的发展。涉及的相关内容有两种情况，或夹杂于近代上海史的论著，或存于常识介绍性小册子中。在论著方面，罗苏文较为详细地介绍了电话自发明后如何由最初的玩具到在上海安家落户，对电话业发展初期的营业状况、用户使用情况等作了简单概括②。薛理勇简单述及了上海电话的引进和电话事业的初步状态③。《上海电话公司职工运动史》介绍了电话业在上海的兴起和发展，对上海电话公司的建立发展、经营管理等作了详细的解读④。在常识介绍性小册子方面，石士助、高庆升介绍了上海电话业的起源，着重描述了解放初期至 20 世纪 80 年代中期上海市内电话取得的重大进步⑤；吴申元回顾了上海近代电话引进与初步发展以及电话公司演进的粗略过程⑥；叶亚廉、夏林根历数了 1925 年之前上海华租两界电话司局的建立与沿革以及长途电话的起始⑦；《上海历史上的今天》简略勾勒了电话引进之后至解放初期上海电话事业的发展历程⑧。在论文方面，近年来对电话业的关注逐渐多了起来，但较少专门研究上海电话业。刘雪屏简单归纳总结了清末电话业的创办和发展⑨。苏全友介绍了清末邮传部对早期各省市电话事业收归国有的管理问题，指出清廷从防止地方垄断，关系民生行业的角度出发，做出了如上制度设计⑩。张政从宏观的角度介绍了南京国民政府及其直属机关交通部创办的电信事业，涉及全国市内电话及无线电话建设管理问题⑪。王正元分析了民国时期南京电话业发展的诸多桎梏⑫。刘鹏简单追溯了清末至中华人民共和国成立初期北京电话业的概况⑬。赵博注意到了抗日战争时期四

① 金家凤：《中国交通之发展及其趋向》，上海：正中书局，1937 年。

② 罗苏文：《上海传奇：文明嬗变的侧影 1553—1949》，上海：上海人民出版社，2004 年。

③ 薛理勇：《旧上海租界史话》，上海：上海社会科学院出版社，2002 年。

④ 中共上海市邮电管理局委员会：《上海电话公司职工运动史》，北京：中共党史出版社，1991 年。

⑤ 石士助、高庆升：《上海全书》，上海：学林出版社，1989 年。

⑥ 吴申元：《上海最早的种种》，上海：华东师范大学出版社，1989 年。

⑦ 叶亚廉、夏林根：《上海的发端》，上海：上海翻译出版公司，1992 年。

⑧ 朱敏彦：《上海历史上的今天》，上海：上海画报出版社，2007 年。

⑨ 刘雪屏：《清末电信业的历史考察》，山东师范大学硕士学位论文，2000 年。

⑩ 苏全友：《清末邮传部研究》，华中师范大学博士学位论文，2005 年。

⑪ 张政：《国民政府与民国电信业（1927—1949）》，广西师范大学硕士学位论文，2006 年。

⑫ 王正元：《民国时代南京的电话事业》，《民国春秋》1999 年第 4 期。

⑬ 刘鹏：《老北京的电话》，《北京档案》2007 年第 6 期。

川省长途电话事业的发展和意义①。向秋虹研究了抗日战争时期陪都重庆电话业的发展及不足②。卞桂英考察了战争后国民政府武汉电信业的接收、整理、发展及困境③。宋卫松研究了山东省长途电话事业等④。

电话事业作为一种市政公用事业，电话通信的应用对城市发展和市民生活具有深远影响。依照美国城市学芝加哥学派的观点，城市生活的突出特点是具有极端发达的内部沟通手段，电话作为城市基础设施和技术条件之一，是城市人口流动问题中的一个参变因素；电话这一通信设施，与电报、电车、汽车、报纸等一样，促使城市人口既频繁流动又高度集中；电话使用率和电话拥有门数等均说明了城市人口的运动变化和接触状况⑤。论文集《电话的社会影响》出版于1977年，翻译到国内的时间为2008年，其探讨了电话在历史、文学、城市发展中的不同角色，揭示了电话对女性角色、城市空间、人类交往等的影响。其中"西方学者对电话的认识提出了许多深邃的历史洞见和可贵的研究思路"⑥，为近代上海电话事业的研究提供了宝贵的启迪。其中，法国地理学家戈特曼提出，电话虽然"只不过是电、给排水系统、公路交通、零售业、学校、医院等众多不可或缺的都市网络中的一种，但如果没有电话，这些复杂的、综合的网络要想协调工作是非常困难的，电话能够持续有效地协调现代大城市中所有系统。在所有的网络中，它是最古老的，也是应用最广泛的网络……它能提供更大的接近感和思想上的隐私性……电话在都市生活方式的进化中扮演着重要角色"⑦。

在国内学者的研究中，电话使用影响具体包括城市发展、市民生活、信息传递、心理塑造、人际交往等方面。多数著作简单论述了上海近代电话的使用，未作进一步展开。李天纲曾注意到上海人第一次使用电话，以及英商上海华洋德律风公司的建立等情况⑧。白吉尔说明了19世纪末电话

① 赵博：《抗战时期四川省长途电话事业初探》，《安徽文学》2009年第1期。

② 向秋虹：《交通部重庆电话局研究（1938年7月—1943年1月）》，重庆师范大学硕士学位论文，2013年。

③ 卞桂英：《战后武汉电信事业研究》，华中师范大学硕士学位论文，2014年。

④ 宋卫松：《山东省办长途电话事业研究（1928—1937）》，华中师范大学硕士学位论文，2014年。

⑤ 〔美〕帕克、〔美〕麦肯齐：《城市社会学：芝加哥学派城市研究文集》，宋俊玲、吴建华译，北京：华夏出版社，1987年，第2、60、61、219页。

⑥ 郭镇之：《历史的洞见——读〈电话的社会影响〉》，《数字时代阅读报告》2010年第2期。

⑦ 〔美〕伊锡尔·德·索拉·普尔主编：《电话的社会影响》，邓天颖译，北京：中国人民大学出版社，2008年。

⑧ 李天纲：《人文上海——市民的空间》，上海：上海教育出版社，2004年。

虽已在上海租界安装，但是还仅限于职业性用途①。罗苏文重点从火警预报方面显示了电话在当时上海人生活中的重要地位②。忻平看到了电话在商务信息沟通上的无可替代性③。许多学者关注到电话使用在信息传播方面的重要影响。唐振常等认为，上海在清末民初成为我国最发达的近代讯息中心，是近代市内电话通信先驱城市。上海的航运、铁路、市内交通、通信设施的发展，为上海近代经济中心的形成和确立，提供了重要的条件④。张仲礼提出，"近代上海内外贸的发展有着发达的交通运输和邮电通讯条件的配合"，肯定了市内电话在信息传递方面的特殊作用，"在 30 年代上海的电话用户已经发展到 2.6 万号线，整个上海的电话系统由人工接线改装成旋转制电话，这就进一步加速了信息的快速传递"⑤。电话使用对人们心理和生活的影响也得到关注。乐正从电话对上海民众心理的影响展开了论述，认为当时世界上最先进的信息传递手段电话等的使用，造成上海人在接受信息和各种新观念新思想方面的巨大优势，使上海在开放度方面大大提高⑥。李长莉对早期电话传入时上海人心态进行了描述⑦。陆汉文认为，人际互动涉及互动的空间范围、互动频率和互动方式等，电话、电报、邮政、铁路、公路、水运、空运等交通工具的发展与人际互动密切相关；电话使用里程的扩展和频率的增加，一定程度上改变了城市人际互动和社会交往的性质⑧。霍慧新认为，电话通信方便了近代上海城市商业信息的沟通和公务活动的开展，提高了人们的生活质量⑨；提出火警专用电话的采用和普及，改变了城市消防管理中的一元结构，促进了城市火灾治理主体的多元化，提高了城市火

①〔法〕白吉尔：《上海史：走向现代之路》，王菊、赵念国译，上海：上海社会科学院出版社，2005 年。

② 罗苏文：《近代上海：都市社会与生活》，北京：中华书局，2006 年。

③ 忻平：《从上海发现历史——现代化进程中的上海人及其社会生活》，上海：上海人民出版社，1996 年。

④ 唐振常、沈恒春：《上海史》，上海：上海人民出版社，1989 年，第 377-382 页。

⑤ 张仲礼：《近代上海城市研究（1840—1949）》，上海：上海人民出版社，2008 年，第 77-78 页。

⑥ 乐正：《近代上海人社会心态（1860—1910）》，上海：上海人民出版社，1991 年，第 163—164 页。

⑦ 李长莉：《晚清上海社会的变迁——生活与伦理的近代化》，天津：天津人民出版社，2002 年。

⑧ 陆汉文：《现代性与生活世界的变迁：二十世纪二三十年代中国城市居民日常生活的社会学研究》，北京：社会科学文献出版社，2005 年。

⑨ 霍慧新：《电话通讯与 1877—1937 年间的上海商民生活》，《重庆邮电大学学报（社会科学版）》2013 年第 1 期。

灾治理成效①。金庚星提出，以电话为主导的火警媒介矩阵促进了救火从城市大众的公共体验变成了救火机构自身的专业事务②。王娟考察了晚清北京地区电话的传入与大众心态③，对上海一地电话事业的影响研究亦有借鉴意义。

电话使用纠纷是电话公用事业发展过程中出现的社会问题。有关上海租界近代电话加价问题的研究，陈炎林认为华人的不团结致使了反对加价失败④；沈宁认为 20 世纪 20 年代反对加价风潮体现了上海市民已具备了健全的市民意识、法制意识和公共秩序意识⑤；霍慧新从市民权争取角度探讨了近代上海电话用户维护自身权益的组织建设和团体活动⑥；从在沪日侨影响市政决策视角分析了 20 世纪 30 年代反对电话加价运动⑦；李全考察了国民政府收回上海租界电话权运动，提出收回租界是解决这一问题的根本办法⑧。

有关近代城市公用事业发展研究中，大多以水电、煤气等为讨论对象，鲜有将电话事业纳入考察范围，所关注的问题大多着眼于公用事业演变、公用企业经营、公用事业发展及其对市民生活质量和城市现代化的影响作用等，对市政当局等方面的制度制定等层面较少涉及。即使间有论及电话事业发展的论著，也多是纵向条陈企业发展史，重在进行发展程度评估，没有横向深入的研究。时段多局限在抗日战争前，对战后的城市公用事业论及不多。有关近代城市公用事业管理研究中，注意到公用事业发展中市政当局管理者、市政学者、民间社会、企业经营者的多重作用，揭露了市政公用事业与城市工商业发展、市民生活质量、现代城市人际关系、城市现代化等的复杂关系，但多将近代城市公用事业的发展作为市政成果的一

① 霍慧新：《电话通讯与民国城市灾害治理探析——以上海火灾为例》，《兰州学刊》2015 年第 3 期。
② 金庚星：《媒介的初现：上海火警中的旗灯、钟楼和电话》，《新闻与传播研究》2015 年第 12 期。
③ 王娟：《晚清北京地区电话传入与大众心态》，《北京理工大学学报（社会科学版）》2007 年第 3 期。
④ 陈炎林：《上海地产大全》，上海地产研究所，1933 年；全国图书馆文献缩微复制中心：《早期上海经济文献汇编》（四），北京：全国图书馆文献缩微复制中心，2004 年。
⑤ 沈宁：《1924—1925 年上海电话加价案》，《黑龙江史志》2009 年第 4 期。
⑥ 霍慧新：《上海电话用户团体研究（1925—1937）》，华中师范大学硕士学位论文，2010 年。
⑦ 霍慧新：《在沪日侨与近代上海公共租界市政决策——以 1935 年至 1936 年反对电话加价运动为个案》，《日本问题研究》2013 年第 3 期。
⑧ 李全：《国民政府收回上海租界电话权运动述评》，《安庆师范学院学报（社会科学版）》2012 年第 5 期。

部分，较少从具体的政策制定、管理条规等制度层面进行深入挖掘。在公用事业与民间关系方面，有涉及市民和企业围绕价格提高、服务质量等纠纷考察，却往往将近代城市里华租并列与主权意识的特殊因素摒弃在外。有关近代上海电话问题的研究成果，经过了一个不断全面、深入与细致的过程，有综观电话事业发展的探讨，也有电话加价纠纷的个案论述；有宏观电话使用情况的统计考察，也有微观电话计次收费等问题的揭微显隐，但以往的研究大多服务于其他历史问题的探究，有关近代上海电话问题长时段研究的专门论著较少，大部分是有关基础常识与发展概况的简要介绍；对电话事业的发展程度和市民使用状况等有过系统性梳理，但较多为定性描述，较少定量分析，对电话社会问题的深入研究少有涉及。

三、研究思路及方法

（一）总体思路

本书拟将公用事业管理史与城市社会发展史相结合，在早期电话史料以及以往研究成果的基础上，对近代上海电话公用事业的发展做一个综观考察，以期探寻近代上海电话公用事业的发展规律及其与当时社会发展变迁的深层次关系。

首先，将近代上海电话公用事业的发展置于企业发展变迁、市政管理演变、市民权意识萌生三个维度下考量。电话事业作为一种公用事业，受政府政策、市民需求等多方面因素影响。如果从传统企业史的角度分析近代上海电话事业的发展融合，将会从行业本位和经济本位角度进行解读，注重的是日常管理、资本运转、组织结构、人事关系等方面的内容，往往会忽视近代电话事业作为市政公用事业的一种关照；多数城市公用事业的研究流于企业发展概况和市政公用政策演变的介绍，缺乏从公共本位角度思考相关问题，对公用事业使用者，即消费者或者说市民这一被服务方的关注不多。本书既注意梳理近代上海电话企业本身的发展概况，也注意到政府政策和相关机构在其中的重要作用，并且重视民间社会力量在此中的各种作用；既注意公用事业的物质层面，也兼顾制度层面的影响，同时关照到人事因素。

其次，长时段全面考察近代上海电话公用事业的发展概况。近代上海社会形势复杂多变，电话公用事业的发展呈现特有的复杂性和生动性。大多上海公用事业的专题研究止步于 1937 年，对抗日战争后情况的研究呈现缺失状况；多注重租界而忽视华界，或者将两者割裂开来。只有通过长时段、全方位的考察，比较华界和租界公用事业发展的异同，才能避免历史的碎片化，完整地探寻出上海公用事业发展的规律。本书拟兼顾清末、民初、抗日战争前、日伪时期、抗日战争后几个时间段，注意到抗日战争前后上海市公用局与上海电话事业不同关系的转变等问题。抗日战争前后，上海市公用局公用事业发展政策长期属于保密资料，未能以书籍、报刊的形式呈现出来。因此，查阅相关档案资料，对其进行深入研究，尤为必要。

最后，结合跨学科理论和知识分析近代上海电话公用事业的相关问题。管理学、经济学、社会学等相关理论和知识为论文的写作提供了思路。例如，在自然垄断理论的指导分析下，租界上海电话公司作为一种民营公用事业的管理方式，包含提供服务、分担风险和分配利益多方位、深层次考虑。租界市政当局在电话公用事业发展过程中体现出一种引导规制作用，作为施政者，在保证公众服务的同时，亦会从自身利益分配和公用事业持续发展上做出考量。电话公司则更多考虑利润赚取和效率维持。正是电话公用事业维持和发展这一共同点，构成了公司企业和市政当局继续协商合作的空间。上海电话局更倾向于电话事业的公用事业性质体现出来的公平性和普遍性。华租各自不同的经营管理理念不可避免地影响了两界电话公用事业的发展特点。

（二）概念说明

本书所述"国权"和"民利"为广义上的特指。不同于近代政治史研究中对于"民权"的理解，本书"国权"具体包含三个层面的含义：①交通部和上海市政府围绕上海电话局管理权属之争问题上，特指相对于地方政府主办的"中央集权"；②淞阳电话公司收归部办交涉方面，指代相对于商人经营的"政府所有权"；③越界电话经营管理方式上，具体代表相对于公共租界工部局和外商的"国家主权"。"民利"则意在说明近代上海电话事业的经营和管理，是否能满足城市居民日常通讯需求，是否能够保证电话事业作为公用事业的公平性和普遍性。

本书地域范围为近代上海，包括租界和华界之两界三方的施政区域。

具体研究对象以市内电话为主，兼及少量长途电话。市内电话是长途电话发展的基础，近代上海电话业经营和管理主要围绕市话而进行。涉及的时间界限上，自1882年租界第一批电话经营单位产生，止于1949年上海解放。原因有两点：一是电话事业经营单位最初产生于1882年，尤其是英商中国东洋德律风公司的成立，标志着上海电话事业进入专门化公司管理阶段。在其经营之下，电话用户人数增加，电话业务开始拓展。由于租界地区尚有其他几个电话交换所同时存在，各自为政，互不联网，电话事业发展艰难，体现了早期电话事业起步阶段的独有特征。二是1949年5月上海解放，中共产业工会负责人和上海地下党市委积极筹划接管上海电话公司，保持由美商负责经营的同时，由公用局派驻联络员监督管理，以期做到电话畅通，平稳过渡。但由于局势紧张、物价飞涨、财政困难、劳资问题突出，美商上海电话公司业务发展近乎停滞。直到1950年12月29日，上海市军事管制委员会对美商上海电话公司实行军事管制，上海电话事业的发展进入另外一个新的发展阶段。

（三）方法途径

科学合理的研究方法是使研究顺利进行并取得成果的重要保障。本书拟以历史学的实证研究为主，同时借鉴管理学、经济学、社会学、广告学、传播学等相关学科的理论和知识，对近代上海电话事业发展过程中的市政公用事业管理、电话资费纠纷、电话主权争取、电话用户团体组织、电话媒介功能等相关情况做出分析。另外，适当采用国家与社会二元互动视角，以利于对近代上海电话事业发展过程中用户权益意识体现的考察。

资料查阅方面，主要有以下三种途径。首先，最为重要的史料依据为民国时期的档案。关于近代上海电话事业的管理及其纠纷，上海市档案馆拥有丰富的馆藏原始档案，除了"民国丛书"、"民国史料丛刊"、"民国时期市政建设史料选编"、《工部局董事会会议录》等陆续整理出版外，还包含大量关于上海市公用局与上海电话公司和上海电话局，公共租界工部局与早期华洋德律风公司和上海电话公司等围绕电话发展、技术培训、施工修缮、接线连通、价格纠纷、主权争取、质量监督等方面的来往信函，特别是日伪时期关于电话军事管制等相关资料，尚未以书面报告或者报纸文摘的形式公之于世，较为宝贵。关于整理出版的档案史料中，《工部局董事

会会议录》采用中英文对照的方式摘录了工部局董事会会议中有关电话出
售、电话加价、电话服务等相关讨论，还原了当时市政当局对公司电话设
施建设、电话事业发展的规划和政策，以及民众对电话公司服务质量和加
价新章的态度和反应。其次，民国时期的上海报纸杂志是记载和报道电话
问题资讯的第一手资料。上海图书馆保存了较为完整的《上海公共租界工
部局年报》《上海电话公司杂志》等，里面包含大量英文视角下有关电话问
题的记载和报道，这在以前较少被人关注。《上海电话公司杂志》是电话公
司内部发行的阅读刊物，对其公司发展、职员生活等方面均有生动的介绍。
另外，还有两份较为重要的华文报纸——《申报》和《民国日报》（上海）。
《申报》作为近代在上海出版历时最久、影响最大的报纸，对电话事业发展、
电话加价纠纷、电话用户团体组建等问题给予了极大的关注，时间跨度长
久，内容包含丰富，特别是对 1935—1936 年电话用户团体反对上海电话公
司加价并实行按次收费制进行了长篇的跟踪报道。

第一章

德律风的舶来：近代上海电话公用事业的产生

电话以信息传播为基本功能，它的出现反映了社会发展需求。电话公用事业作为人为条件在都市发展中具有重要作用，"都市的发展由于自然条件者半，由于人为条件者亦半；若地理，气候，物产，人口都属自然条件；若水，电，煤气，电话，交通等公用事业都属人为条件。倘使具备了自然条件，而无完善的公用事业，则这些自然条件亦将无由充分发挥其功能；但倘使具备了完善的公用事业，则即使自然条件方面有何欠缺之点，亦可给它弥补或矫正过来"①。近代上海电话事业兴起的具体社会背景因素有哪些？近代上海电话事业是如何诞生的？探讨近代上海电话事业兴起的社会背景和早期概况，是讨论近代上海事业发展及其影响的先决条件。

第一节　近代上海电话公用事业兴起的背景

随着经济发展、人口聚集和面积扩大，城市交通量增加，城市社会交往和人际互动的频度与广度也随之增长。此种交通既包括公路、铁路、邮件等"有形的交通"，也包括电报、电话、广播等"无形的交通"。近代上海工商经济的发展、文化事业的兴盛和移民人口的聚集，为电话事业的兴起和发展，奠定了厚实的物质和社会基础，提供了巨大的市场需求。早期中国外交家在国外对电话通信科技的接触和研究，提高了人们接受、应用这一新兴技术的可能性。

一、近代城市发展和都市信息需求

作为近代交通事业之一，上海电话事业的萌发和兴起以近代城市的

---

① 赵曾珏：《上海之公用事业》，上海：商务印书馆，1949年，序，第1页。

发展为基础。"交通的建设，有的在地方发达之后，方才去建设；有的建设了以后，交通便利，地方才可趋于繁荣"①，近代上海电话事业的起步，属于前者。在电话业兴起之前，水陆空交通、电报等信息媒介的产生和发展，体现了都市人口的信息需求，便利了近代上海商务信息的传递、思想文化的交流和人际交往的互动。电话事业的兴起，能够更好地满足这种需求。

（一）工商经济发展与商务信息的传递

近代上海工商业的发展为市内电话事业的兴起提供了依托。上海是近代中国一个典型的由商而兴的城市。到 20 世纪二三十年代，上海经济在近代中国占据重要地位，这不仅体现于它在近代中国的对外贸易中所具有的领导地位，而且还在于埠内工商经济的发达。"上海在我们中国是一个工业与商业最繁荣的都市，同时它的各种公用事业的规模在国内亦是第一。因此，工商业的繁荣促进了公用事业的发展，而公用事业的发展亦促进了工商业的繁荣，其间因果关系亦是相互的。"②电话事业作为公用事业的一种，工商贸易与之相辅相成。电信事业发展反映了工商经济的通信需求，也配合了近代上海工商贸易的发展。

开埠以后，上海逐渐发展成为沿海重要的进出口贸易港，年进出口贸易额跃居全国之首，占全国的一半以上。随着进出口贸易的发展，相关为对外贸易服务的出口产品加工业、印刷业和饮食业等粗具规模。19世纪中叶，随着外商在上海的投资，其他如金融、造船、缫丝、纺织、烟草、食品等行业也快速发展起来。经过洋务运动和第一次世界大战及战后初期的发展，到 20 世纪 20 年代，近代上海华商棉毛纺织、面粉、食品、玻璃、造纸、橡胶、皂烛、水泥、机器制造等行业不断扩大生产能力，又兴办西药、电器等新行业。美国、日本、英国、比利时、瑞士等外国资本也重新投资上海，建造船舶、电器、铁路器材、汽车零件、铝材、毛纺织、印染颜料、油漆、西药、卷烟、糖果饼干、啤酒汽水、肥皂、印刷等工厂，规模和水平都超过第一次世界大战前。"自开海禁五

---

① 赵曾珏：《上海之公用事业》，上海：商务印书馆，1949 年，第 72 页。
② 赵曾珏：《上海之公用事业》，上海：商务印书馆，1949 年，序，第 1 页。

洲通，水路舟车疾似风。百货遍流全世界，商家发达正无穷"①，正是对开埠以后上海富商巨贾云集麟从的最好写照。上海成为全国最重要的工商业城市。1935 年有工厂 6097 家，工人 41.64 万人，工业资本总额约占全国 40%，工人人数约占全国 43%，工业产值约占全国 50%。工业品、商品交易面向全国，商业批发企业 8300 多家，约占全国的 1/3，60%的工业品销往全国各地。建有全国规模最大的纱布交易所和中国机制面粉交易所，以及米、粮食、油饼、南货、烟叶、茶等 34 个主要商品交易市场。"到 20 世纪 30 年代，上海已经成为远东中心城市。航运事业发达，国际贸易兴旺。对外贸易额约占全国 50%。上海还是全国的金融中心、货币交易中心和远东国际金融中心之一。1935 年，有外商金融机构约 30 家，58 家华商银行总行设在上海，占全国银行的 35%；上海银行公会 43 家会员银行中，35 家总行设在上海等。有银行机构 182 个，另有 11 家信托公司、48 家汇划钱庄，3 个储蓄会和 1 家邮政储金汇业局。上海建有远东最大的外汇市场、黄金市场和证券交易市场。"②近代上海对外贸易、工商、金融业相互促进，共同发展，形成一种良性的互利机制。

工商、金融业等的发展，促进了信息交流的开展。"由于工商、金融企业的集中，近代上海成为万商云集之地。他们既带来了产地的生产信息，也带来了销地的需求信息。这些全国各地乃至世界市场的信息传递和交流，也使上海成为近代中国工商、金融各业的信息中心。为了及时地取得这种经营上的信息，不少内地大企业都专门在沪设立常驻机构以了解商情，指挥和安排生产。"③商务信息的传递需求，对近代交通通信的要求被及时提了出来。

（二）全国文化中心与思想火花的碰撞

近代上海是全国的文化中心。开埠以后，西学东渐，上海逐渐成为西学传播中心，出现了一批著名的译书机构，如墨海书馆、美华书馆、京师同文馆等。"据统计，从 1840 至 1898 年，中国共出版西书 561 种，上海出

---

① （清）颐安主人：《沪江商业市景词》（通商），1906 年；潘超等：《中华竹枝词全编》（第 2 册），北京：北京出版社，2007 年，第 261 页。

② 上海通志编纂委员会：《上海通志》（第 3 册），上海：上海人民出版社、上海社会科学院出版社，2005 年，第 1617—1619 页。

③ 张仲礼：《近代上海城市研究（1840—1949 年）》，上海：上海人民出版社，2008 年，第 23 页。

版的就至少有 434 种，占总数的近 80%"[1]，范围涵盖自然科学、社会科学、应用科学等各方面。伴随着印刷业的发展，上海出现了一批有名的出版社，如商务印书馆、中华书局等。抗日战争前夕，86% 的出版社均集中于上海。出版事业的发展促进了大量贴近大众口味的报刊的出现。每家出版社，无论规模大小，都出版了一份或几份期刊。1933 年，上海出版的杂志有 200 多种，几乎相当于全国的杂志总和。商务印书馆出版的杂志中，以《东方杂志》最为著名，印数达 15 000 份。这份杂志不仅刊载国际形势的分析文章、有关进化论及弗洛伊德学说的文章，还有介绍改变日常生活的各项发明的文章，如介绍汽车、留声机、电影、德律风等。[2]

上海还是报刊出版中心，近代报刊约 40% 出自上海。第一家中国报纸大约在 19 世纪 70 年代出现，义和团运动后数量增加，但报纸作为遍及全国的一份事业，是在辛亥革命之后。到 1921 年上海有日报 13 家，月刊至少 50 种，还有 20—30 种周刊或双周刊。这些刊物内容涉及面广泛，有科学、宗教、教育以及政治、社会、商业和医学等各个方面，有比较严谨的科学刊物，也有比较轻松的趣味性读物。报纸作为一种销路广泛的媒介，对近代上海市民生活产生了较大影响。人们通过报纸接触各种政治、经济、文化及生活信息。近代上海市民报纸阅读人群众多，据统计，20 世纪 20 年代《申报》拥有 25 000 份的日均销量，其他报纸的每日销量近 70 000 份（表 1.1）。

表 1.1 20 世纪 20 年代上海主要报纸情况

报纸名称	创办年份	创办主体	日均销量（份）	主要内容	观点立场
申报	1872	中国人	25 000	百科式	不偏不倚
新闻报	1894	美国人	20 000	政治	观点保守
时报	1905	维新派机关报，后狄楚青主办	10 000	教育	观点中立
时事新报	1909	进步党机关报	5 000	文化	倡导新文化运动，立场数变
神州日报	1908	革命党机关报	3 000	政治	持论激进
民国日报	1916	国民党机关报	7 000	政治	反对北京政府
新申报	1917	申报人员创办	9 000	商业	商业报道

---

① 张仲礼、熊月之、潘君祥等：《近代上海城市的发展、特点和研究理论》，《近代史研究》1991 年第 4 期。

② 〔法〕白吉尔：《上海史：走向现代之路》，王菊、赵念国译，上海：上海社会科学院出版社，2005 年，第 216 页。

续表

报纸名称	创办年份	创办主体	日均销量（份）	主要内容	观点立场
商报	1917	美国人	8 000	工商	工商新闻
国语日报	1920	中国人	2 000	文化	宗旨不定
中华新报	1915	中国人	3 000	政治	反对帝制
四民日报	1921	中国人	2 000	文化	宣扬孔子教义

资料来源：徐雪筠、陈曾年、许维雍等：《上海近代社会经济发展概况（1882—1931）——〈海关十所报告〉译编》，上海：上海社会科学院出版社，1985 年，第 241—242 页。

众多书籍、报刊的刊印，开阔了人们的视野，扩大了市民的认知空间。近代上海民众接触大量的信息资源，产生激烈的思想碰撞。这些信息内容涵盖政治、经济、文化等各个方面，有来自革命派、保守派等各个政治派别的论点，也有国内外时事新闻、工商经济发展概况，还有教育文化新动向，更有海内外奇闻轶事。人们对周围发生的事情非常热心和关注，大至国家大事，小到街闻巷议，信息的接受和传播成为日常生活的一部分。这反映了近代上海作为文化中心，信息资源的丰富，思想交流的频繁，体现了近代上海日常生活的生机与活力。电话事业的兴起和电话通信的运用，将进一步开拓人们的信息时空。电话通信及时快捷的特点，有利于加速思想文化的交流，启迪人们的心智。

（三）移民城市发展与人际交往的互动

随着城市人口的聚集，人际交流逐渐增加，要求拥有快捷方便的通信工具。"城市人口日益发达，交通工具需要愈切，故交通工具繁盛之区，必为人口集中之都会，此二者互为因果关系。"[1]近代上海移民城市的特点，为这一需求提供了更为广泛的市场。

近代上海人口众多，是一个典型的移民社会。近代上海人口有 3 次短时间内大量增加。第一次突然增加是在太平天国运动期间。上海公共租界人口从 1855 年（当时为英租界和美租界）的 2 万余人到 1865 年的 9 万余人，净增长了 7 万余人。法租界增加 4 万余人。虽然华界人口减少，但到了 1865 年、1866 年，整个上海地区的总人口，由于两租界人口的大量增加，从 1852 年的 54 万余人增长到近 70 万人。第二次突然

---

[1] 唐英晨：《我国城市电话事业之进展》，《市政评论》1937 年第 6 期。

增加是在 1937 年日本全面侵华战争以后。当时，全国许多地区，尤其是上海附近的江苏、浙江以及上海华界地区的大量人口，为逃避战乱，保全生命财产，纷纷迁入租界居住，使整个上海地区人数增加了约 10 万，从 1936 年、1937 年的 380 余万增加到 1942 年的 390 余万。第三次人口突然增加是在 1946—1949 年的第三次国内革命战争时期，大量内地人口涌入，使上海地区人口从 1945 年的 330 余万增加到 1949 年初的 540 余万。[①]

近代上海人口的快速增加主要是人口从广大内地迁入的缘故。"自 1885 至 1935 年的人口统计表明，非上海籍人口占上海总人口的 80% 以上"，20 世纪 30 年代以前，华界居民中仅 25% 是本地籍人，公共租界居民 20% 是本地籍人。到 1949 年，上海全市本地籍人只占 15% 左右，外来人口占 85%。[②] "近代上海移民人口包括两部分：一是国内移民，来自江苏、浙江、安徽、福建、广东、山西、云南、东三省等全国 18 个省区；二是国际移民，来自英、法、美、日、德、俄、意、波兰、捷克、印度等 40 个国家。"[③]来自本国外地和其他国家的移民构成了近代上海人口总数的绝大部分。

来自不同地域的人们，给近代上海带来了不同的思维方式和生活习惯，异质文化间的碰撞和人际交流随之增加。"如此众多而又广泛的中外移民，密切了上海与国际、国内各地的联系，有利于不同地区的文化交流、融合，丰富了上海社会文化的色彩。"[④]公共租界人口主要集中于东、西两区，因这两区都是新型的轻工业区域，全上海大部分轻工业工厂都设在此，为工人及家属居住地，集中了大量棚户区。法租界人口集中于霞飞路等高档住宅区，华界则集中于县城和城郊。不同区域、来自不同地方的人们集中于近代上海，在同一个城市中充当不同的社会角色，或开设工厂，或经营商业，或投身文化，或埋头政治，更多的则为普通的工人、学徒、店员等。"随着交往空间和交往频率的迅速扩大，城市居民能够更快更多地得到各种信息，能够与更多的人发生互动关系，包括与一些人短暂而表面化的互动

---

① 邹依仁：《旧上海人口变迁的研究》，上海：上海人民出版社，1980 年，第 3—5 页。

② 陆兴龙：《对近代上海人口增长问题的思考》，《上海经济研究》1996 年第 4 期。

③ 张仲礼、熊月之、潘君祥等：《近代上海城市的发展、特点和研究理论》，《近代史研究》1991 年第 4 期。

④ 张仲礼：《近代上海城市研究（1840—1949 年）》，上海：上海人民出版社，2008 年，第 25 页。

关系。"①随着人际互动的增加，对现代交通工具的要求也被提上日程，这种要求不仅表现为代步工具的出现，而且还有现代通信工具的使用。

（四）信息和社会资源流通的渠道及局限

经济发展、社会进步、城市生活离不开交通。随着人口的增加、工商经济的发展和思想文化的兴盛，交通愈加频繁和复杂。交通对人类生产生活具有重要作用，"有天地而后万物生，有万物而后人类殖，有人类而后交通以起。交通者，人类生活上所不可一日或无者也，人类愈蕃，则需要交通之事愈形复杂，而供给交通之方法亦因之愈出而愈多，方法愈多，于是交通愈便"。交通事业的发展，反映并满足了人类社会生活的需求。观诸交通的种类，轮船铁路等"运送客货，彼此往来"；邮政电信等"互通意思，交换智识"。它们的存在，关系到政治、军事、财政、教育、实业，总之，"社会上种种活动事业莫不恃以为极重要之机关"②。

古代官方有"置邮传命"的机构设置，民间通信由托人转交发展到以民信局、客邮局及书信馆经营为主。明永乐年间，上海出现民信局，清乾嘉以后逐渐发展，以传递商民函件和汇兑为主，兼收包裹。③1861年后，外国擅自在华设立客邮局和书信馆。1896年，清朝邮政开办。次年，在上海成立大清邮政局，并接管书信馆。到1922年底，上海各国客邮局已相继关闭。为了与各局竞争，获得民间通信的垄断地位，大清邮政局降低资费、增开业务、改进服务，如加快邮件传递速度、开办昼夜兼程的邮差和骑差邮路、增加每日开筒的投递频次等④，使上海地区的邮政业务获得迅速的发展。海关1901—1911年十年统计报告，"上海邮寄的物件从1900年的100万件增加至目前的2300万件。由于邮件数量不断增加，在上海和内地建立了分局。北京路的邮政总局现有13个业务繁忙的分局、67个邮票出售处、118个柱形邮筒；同时，在内地维持了16个分局和50个代理处。1910年这些分支机构处理了

---

① 陆汉文：《现代性与生活世界的变迁：二十世纪二三十年代中国城市居民日常生活的社会学研究》，北京：社会科学文献出版社，2005年，第186页。

② 《祝中国交通界之前途》，《交通官报》第1期；《近代中国史料丛刊三编》（第27辑），台北：文海出版社，1989年，第5页。

③ 上海通志编纂委员会：《上海通志》（第6册），上海：上海人民出版社、上海社会科学院出版社，2005年，第4258页。

④ 胡婷：《民信局的取缔与邮政的近代化》，《重庆邮电大学学报（社会科学版）》2007年第1期。

4000 万件邮件"①。到 1921 年，据称邮政在上海地区的发展是出人意表的，工作量日益增多，邮政局局址拥挤不堪，不敷应用。当年共收邮件 82 500 000件，几乎是 1911 年的四倍，收包裹 716 500 件。②随着近代上海的市民通信需求与日俱增，邮件传递件数的快速增长，信息交流愈加频繁。

除了传统通信方式的演变，自 19 世纪 80 年代始，上海交通事业经历了一个突飞猛进的阶段，连续引进国际先进的科学技术。例如，80 年代的有线电报，90 年代的铁路火车，20 世纪初的无线电报、汽车，20 年代前后的公路网络及航空技术。到 20 世纪 30 年代，上海已跨入水、陆、空、电立体交通时代。1920 年，铁路货运量 58.7 万吨，航运业总吨量 2750 万吨。公路和航空业的发展也为市民往来行旅提供了便利。其中，以电报创办和发展的影响最为重大。19 世纪六七十年代，上海电报业兴起，并且迅速发展。1895 年以前，上海与国际、国内的电报通信网络已经相当发达。在国际，上海与长崎、海参崴、新加坡、伦敦、旧金山等有电报线路联系，在国内，上海与北京、天津、山海关、保定、香港、广州、福州、南宁、南京、汉口等全国各大城市均有电报线路联系。"电报的兴起、发展，对近代上海城市经济发展，产生了巨大的影响。电报以迅速、准确的信息交流极大地加强了中外商品市场、金融市场的联系，从而深刻地改变着上海金融、贸易的方式与面貌。"③邮电事业的兴起和快速发展，以及水陆空立体交通体系的形成，反映并一定程度上满足了都市信息和社会资源流通的需求。

另外，邮电及水陆空立体交通体系在信息流通方面存在局限，电话在某种程度上可弥补此种缺陷。"盖军政紧急命令之传达，市场行情之报告，转瞬千里，了若指掌，关系军政大计，商业发达前途至巨。或曰，邮电交驰已足供应，孰知书邮则费时日，电报所耗不赀，殊非普通商人及农村所能应用"，电话乃"利商人进展，助农工耳目者"。④邮政受到投递时间的限

① 徐雪筠、陈曾年、许维雍等：《上海近代社会经济发展概况（1882—1931）——〈海关十所报告〉译编》，上海：上海社会科学院出版社，1985 年，第 153—154 页。
② 徐雪筠、陈曾年、许维雍等：《上海近代社会经济发展概况（1882—1931）——〈海关十所报告〉译编》，上海：上海社会科学院出版社，1985 年，第 198 页。
③ 张仲礼：《近代上海城市研究（1840—1949 年）》，上海：上海人民出版社，2008 年，第 201、742 页。
④ 广东全省长途电话管理处总务课：《广东全省长途电话概况》（第 1 册），广州：广东全省长途电话管理处庶务股，1935 年，弁言，第 2 页。

制。以上海公共租界工部局书信馆为例，黄浦区每天仅投递邮件一次，附近居民提出每天投递两次，工部局认为"这样就需要再雇用一名苦力，每年须花104元"，以人力不足予以拒绝。虹口区一般在下午5时以后就不再投递邮件，一直要等到第二天7时30分送报时再送，引起用户不满。邮件数量递增，原有工作人员难以圆满完成任务，工部局董事会将每天的快递投递时间限制为上午9时至10时30分，下午1时30分至4时。[①]为了与民信局竞争，大清邮政局将上海开筒投递的频次增至十次[②]，以满足不断增长的通信需求。水陆空等交通事业的发展，便利了货物吞吐和人们出行，为社会资源的流通提供了方便，信息流通如若依赖于交通工具，则需要一定周期。电报的使用可以将千里之外的信息瞬间转达，减少了人们的出行次数，缩短了不断扩大的空间距离，极大地提高了通信效率。在城际、国际等长途信息传递方面，较之以往的书信往来、登门拜访，电报具有绝对优势。电话是在电报技术基础上的进一步改良。在电话即将投入使用的时候，人们将之作为电报的对比物。1877年5月英国剑桥的电话推销广告如是叙说电话的优点："一、毋需熟练电报收发人员，你们可直接谈话，没有第三者插在中间。二、用莫尔斯电报，每分钟不过传达15至20个字，用电话可以传达100至200字，何等迅速！三、运用维持和修理，不要你花钱，没有复杂的设备，再简单经济没有了。"[③]电报是利用电码来传递信息的，成本较高，传达字数有限。而且，在任何一个时刻，早期莫尔斯电报线在同一个传输方向上只能承载一条信息，在一条线路上不能同时发报和收报，这种局限通常意味着电报会像山一样地堆积在电报局，往往排队几个小时才能传输并最终传递出去。1901年，上海电报局开始采用韦斯登电报机，发报速度每分钟最高可达300个汉字。1916年后，上海电报机又得到进一步改良，在一条线路上可同时收报和发报，电路通报效率提高一倍。然而，电码符号需要专门的技术人员传译，在同城及国内信息需求方面，往往不够便捷。"通信事业之便捷，无过于电话，绝非邮务电报所能及"[④]，"电报传话虽速，往往语焉而不能详；邮政递信较详，而舟车往还又往往需

---

　　① 上海市档案馆：《工部局董事会会议录》（第7册），上海：上海古籍出版社，2001年，第777、792、803页。

　　② 邮电史编辑室：《中国近代邮电史》，北京：人民邮电出版社，1984年，第38页。

　　③ 《电话之今昔观》，《电世界》1947年第11期。

　　④ 黄曾铭：《电话国有与商办问题之研究》，《电气》1914年第3期。

费时日；若电话者兼两者而有之，虽隔极长距离，实同当面叙话"①。邮件投递时间的限制，水陆空交通运用领域的不同，电报专业技术的要求，以及城市经济、文化、人际等市内日益增加的通信要求，为电话事业的兴起和发展，提供了市场需求。

二、最早接触电话技术的中国外交官

电话发明不久，远在西方的中国第一批外交官，就已接触实物。他们的经历，代表了中国人最初见到电话时的状态。有资料显示，最早于海外接触电话的国人是郭嵩焘与张德彝。郭嵩焘时任清朝驻英、法公使，张德彝为公使随员和翻译。1877 年 10 月 16 日，郭嵩焘在日记中记载，当天他应邀携张德彝访问一位伦敦电报实业家的工厂，在产品陈列室中，主人向他重点介绍了一种名为"声报"的新品。郭嵩焘详细描述了其构造，"西洋取用电气，穷极心力搜索，出奇无穷。近年卑尔（即贝尔）所制声报，亦用电气为之。上下楼由右引至左，相距约数十丈，安置电线，各设小木案以便凭坐。两端为木杆圆柄，纳电线其中，约长三寸许，上有圆盘，径二寸许，凡两层。内层缩小五寸许，上为圆孔，径八寸，衔马牙铁饼其中，薄仅如竹萌之半，上下并贴薄锡，中安铁柱，用电线环绕之，安置柄中，铁饼距铁柱中间不及一秒"②。接待人员格里向郭嵩焘讲解了"声报"的工作原理，"人声送入盘中，则铁饼自动，声微则一秒动至二百，声愈重则动愈速，极之则一千，与耳中之膜纳声音同一机杆。声在耳中，如锥刺之，则自知痛，痛不在锥也。铁膜动，与耳中之膜遥相应，自然发声"。郭嵩焘描述的"声报"的外形，以及格里解说"声报"的工作原理，与贝尔发明的电话完全一致。听完格里的解说，郭嵩焘对于初次接触到的这个新奇器件的工作原理并未完全理解，"然其理吾终不能明也"。之后，他叫张德彝到楼下，两人各自拿起身边的话机开始通话。郭嵩焘发现通话效果不太理想，如果是简短的语言尚可，只要对方说一些复杂的句子，便听不分明，"其语言多者亦多不能明。问在初（即张德彝）'你听闻乎？'曰'听闻。''你知觉乎？'曰'知觉'"。之后张德彝从一数到七，郭嵩焘亦听得甚为分

---

① 《反对日人包办电话之议案》，《申报》1920 年 5 月 24 日，第 10 版。

② （清）郭嵩焘：《郭嵩焘日记》（第 3 卷），长沙：湖南人民出版社，1982 年，第 309 页。

明，不由得称赞"声报"这种发明"耳目聪明实亦有过人者"①。郭嵩焘虽出身科举，却思想开放，积极向西方学习以图自强。1856年，他到上海拜访了英、法、葡领事，参观了其洋行和火轮船。后与曾国藩、李鸿章等一起，为兴办洋务而奔走呼吁。作为近代中国首位驻外公使，他极为关注西方发达科技，利用身在海外的机会，仔细观看其外形结构，虚心听取其原理性质，还进行了详细记载，甚至亲身体验，以期能对国内的自强事业有所裨益。1878年，郭嵩焘卸任归国前夕，曾请张德彝设法购买"特雷风"（telephone）。

　　另一位接触电话的人为马建忠。1876年，受李鸿章、沈葆桢保举，马建忠以驻法公使随员的身份前往法国，进入巴黎政治学院主修国际法，兼任郭嵩焘的法语翻译。1878年6月，马建忠完成了巴黎政治学院的学期考试，"功课稍宽闲"，便参观了正值举办的巴黎世博会。在给李鸿章的上书中，他陈述了此次"炫奇会"的盛况和宗旨，对各种新奇器物，却并未产生多大兴趣，认为其至多产生了轰动效应，没有多少实际作用，"至于电线传声与电报印声，徒骇见闻，究无大益"②。马建忠所见"电线传声"即电话。当年7月27日曾纪泽被清廷任命为新任驻英、法公使。在赴任前，曾前往天津李鸿章处，翻阅了马建忠等的上书，以做一些准备工作，将之记入当天日记中。我们由此得见，近代国人初见电话时的另一种不同态度。郭嵩焘和马建忠均为近代中国最早的外交官，海外的经历使其能够较早接触贝尔发明的电话。作为较早接触这一新鲜事物的人，当时他们对于电话还没有统一的称谓，"声报""特雷风""电线传声"等各种叫法不一。郭嵩焘等对电话这一近代先进科技的产物抱持一种称赞和学习的态度，反映了近代国人虚心学习西方的努力。

　　早期国人接触电话时惊叹与疑惑之情并存，后来的国人将电话的发明及其工作原理研究得更为透彻，尤以薛福成为代表。1890年，被誉为中国最早的科普期刊的《格致汇编》对电话亦有评价："西人创有传声器即德律风，能远近通言"，"已嘱巧而奇"。③薛福成并未停留在感叹的阶段，而是通过详细考证和研究，对电话的历史、构造及原理有了更加深入的了解。薛福成出身于书香门第，广览博学，尤其致力于经世实学，撰述甚丰。任

---

① （清）郭嵩焘：《郭嵩焘日记》（第3卷），长沙：湖南人民出版社，1982年，第309页。
② （清）曾纪泽：《曾纪泽日记》（中册），长沙：岳麓书社，1998年，第785页。
③ 〔英〕傅兰雅：《新创记声器图说》，载《格致汇编》（1890年春季卷），上海：上海格致书室，1890年。

中国驻英、法、意、比四国公使时，薛福成写就《出使英法意比四国日记》，
凡英、法、意、比四国见闻，逐日记录，其中尤多内容关涉各地工商业发
展、科学技术革新、中外交往等。1892 年 7 月 6 日（光绪十八年六月十三
日），薛福成在日记中重点描述了"德律风"的发明过程及工作原理，称赞
到"电报之法奇矣，德律风则奇之又奇"。与现今一般观点所认为的贝尔发
明电话时间为 1876 年不同，薛福成持论"此器成于光绪三年"，即 1877 年。
他认为，虽然前一年贝尔的电话于"美国赛百年大会"上展览，引起了相
关专业人士的高度肯定，"谓电气之用，至此超前绝后"，但还只是"粗具
规模"，初创之时"尚未尽善"，"倍尔（即贝尔）遂复精思更改"，迨第二
年即 1877 年 5 月 5 日，"就暴斯敦（即波士顿）大堂聚集众人，又于十五
里①外集众亦如之，以德律风传言，互相问答，其应响；又歌一曲，音调
铿锵，如在耳际。又一线通至一百二十九里外，歌声自器中出，亦如之。
众方知德律风有如此之妙用"，电话的性能才达到完善，也被世人所乐于接
受和使用，"用以传述事务"，"既而市肆及煤矿俱用之"。例如，矿政中"用
一千八百尺长之线，由总局通至矿内；向有量空气表，及用德律风相接，
出声如报时钟，以报空气之多寡"。对于贝尔电话的工作原理，薛福成的理
解非常精准，"用电气收入人声，由线通彼处之电气，复发为人声"，并分
两个部分介绍了"收声"和"发声"："盖倍尔凤精格致之学，谓万物本无
声，击动空气始得成声。试以极薄之铁皮，成一空心圆泡。就其口呼吸之，
则铁皮动有凹凸形。即于泡外置一小笔头，用纸条移过，则笔因泡动而作
点画，如电报然。因悟声者，击动空气而得，遂用电线传声，成此德律风"，
此处所介绍的，即贝尔电话的"发话器"，即后来为人们所熟知的"话筒"
的工作原理。对于"受话器"（听筒），薛福成的描述亦颇为形象生动，"其
听之之法，用木制一筒如人耳然，筒有窍，窍中以极薄铜皮，置为耳膜；
筒中置有电之吸铁，绕以细铜丝以接电线。传语时，语音击动筒内耳膜，
使吸铁受其声；由电线传至彼处，听之绝不模糊"②。薛福成提倡对外开放，
学习西方科学技术，熟知经世之学，对电话发明史的考证、相关原理的理
解和研究也已达到一定的高度，体现了当时国人积极钻研西方科技的精神，
反映了当时较多人士已经对电话这一新式器物不再陌生。

---

① 1 里=500 米。
② （清）薛福成：《出使英法意比四国日记》，长沙：岳麓书社，1985 年，第 574—575 页。

事实上，薛福成在西方考察电话之时，距离上海租界创办第一个电话交换所已有十年的历史。与早期对电话称谓不一的情况不同，傅兰雅和薛福成也都不约而同地将电话称为"德律风"。关于这一叫法的由来，据刘正埮等的《汉语外来词词典》记载，德律风，又作"德利风、独律风、爹厘风"，源自英语 telephone，中文意思为"远方的声音"，为贝尔在 1876 年采用的术语。①此种解读偏于英文单词命名的由来，未作特定称谓源流的考证。"德律风"此语的用法，源自近代上海特有的洋泾浜对英语单词 telephone 的音译。②后来被人们广泛使用的"电话"一词来源于日本，是近代西学东渐的产物，其字面意思即"利用电流使两地的人互相交谈的装置"③，属于单词 telephone 的意译。

第二节　近代上海电话公用事业的产生

随着工商业的发展、人口的增加、文化的繁荣、社会交往的频仍，人们要求提高信息传递的速度和准确性，迫切需要快捷方便的通信工具。电话发明之后，很快作为一项新奇的技艺被引入。近代上海外侨成为第一批使用电话的人。在他们的推动之下，近代上海电话业率先步入正轨。诸多有识之士对于电话通信前景的乐观，推动了电话事业的诞生与起步。近代上海电话业的经营分割于华、租两界，长期分属国民政府交通部、公共租界工部局和法租界公董局三方的管理之下，处于互不连通、各自为政的状态。

一、电话传入和近代上海民众的反应

上海作为近代首开风气之先的城市，在引进国外先进科技方面得天独厚。作为近代中国最大的外侨集聚地，上海租界率先引进电话。电话传入的具体时间，众说纷纭。据分析，大致以两种说法最为普遍。于 1883 年成书的《淞南梦影录》对电话这一新鲜事物，进行了详细的叙述，"上海之有德律风，始于壬午季夏（1882 年夏）。其法沿途竖立木杆，上系铅线

---

① 刘正埮、高名凯、麦永乾等：《汉语外来词词典》，上海：上海辞书出版社，1984 年，第 76 页。
② 近代上海为洋商大埠，上海话中有许多从英语中演变而来。"洋泾浜者，英语与华语夹杂而产生之语言，非驴非马"，邹嘉彦、游汝杰：《汉语与华人社会》，上海：复旦大学出版社，2001 年，第 264 页。
③ 刘正埮、高名凯、麦永乾等：《汉语外来词词典》，上海：上海辞书出版社，1984 年，第 82 页。

二条，与电报无异。惟其中机括，则迥不相同，传递之法，不用字母拼装，只须向线端传语，无异一室晤言"①。《上海地产大全》延续了这一说法，据其记载，"上海之有电话，自公共租界始，其时间为逊清光绪八年"②，即 1882 年。罗苏文亦持论最先将电话介绍到上海是在 1882 年，由英国电气工程师毕晓普沿街架设一套对讲电话，吸引人们试讲③。另有一种说法认为，电话的发明的第二年，即 1877 年就传入了上海，具体见上海通志馆编的《上海历史上的今天》、熊月之主编的《上海通史》（第六卷）、王垂芳主编的《洋商史：上海 1843—1956》等。据考证，前两者重在介绍近代电话业的开始，后者说明了近代上海人最早接触电话的时间。至于近代第一架电话的用途为何，说法不一。其一，与早期在欧美的境遇一样，电话初入上海之时，也是作为一种游戏器具来展示的。由两个外国人在上海十六铺沿街架设一对露天电话，过往行人付 36 文制钱，即可通话一次。虽音量小，杂音大，但好奇尝试者不乏其人。④其二，这种传声器传到上海后，最早使用的是驻沪各国领事馆和洋行。当时没有经营电话业务的企业，只要缴纳电话杆租金，即可自行挂线对讲电话使用。⑤其三，1877 年1 月，上海轮船招商局托西人造电话机一副，其电线由金利源栈房通至总局公务厅⑥。后两种说法反映了电话使用人群的不同，第一种说法反映了电话最初进入上海时人们的好奇心理。

　　近代上海民众对于电话这一由西方传入中国的新发明，经历了一个由好奇到期待的心路历程。电话具有"听远可以如近"的独有功能，上海人的最初感受是颇为新鲜、奇特和不解。当时有人听说虹口设有电话，通语闻声，如若面谈，不免产生疑虑。于是相邀几位友人前往试用，虽"相隔颇远，果能传言达语，不爽毫厘。且无论中外言语，俱能传达无差。虽远至数里，亦不有误"⑦，大为信服，电话在传递信息方面的优越性逐渐成为

　　① （清）黄式权：《上海滩与上海人：淞南梦影录》，上海：上海古籍出版社，1989 年，第 142 页。

　　② 陈炎林：《上海地产大全》，上海：上海地产研究所，1933 年，第 254 页。

　　③ 罗苏文：《上海传奇：文明嬗变的侧影（1553—1949）》，上海：上海人民出版社，2004 年，第 186 页。

　　④ 叶亚廉、夏林根：《上海的发端》，上海：上海翻译出版社，1992 年，第 98—99 页。

　　⑤ 王垂芳：《洋商史：上海 1843—1956》，上海：上海社会科学院出版社，2007 年，第 311 页。

　　⑥ 熊月之：《上海通史》（第 6 卷·晚清文化），上海：上海人民出版社，1999 年，第 88 页。

　　⑦ 《格致汇编》第 11 卷第 207 条，"互相问答"，光绪三年（1877）。

共识。1878 年，《申报》记录了当时人们对于电话的进一步认知，"新来中国之传音机器，西人名曰德律风"，"相距十余里，将德律风各一具与电线接连，以口互相传话，两处听之宛若面谈"。由于处于初创阶段，电话早期的性能未能使人们满意，"相距百里矣，然仍可传语，惟程途既远，不如先时之明晰，缘近电线一带之声音有如蝇鸣，兼城内人声嘈杂，以致听辨尚欠明爽"。但是，人们已看到这一新鲜事物独有的优点，怀抱一种悦纳的态度，希望能够有进一步的改良，以方便"人事"，"观察亲自察验约半时之久，传递往来迅速，已深色喜，以为虽未十分明白，究由初创，若再精益求精，当必可观，实于人事大有利便"。①后由于传声器（即麦克风）的采用，贝尔电话的通话质量得以提高。此项消息很快传到上海，"西人制造传语之器，名曰德律风，现在得一新法，比前考究，极为利用。以线端向耳边听所传之语，其声音较前更大"，其用途也为近代上海人所熟悉，"据闻已制成多具，现在美国牛约城特设一公司，凡商人家之账房中各设一具，其总线则在公司，如遇各商欲与银行或各行栈传信，先向线端报知公司，将此处之线与别家线头接牢，然后彼此各在线端问答，如同面语，虽十余里之外皆可听得明白，诚较之电线更为便捷利用矣"，人们显露出在上海采用此种传语方法期待而迫切的心情，"若将此法遍行于各衙署之内，则传递消息禀白诸事，岂不大便宜哉"。②近代上海民众对于电话的认知，已由最初的游戏器具，转变为可以赖以传递消息的通信工具，由最初的惊奇转变为赞叹，甚至跃跃欲试，以运用于公务处理、日常生活和商务往来。

最早认识电话通信前景，试图于上海发展电话业的是经营收发报业务起家的大北电报公司一名叫索恩的电工。1879 年 9 月，他以个人名义向公共租界工部局提出，在租界内建构一整套电话通信网。作为一项新兴事物，公司与工部局对电话业抱持一种较为谨慎的态度，均担心得不到足够的订户。③作为上述计划的修正，1881 年 10 月，大北电报公司放弃构建电话系统和申请电话专利权的设想，提出在工部局的管理下，安装一些电话交换系统所需要的电线杆和电话线，借此试探市场的反应，此项申请很快得到

---

① 《试验传音》，《申报》1878 年 7 月 22 日，第 2 版。

② 《德律风妙法》，《申报》1879 年 10 月 1 日，第 2 版。

③ 上海市档案馆：《工部局董事会会议录》（第 7 册），上海：上海古籍出版社，2001 年，第 686 页。

了市政当局的批准①。随后，英商上海电话互助协会、英商中国东洋德律风公司等，亦取得由公共租界工部局发给在公共租界内竖立电话线杆等的许可证。

听闻电话业拟在上海开办，人们不由得表达出欣喜之情，对电话在交流信息方面直接、形象、准确的优点大加赞赏。当时《申报》报道："西报载有外国电线行告白，言上海地方将通行德律风，工部局已曾核准矣。德律风者所以传递言语，为电线之变相。亦以铁线为之，持其一端，端上有口，就口中照常说话，其音即由此达彼，听者亦持其一端而听之，与面谈无异。不但语言清楚，而且口吻毕肖。"早期上海人习惯将电报称作"电线"，与之相比，电话"传话"的特点尤为突出。源自美国的电话交换机的研制和运用，便于电话网络的覆盖，也为近代上海民众津津乐道，"刻下欧洲、美国各处所造德律风愈作愈精，愈推愈广，故拟选其机器之最精妙者，在本埠相度地势，创一总局……各家用德律风者，总局皆给与机器一副，其总关键则操之总局，譬如东家欲与西家语，先与总局说知，总局即告知西家，而将东西两家铁线接而连之，即可东西通语，而总局不能与闻。说毕，另有一铃，摇其铃，则总局知之，将铁线拆开。又如有人欲传语某处，亦可自至总局，就其线而传之。如欲不经由总局，另自相通，亦无不可，其妙更踰于电线"，"此法一行，无论华人、西人皆可置备，相隔数里，或为风雨所阻，亦不难遥遥共话"，在其看来，即将使用如此奇妙的通信工具，"是又一快事"。②近代上海人以异常的热情，翘首以盼，认为"将来工程告竣，传消递息尤觉便捷无伦"③，"用此机器者，其声音清楚，与面语无异。西法标新示异，层出不穷，沪上又将增一奇观矣"④。电话事业的兴起成为近代上海人心目中的"快事"和"奇观"。

与此同时，关于因电话而发生火灾或触电的负面新闻接踵而至，人们对电话这一新兴事物亦存在疑虑，但这并未成为电话事业在近代上海引进和快速发展的阻力。适值上海租界德律风工程动工之际，《申报》转印一篇报道，记叙了法国巴黎地下地火电线因工人施工时不慎破裂，德律风电线

---

① 上海市档案馆：《工部局董事会会议录》（第7册），上海：上海古籍出版社，2001年，第757页。
② 《沪上拟用德律风》，《申报》1881年12月5日，第1版。
③ 《德律风动工》，《申报》1882年2月12日，第2版。
④ 《传语新法》，《申报》1882年8月22日，第2版。

不慎与之误接，遇明火燃烧，最后造成少年拨打电话时，传语管中"突冒火焰"，焚毁约一千两财物[①]。1886 年创刊于上海的《德文新报》曾刊登文章云"近有纽约居人某氏，在电话机传语时为电力击毙。次日警察往视，其人仍直立电话机前，左手执电话之听器，右手则方启电灯之机关。盖此人在电话时欲开明室中之电灯，不意两电相感，彼适居间，遂致击毙，其两手均为电火烧焦"，"惨矣"。[②]最终消除社会疑虑的关键，乃电话试用后对人们没有危害这一事实。"上海辟做商埠的时候，租界一切布置，还不十分完备。至前清光绪八年，方设立电话，华人听了非常诧异，刹时间，谣言四起，说凡是装置着电话的地方，要被雷击，人心汹汹，不可抑制，政府恐怕闹出事来，特向西官交涉。后来因为试办无害，便将从前的阻止，变做放任。"[③]人们逐渐在实践中认清电话此种新兴事物的好处。关于电话使用不良影响的谣言散布并未影响人们对于德律风的好奇和期待。他们相信"天下事有一利，必有一弊"，如德律风等事物"其利固为无穷，而其弊亦正不免。然其所以致弊者，大都由于不善用之之故"，提倡采用正确的使用方法，不可因其潜在的危险，而忽视其功用，"弊固不可不防，利亦不可轻弃，神而明之存乎，其人所愿与，究心利弊者，篹度及之"[④]，着意提醒读者"近日中国电话电灯已渐通行，似此易于疏忽之处不可不注意也"[②]。此种言论意在劝导人们在面对电话等新兴事物时，应该积极面对，主动接受，尽量做到趋利避害，不可因噎废食。

二、电话经营单位的嬗变

近代上海电话事业经历了华、租两界两种不同的发展轨迹。租界电话起步早，发展迅速，长期处于外商电话公司的管理经营之下，由最初分散的局所兼办逐渐合并为统一的专门化公司经营。华界电话局为清政府在招商承办相关政策的鼓励下，由商人承办，后在政府政策干预下，长期处于清政府邮传部和国民政府交通部管辖之下。近代上海电话主要经营单位情况如表 1.2 所示。

---

① 《铁线引火》，《申报》1882 年 1 月 27 日，第 1 版。
② 《电话注意》，《北洋官报》1905 年第 573 期。
③ 徐应昶：《电话》，上海：商务印书馆，1933 年，第 34—35 页。
④ 《利弊相乘说》，《申报》1882 年 11 月 9 日，第 1 版。

表 1.2　近代上海电话主要经营单位情况

区域	名称	成立时间	主要负责人	主要话机类型	所在地	备注
租界	大北电报公司电话交换所	1882年2月	丹麦商人	磁石式人工电话	外滩7号	于正月十二开放通话，所设电话交换所为上海第一个电话交换所。于1883年被英商中国东洋德律风公司接盘
	上海电话互助协会交换所	1882年3月	英国商人	磁石式人工电话	九江路2号	于1883年被英商中国东洋德律风公司收购
	中国东洋德律风公司	1882年2月	英国商人	磁石式人工电话	外滩7号，后迁至四川路14号	为中国东洋德律风公司设在上海的分公司，于1900年2月结束业务
	上海华洋德律风公司	1898年	瑞典爱立信电话公司上海代理商与英商、华商合组	磁石式人工电话，后筹议改进话机制式	汉口路14号	1900年接手整个租界电话业务。1908年和1909年分别与公共租界工部局、法租界公董局签订为期30年的专营权。1901—1929年，开通西区静安寺路等10个电话交换所
	上海电话公司	1930年8月	美国商人	1932年3月完成旋转制自动电话改建	江西中路232号	全面接盘英商上海华洋德律风公司，获得租界电话事业专营特许权40年。经过大力整合和改建，1932年3月共局所9个，经营至1950年12月
华界	南市东门外电话交换所	1902年	商办	磁石式人工电话	南市东门外新码头里街	1907年在其原址建立官办南市电话局
	电话沪局	1907年2月	清政府邮传部电政局设	磁石式人工电话	南市东门外新码头里街	即南市电话局，1916年7月改名为上海电话局南市总局，属北洋政府交通部。1922年5月迁中华路734号
	闸北电话局	1909年	清政府邮传部电政局设	磁石式人工电话	闸北共和路	1916年7月改名上海电话局闸北电话分局，属北洋政府交通部。后迁至共和路致富西里
	上海电话局	1916年7月	北洋政府交通部设	磁石、共电式并存，后改步进制	原南市总局旧址，后迁中华路734路	1933年4月完成南市和闸北步进制自动电话改装工程。至1937年8月，分营电话局9个
	淞阳电话公司	1923年5月	商办	磁石式人工电话	江苏省宝山县淞阳市，1928年7月改属上海市吴淞区	1933年被上海电话局接收，改建吴淞分局

资料来源：上海通志编纂委员会：《上海通志》（第6册），上海：上海人民出版社、上海社会科学院出版社，2005年，第4314、4316、4329页；《申报》（1882—1949年）相关报道。

注：中国东洋德律风公司的成立时间，相关论述语焉不详，均持论光绪九年（即1883年）接盘大北电报公司电话交换所。据公共租界工部局档案记载，中国东洋德律风公司与大北电报公司等几乎同时提出竖立杆线的申请，毕晓普于1882年1月向工部局去信提出筹建电话公司，电话公司于1882年3月提出使用工部局的电报柱子。中国东洋德律风公司的成立时间应该为1882年2月。

（一）租界：从电话交换所到上海电话公司

　　近代上海租界的电话事业经历了从单个交换局到公司规模化管理、从个别分散经营到被纳入市政建设统筹布局的发展历程。随着人们对电话通讯方便快捷等优点的认识、现代工商发展中业务交流的需要、市民生活水平的提升、租界当局的大力扶持以及电话广告的大力宣传，电话业发展逐渐趋于稳固，不断壮大，使用的户数日趋增加。

　　大北电报公司等早期电话经营单位为近代上海电话业的开创奠定了基础。1879年9月公共租界工部局董事会收到一封信函，信中大北电报公司电工索恩提出，他准备为租界提供一整套电话通信网，条件是工部局董事会要对他做出如下保证："甲：在董事会认为合适的条件下允许他在工部局所属的街道和马路埋设套有铁管的电缆，以便在租界及其临近地区的几栋大楼之间埋设电话线路，同时如果他的计划得不到公众的必要支持，也允许他保留不行使这种批准的权利。乙：董事会保证在1880年9月10日以前，不再批准任何其他人埋设电话网。丙：允许他在电缆及仪器安装好之后，将电话网委托给某人或某些人去经营，并允许他动用业务收入。丁：如果在管子埋好后，发现该电话网不能使用，允许他按董事会规定的方式和时间将管子和电缆挖出来，就像煤气管出毛病时挖出来检修一样。"①作为大北电报公司的员工，索恩有机会接触到西方先进科技带来的最新发明，也熟知兴办电信事业的各种程序。他于电报事业发展蒸蒸日上之际，敏锐地发现电话这一新兴事物在近代上海的潜在市场，具有超凡的前瞻性。但毕竟是首次提出此种设想，在向公共租界工部局阐述计划时，索恩采取了十分小心谨慎的态度。电信贵在联通，索恩希望工部局给他一年的时间，去实现租界专营电话通信网的准备工作，同时去争取尽可能多的用户，并为自己预留了不成功的余地。工部局董事会作为租界市政管理方，不排除可能赞成上述计划的概率，却也隐约显露出对个人能力的怀疑，希望看到公众的反应，才承诺提供必要的方便。此项计划最终夭折。经过一年有余的酝酿，1881年6—10月，大北电报公司派出代理人，数次与工部局董事会交涉兴办电话业的具体合作事项。6月1日，大北电报公司代理海兰特提出，按照美国和欧洲所采用的同样规划，在英租界和美租界内建立一个

---

① 上海市档案馆：《工部局董事会会议录》（第7册），上海：上海古籍出版社，2001年，第686页。

电话系统，申请 10 年的专利权。8 月 31 日，再次提出申请书，请求在租界内建立一电话局，为期 20 年。工部局董事会不愿孤注一掷，表示不可能批准 20 年的专利权。为取得信赖，大北电报公司邀请工部局董事会参观相关的电话器械，并于 10 月提出修正案，要求在工部局的管理下，安装一些电话交换系统所需要的电线杆和电话线。1881 年 11 月，工部局总董、公司代理人以及工部局工务委员会委员签署大北电报公司在租界范围经营电话业合同。次年 2 月，大北电报公司在外滩设立电话交换所开放通话，成为首个取得在租界经营电话事业资格的单位。

与大北电报公司几乎同时，英商立德洋行、英商仁记洋行、美商旗昌洋行、东洋德律风公司等先后向公共租界工部局提出建立电话局的请求。对待众多申请，工部局均表示有两点疑虑：①能否提供此项计划的详细规划案；②是否有足够的财力将工程完竣。经过选择，工部局仿照大北电报公司的先例，同意发给立德洋行竖立电线木杆、架设电话线的许可证。1882 年 3 月，英商立德洋行旗下上海电话互助协会获准在公共租界和法租界经营电话业务。①上海电话互助协会电话交换所设于九江路 2 号。为了与大北电报公司电话交换所竞争，上海电话互助协会故意降低租费。此时，两个电话经营单位分属于不同的网络，彼此之间互不相通。工部局对于将区域内电话系统交给一家公司专营的申请，显得格外慎重。随着各个通信网络之间的分隔阻断，用户不方便，公司业务拓展受到限制，界内各电话经营单位由分散走向集中是必然的趋势。

在公共租界工部局的行政干预下，租界电话事业的分散格局得到整合，管理日渐完善，发展逐步壮大。1883 年，经过工部局授权，中国东洋德律风公司接盘大北电报公司电话交换所和上海电话互助协会，租界内两个电话系统得以并网统一。公司先设于外滩 7 号大北电报公司内，后迁至四川路 14 号。1897 年，中国东洋德律风公司向工部局申请订立电话特许专营合约。由于该公司经营不善，服务质量差，安装户数不多，经营 16 年，装用电话仅 300 余户。工部局决定以投标方式决定电话专营权的所有者。1900

---

① 上海市档案馆：《工部局董事会会议录》（第 7 册），上海：上海古籍出版社，2001 年，第 744、754、766 页。经考证，《工部局董事会会议录》此处翻译有误，1881 年 12 月至 1882 年提出在租界内树立电线木杆和架设电话线者应是东洋德律风公司（The China and Japan Telephone Company），而非华洋德律风公司（The Shanghai Mutual Telephone Company）。前者成立于 1882 年，后者成立于 1898 年。

年初，英商华洋德律风公司中标，中国东洋德律风公司单方面宣告停业，致使公司旗下约 360 户电话中断通话长达 4 个月之久。1900 年 7 月，英商华洋德律风公司开始营业，电话用户共 107 户。1908 年 5 月和 1909 年初，华洋德律风公司先后与公共租界工部局、法租界公董局签订为期 30 年的电话专营合约，营业区域由最初的租界局部延伸至整个租界，乃至南市、闸北、浦东、沪西、沪北等越界地区。为了吸引客户，华洋德律风公司采取刊登广告、减少收费等办法的同时，大力改进服务设施，业务远远超过中国东洋德律风公司。到 20 世纪 20 年代，华洋德律风公司各交换所采用电话制式复杂，人工接线效率低下，逐渐难以满足不断增加的用户通信需求。各大报纸不断有用户不满公司服务的呼声，公司改进举措却迟迟不见成效。在公共租界工部局和法租界公董局的主持下，华洋德律风公司电话专营权被取消，租界电话业务另行招商投标。结果美商国际电话电报公司中标。1930 年 8 月，美商上海电话公司全面接盘华洋德律风公司，享有租界及越界筑路地区为期 40 年的电话专营权。新成立的上海电话公司改进硬件设施，改造自动式接线机，提升电话服务，电话业务得到较快发展，上海电话公司自"接办以来，历年盈余，恒在数十万以上"[①]。1941 年太平洋战争爆发后，日军对上海电话公司实行军事管制。1944 年 7 月，上海电话公司并入伪华中电气通讯信公司。抗日战争胜利后，美商上海电话公司重新恢复经营，继续享受原租界电话专营权，并获许在原越界筑路区域内经营电话业务[②]，直至上海解放。

（二）华界：从电话沪局到上海电话局

华界电话局的发起，源于清末民间社会防止国家电话主权的旁落。华洋德律风公司自经营租界电话业务始，便利用公共租界越界筑路之际，将电话线路延伸到华界地区，不断扩大营业区域。这一行为遭到近代上海许多有识之士的反对，他们联合奏请清政府，要求自办电话局，以保护南市、闸北等区域的电话经营主权。[③]为了维护国家电信主权，清政府电政督办大

---

① 《电话会再函纳税会抗争具体办法》，《申报》1936 年 3 月 24 日，第 10 版。

② 石源华：《中华民国外交史辞典》，上海：上海古籍出版社，1996 年，第 24 页。

③ 上海市政协文史资料委员会：《上海文史资料存稿汇编》（市政交通），上海：上海古籍出版社，2001 年，第 210—211 页。

臣盛宣怀于1899年奏准由电报局兼办电话，"德律风创自欧美，入手而能用，著耳而得声，坐一室而可对百朋，隔颜色而可亲謦欬，此亘古未有之便宜。故创行未三十年，遍于各国"①；为防止租界电话公司的进一步渗透，主张"以电报余利为推广电话之需"②。鉴于民众的呼愿和开明官员的奏请，以及设施建设的需要，清政府允准各省电话依照各地实际情况由督抚筹款办理，或由绅商集资兴办。

在清政府鼓励商办的政策支持下，上海第一个由中国人自行商办的上海南市东门外电话交换所于1902年在南市新码头里街三间简陋的民房中创立。为了竞争，制止租界电话公司在华界拓展业务，南市东门外电话交换所规定凡需要电话者，不收月租费，只收安装费10元。创办四年，由于资金不足，用户不多，该所经营不善，入不敷出。1906年，上海电报局奉电政大臣之命兼办南市电局。在原商办电话交换所的基础上，1907年10月南市电话局建成通话，负责经营租界以外中国政府管辖地界的电话业务。它是上海第一个由政府经办的电话局，俗称"电话沪局"。1909年又设立闸北电话局。两局均隶属于清政府邮传部电政局。1916年7月，国民政府交通部设立上海电话局，原南市电话局改名上海电话局南市总局，原闸北电话局改名上海电话局闸北分局。由于租界阻隔，南北两局中继线不得不绕道沪西，路线长，音量低，通话质量差，且不能与租界连线通话，上海电话局业务发展困难，安装户数增长缓慢。直至1926年2月1日，华租两界才互通电话，上海与其他省份的长途电话才有所发展。1933年4月上海电话局南市、闸北两局实现自动电话改装，通话质量得到改良，华界用户纷纷向电话局申请装置电话。华界除上海电话局外，尚有商办淞阳电话公司存在一段时间。由于上海特别市的成立，原属江苏省的吴淞市划归上海市区，淞阳电话公司于1933年收归上海电话局办（表1.2）。

上海华界电话业的发展深受社会局势的影响。"因八一三事变，上海电话局通信设备遭到严重破坏，闸北分局毁于炮火，郊区交换所数处被毁或被迫停话。南市电话分局原有用户2400线剩88线。"③上海电话局损失电

① 盛宣怀：《愚斋存稿》，北京中国书店据思补楼刻本影印，卷四，奏疏四，第3页。
② 张心澂：《中国现代交通史》，上海：上海书店，1931年；周谷城：《民国丛书》（第四编·经济类），上海：上海书店，1992年，第480页。
③ 上海通志编纂委员会：《上海通志》（第6册），上海：上海人民出版社、上海社会科学院出版社，2005年，第4335页。

话费、生产费和维修费共计 242 600 余元。[①]上海沦陷后，上海电话局被日军占领，被迫停业。1938 年 3 月 7 日，日军在上海成立"华中电气通讯信公司"，将原上海电话局的相关业务囊括在内。1945 年 8 月日本投降后，交通部上海电信局成立，局址设在今四川北路 1716 号，经营国内电报、船舶电报、国内国际长途电话和原华界地区的市内电话业务，以及管理全市广播电台。[②]上海解放后，上海电信局由上海市军事管制委员会接管。1954 年 3 月 18 日，上海电话公司和上海电信局电话处合并，组建上海市市内电话局。

　　综上所述，电话通信技术的起源和推广符合了近代上海都市信息流通的需求。随着海内外国人对电话通话优点的认识，近代上海电话事业开始起步并获得快速发展。由于近代上海特殊的社会历史环境，华租两界电话事业发展呈现出不同态势，经营主体和方式不同、电话制式存有差异、电话取费各有高低，都对近代上海社会产生了深远影响。围绕电话事业管理权属、经营方式、租费厘定等问题，国民政府交通部与上海市政府、公共租界工部局与租界电话公司、电话经营方与用户等相互之间矛盾突出，博弈频繁。

---

　　① 《沪战中电话损失》，《申报》1932 年 12 月 20 日，第 11 版。
　　② 中国电信上海公司：《电信的记忆——上海电信 138 年》，上海：文汇出版社，2009 年，第 23 页。

第二章

电话管理权属的演进：国权与民利的双重博弈

电话业发展深受社会历史环境的影响。清末政局不稳，财政匮乏。北洋政府时期军阀割据，长期混战，中央权威丧失，政策法规难以贯彻实施。南京国民政府时期，各地电话业起步时间不一，经营方式多样，发展水平参差不齐；电话管理权属情形各样，大多数由外商经营，自办电话也存在民营和公营区别，后者又分为部办、省管、市营三种形式。上海电话经营格局多样化，是近代中国电话业发展的一个缩影：中央与地方存在隔膜，华租两界三方各自为政，缺乏统一规划和部署，电话技术参差不齐，经营和管理权责不明，重复建设和线路无序问题严重。中央政府着眼于全国电话线路的整理，地方政府更关注当地的实际需求。近代上海电话业部办、市营、商办以及国营归属权问题由此产生。

第一节　特别市设立后部办上海电话局归属权之争

南京国民政府成立后，政局相对稳定，经济建设成为政府和社会的共同呼声。为适应经济建设、社会发展的全局，电话国有呼声愈发高涨，相关政策实施力度愈发加大。南京国民政府加强了对于全国电话事业的统一部署和规划。此点有利于全国电话线路的连通，却不利于地方实际情形的切实考虑。由于地理空间距离的缘故，隔空指挥，行政管理沟通困难，中央电话政策与地方实际不免存在隔阂。适值全国建立特别市，关于城市电话市政管理重要性的认识更加明朗。上海电话局部办还是市办的管理权属随即成为重点关注问题。

一、上海电话市营问题的产生

华界上海电话局诞生于清末，历经清朝、北洋政府、南京国民政府几个历史时期，近代上海特殊的政治地理格局对电话事业的发展产生较大影响。近代上海电话业的发展曲折艰难。电话沪局的诞生源于清政府防止上海华界电话权旁落外人之手，鼓励各地集资商办。由于民办经营不善，电政大臣倡议以电报余利兴办电话，支撑电话业继续发展。此时，上海电话局隶属于上海电报分局。上海一地除上海电报分局外，尚有驻沪的中国电报总局，属于官督商办性质。1903 年，中国电报总局收归国有，改为官办。1906 年 9 月，清政府设立邮传部。次年 3 月，邮传部接管全国电信事业，下设电政司，中国电报总局改组为电政局。1908 年，清政府进一步将全国原商办电报局全部收归国有，改为官款官办。1912年，南京临时政府交通部迁往北京，接收邮传部，裁撤了原设于上海的电政总局，各地电报局归交通部电政司直接管辖。上海电话局亦转为交通部直辖范围之内。北洋政府时期，江浙连续发生几次争夺上海的军阀战争。电话事关"军事机密要件"传递，为传递政令和军事消息，"消息立通，不致再有避滞等弊"①。上海电话局虽由交通部直辖，却不免成为直、奉、皖等各派军阀争权夺利的工具，局务发展、局长委任等向来受江浙地方势力的影响。由于上海电话局财力所限，原料缺乏，局务发展宗旨率先服务于政治和军事，其次才是实业发展，长期以来，上海电话局务发展不足。

　　上海特别市设立之后，随着市建制的完善，行政职能日趋完备。电话事业作为市政事项的一种，在上海特别市市政管理中的地位被日渐明确。1927 年 6 月 20 日，国民党中央政治会议通过《特别市组织法》，决定在中华民国首都、人口百万以上的城市及其他有特殊情形的都市，依国民政府特许建为特别市。仅就人口而言，上海 1900 年就超过 100 万，1915 年超过 200 万，成为中国第一、远东第二大城市。②随着社会经济的发展，20世纪 20 年代上海设立特别市的呼声愈来愈高涨。连续几次江浙战争，使上海的经济发展、民众生活受到严重影响。上海民众不愿再因军阀争夺招致兵灾，市民自治运动兴起。经过积极筹备和努力争取，1927 年 7 月 4 日，中央政治会议第 111 次会议通过《上海特别市暂行条例》，于 7 月 14 日经国民政府公布，决定设立上海特别市，直隶中央政府，不入省县行政范围。

---

①《南市长线电话之预备》，《申报》1914 年 6 月 14 日，第 10 版。
② 张仲礼：《关于中国民族资本在二十年代的发展问题》，《社会科学》1983 年第 10 期。

特别市的成立使上海华界地区长久分散、紊乱的行政权属统一起来。①《特别市组织法》第五条第十项规定，特别市在不抵触中央法令的前提下，可办理"市交通、电气、电话、自来水、煤气及其他公用事业之经营取缔事项"②。在此指导下，《上海特别市暂行条例》第七条第十一项载明，上海特别市行政事项之一为"市交通、电气、电话、自来水、煤气及其他公用事业之经营及取缔事项"③。7月27日，上海市第六次市政会议通过《上海特别市市政府公用局章程》，规定于上海特别市政府下设公用事业局，创办、推广、规划、发展公用事业，负责经营、监督、收回、管理、取缔各种职责；第六条规定公用局第四科掌理"电话事业之经营及取缔事项"④。上述法律条文的出台，明确了电话作为市行政范围内公用事业的一种，上海特别市政府具有经营取缔权，具体负责相关事宜者为上海特别市公用局。

"上海特别市组织法规"规定电话应归市办，在理论上具备一定依据。电话是市政公用事业重要的一种，市内电话事业的落后，属于市政发展不力的表现。近代市政学家董修甲认为，市政包括城市、市政府制度和行政三个方面的问题。作为市行政问题之一，市公用事业指城市中通常营业，既占用城市地产，又具备天然的专利特性的事业。电话即为此公用事业中重要的一种，如城市中的铁路、电车、公共汽车、电报、煤气、电汽、自来水等一样，"均须占用属于公共之道路，复须取得收用民产之特权"⑤。电话事业发展状况直接关系到城市的发展程度和市民的生活质量，必须加快此项市政建设的步伐。"市政是时代的产物，是随着时代进步的。换言之，就是为着时代的需要从而进行，使市政能够有尽量的发展"，"近代物质文明的新创造物，都足以助工商业之发达，例如利用电话以传达消息，电车以便利交通，电力以运动机器，自由车与飞行机以携带邮件与输运货物。

① 朱敏彦、李洪珍：《1927年上海特别市成立探论》，载林克：《上海研究论丛》（第18辑），上海：上海人民出版社，2007年，第80—89页。
② 《市政全书》，载全国图书馆文献缩微复制中心：《民国时期市政建设史料选编》（第5册），北京：全国图书馆文献缩微复制中心，2010年，第166页。
③ 杨哲明：《现代市政通论》（附录），载全国图书馆文献缩微复制中心：《民国时期市政建设史料选编》（第2册），北京：全国图书馆文献缩微复制中心，2010年，第370页。
④ 《市政全书》，载全国图书馆文献缩微复制中心：《民国时期市政建设史料选编》（第5册），北京：全国图书馆文献缩微复制中心，2010年，第300—301页。
⑤ 董修甲：《市政问题讨论大纲》，载全国图书馆文献缩微复制中心：《民国时期市政建设史料选编》第8册，北京：全国图书馆文献缩微复制中心，2010年，第409—410页。

上面的事实，欧美各国已经用之已久。我国市政对于各种的设施和应用，尚在黎明时代，这可见我国的市政，是时代的落伍者了"①。电话事业与城市发展息息相关。"曩昔城市通信利器，恃靠人力，时间与金钱两不经济，市民之交往日繁，对于公务、商业等之接洽与询问，自必深感不便，及至科学昌明，电话事业兴起，由磁石式而为共电式，由共电式再变而为自动式机，更由有线进而为无线，逐渐由一室一街一县一国，以达于全球各处；虽散处天涯，片刻间不啻如晤一室，故其功用，足以增益城市之繁荣，辅助事业之发展，促进城市文化之沟通，在今日咸认为通讯中最简单有效之一种利器，而为不可或缺之市政设施。"②电话事业通信在空间上的延伸性和网络布局，决定了电话事业在城市信息沟通、经济发展、文化交流、人际交往等方面的重要角色和地位。

现代市政建设应将电话等市政公用事业归诸市政当局办理。"公用事业，在欧美各国，多半主张公用，因为如果将公用事业归公共的机关办理，优点有二：第一，以便利人民为主，即使有溢利，也可以移作公用，不可以归诸私人办理，而希望减轻屋税。第二，能体察地方的需要，予以最便利的供奉。因此就电车路而言，如市政府欲推广住宅于郭外，则先建筑电车路以便往来，鼓励人民之移住，不必计其有无溢利。假使将此项事业，归私人资本承办，以营利为目的，对于路政的革兴，电车等之改良，均墨守陈篇，不求改进，则与人民生活之意旨相差过远。所以市政方面之公用事业，一定要归市政府直接经营，或由市政府指定之机关承办。"此处市政府，指"人民组织之市政府，是由人民直接选举之，人民并可以监督市政府，市政府就是人民公有的机关"③。由特别市直接办理电话等公用事业成为一种趋势。

为行使经营取缔权，上海市公用局除派人前往电话局实地调查外，还向电话局调取各项规章图表，不料遭到上海电话局抵制。公用局认为"市交通为市行政之重要部分，电话又为市交通中之重要部分"，依照本特别市暂行条例及公用局章程规定，上海电话局应属公用局统辖办理，公用局负

① 杨哲明：《现代市政通论》，载全国图书馆文献缩微复制中心：《民国时期市政建设史料选编》（第2册），北京：全国图书馆文献缩微复制中心，2010年，第27页。

② 唐英晨：《我国城市电话事业之进展》，《市政评论》1937年第6期。

③ 杨哲明：《现代市政通论》，载全国图书馆文献缩微复制中心：《民国时期市政建设史料选编》（第2册），北京：全国图书馆文献缩微复制中心，2010年，第34—35页。

有取缔之责。"为先调查，徐图整理起见"，1927 年 8 月 13 日，公用局致函电话局，"饬知"电话局将章程、组织（附系统图）、职员办事规则、工徒规则、装设电话及收费规则、长途电话收费规则、分局名称及地址表、总局及各分局员工姓名职务之薪水清册、重要职员履历详细表、资产清册、工资计算法、职员奖惩规则、各种机械器具详细说明书、房屋及器具之平面图侧面图及交换机正面图、交换机接线图、线路图、现在用户之数目、与华洋通话合同、以前经营状况之报告、最近三年经费之预算及结算、历年营业盈亏之统计、今后进行之计划、其他各种图表或报告等调查清单共 20 余份，于一星期内"检呈"公用局。[1]此项要求遭到上海电话局的严词拒绝。8 月 19 日，上海电话局复函："敝局自设立迄今向归交通部直辖，所有内容调查未经主管饬知，似未便擅行造送。如径由贵市长咨行交部饬填，俾符手续，自当遵令。"[2]电话局的复函意在说明，电话局归交通部统辖，公用局径直向电话局征取调查一事，实乃越权行为，正当途径应该由上海市政府出面与交通部接洽。公用局在依照《上海特别市暂行条例》等对电话局行使监管权时遭遇困境。8 月 24 日，上海市政府受公用局之托，咨请交通部饬知上海电话局迅行造送各项规章图表。后公用局亦数次催促，电话局始终未有更改回复。对于上海电话局"不开送调查事项"，公用局只能诉诸市政府，认为电话局此举妨碍了公用局执行取缔之责，使其"对于电话局内容不能确知，筹划改进及执行取缔诸端，均无从着手"[3]。

经过行政权属的梳理，上海市公用局逐渐明确其与上海电话局并无事实上的统辖关系。为便于行使管理权，上海市公用局开始积极筹谋从国民政府交通部手中接管上海电话局。公用局与上海电话局在前次的函件交涉中，均采用"令文""饬知""检呈"等措辞。依照上海特别市训令，"凡属本特别市范围以内之各团体、各机关等，受本府及各局指挥监督者，概以令文性质，来文均应用呈等"。公用局与上海电话局的公文往来中，所运用的各种表达方式，显示了其对于电话局之间上下级的号令关系。公用局第一科在向电话局发送函件时，均以训令发至电话局，后者起先并无异词。

---

① 《上海市公用局（以下简称公用局）致上海电话局（以下简称电话局）函，为征取规章签表谨于一星期内检呈》，1927 年 8 月 13 日，Q5-3-2855，上海市档案馆藏。

② 《电话局致公用局函》，1927 年 8 月 19 日，Q5-3-2855，上海市档案馆藏。

③ 《公用局呈上海市市长（以下简称市长）文，呈报电话局不开送调查事项及不受令交》，1927 年 12 月 2 日，Q5-3-2855，上海市档案馆藏。

1927 年 11 月 30 日，公用局为工务局放宽老西门玉四照会馆一段民国路人行道，再次训令电话局"著将在该处所植电杆量为移植"时，电话局不允接受。公用局认为电话局此举"似该局对于中央法令及本市政府职权不无蔑视，于职局执行取缔之责、策处改进之图，尤多窒碍"，于 12 月 2 日据情呈报市长张定璠，请其裁夺。经过谨慎调查，12 月 6 日市长张定璠复函，公用局对于上海电话局尚无统辖关系，"去文宜用公函"①。此番公文往来形式的界定风波，使上海市公用局和上海电话局的实际关系最终明确。鉴于特别市组织条例中的规定，上海市政府开始力争对于上海电话局的管理权。

二、市政府与交通部电话管理权之争

上海市公用局在调取上海电话局调查图表过程中遭遇困难，无法行使《上海特别市暂行条例》中明文规定的权力。鉴于此，上海市公用局积极争取，通过呈请市政府咨商交通部令知移交上海电话局事宜。交通部却以交通政策和外债关系为由予以回绝。围绕市内部办电话管理权属，国民政府交通部与上海市政府均从法理、事实等角度声明立场和主张，体现了民国时期市制建设与政府法律的龃龉，地方发展与中央管理的矛盾。个中问题，不仅有法制建设理想与政策实际施行的差距，而且关系近代中国经济社会发展过程中，地方与中央权力分割问题。

（一）上海市政府的力争

在上海市政府看来，由其接收上海电话局具有法律根据，是出于电话局务发展、市权统一和市政建设的最佳选择。

第一，将上海电话局划归市办，于法律条文上有据可查。"电话一项，依本市特别暂行条例，应归市办。照职局章程，应由职局掌理。征诸先进诸国，其电话事业，莫不列为市行政之重要部分。"②1927 年 8 月 8 日，上海市公用局向市政府呈明，特别市内电话机关共有两处。一为上海电话局，一为淞阳电话公司。后者属于商办，可按照其他水电公司成例，暂准继续营业，

---

① 《上海市政府（以下简称市政府）令公用局，令知公用局对于电话局尚无统辖关系》，1927 年 12 月 6 日，Q5-3-2855，上海市档案馆藏。

② 《公用局呈市长，请咨交通部饬令上海电话局规划改进》，1927 年 12 月 15 日，Q5-3-2857，上海市档案馆藏。

由其行使监督取缔权。前者向来直隶交通部管辖，属于官办，自可即行移交，列为公用局附属机关，由其直接管理，"以重职权，而符法制"[1]。上海市公用局以《特别市组织法》为护符，声明由其接管电话局，乃行使正当权利。

第二，上海电话局在线路推广、经费收支方面存在诸多问题，亟应收归市办，加以整顿。通过实地考察和经济调查，1927年10月，公用局密陈市政府，提出"接收上海电话局办法"。据其所述，上海电话局开办后本来基础不弱，唯以前用人似未尽得宜，办理也未尽得法，发展不甚充分。线路所及南市、闸北外，有南翔、江湾、西区等，用户共1800余号。经费每月收入9000余元，支出7800余元，盈余1200余元，勉强达到收支平衡，而略有余。公用局提出，如能收归市办，积极整顿，可大有作为。其一，线路铺设方面可积极推进。浦东一隅，商业日益发达，各厂家需要电话正殷，虽有公共租界电话，但为数甚少，且现已停止添装，其已装者也将拆除。应该从速在此敷设话线，筹设分所；东北已达江湾，再进一步可达吴淞，后设法将淞阳电话公司一并收回；至于南市、闸北也还有推广用户之余地。其二，财政管理可臻完善。南市总局交换机容量可达8000户，闸北分局可达600户，却因盈余微薄，财力不足，材料缺乏，用户未能扩充，电话使用未达敏活之效果。因军警机关等300余户积欠话费，每月短收2000余元。员工薪资亦有浮滥，且存在公款挪用现象。通过预算，公用局认为，整顿财政后，按目前用户数量，每月收入应达10 700余元。另外，电话局与华洋德律风公司线路接通时，商定根据电话局户数多寡而额定双方通话费收入比例。如能将局中用户数量增加，收入方面立可增益不少。如此，一面将线路扩充，用户推广，一面将收费整顿，支出节减，每月盈余定可超出于今数倍。[2]公用局根据实际调查，分析了上海电话局经营不善的原因，提出了切实可行的改进办法，希望上海市政府相机与中央或交通当局切实接洽，促成接收。相关数据与上海电话局实际情况相差无几（表2.1）。

第三，市政府接管电话局是上海特别市"划分治权、市权统一"的重要内容。上海特别市设立后，意味着开始与江苏省政府分省市治理。原与

① 《公用局呈市长，为接收上海电话局敬祈洽商交通部令知移交》，1927年9月20日重缮，Q5-3-2853，上海市档案馆藏。

② 《上市长密褶陈述接收上海电话局办法》，1927年10月，Q5-3-2853，上海市档案馆藏。

表2.1 1927年7月市公用局调查上海电话局收支情况

局所	收入项目及数额			支出项目及数额					
	实装号数（余号）	交换机额定号数（余号）	月收租费（余元）	员工人数（人）					薪资数目（余元）
				职员	司机生	局役	线工	机匠	
南市	1 400	8 000	8 000	56	74	21	36	17	5 800
闸北	370	600	2 000	10	28	11	0	0	1 100
南翔	10	—	70	2	3	2	0	0	200
江湾	20	—	160	1	4	1	0	0	100
吴淞	—	—	—	1	4	1	0	0	100
其他	华洋通话、长途、装机1770余元			各项日常支出，办公车费等杂费报销2 700余元					
总计	12 000余元			10 000余元					

资料来源：《上海电话局历年盈亏数目暨各分局按月收支数目》，1927年7月19日，Q5-3-2853，上海市档案馆藏。

江苏省政府各个层级机构的行政关系亟待重新整理，其应属于上海特别市政府行政范围以内的事务，陆续划分上海特别市接管。中央与地方权限划分也逐渐明朗。1929年6月15日，国民党第三届中央执行委员第二次全体会议召开，关于行政事项统属议决案第五项规定，"各市之公用事业如电话、电灯、电车、自来水等归各市政府监理"[①]。各方开始关注，"二中全会决议特别市区域之公用事业，均归特别市府监理。譬如上海市之公用事业，向归市府管辖，仅一电话局为交通部直辖，将来市府与交部之权如何划分"[②]。为厘清治权关系，达到市权统一，上海市政府与相关各部及江苏省政府会商何种机关尚未划分接管及应如何划分等问题。该年4月2日，上海市临时市政会议议决，由特别市各局长就主管范围以内列举应行划归接管事项，提交市政府，以作市权统一准备。际此，各机关党部陆续请市政府接办上海电话局。公用局认为，依照中央颁发法规，本市政府对于市内各商办公用事业应有监理全权。根据《特别市组织法》第五条第十项规定，接管交通部上海电话局，亦甚有关系。经过相关机构权属关系的整理，11月15日，公用局再次呈明市政府，"未经接管机关，在职局主管范围以

[①]《1929年7—11月上海特别市公用局电话业务报告》，载全国图书馆文献缩微复制中心：《民国时期上海史料文献丛编》（第11册），北京：全国图书馆文献缩微复制中心，2010年，第501页。

[②]《张市长回沪后之重要谈话》，《民国日报》（上海）1929年6月20日，第3张第1版。

内者，只上海电话局"，"请钧府会商交通部将上海电话局治权妥为划分，以便接管"①。第六区党部提议"请接办上海电话局，以清行政系统，而谋彻底改良"，市政府复函"本府根据二中全会对于行政事项之统属案议决第五项之规定，呈请中央转饬交部将上海电话划归市办。本府为求彻底改革公用事业，确定行政系统起见，现尚在继续争议中"②。上海市政府不断努力，力图将上海电话局的经营纳入特别市管理范围。

第四，电话事业与城市发展、市民生活等密切相关，使市政府参与电话局务管理是市政建设顺利开展的必要条件。交通部远在南京，距离市区遥远，不仅对于电话局督察难周，对于上海市内建设和市民通信需求也难以及时了解。长期以来电话通话不清，机器易于损坏，"未餍市民之望"。"电话作用在于传达意思，便利接洽，与市实业之兴发、市公安之维持、市交通之灵活以及其他市政之进行有密切关系，故电话不归市办，则事权不一，而市行政之职掌不能充分发挥。"上海"地方冲要，人事繁忙，电话事业，尤属急要"③。自特别市成立以来，电话通信需求更行增加，线路亟待扩充，以与其他一切市政设施同步，却未能得到电话局积极响应。"市民以电话既在市行政范围之内，多责备市政府及公用局何以不谋改善"④，市政府对于改良上海市内电话责无旁贷。

第五，征诸各国与本国先例，将城市电话局划归市政机关办理，为市制上之一种重要原则。各国都市电话向由市政机关办理，国家所管电话仅有长途电话。我国已有广州电话由省办改为市办。虽然其原有省办与上海电话国有性质略有不同，但省、特别市、中央各部均直隶国民政府，省办者既可归市，国有者自亦归市，"同是以公归公，宁有区别"，况全国电话事业均在交通部职掌范围以内。《上海特别市暂行条例》第七条第十四项规定，本特别市行政范围包括"中央政府委办及特许处理事项"。如是，将上海电话局移归市政府接管，作为中央政府特许处理事项，乃符合市制之行

---

① 《公用局呈市政府文，呈复未经接管机关只一上海电话局》，1929 年 11 月 15 日，Q5-3-2854，上海市档案馆藏。
② 《上海电话局划归市办问题，市府尚在争议中》，《民国日报》（上海）1930 年 9 月 6 日，第 2 张第 3 版。
③ 《上海特别市市政府拟请接管上海电话局之意见》，1927 年 11 月 16 日缮送周秘书长，Q5-3-2853，上海市档案馆藏。
④ 《上海特别市对于上海电话局之暂时办法》，1928 年 1 月，Q5-3-2853，上海市档案馆藏。

为，也不影响交通部职掌。①

（二）国民政府交通部的驳斥

上海市政府的上述理由，未能得到交通部认可。观诸 1927 年 9 月、1929 年 8 月前后两次由国民政府行政院训令上海特别市政府内容，交通部所持立场均为"碍难置议"和"不能划交"。

第一，管理全国电政事业属于交通部职责，属于国民政府《交通部组织法》的既有规定。1927 年 10 月 3 日，公用局收到上海市政府转发交通部咨复。交通部援引国民政府交通部组织法第一条，说明其具有管理全国路政、电政、邮政和航政等交通事业权限。电政为四政之一，电话又为电政之一部分。以国有事业改归市有，不特行政统系倒置，且与国民政府所制定交通部组织法不符。②《上海特别市暂行条例》与《交通部组织法》同样为国民政府行政院批准之法规。交通部面对自身"合法"权益，坐定上海市内电话部办的既成事实。

第二，上海电话业务作为全国电话整顿事业的一部分，正在改良和整理之中，不可剥离。近年来，电信事业受军事影响，败坏不堪。现今训政开始，国民政府力谋建设。交通部作为主管交通部门，负有管理和发展全国电话事项的责任。只有由近而远，全国普遍完成全国电信事业的整理和改良，才能达到国民政府"注重交通、福国利民之至意"，"此残败之电信维持整理之不遑，何堪再遭分割破裂之害"③。交通部经营管理上海电话局十余年来，成效日著。为进一步适应当地民众需要，交通部对于上海市内电话各项整理和发展实行均在积极进行，决定将部辖上海电话改为自动机制，一年后可完工；对于租界电话办理不良，交通部正在积极交涉收回，"以挽国权而资改进"④。上海市政府如若收归电话局，将打断全国电话整理工作，影响话局的正常发展。

第三，由交通部统筹全国电话事业，有利于各个地区酌盈剂虚，便于

---

①《上海特别市市政府拟请接管上海电话局之意见》，1927 年 11 月 16 日缮送周秘书长，Q5-3-2853，上海市档案馆藏。

②《市长发下交通部咨第 40 号》，1927 年 10 月 3 日，Q5-3-2853，上海市档案馆藏。

③《市政府训令公用局，令知嗣后关于电话事业统归交通部负责办理》，1929 年 1 月 17 日，Q5-3-2853，上海市档案馆藏。

④《市政府训令公用局，为令知奉行政院令》，1929 年 8 月 12 日，Q5-3-2854，上海市档案馆藏。

进行电话机器、工程材料、职工人员等分配调剂。一方面，电话作为一种公用事业，贵在兼筹并顾，普遍发展，使多数市民尽可享用，不可囿于一隅，"通都大邑电话发达，收支相抵后似有盈余之处必争相攘夺，视为利薮；较小城市电话未兴，方将创办，需款较巨之处，必争相委弃，视为畏途。行政机关只谋余利，地方建设因而偏枯。小城市之居民遂不能与大都市之居民享同等之便利"。另一方面，科学技术日新月异，电话制式时有进步。自发明以来，数十年中，电话已有磁石式进而为共电式，现自动式已成为城市电话改进的潮流。电话制式更新快，淘汰率高。报话机器材料各有划一程式，稍有参差，功用即异。由部统一订购，才能避免影响业务。从经济实惠的角度考虑，"若全国电话事业悉归职部管理，则职部辖局既多，自可因地制宜，随时将各大都会电话改用最新式机器，将原装于各大都会之机器移至次要都会，再将原装于次要都市之机器移至较小城镇，直至各该机器寿命用尽"①。其他如工程材料、职工人员亦是同样道理。保留上海电话部办，利于全国电话事业发展的普遍性、连通性以及经济性。

第四，上海电话部办，有利于其与全国长途电话的通信联络。各省国有长途电话均与部辖各地电话局相关联，均由交通部统一管理，才能收事权贯一、指臂相助之效，否则"联络功效既失，运用即感困难"。上海为东南大埠，与各处联络之长途电话业已完成者有沪宁线，即将兴工者有沪杭线，筹备建设者有沪汉线。"上海为东南长途电话之中心，若以市内长途分而为二，则不独添设机关虚糜国币，且于通讯之际转接频繁，人民亦深感不便。"①市内和长途电话的发展相互促进。上海市在全国经济发展中的重要地位，决定了其市内电话发展的可观前景，交通部坚决维持部办。

第五，上海电话局原为国有，负有巨额外交借款责任，债务万难分割。交通部称，其负电信外债达 7000 余万元，以全国报话产业及收入作为担保。若全部电话事业分崩离析，债务整理必致发生困难。债权者屡次根据合同要求交通部偿还本息，如电话不全由部经营，则此项债务更难统筹应付。如若外人实行干涉，必致危及国权。②交通部主张电话局权益和义务不可分割。

---

① 《市政府训令公用局，为令知奉行行政院令》，1929 年 8 月 12 日，Q5-3-2854，上海市档案馆藏。

② 《市政府训令公用局，令知嗣后关于电话事业统归交通部负责办理》，1929 年 1 月 17 日，Q5-3-2853，上海市档案馆藏。

（三）双方的进一步博弈

对于交通部由上海市政府接管电话局"碍难置议"的咨复，1927年11月16日，上海市政府经过核议，认为应从法律根据与事实需要等方面坚持接管，此举"既系必要，尤属可能"，外债无妨，可另行协商解决，长途电话亦可根据《上海特别市暂行条例》将之委托本市政府并办。接管电话局后，"责成公用局切实整顿，俾与市计划一致进行，互相呼应，化除分野，绝非攘夺权利，争持意气"①，坚持接收原议。

1930年3月8日，上海市公用局呈文市政府，从经营现状、整顿急务、技术要求等方面，回驳了交通部，提出部在首都，情形隔膜。公用局认为，上海市内电话经营不善，交通部所言成效日著，名不副实。交通部经营管理市内华界电话虽已10余年，用户甫及2000户，收入月仅10 000余元。此种状况与华界区域广大，沪南、闸北两区经济繁盛形成反差。特别市成立以来，用户因电话不灵、修理延宕及请装不能等原因屡向其陈报障碍事项。交通部所言整理电话事项也未做到有的放矢。改进自动电话机制并非急务，"本市电话窳败之重大原因乃在线路不整理，并不在机器之不新式"；收回租界电话以挽国权而资改进，非一朝一夕所能达，"目前切实易行且又至为迫切者，即为收回华洋电话公司越界敷设之华洋电话线"；大都市、小城市所有全国电话事业一律由部管理未必可普利民众，各大小城市电话机器互通有无未必切实可行。市内电话与长途电话联络通话能否敏捷和圆满，"全在工程之是否适当与办法之是否完密，非尽在管理权之统一与否"，"交通部遥为管理，鞭长莫及，究不如由本市就近管理之较易见效"②。

上海市政府还试图有所变通，除接管之议外，提出"代管""监督""委托"等办法，希望能够在电话局的管理权限上留有转圜余地。1928年1月，市公用局提出，为切实改良上海电话服务而非权力义气之争、交通部相距较远而督察不易，提出两项变通办法：①由交通部将上海电话局委托市政府公用局全权代办，但营业收入仅报解交通部；②由交通部允许市政府公用局对上海电话局于技术上有监督指导之权，但用人行政仍归交通部主持。[①]
1929 年 8 月 3 日，市公用局再次呈请市长转咨交通部委托特别市代办，营业收入仍报解交通部，"如是则交通部于监督考核电话之职权名实均不受影响，而职局对于本市电话事业亦收就近整理之实效"[②]，意在将电话业行政权收归地方，财政权仍归中央，均遭到交通部反对。

上海市政府还曾联合南京特别市政府合力争取市内电话经营权。鉴于以一市之力难于取得抗争成效，1928 年 9 月 6 日，上海与南京两特别市市长联合致函国民政府，呈请将市内电话局分别接管，"以符法制而利设施"[③]。次月，国民政府秘书处函知关于电话局划归市政府管理一案，令知嗣后南京、上海两特别市电话事业统归交通部负责。

上海市政府提出国民政府中央法律自相矛盾，要求修改《特别市组织法》。围绕上海电话管理权，在交通部和市政府交锋中，共同点是双方均有充足的法律依据。针对电话经营状况、电话与地方市政和全国话务的关系等具体问题，众说纷纭，坚持己见。交通部作为上海电话局既有管理者，其立场得到了国民政府行政院的指令支持："电话事业统归交通部负责办理。"作为地方市政主持者，上海市政府处于相对弱势的地位。1929 年 1 月 19 日，市公用局呈请市政府转呈中央行政院将《特别市组织法》中经营取缔电话权限郑重修正，以免相争。市公用局认为，《特别市组织法》与交通部组织法同属国民政府明令公布的法规，两者同有对于电话事项的规定，乃中央立法自相矛盾。电话列入市行政范围，是中央法制所规定，前此呈请接管市内电话，系根据《特别市组织法》。交通部欲挟其组织法以电话专归部办，无妨先请中央将《特别市组织法》第五项和第十项加以修正，不必"仅领管理之便利，不顾地方之需要，结果障碍于本市自发展者恐非浅鲜"[④]，言辞犀利，将矛头直指交通部，顺带将难题丢给国民政府行政院。2 月 25 日，市政府转行政院指令，"特别市组织法，虽规定市电话事业可由市经营取缔，但以不抵触中央法令为限"，上海电话局向归部办，《交通部组织法》中又明确规定关于电报、电话事项归该部管理，国民政府前次

---

① 《上海特别市对于上海电话局之暂时办法》，1928 年 1 月，Q5-3-2853，上海市档案馆藏。
② 《公用局呈市长，拟订监理上海电话局办法》，1929 年 8 月 3 日，Q5-3-2854，上海市档案馆藏。
③ 《代拟呈国民政府拟请接管南京、上海电话文》，1928 年 9 月 6 日呈送市长，Q5-3-2853，上海市档案馆藏。
④ 《公用局呈市长》，1929 年 1 月 19 日，Q5-3-2853，上海市档案馆藏。

命令与法律已有规定，自未便轻议更张。"上海市工商业务日益发达，电话事业应如何改善扩充，该市公用局尽可随时建议交通部切实举办。"①国民政府行政院由此确定了交通部和市政府在地方电话事业的角色地位。

　　民国时期制定的一整套关于市内公用事业管理的法制法规，勾勒了一幅完美的关于中央与地方"均权制度"（权力制约）的蓝图，但上述构想在实践的过程中却遭遇困境。1924 年 4 月 12 日由孙中山制定的《国民政府建国大纲》第十七条规定"在此时期，中央与省之权限，采均权制度。凡事务有全国一致之性质者，划归中央，有因地制宜之性质者，划归地方，不偏于中央集权，或地方分权"②。由于特殊的历史条件制约，经过北洋军阀割据混战，地方势力坐大，许多中央政策法规与会议决案，往往不适应多样化的地方实际，导致出现权限不明、权力争夺的局面。以 1927 年上海特别市设立以后上海电话局的管理权属而论，上海市政府与国民政府交通部互不相让，展开长久博弈。此项争夺涉及法规、权力与义气，它既是一场法规之争，又是一场权力之战。市公用局对上海市政府的密陈中明确提出，接收上海电话局后，收入增加后，还可拨付一部分充作市政经费；电话局所办公条件宽裕，公用局现租民房设立，将来似可迁入，以省房租，如此行政费用也可略减支出。③在公开层面，双方从法律和事实的角度声明了立场，有理有据。上海市政府以《特别市组织法》为护符，根据中央法制规定要求将上海电话局改归市办，"以重职权，而符法制"；交通部以《交通部组织法》为由回绝。在市政府看来，电话为公用事业之一种，属于市政的重要内容，通信线路的铺设，直接关系市民生活的质量、工商业的繁荣，"市办更能适应民众需求"；交通部提出，电话部办有利于全国电政事业的统筹布局、普遍发展以及债务承担，乃"福国利民"之举，均打出了"国权"和"民利"的大旗。在国民政府的裁夺下，上海电话局维持部办，上海市公用局拥有建言之权。此等结果的出现，并非法理的胜利，也非民众的胜利，而是对既成事实的维持，无怪乎时人大呼"法律仍是法律，事实仍是事实"④。民国时期法规建设、权力制约分歧不断，刚刚成立的南京

　　① 《市政府训令公用局，令知奉行行政院指令》，1929 年 2 月 25 日，Q5-3-2853，上海市档案馆藏。
　　② 周异斌、罗志渊：《中国宪政发展史》，重庆：大东书局，1944 年，第 295—296 页。
　　③ 《上市长密褶陈述接收上海电话局办法》，1927 年 10 月，Q5-3-2853，上海市档案馆藏。
　　④ 钦水：《经营、管理、监理》，《申报》1929 年 8 月 12 日，第 19 版。

国民政府虽然日渐加强中央集权，但在各级行政机关权限划分、地方与中央权力规整等方面仍有待加强。

经过北洋政府时期地方与中央权力的混乱交错，南京国民政府初期，虽有中央与地方分权的具体规定，但各级行政机关权责不明引发权力争夺战，上海电话局的管理权属之争即是一项例证。自清末以来，上海电话局先后由中央邮传部和交通部直辖。随着地方自治运动的兴起和市制的完善，电话属于市政事业的一种已成为普通民众的共识。其经营状况的好坏，当由市政府负责。上海、南京等地电话局属于交通部直接统辖，非市政府职权所及。当市民以"电话不灵"而责于市政府时，后者便有一种"代人受过"的感觉。就《国民政府建国大纲》规定来说，电话业具有因地制宜的性质，属于地方事业的一种，应由地方行政机关负责经营取缔，如此，一切设施可以适应地方需要，满足民众要求。理想的中央与地方分权的状态为"一个是重在监督，一个是重在管理；一个是重在筹划，一个是重在实施"①，实际情形却是事权不清。根据双方所持法理来看，交通部组织法规定交通部具有"管理"全国电政事业的权限，《特别市组织法》与上海特别市组织条例将电话等公用事业经营取缔权归于特别市职务范围。国民党二中全会则将各地电话等纳入市政府"监理"范围。各类法规条文的措辞不一，导致交通部与上海市政府对监理、管理角色理解产生分歧。市公用局曾申诉"上海市特别市组织法与交通部组织法同属国民政府明令公布之法规，两者同有对于电话事项之规定，并非地方机关敢于中央法令有所侵越"②。针对市内电话部营问题，有论者提出，"监理与管理意义决然不同，前者不过从旁匡扶之义，而后者实有主持经营之权二者定义，判若鸿沟。""交通部主持全国交通行政，对于全国交通事项，监督指导，乃其职权上所应为之事，若必一一由部直接办理，不特事实上所难许，抑且有失中央机关之本分。交通部组织法第八条之规定，所谓管理全国电报电话等事项，系指管理全国电报电话而言。而管理之者，亦不过谓行政上之管理，换言之，即为监督指导之意。其经营之权，自应委之于地方政府"③。从理论上而言，

　①《首都电气电话的管理权问题》，《申报》1928年10月30日，第20版。
　②《市政府训令公用局，令知交通部呈复行政院办理上海电话情形》，1929年4月16日，Q5-3-2854，上海市档案馆藏。
　③ 钦水：《经营、管理、监理》，《申报》1929年8月12日，第19版。

监理之权属于交通部，市政府则应具经营管理之责。上海电话局管理权属之争，反映了民国地方电话业实际经营的多样性与理想法规设计上不符，它导致了民国时期中央与地方的分权矛盾。这一矛盾尤其在上海设立特别市后激化，影响了近代上海电话业的健康发展。

第二节　市区空间拓展下商办淞阳电话公司收归部办风波

自近代电话业兴办始，公营与商办同时并存的局面便开始形成。长期以来，理论界对于电话业两种不同的经营方式的优缺点探讨颇多。纵观各种关于电话国有与商办利弊的讨论，大多从资本筹集、线路规划、管理方式、经营成效、国权维护等角度论述，集中点在于如何更快、更好地促进全国电话业的均衡发展，说法不一。在《电信条例》及各类民营和省办电话管理条例中，在保证国家的最高监督管理权限外，给予了民营电话业充足的发展空间和时限。以实际情形而论，商办电话公司在一定时间内的存在，确实满足了地区民众的通话需求，但民国时期电话业的发展实际远非理论探讨和法律规定所能概括。随着上海市区空间的拓展，淞阳电话公司收买风波骤起。

一、淞阳电话公司的成立与经营

淞阳电话公司乃吴淞地方绅商为满足吴淞镇附近商民通信需求而成立的，源于当地绅商公意。1922 年 5 月，上海电话局拟于吴淞设立分局，以便官商传递公私消息。由于其将旧机充用，且有沪宁长途电话借款嫌疑，遭到淞埠绅商反对。此时，商人胡景清等集资 6 万元拟创建淞阳电话公司。此举得到吴淞商埠督办张謇的核准和地方民众的支持。经过紧张筹备，1923 年 5 月 10 日，淞阳电话公司开始通话，装有用户 110 余户，参照华洋德律风公司分等级收费。[①]公司线路可达吴淞全镇，杆木拟竖至炮台湾、宝山方面，江湾一带亦在赶装之中，雇用女领班 1 人，女接线生 4 人。[②]在公营部办电话尚未到达之前，淞阳电话公司为地方民众日常通信提供了便利。

公司创办后线路连通等事项开展不顺，营业区域又仅限于一隅，公司业务拓展受到限制，发展缓慢。在淞沪通话事宜上，双方交涉时间颇长。

① 《淞埠电话昨日通话》，《申报》1923 年 5 月 10 日，第 13 版。

② 《淞阳电话局消息》，《申报》1923 年 5 月 28 日，第 13 版。

1923 年，为便利商民，淞阳电话公司成立之际，即拟与上海电话局通话。交通部以为，淞阳电话公司用户中仅 19 户与沪局有通话需求，长途铺设话线需费甚巨，得不偿失。俟该公司用户发达，由上海电话局稽查营业状况，预计通话费用有盈无绌后，再与协商通话办法。①此后吴淞商埠与交通部多次商拟办法，途因战事停顿。商民渐次复业后，吴淞地方各商号多次向吴淞商会请求设法通话，以利商业交通，并经上海电话局积极推进，乃于 1926 年 5 月始达成通话。再者，淞阳电话公司营业区域被严格限定。交通部规定，该公司区域以吴淞市内为限，不准其随意推广线路。当时上海电话局已在该地设立吴淞分局，拥有接通租界及闸北电话 5 户，并可继续扩充办理。一旦该公司业务发展威胁到国有电话线路拓展时，即被勒令重整。1924 年 7 月，上海电话局见淞阳电话公司营业范围累有推展，恐其及于江湾地方，影响上海电话局将来营业扩展，遂与其交涉。②次月，上海电话局奉交通部令，派员前往调查，淞阳电话公司设有宝山吴淞间电线一条，对将来交通部设置长途电话电报事业有无妨碍。③淞阳电话公司业务发展颇多窒碍。

公司经营数年，所装户数几无变化。据调查，1929 年 6 月，淞阳电话公司营业范围仍为吴淞镇及附近与宝山城内等处。职员有经理、主任、工程师、办事员共 4 人，工匠 4 人，接线生 3 人，办公房屋为 3 间两厢楼房。设备百门，总机两架，但其附件仅能接 150 号，用户 120 号，每月收入约 320 元，支出随材料费之多少而增减，每月收入仅敷经常开支。股息非特毫无，或因特别工程尚须向股东挪借。④至 1931 年 6 月上海电话局拟备价收回时，用户亦仅 130 余户。开办 8 年，用户增加仅 20 户，且收支大抵平衡，仅能勉力维持。上海市公用局评价其经营状况曰，"最初计划规模颇大，后因商埠政务停顿，因而不克发展，迁延至今，已成久病之躯，有奄奄待毙之势"⑤。从客观上而言，上海电话局当时的财务状况亦仅能收支相抵，可见，经营不佳不足以为接收公营的理由。

---

① 《淞沪电话通线之交部核示》，《申报》1923 年 7 月 14 日，第 15 版。

② 《电话局线路将发展之江湾》，《申报》1924 年 7 月 12 日，第 13 版。

③ 《交部令查淞沪电话线》，《申报》1924 年 8 月 1 日，第 14 版。

④ 《1929 年 7—11 月上海特别市公用局电话业务报告》，载全国图书馆文献缩微复制中心：《民国时期上海史料文献丛编》（第 11 册），北京：全国图书馆文献缩微复制中心，2010 年，第 502 页。

⑤ 《电话股报告书，奉命观察吴淞淞阳电话公司状况》，1929 年 6 月 20 日，Q5-3-2858，上海市档案馆藏。

二、淞阳电话公司收归部办风波

随着上海市权统一和电话国有政策的推行，淞阳电话公司商办性质改为国营问题被提出。吴淞原为江苏省宝山县镇级行政单位，上海设立特别市后，将其划归特别市管，改镇为区。1927 年 7 月 7 日，上海特别市成立。其地域范围原定北到宝山及黄浦江口，东到川沙，南到南汇、松江，西到嘉定、青浦，包括上海县全部、宝山县大部及南汇、松江、青浦的部分地区，共 30 市乡。租界除外，为特别区。后经上海市政府和江苏省代表及上海、宝山、松江、南汇、青浦五县县长开会，议决上海特别市区域范围。至 1928 年 7 月，特别市政府实际接收上海县属上海（沪南）、闸北、蒲松、洋泾、引翔港、法华、漕河泾、高行、陆行、塘桥、杨思等市乡和宝山县属吴淞、殷行、江湾、彭浦、真如、高桥等市乡，共 17 市乡，统一改称为区。[①]吴淞被划归为上海特别市分属区域，意味着淞阳电话公司被列为上海市政公用事业。如此，上海特别市内电话机关共计两处：一为中华路交通部上海电话局；一为吴淞区商办淞阳电话公司。上海市公用局从发展整顿上海市内电话的角度，提出了接收商办电话公司的计划。

（一）收归意见之提出

上海市公用局对于接收商办电话公司异常积极，在其多次奔走下，交通部始饬令上海电话局着手接收事宜。市区行政范围重新划定后，吴淞一地同时存在公营与商办两个电话经营单位，发展均有限。1923 年，上海电话局曾设吴淞分局，初安装用户 5 号，至 1929 年用户亦仅 12 号。此外，尚有建设委员会新设淞沪长途电话。1927 年 12 月 15 日，上海市政府在争取上海电话局管理权属的过程中，提出各项改进意见，其一即"在同一市区之内，其电话事业应有整个的系统，以便各方通话无虞隔阂。吴淞既已划入本特别市区域，自应将该电话公司备价收回，以一事权"[②]。这是上海市公用局首次提出收回商办电话公司，但此项建议并未立时得到交通部和

---

① 朱敏彦、李洪珍：《1927 年上海特别市成立探论》，载林克：《上海研究论丛》（第 18 辑），上海：上海人民出版社，2007 年，第 88 页。

② 《上海市公用局呈市长，请咨交通部饬令上海电话局规划改进》，1927 年 12 月 15 日，Q5-3-2857，上海市档案馆藏。

上海电话局的响应。1929 年 6 月 20 日，市公用局再次提出，"同一地方，而电话机关多至三处，其非经济之道"，上海电话局吴淞分局业务发展局促，"如能将淞阳公司接收，则营业自必较佳。为上海电话局计，似有收回淞阳电话公司之必要，不知何以迟到今日，尚无接收之声，坐使两方交困而一筹莫展也"①。之后接收事宜仍杳无音讯。该年 7 月 10 日，市公用局呈市长，为请再转咨交通部转令上海电话局迅速收回吴淞淞阳电话公司，"以一事权，而利交通"。公用局认为，为便利本市交通起见，上海电话局应谋充分发展，自行整顿，其一便是收回商办电话公司。②7 月中旬，交通部回复"自当照办"，后饬由上海电话局派员确查淞阳电话公司机线状况，并估定价值等。1930 年 3 月 27 日，市公用局见迭次咨商接收淞阳电话公司而未有实现，于整顿市内电话意见中，又一次强调，"吴淞为本市重要区域，将来发达，实未可限量，其电话事业自有悉心规划改进之必要，先该区淞阳电话公司因负责无人，及亏折过巨，已毫无改良之能力，亟应备价收回以资整顿而一事权"，交通部"即经令饬上海电话局妥拟收回办法，呈候核夺，自当严催该局切实进行"③。

吴淞一地同时存有两个不同性质的电话经营单位，相互之间形成一种竞争关系，有利于保证通话质量和抑制价格增长。淞阳电话公司举办源于商民公意，取费较为低廉，因而用户较多。上海电话局吴淞分局虽保有营业权，却长期未得充分发展，安装户数极为有限。上海市公用局提出收回商办淞阳电话公司之举，实际上是将事权统一作为部办话局业务发展的前提，从地方线路规划，整顿改良之意出发，希望通过取消商办电话资格，换取部办电话的整体发展。这一举动遭到淞阳电话公司的强烈反对。以交通部为首的上海电话局与淞阳电话公司围绕接收问题展开激烈交锋。

（二）各方之艰难交涉

在淞阳电话公司接收风波中，引起各方瞩目者，为以下几点：①作为

---

① 《电话股报告书，奉命观察吴淞淞阳电话公司状况》，1929 年 6 月 20 日，Q5-3-2858，上海市档案馆藏。

② 《公用局呈市长，请再咨交通部饬令上海电话局迅速收回吴淞淞阳电话股份有限公司》，1929 年 7 月 10 日，Q5-3-2858，上海市档案馆藏。

③ 《公用局呈市政府，为拟具整理本市电话意见请核咨交通部采由办理》，1930 年 3 月 27 日，Q5-3-2858，上海市档案馆藏。

商办民营公用事业，淞阳电话公司是否拥有法律所规定的经营权限；②资产估价方案能否使交通部和公司双方满意；③作为公决商办的民营公用事业，用户权益如何得到最大化维护，其中尤以①、③最为引人关注。

淞阳电话公司首先提出，按照《民营公用事业监督条例》明文规定，其具有 30 年的经营权限。1931 年 4 月 3 日，经理戴思恭在致上海电话局函件中提出，淞阳电话公司享有经营权符合国民政府各项规定。1931 年 3 月 7 日"国民政府修正民营公用事业监督条例第 14 条条文：凡民营公用事业，满 30 年后，监督机关，得备价收归公营。又本条例施行前设立之民营公用事业，至本条例施行满 30 年后，得准用前项规定，收归公营"，应当受到法律保护，"国民政府对于民营公用事业，所以提倡而保护之者，至周极渥。淞阳电话公司同在骈幪之下，自当享受法律同等保障，决不致独听向隅"。至于上海市政府所述各项理由：在一市之中，公营与商营分办，造成事权不一；通话恐有隔阂；长途费用平添用户负担。淞阳电话公司认为均不成其为难题。首先，上海电话局分局办事，各分闸北、江湾、真如、南翔等处配合良好，商办公司与公营话局亦是同样道理；其次，民营公司用户中颇多为股东，对通话质量有督促作用，司机者绝对不敢有所隔阂；最后，淞沪长途通话费一角，为上海电话局所定，80%归其所有。假使官局主张取消，公司自无不遵。另外，公司或有不合之处，"公用局在吴淞设有监督机关，尽可随时加以指导，又讵敢差池矣"[1]，表明其与上海电话局沟通无碍，服务质量良好，服从监督条例等。

面对上海电话局派员查估其资产，淞阳电话公司根据董事会议决办法，提出查估范围，应享权利和补偿规则等项要求。淞阳电话公司认为，公用事业建设耗费多在开创时期，不能如各种商店让渡方式，"但估计存货价格，或有折旧名目，致使血汗之资本，沦于破产"，除机件及一应材料外，余若房租、薪工、杂费等，均应归于资本项内。当公司入不敷出时，因维持、添置、修理产生各项借款，不异于第二资本，故须代为清偿。再者，公用事业在投资时期，初无利益可言。迨营业渐次扩充后，出入勉可相抵。之后，就电话而言，增一用户，即得一户利益。"现在公司瞬历八载，困难时期，次第过去，希望方长。乃中途而取之，是不啻草木方始萌动，而遽折

---

① 《淞阳公司复上海电话局函》，1931 年 4 月 3 日，Q5-3-2864，上海市档案馆藏。

其芽，婴儿幸及成年，而猝致之死，坐令历年忍痛牺牲之本利，一旦永绝恢复希望"，请求拨偿自公司开办日起至接收日止，共8年，每年官利一成。前述三项，包括公司资本30 000元、借欠各款4 000元和官利24 000元，共计现金68 000元，"非一次交足现金，任何条件万难承受"①。淞阳电话公司所提各项，意在以苛刻条件，逼退上海电话局收回之举，保护自身经营权。

交通部对于淞阳电话公司所述合法地位及收回条件均予以推翻。接到上海电话局4月23日的呈件后，交通部当即指令上海电话局，淞阳电话公司经营权"本未合法取得"。该公司对于给资收回一事起初任意延宕，几经催询后始提出偿还资本全数及欠款官利等项要求，"殊属不合"。"吴淞一埠，原在该局营业区域以内。旧交通部时代，虽曾核准商办。然自本部成立以来，该淞阳电话公司并未经本部核准给照"，"本部前根据上海市政府意见，主张从估价入手，给资将该公司收回，原为体恤商艰起见"，令上海电话局两周内派员重新查估该公司资产实值，事后通知公司立即派员商定移交办法。②从交通部指令看来，淞阳电话公司必须服从接收安排，没有任何预留空间。至于资产实值，不能任凭公司漫天要价。5月20—21日，上海电话局技术员王子星、金迺谦前往淞阳电话公司接洽查估资产，最后估价银6797.4元（其中机料5982.9元、线路814.5元）③，与公司估值悬殊。

针对交通部的驳斥和估价，淞阳电话公司依据相关法律条文，极力维护自身经营地位与合法权益。5月28日，上海电话局致函淞阳电话公司，请其于一周内派员按照此次估价及适当价格会商接收事宜。6月3日，淞阳电话公司复函提出，其系于1923年奉前北洋政府交通部准许吴淞商埠局招商承办。国民政府成立后，第120次中央政治会议议决，一应法律，为未制定颁行以前，凡从前施行之各种实体法、诉讼法及其他一切法令，除与中国国民党党纲或主义，或与国民政府法令抵触各条外，一律暂准援用。是前交通部所有一切法律命令并未中断，淞阳电话公司自属在列。后经吴淞电报局转知，须一体向交通部缴费领照。公司于1928年12月照章开具清册，并缴纳照费银62元，有收据可凭。迄今阅3年之久，既未将此项呈文批答，亦未将此项缴费发还。"虽商民未敢诋訾大部，谓非默认，即渎职。"

① 《淞阳公司复上海电话局函》，1931年4月3日，Q5-3-2864，上海市档案馆藏。
② 《上海电话局致淞阳公司函》，1931年5月16日，Q5-3-2864，上海市档案馆藏。
③ 《上海电话局致淞阳公司续函》，1931年5月28日，Q5-3-2864，上海市档案馆藏。

公司前请求偿还资本全数及欠款、官利等项，无非以商民血本攸关，"冀邀大部鉴亮，或能剂于情理法律之平"，交通部斥为殊属不合，"窃以为合与不合，当依据法律以为断。在商民之请求，固出于一时迫急，未敢认为合法。惟处此训政时期，政府与人民，当有以共循之法律以为标准，必根据之以为准驳，乃足箝商民之口，而服商民之心"。此次王子星、金遒谦两技术员估计价值银 6797.4 元，系持十年折旧之说，"不知依据何种法律以为标准"，"且就杆木一项而论，自开办以来，岁有更新，其大者每杆 20 余元，小者 10 余元不等，计达 400 余杆之多。且立杆加线，尚有其他附带机件，即工资一项，亦复所费不赀。今估计线路，只值八百余元。丁此米珠薪桂，第取全数杆木，斧以薪之，负之入市，恐所值且倍蓰也"。另者，据国民政府 1931 年 3 月 7 日修正《民营公用事业监督条例》第 14 条规定，交通部至 30 年后尚可备价收归公营，则 10 年折旧之说不能成立。"法律固有一经寻绎"，"公司关系全体股东财产，未敢率而承认"[①]。淞阳电话公司对上海电话局所估资本总值严重不满。在此过程中，淞阳电话公司极度注意以法律为自身护符。从客观上看，1929 年 12 月 21 日国民政府公布《民营公用事业监督条例》第 6 条规定"民营公用事业在本条例施行前设立者，应将其组织经过及与行政机关所约定之条款，呈报监督机关。如监督机关认为有修正之必要，应拟具意见，分别咨呈中央主管机关核准。但已得国民政府或其所属主管机关之许可者，不在此限"[②]。按诸法律，国民政府对于北洋政府时期成立的淞阳电话公司，在手续完备的前提下仍旧承认其合法地位。仅因为 1928 年淞阳电话公司申请给照过程中，缴费未得交通部批示，被归于"未得合法地位"。民国时期民众俱以法律为圭臬，但法律在制定和实施的过程中，却往往凸显出与现实不符的地方，可见近代社会变迁之由人情社会向法制社会过渡艰难。

（三）商民用户之呼吁

电话局与电话公司围绕接收问题交涉时，淞阳电话公司用户闻讯，群情激愤，联名呼吁，请求公用局依法保障公司经营地位，表达了作为用户对电话服务质量保障、作为商户对民营企业权益维护的期望。1931 年 6 月

① 《淞阳公司复上海电话局续函》，1931 年 6 月 3 日，Q5-3-2864，上海市档案馆藏。
② 立法院秘书处：《立法专刊》（第 3 辑），上海：民智书局，1930 年，第 27 页。

26 日，万盛酱园、协盛丰行、大丰永记木号、丰记米栈等共 52 家吴淞商户函请公用局，认为"淞阳电话公司自创办以来，虽恒被上海电话局用种种手段无形摧残，然勉力维持至八年之久，困苦状况不言而喻，乃现闻该局派员估计，将以数千元之廉价限期强行接取，其情形不啻没收，似此豪夺巧取，殊失清理之平，且对于地方交通势必大受影响"，陈述了不敢承认之处共八点，表达了两层顾虑：①作为用户，上海电话局能否保持良好通话与合理收费。淞沪长途通话质量不良、维护不力，吴淞用户据此表示不敢信任上海电话局，担心如若将淞市电话完全归其管理，"本市交通必不能如今日之便利"。况且，由其经营之南翔分局，始有用户 50 家，如今仅存 11 户。吴淞电话果归上海局办，恐为南翔之续，"实可寒心"。再者，淞阳电话公司收费低廉，甲种用户每月 2 元，乙种用户每月 3 元，临近之上海电话局江湾分局甲种须收 8 元，乙种须收 10 元。如若照此收费，吴淞用户不堪担负。②同为商户，法律规定、政府倡言之地位和权益可否得到维护。"国家大法颁布之日，即为发生效力之日，政府与人民均应遵守。"观诸 1931 年 3 月 7 日国民政府修正《民营公用事业条例》第 14 条规定，淞阳电话公司按法律当俟 30 年后始可备价收归。上海电话局为达到廉价接收之目的，处心积虑。淞阳电话公司频年举债累累，用户念其委实困难，主动要求加费，"俾资维持"。淞阳电话公司机件材料依时价估值至少 40 000 元。上海电话局阻止其加价于前，复欲以 6000 余元接收于后，巧施"剥夺并吞之术"，"独不思商民之资本固由血汗而来乎"；违背建国大纲提倡、训政时期国家鼓励建设之策，使企业家谈虎色变，裹足不前。又淞阳电话公司成立系由交通部特许吴淞商埠局招商承办，"倘无此项特许营业权，商人决不投资"，现今倡言接收，乃"狐埋狐揭，出尔反尔"。况英法两租界电话完全执之于外人之手，极应收回，"不此之图而独于淞阳公司"，"此区区小公司固为我国民血汗之资本所组成"，不可取之不武。

淞沪商民联合反对电话局接收淞阳电话公司各项理由，延续了民国时期理论界对国有和商办电话利弊的讨论。就用户看来，商办电话通话良好、取费低廉，国有电话往往经营不善，弊病丛生；淞阳电话公司当前的经营状况已经较好地满足了用户的通信需求，上海电话局接收办理后的情况则充满了未知的可能；民营电话公司是政府和法律鼓励和保护的对象，保持淞阳电话公司的经营地位，即是对自身电话使用权益的一种维护。交通部有管理全国交通之权力，公营与民营在交通部当不分畛域，且民营事业之发达，可补助公营之不足，"交通部尤当奖勉之、扶植之，断不宜摧残之、剥夺之。观于国民政府现颁民营公用事业第 14 条修正条文，用意所在，大可深长思"；市公用局"对于地方事业莫不切实维持，对于国家法律莫不切实保障"①。淞市电话用户以政府鼓励实业发展、法律保证民营地位为由，力争保障淞阳电话公司的经营权，最终达到保护自身电话使用权益的目的。由此可见，近代企业家命运与国家工商政策关系密切。

作为市政公用事业管理者，上海市公用局对于市内电话业的考虑更多着眼于规划整理，认为事权统一是业务发展的前提，将管理机关统一置于首位，承诺适当保证用户权益。1931 年 7 月 17 日，上海市公用局批示万盛酱园等函件，提出淞阳电话公司由交通部备价收买，在市内电话统一管理原则上并无问题，只需估价公平。用户所陈恐上海电话局接收后管理不善以致妨碍通话、用户减少等，属管理责任，与收买问题不能混为一谈。关于收费问题，市政府处于监督机关地位，自会设法减轻用户负担。"至其余观点，或关该公司在法律上之地位，或关估价之是否公允，或鼓励企业问题，或关收回租界电话问题，均与该用户等并无关系。"②经过与淞阳电话公司的数度交涉，上海市公用局此时已尽量避免提及法律、政策问题，仅就市内电话的长远统一规划着眼，以严正的态度表明收买问题与用户无关。

（四）收归问题之解决

后经多次会商，淞阳电话公司与上海电话局分别调整了资产估价方案，双方拿出了较为接近的资本估价数额。受交通部令，上海电话局派技术员吴皆仰会同上海市公用局技士季炳奎评估淞阳电话公司资产。1931 年 9 月 21 日，与淞阳电话公司代表沈志显、韦寿萱会商公司机械材料数量、线路材料数量等。10 月 26 日，公司估价单计机械与线路材料估价共值银 16 421 元，此外开办费银 1000 元，线路工费银 1228 元，总计 18 649 元，较上海电话局前此估价银 6797.4 元更为合理。后经市公用局会同上海电话局派员

<hr>

① 《万盛酱园等呈公用局，为淞阳电话公司破产堪怜还请依法保障》，1931 年 6 月 26 日，Q5-3-2864，上海市档案馆藏。

② 《公用局批万盛酱园等》，1931 年 7 月 17 日，Q5-3-2864，上海市档案馆藏。

详加审议，根据上海各洋行及木行之报价数目，对该公司资产重加估定，计机械材料值银 9737.46 元，线路材料值银 1946.13 元，合计共 11 683.59 元。对于上述出价，电话局方面表示接受，唯开办经费及线路工费两项，因无实在价值可资参考，颇难承认，公司则希望照前 2228 元，共计 13 911.59 元，由交通部一次现金付费。12 月 10 日，市公用局函邀上海电话局与淞阳电话公司双方代表正式讨论，但淞阳电话公司无故缺席。[①] "一·二八" 事变爆发后，各方会商被迫中止。淞阳电话公司作为民办公用事业之一，面对地方监督机关的资产审查，只能采取配合态度，"竭诚招待，未敢陨越"[②]。商办企业在政治干预面前表现出相对弱势。"一·二八" 事变后，淞阳电话公司受战事影响，损失严重，无力恢复。上海电话局乘机呈请交通部将之收回接办。交通部以该公司始终未经本部核准立案给照；且其营业区域又在上海市区以内，应属电话局经营范围；历次收回自办而未实现，现今遭遇变故，主张由上海电话局继续办理恢复营业。1932 年 7 月，上海电话局筹划进行接收事宜。[③]次年 2 月间，开始装机设线工程。经同济大学等函请，上海电话局于 2 月 3 日开始动工，在同济大学及商号等处装置话机 50 架应用，一个月后完全通话，收费办法方面，取消前吴淞电话公司长途电话办法收取话费，以市内电话章程为准。[④]淞阳电话公司正式被上海电话局接收。

淞阳电话公司接收事件的产生，属于近代民国法律规定下电话经营权分配问题。淞阳电话公司作为近代商办民营企业，成立于北洋政府时期，于南京国民政府时期被接收公营。就《电信条例》而言，电话国有是一以贯之之原则和精神，交通部具有最高管理监督权。《民营公用事业监督条例》赋予了如淞阳电话公司等商办公用事业一定的经营时限。但观诸近代上海电话业，由商办到公营的过渡期远未达到条例所规定的十几甚至几十年的时间。在此过程中，对于企业的存废问题，公司本身或者旗下用户没有发言权，理论探讨和法规条文也仅作为参考，起到决定作用是从中央到

---

① 《公用局呈市政府，呈报会同上海电话局复估淞阳电话公司资产经过情形》，1931 年 12 月 21 日，Q5-3-2865，上海市档案馆藏。

② 《淞阳电话复上海电话局续函》，1931 年 6 月 3 日，Q5-3-2864，上海市档案馆藏。

③ 《电话局致公用局函，为奉令接办吴淞区内电话录案函请查照》，1932 年 7 月 16 日，Q5-3-2874，上海市档案馆。

④ 《电话局设立浦东分局，越界电话即将签字，恢复吴淞电话即动工》，《申报》1933 年 2 月 2 日，第 14 版。

地方的各级行政监督机关。在"国有化"大浪潮和特别市区设立下，公司经营状况与管理成效，通话质量与租费高低均让位于"电政规划"和"事权统一"。

第三节　租界空间扩展下外商越界电话收归国有交涉

越界电话，即租界外商电话公司在越界筑路沿线地区安设的电话，既包括越界筑路沿路地区公共租界工部局局设电话以及供给华洋居民所用电话等，又有租界外商电话公司沿着越界筑路将话线敷设到华界如沪南、闸北及浦东等地区的电话。它是近代上海租界空间扩展的产物。越界筑路后，租界华洋德律风公司在越界地区非法安设电话，虽经中方多次抗议，仍照旧敷设线路，扩展营业。1925 年 12 月 17 日华租通话合同附件的签订，在一定时期内默认了外商公司越界电话的合法性。1930 年 12 月 16 日，原华租合同五年期满，原华洋德律风公司继承者上海电话公司于越界地区安设、修养电话再无任何法律依据，照理现有电话应该悉数拆除，新装电话亦不能再事进行。鉴于上海电话局局设线路尚未到达，商民需用电话甚为殷切，上海市公用局、交通部上海电话局等，在既不丧失主权范围内，又保证越界地区市民通话顺畅的前提下，与上海电话公司等进行了长久而艰难的交涉。

一、越界电话的产生和发展

越界电话是公共租界越界筑路的衍生物。所谓越界筑路，即公共租界工部局在公共租界和法租界界线以外所筑道路。随着公共租界工部局越界筑路的拓展，外侨居民的汇集，沿路电话安设逐渐铺展。在工部局的支持下，租界外商电话公司极尽钻营，在越界筑路地区及华界沪南、闸北、浦东等地大肆扩张业务。华界电话发展起步较晚，线路尚未到达，亦让外商电话公司有机可乘，越界安设电话户数逐渐增加。

越界筑路始于清末，之后公共租界工部局多次趁政治局势不稳，伺机修筑界外马路。租界区域最西处本以跑马场为界。1862 年太平天国军队突扰淞沪，民众纷纷逃至租界避难，致使人口密度突然增加。公共租界工部局乘机向西扩展，即行修筑静安寺路。后英国人戈登率领"洋枪队"帮同清政府镇压太平天国运动，工部局借词军事需要，修筑戈登路、新闸路等。至1899年，越界筑路扩展达13英里①。八国联军侵华，上海处于"东南互保"之际，工部局又开始大规模的越界筑路活动。公共租界和法租界东北西三处，积极向外扩展。至1918年，总计面积达29 893英里。到1925年，又增至48 093英里。据当时估计，所有越界筑路费用工部局共费10 039 110两之巨，越界筑路时之购地费用为2 894 660两。②此后江浙战事发生之时，工部局亦越界筑路十余条。1932年"一·二八"事变期间，公共租界工部局再次趁上海市政府无暇顾及路权，在租界范围以外修路，并派武装英兵保护，阻止通行。据统计，仅公共租界在1900年以后越界修筑的马路就多达34条，面积达4.9万亩③，比公共租界扩张后的总面积还要大16 000亩。三个租界最终占有的马路达到460千米。④

越界筑路是公共租界强行扩展租界的重要方法之一。上海社会各个阶层均予以严词抗议。对于公共租界工部局江浙事变期间的越界筑路行为，上海市民团体如纳税华人会、上海总商会等以为事关国家领土主权，先后多次呈请国民政府外交部、上海特别市政府、江苏特派交涉公署等向工部局严重交涉，务使其停止越界修筑马路，无条件收归特别市范围，"以平众愤，而保国权"⑤。上海市政府得知公共租界工部局于"一·二八"事变间越界筑路行为后，严词抗议，提出工部局未经市政府核准，擅自铺盖路面，填平河浜，筑卸桥梁、装设电杆，妨害主权⑥。为解决越界筑路内行政权属问题，上海市政府多次与工部局交涉，声明中国保留对越界筑路之主权及完全管理权⑦。但由于租界的存在，收回越界筑路问题长期未得解决。

越界筑路地区及沿路华界商户和居民，组成了租界电话公司越界电话的最主要使用者。越界筑路面积的增加，破坏了中国领土主权，但在客观上改善了华租交界处交通状况，便利了商品流通和日常生活。由于华界地

---

① 1英里≈1.61千米。

② 《越界筑路交涉》，《申报》1932年6月5日，第17版。

③ 1亩≈666.7平方米。

④ 《上海公路史料》（第1册），第17页；张仲礼：《中国近代城市企业·社会·空间》，上海：上海市社会科学院出版社，1998年，第36—44页。

⑤ 《市民一致反对工部局越界筑路，各团体函外交当局力争》，《民国日报》（上海）1928年3月20日，第3张第1版。

⑥ 《沪西越界筑路，市政府昨提抗议》，《申报》1932年5月13日，第9版。

价较为便宜，大量外国人逐渐涌入上海华界开设商行和工厂，甚至居住，尤其是在靠近租界的华界地区及越界筑路地区。另外，租界具有相对稳定的政治环境，一些民族资本企业也纷纷设在租界和华界的接合部。租界繁荣的商业和发达的工业，一方面刺激和带动了华界的发展，另一方面也侵蚀了华界的主权。①由于日常生活和商务往来的需要，华租交界以及越界筑路地区商户和居民需要与租界保持密切的经济业务往来，租界外商电话公司便趁机在筑路区域任意扩充线路，扩展业务。据市公用局调查，1931 年 2月，沪西、沪北越界筑路电话用户共计约 1600 号，其中颇多商店、工厂装设分机者，亦不在少数。上海电话公司因此项营业年收入约 16 万元。②"一·二八"事变之前，上海电话公司在越界筑路地段私装电话户数，沪北及华界地区共 1010 户，沪西装设者共 1025 户。③截止到 1933 年 1 月 11 日，沪北越界筑路地区以外公司用户共 426 线④，沪西越界筑路区域房屋及业产不依靠越界筑路又不通此项道路之该公司装设者共 29 线⑤。这些用户，沪西越界筑路区域以外主要分布于劳勃生路、极司菲尔路、虹桥路和小沙渡路等⑥；沪北越界筑路区域以外主要分布于施高塔路、北四川路、狄思威路、宝乐安路、黄罗路、北苏州路、白保罗路、欧嘉路、福生路靠近靶子路、北浙江路（宁厚坊）等。⑦到 1933 年 4 月 25 日，浦东上海电话公司用户

① 张仲礼：《近代上海城市研究（1840—1949 年）》，上海：上海人民出版社，2008 年，第 29、67 页。

②《公用局呈市政府文，关于取缔上海电话公司在越界筑路两旁装置电话问题》，1931 年 2 月 5 日，Q5-3-2763，上海市档案馆藏。

③《电话局致公用局函，复达越界筑路区域内上海电话公司装设电话户数请查照》，1932 年 5 月 24日，Q5-3-2784，上海市档案馆。

④ *List of the telephone subscribers as at 11th January, 1933, whose buildings and premises do not abut on and do not have access to an outside road, referred to in article 4 of the temporary contract between the bureau of public utilities of the municipality of Shanghai, the Shanghai Telephone Administration of the Ministry of Communications and Shanghai Telephone Company*，1933 年 1 月 24 日，Q5-3-1778，上海市档案馆藏。

⑤ *List of the telephone subscribers as at 11th January, 1933, outside the area coloured yellow on map No.1, referred to in Article 3 of the temporary contract between the bureau of public utilities of the municipality of Shanghai, the Shanghai telephone Administration of the Ministry of Communications and Shanghai Telephone Company*，1933 年 1 月 24 日，Q5-3-1778，上海市档案馆藏。

⑥《（1933 年 4 月 19 日）临时合约第三条所指第一附图中绘以黄色区域以外，截至中华民国二十二年四月十九日止之电话用户清单》，1933 年 8 月 3 日，Q5-3-1784，上海市档案馆藏。

⑦《（1933 年 4 月 19 日）临时合约第四条内所指房屋及业产不依靠又无出入口通越界筑路，截至中华民国二十二年四月十九日止之电话用户清单》，1933 年 8 月 3 日，Q5-3-1784，上海市档案馆藏。

74 线，闸北 64 线，沪南 90 线，总共装有话机 431 具。①如此，因 1931 年
1 月后上海市公用局几乎未允上海市电话公司在上项区域发展业务，通过
各项数据整合，临时合约商议前夕，上海电话公司在越界筑路区域拥有电
话用户：沪西越界筑路区域 1025 户，区域以外 426 线；沪北越界筑路区域
575 户，区域之外 29 线；沪南、闸北和浦东共 431 户，合计共 2486 户。

　　越界电话之所以能够长期、大量存在并得到发展，除了外商公司的钻
营、工部局的支持、越界地区存在电话使用需求外，上海电话局局务发展
不足也是一个非常重要的原因。华界电话基础设施条件有限，无法满足城
市社会发展、空间扩展后的通信需求。上海华界电话由交通部上海电话局
经营，其营业区域包括上海市全境，越界筑路地区亦在内。由于华界电话
事业起步较晚，经费不足，发展较为迟缓。较长时间内，上海电话局市内
线路铺设里程有限，较偏远地区如法华、蒲松等区电话设施建设均未完善。
这就为租界外商电话公司在此区域发展用户提供了契机。当上海电话局业
务拓展之后，越界电话用户安装已成规模。此外，由于设备落后，通话质
量不佳，用户不多，且未能与租界连通，上海电话局通话范围有限，服务效
能远不及租界电话公司。由是，虽然一些区域已有上海电话局南市总局、闸
北分局等，但是华租交界附近如沪南、闸北等地居民和商户，更乐于安装租
界电话。中国当局以事关主权，对于越界地区居民申请安装租界电话公司电
话，均予以驳回。例如，1909 年，美国清心教堂拟装设租界德律风公司电话，
此教堂位于华界地区大南门外，其电话理应由中国电话局所供给。为此，美
国驻沪总领事出面转请上海道台准予安设。②后经由上海道台转饬电政司核
议，后者以清心教堂坐落华界，关系地区主权，碍难允准③。但许多用户均
在上海电话局毫不知情的情况下，安设了租界电话。在相当长时期内，越界
电话安设都处于一种中国政府明令禁止，租界电话公司暗地进行的状态。

二、1930 年前暂时放任越界电话政策

　　租界电话公司越界安设电话，一方面严重危害了国家主权，另一方面

---

　　① *Telephone subscribers in the areas of Pootung，Nantao，Chapei as at 25th April，1933 of Shanghai Telephone Company*，1933 年 8 月 3 日，Q5-3-1784，上海市档案馆藏。
　　②《教堂请设界外德律风》，《申报》1909 年 5 月 26 日，第 3 版。
　　③《议驳界外教堂请设德律风》，《申报》1909 年 5 月 29 日，第 3 版。

妨碍了华界上海电话局的业务发展。有一种说法，中国对越界筑路地区的土地主权"半以筑路而丧失，半以水电而俱亡"①。中国政府多次严正申明对于越界电话的营业权。但于现实情形而论，华界商民强烈要求南北接线。为保证民众南北通信需求，上海电话局对华洋德律风公司越界电话业务基本采取较为放任的态度。

为维护国家主权，对于越界筑路地区其他外商水电公司，中国政府向来采取严厉取缔政策。界外马路修筑之后，外商水电公司以价格较为低廉的水电吸引沿路居民安装。公共租界工部局以此为由，向此地区的居民征收税款，随后设立警察，俨然将之视同自属辖区。对公共租界此种扩张租界范围、侵蚀中国领土主权的行为，中国政府提出严重抗议。在收回越界筑路暂时未有进展后，对于沿路各外商水电公司，上海市政府要求其严格遵守中国法律和上海特别市政府法规，其用户须与市公用局具结书，承诺于中国自属水电设施到达之后，无条件拆除租界公司原有设备。对于越界筑路及租界以外外商电话公司的线路安装，1925 年以前，中方虽多次发出严重抗议和严正声明，却始终未能取得法律上的主权确认。由于该区商民的通讯需求，华洋德律风公司越界安装户数反而日渐增多。

1925 年 12 月 17 日《华洋接线合同》的签订，使租界外商电话公司越界拓展电话业务具备了法律依据。该合同第 2—6 条规定，华洋德律风公司将在一定时间后，将越界安装电话交还电话局。其中城厢及南头内公司现有用户，自合同签订之日起，满 3 年时归还电话局；北自沪宁铁路，西与南达苏州河，东至租界界限所有闸北区域内公司现有用户，继续为公司所有，交还事宜嗣后讨论，该地新装租界电话用户除缴付公司费用外，并应向电话局缴付其规定租费；浦东区域公司现有用户和新用户仍照当时情形继续由公司供给，限定过江电缆之容量为 75 对，俟将来上海电话局浦东分局成立后，再行讨论收归事宜；宝山区域内现有公司用户，由公司补偿一定费用后收回，或由电话局允许再在 3 年之内仍作为公司用户。对于越界筑路地区电话，《华洋接线合同》换文规定，"在租界界限问题未经正式解决以前，华洋德律风公司业经中国电话局同意，仍旧在工部局建筑之道路及租界以外为此项道路所包含之区域上安设电话。惟北四川路及迪思威路

---

① 张仲礼：《中国近代城市企业·社会·空间》，上海：上海社会科学院出版社，1998 年，第 44 页。

之间区域，向为中国电话局供给电话者，亦仍旧由话局继续办理"①。该项通话合同及其附件，除因上海电话局闸北分局等业务拓展的需要，对该地新装租界电话公司电话用户予以约束外，对于租界外商电话公司在其他华界地区供给电话，于一定的期限内授予其营业权。于越界筑路地区，除了保证部分区域上海电话局的业务维持外，其他则基本采取放任政策。

上海电话局对于越界电话采取了不同于其他外商水电公司严厉取缔的策略，源于兼顾商业沟通、寻求华洋接线达成的需要。为了制止界内居民安装租界电话，上海电话局规定，在未经与华洋德律风公司商通接线以前，仅收 10 元安装费，暂不收月租费，"以顺舆情而保利权"②，阻止华界商民安装越界电话。此项办法仅在一段时间内有效。到 20 世纪初，随着租界工商经济发展，租界对华界产生极大的向心力，两界电话通信却处于隔阂状态。华界以及华租交界处商户迫切需要与租界商界取得业务往来，达到信息沟通、物质流通的目的。申请安装租界电话者络绎不绝。此批商户在被禁止申请安装后，开始强烈要求尽快促成华洋接线。

对于交通部上海电话局而言，寻求一种既能保证越界电话主权，又能保障用户便利的两全之策成为当务之急。在当时的情况下，解决此问题的途径有二：一为任由商户安装租界电话；二为实现华洋通话。前者将会危害国家主权，阻碍华界上海电话局的业务拓展，后者既可保证华界商户与租界连线互通的需求，又可促进华界上海电话局的业务发展。在华界商民的强烈要求下，上海电话局开始与租界电话公司交涉接线事宜。租界电话公司却不愿放弃或丧失越界电话业务，以上海电话局业务发展不足，用户数量过少为由拒绝连线。在华洋接线事宜的交涉上，上海电话局面临着一种国权和民利难以兼顾的两难处境。双方前后交涉长达 10 余年，谈判陷入僵持局面。

鲍启元任上海电话局局长后，调整立场，解放思想，提出"电话局局长虽系一官吏，究之电话事业纯系营业性质，其于公众利害之关系甚巨。而南北消息久苦隔阂，实为商业上之大憾。接线一事，殊有必要"，"余以为此问题苟能将外交及政治关系暂时抛开，由交通部上海电话局与华洋德

---

① 《华洋接线合同译文》《华洋接线合同换文》，"电话局复公用局函"附件，1930 年 4 月 4 日，Q5-3-2861，上海市档案馆藏。

② 《南市克期开办电话》，《申报》1907 年 8 月 30 日，第 5 版。

律风公司以纯粹商业之关系，开诚商榷，则解决亦正不难"①，积极寻求上海社会各界的谅解。此项出发点的修正，并非完全放弃越界电话的主权，而是先将民众通信需求放在第一位；采取暂缓收回越界电话主权的权宜之计，达到解决当时最为迫切的华洋通话问题的目的。正如当时有论者指出，"南北电话果能接线，消息传递，自然灵快得多，于商业上有极大便利；然而这问题几次提出，都没成议，并且社会团体，也有表示反对的，这不是不知其便利，实是不欲以贪图便利而损害主权的缘故"，"我们也是极端赞成接线，但希望办理这件事的人，要对外交上、国权上兼筹并顾"②。此后，华洋通话事宜取得了较大突破。

1925 年 12 月 17 日华洋通话合同正式签订，一方面，使华租两界连线通话成为事实，客观上有利于华租两界商务信息的沟通，方便了华界居民；另一方面，也是上海电话局对于越界电话权益妥协的结果。合同条文规定，华界地区越界电话，华洋德律风公司将于一段时间后交还上海电话局；越界筑路电话，除上海电话局已有线路铺设区域外，则规定由华洋德律风公司经营。租界电话公司在享受越界经营电话权利同时，基本无须履行任何义务。

华洋接线合同的会商，源于工商发展和民众通信便利的需求。在解决此项问题的过程中，由于近代上海特殊的社会历史环境，华租两界电话事业分由国民政府交通部和租界上海电话公司经营，其间牵涉复杂的主权利益纠葛，使得整件事情的进展变得异常艰难。上海电话局在处理华洋通话交涉时，起先以政府机关自诩，上海电话局局长也碍于政府官员的身份，在保证国权和兼顾民利两点上难以达到平衡。后来，上海电话局采取了变通，适当抛开外交和政治关系，纯粹以营业的关系来接洽，以用户需求为首位，才使华洋通话达成事实。越界筑路地区现有和新装电话也在一定时期内被视为"合法合理"。

三、20 世纪 30 年代《电话临时合约》的交涉

为保障国家主权，中国政府提出收回越界电话。但上海电话局线路铺设有限，难以满足华租交界居民的通信需求。上海市政府与上海电话局再

---

① 《上海电话局长昨晚宴客》，《民国日报》（上海）1925 年 3 月 20 日，第 3 张第 10 版。
② 慎：《时评，电话接线问题》，《民国日报》（上海）1925 年 3 月 20 日，第 3 张第 11 版。

次采取变通策略。经过长期艰难交涉，中方力争在明确越界电话主权和保障华租交界居民电话通信的前提下，授予租界上海电话公司该地区电话经营权，保证了国权和民利的平衡。

（一）收回越界电话主权的提出

收回越界电话被视作收回租界电话的第一步。1929 年，华洋德律风公司经营不善，公共租界工部局决定另外招标商办。中国政府适时提出收回租界电话主权。经过交通部、上海市政府等多方交涉，最后未能达成目标。1930 年 8 月 5 日，租界美商上海电话公司成立。外交部等最后决议，先着手收回越界筑路以及越界筑路地区电话，嗣后再筹收回租界电话主权办法。

1930 年 3 月 25 日，上海市公用局致函上海电话局，提出公共租界越界筑路两旁住户，其地址完全属于华界；租界上海电话公司在华界装设电话，原本依据《华洋接线合同》附件，现该项合同即将期满，自应商议停止续装；"本市对于此类地点之住户借用外商水电者，向在严厉取缔之列，装设华洋电话事同一律，自应同样办理，以保主权"①。9 月 12 日，在了解 1925 年 12 月 17 日年《华洋接线合同》以及附件内容和由来后，公用局呈请市政府转咨交通部关于越界电话八项意见，其主旨为：①《华洋接线合同》附件规定，经上海电话局同意，在租界界线尚未正式确定以前，华洋德律风公司仍继续在公共租界及法租界现有界线以外之工部局道路上及其所包围之区域内装置电话，现在合同期满在即，此项附件势将无所依附，则此项公司所设电话，似应由上海电话局收回，制止以后再设，以保主权；②华洋通话不能停止，电话局如对通话办法有改进计划，应当提出交涉；③合同第 2—5 条涉及之城厢及南头、闸北、浦东、宝山等华界区域租界电话公司用户收回事宜，电话局可否有切实计划。②

交通部接到上海市政府咨请后，一面严厉指责"上海租界电话局越界装置电话，藐视国权，莫此为甚"，派员莅沪调查越界装置电话机数目，拟送外交部转向驻沪领事团提出交涉，"转令该公司，饬工拆除，以保国权而杜

---

① 《公用局致电话局函》，1930 年 3 月 25 日，Q5-3-2861，上海市档案馆。

② 《与上海电话公司订约交涉始末记》，"上海电话公司（以下简称电话公司）致公用局函"附件，1934 年 1 月 30 日，Q5-3-1786，上海市档案馆藏。

后患"①；一面咨复上海市政府，提出收回租界电话权案件尚未结束，新成立的上海电话公司又未呈请立案，在国权和法律上，不能承认该公司，故而对于一切事务交涉，未便视为对手方进行协商。故而该项合同是否续订，暂行搁置。关于收回越界筑路地区电话和宝山区域电话事项，饬令上海电话局具体办理。

经过商议，上海市公用局与交通部上海电话局在收回越界电话一案上达成共识。双方均认为，上海市政府对于租界越界筑路所有水电煤气等供给权，陆续均由公用局收回，或订定日后收回契约，成绩卓著。租界电话同属商办，自应援照办理。现为权益起见，应一面维持华洋通话，一面商议越界电话取缔办法，"难再予放任，坐失利权"。基本原则为：①华界内以后不再添装，其已装者暂维现状，俟电话局材料备妥后，随时收回；②越界筑路两旁电话局线路未及之处，用户请求装接租界电话者，仿照取缔水电煤气等办法，"用户请求接用外商水电者，应允现具结声明，如将来华商水管电线达到是处，经本局书面通知后，当于一个月内改接华商水电"。上述特许办法，随时可以取消，但对上海电话公司可略加变通，给予其在越界筑路两旁装置电话以一年的权利保障，公司则对市政府缴纳报酬金，以尽相当之义务。如是，"华租通话不致停止，而国家主权亦得维护"②。此暂行办法得到国民政府交通部认可，密令上海电话局会同市公用局办理。1931 年 1 月，电话局与公用局先后就上述原则拟具"交通部上海电话局与上海电话公司临时合约草案"，以备与上海电话公司交涉。

上海市政府与上海电话局上述意见的达成，主要源于维护国家主权，并适当考虑了当时用户的通信需要。20 世纪 30 年代，上海电话局正在积极筹备改换自动机工程，闸北、浦东等均在筹备之中，南市、宝山等地区电话业务相比 20 年代中期有了进一步的发展，其话线设备基本可以满足潜在的用户需求；另外，随着华租商贸关系的加强，两界通话事实上势难停止，租界电话公司不可能再以此为要挟，拒不交还越界电话，故而规定此区域已装租界电话者随时收回，其他申请新装者一律不再添装。于越界筑路区域装设问题，论理外商公司以合同期满不能添装，其原有设备亦应拆除。但考虑到上海电话局线路仍未到达，该处市民已装电话者有中断之虞，

① 《越界电话拆除交涉》，《申报》1930 年 10 月 16 日，第 13 版。
② 《公用局呈市政府文》，1930 年 12 月 15 日，Q5-3-2862，上海市档案馆藏。

未装者更无添装之望，为兼顾国权和民利，上海市政府和上海电话局提出实施相关取缔办法，实则希望将此地电话经营权通过签订合约的形式暂时授予上海电话公司。上述两项办法在收归越界电话主权上，原则性更强，但也酌情进行了变通。

（二）《电话临时合约》的艰难交涉

从 1930 年 9 月 12 日上海市公用局鉴于原华洋通话合同即将期满，提出应行解决越界筑路地区电话管理权事宜，到 1931 年 10 月 23 日上海市公用局、上海电话局、上海电话公司三方签订合约草案，其间三方磋商十余次。再到 1933 年 4 月 19 日《电话临时合约》的正式签订，前后交涉时间长达两年半余。上海市政府将越界电话经营权作为一项主权来维护，上海电话公司将之视作营业区域拓展的契机，不愿受到诸多行政条款的限定。为了达到利益的平衡，双方互相争持，最终从便利民用的大局出发，达成妥协。在交涉过程中，上海市政府与上海电话公司主要围绕以下几点问题展开。

1. 电话公司是否遵守中国法令

收回越界电话电话之议提出后，上海市公用局开始积极筹备电邀电话局和电话公司就有关事宜会商。从 1931 年 5 月 22 日第一次会商，到 7 月 15 日，市公用局、电话局与电话公司进行了数度接洽。双方焦点在于上海电话公司是否"遵守中国政府所颁一切有关系之法令"。公司代表未允接受；市政府则坚持，公司既在华界营业，自应遵守中国法令。谈判遂告中止。8 月 24 日，市公用局致函电话公司提出，越界筑路地段住户需用电话，在已得专营权之交通部上海电话局线路尚未达到以前，为兼筹并顾，故与之商议订定临时合约，以使该处市民已装电话者免致中断，未装者亦得装设。现今因为遵守中国法令一条而致案悬不决。公司如希望在上项地段维持电话事业，对于临时合约问题自宜速谋解决，否则市政府将另筹办法。同时致函电话局，提出临时合约从 1930 年 12 月 17 日提议以来，迄今八月有余，仍无结果，市民物议纷纷，市公用局代人受谤，希望其转促公司于最短时间内切实表示是否愿意订立临时合约，如果不愿，则应酌定最后办法。

经过反复磋商，1931 年 9 月，电话公司以中央所颁布法令中有根本上碍难适用于外商者，只允完全遵守市政府所颁布法规。上海市政府以为法令一项事关重大，不经中央允准，无权变通。后由上海电话局密呈交通部，陈述相关事实，表明此项临时合约期限仅一年，为过渡性质。为顾全沪西、沪北等区公众电话交通起见，有必要将此合约视作地方问题，暂允以市政府法令为限，以资救济。得到交通部核准。①在此背景下，1931 年 10 月 23 日，三方签订临时合约草案。

依照惯例，市内外商水电公司对于中国法令均行遵守。交通部、上海市政府等对于上海电话公司则特许例外，是为达成临时合约签订所做出的妥协。在众多法令中，上海电话公司最初即对国民政府颁布的《民营公用事业监督条例》认为根本上不能接受。此项监督条例于 1929 年 12 月 21 日经国民政府交通部颁布实施，并于 1931 年 3 月修正。现欲以此约束上海电话公司在越界筑路地区的营业，除为明确该项地段电话经营的国有性质外，还可对上海电话公司的日常管理、业务发展和盈利利率等进行严格控制和监督。②上海市政府在此问题上的让步，是为保证现阶段越界筑路地区居户正常的电话通信。

2. 越界电话营业区域的划定

越界筑路地区营业区域的划定，关系着上海电话公司的发展业务权限能动性和稳定性。上海电话公司在草约签订后，再度提出讨论，希望能够达到扩大专营权范围，减少上海市政府的行政束缚。但上海市政府将之视作原则。双方长期僵持，后为"重主权、轻利益"，以上海电话公司适当增加报酬金、严格装移手续等前提下，略加扩大专营区域，作为妥协。

1931 年 10 月 23 日临时合约草案主要解决了上海电话公司在公共租界及法租界界线以外，以及沪西越界筑路和沪北越界筑路两个区域内外已装和新设电话所有权、营业权及管理方式问题。在所有权问题上，草案明确规定，公共租界和法租界界线以外电话主权、沪西和沪北越界筑路两区域内外电话主权，均归诸中方。在营业权及管理方式上，草案规定，在遵守上海市政府所颁布法规、合约期内向上海市政府缴纳报酬金以代所得税、履行新装用户具结手续等前提下，上海电话公司可享受在越界筑路地段

---

① 《电话局密呈交通部，"电话局致公用局函"抄件》，1931 年 9 月 16 日，Q5-3-1773，上海市档案馆藏。

② 吴其焯：《农工商业法规汇辑》，天津：百城书局，1935 年，第 380—382 页。

经营电话专营权。中方从维持时间、权利划分、收费约束、用户监督等多方面，分区域、分类别对越界电话营业期限区域加以规定，明确主权，加强管理。①

相比于区域外，沪西、沪北营业区域内地区，上海电话公司发展业务享有较大的能动性和稳定性。这也是上海电话公司后来提出增加越界筑路区域面积的原因。沪西、沪北区域之外的上海电话公司业务仅为暂时性，上海电话局可随时通知收回。沪西、沪北区域之内的电话营业权由市政府和电话局授予上海电话公司，上海电话公司向市政府缴纳一定的报酬金，以此来代替合约期内的营业所得税。其间，公司线路铺设、修养事宜，均可自行处置。相比于沪西，按照草稿规定，沪北营业区域内、区域外公司业务发展均受到较大的牵掣。此范围内电话公司须履行申请电话局许可、公用局执照等手续外；用户根据其房屋和业产与越界筑路关系的密切度，规定其除缴纳电话公司费用外，还应额外向上海电话局缴纳数额不等的租费。对越界筑路依赖较大者，租费较低，反之亦然。此种高额租费的划定，在某种程度上将越界筑路区域外部分经济实力有限的用户排除在安装租界电话行列之外。

1932年1月9日，上海电话公司以公共租界工部局名义提出修改临时合约草案各点意见，除区域名称变通（沪西改为"第一附图着以黄色区域，沪北改为"第二附图着以蓝色区域"），沪北工部局局设电话免除具结，市政警务、火警和军事电话装置范围等外，最重要一点即增加越界筑路区域范围，要求沪西越界筑路区域扩充100码，沪北越界筑路区域扩充20码。②对于公司所提各项修改意见，上海市199次市政会议议决，指定财政、公安、公用三局等会同市秘书长，在"不丧失主权范围内研究一最善解决办法"③。最后审议意见为，地区名称修改一项"尚无不妥"；工部局作为沪北越界筑路区域内用户，应与其他用户一样依照规定具结；关于市政府警务、火警或军事电话设备内容，悉照原文，越界筑路区域应涵盖在内。关于越界筑路区域面积增加一项，其中沪西越界筑路区域外缘可以扩充，但报酬金一

①《上海市公用局、交通部上海电话局、上海电话公司临时合约草案》（三方签字原件），"电话公司致公用局函"附件，1931年12月23日，Q5-3-1774，上海市档案馆藏。

②《上海电话公司请求修改临时合约各点》，"公用局致市政府秘书处函"附件，1932年1月11日，Q5-3-1775，上海市档案馆藏。1码=0.9144米。

③《市政府训令公用局》，1932年1月18日，Q5-3-1775，上海市档案馆藏。

项最低限度应由 8000 元改为 10 000 元；沪北越界筑路区域内面积则须维持原状，"绝对不能变更"①。

上海电话公司对于上述审议，特别是沪北越界筑路地区面积限制不愿接受。沪北经济发展快速，现阶段公司电话用户已达 400 余户，潜在用户更不可限量，外加公共租界许多市政设施均延伸及此。但上海电话局已可为沪北用户通设电话，也不会轻易将该区域的电话营业权让诸上海电话公司。1 月 21 日，市公用局将审查结果函达上海电话公司，请其 31 日以前明白表示是否同意。1 月 28 日，公用局接到电话公司复函，称已将各项审议意见转工部局考虑，对审查结果长期不置可否。适逢"一·二八"事变爆发，上海电话公司趁局势混乱之际，在沪西越界筑路地段自由装设电话。临时合约交涉事宜因此被搁置。

后经过各方多次续议接洽，除沪北营业区域是否扩充一项外，其余各项均先后达成意向：区域名称同意修改，沪北工部局已装电话，经特许免照和免交电话局租费，新装电话则须填具结书；关于市政府警务、火警、军事等电话设置区域暂予不论；沪西越界筑路区域向外扩充 100 码，条约文字上不加修改，仅就附图上加绘黄色。作为补偿，上海电话公司向市政府缴纳银 10 000 元，作为 1930 年 12 月 17 日至 1932 年 6 月 30 日在越界筑路区域内享受经营电话权利的报酬金，以代所得税，1932 年 7 月 1 日以后之报酬金则另订。②

沪北营业区域问题，工部局始终坚持扩充 20 码实属必要。公用局局长黄伯樵则提出，北区扩充 20 码一点不能同意，为原则问题。因为如按公司所拟，沿沪北越界筑路区域两旁 20 码内之住户，上海电话公司一律有权为之装设电话，且无须经过电话局许可或公用局执照，那么此项办法无异将越界筑路扩充为区域，于主权有碍，断难同意；规劝"此案搁浅已久，工部局既以人民利益为前提，应请对于北区一点勿太固执己意，以期此约早日签定"③。双方僵持不下。鉴于工部局态度坚决，为避免案悬不决，公用局、电话局等商议

---

① 《公用局致电话公司函，复达请求修改临时合约草案各点审查结果》，1932 年 1 月 21 日，Q5-3-1776，上海市档案馆藏。

② 《上海市公用局、交通部上海电话局、上海电话公司临时合约草案》（讨论稿），"电话公司致公用局函"附件，1933 年 1 月 24 日，Q5-3-1778，上海市档案馆藏。

③ 《1932 年 10 月 2 日下午 3 时与上海电话公司续议临时合约会议记录》，"公用局致电话局函"附件，1932 年 10 月 8 日，Q5-3-1779，上海市档案馆藏。

在沪北区域范围上稍事通融，在装设申请手续上臻于完备，以互作让步，打破僵局。经交通部特派员聂传儒提议，遵从交通部"以国权为重"的训示，建议将沪北越界筑路区域内，改为"越界筑路两旁之新用户其房屋必须经由该路出入"，所有新装用户最少须得电话局之许可，以保护主权。

1932 年 10 月 24 日，上海市政府、交通部等一致通过变通办法，此乃反复斟酌利益得失的结果。虽然将上海电话公司沪北越界筑路区域营业范围由"区域内"增加到"马路两旁"，但同时根据用户使用越界马路的频率（必须经由该路出入者）以及完善装移手续（至少得电话局许可方可装设）等对上海电话公司业务拓展加以约束（表 2.2）。在中方看来，"修改内容与原定之办法相较，实互有得失"，"就上海电话局所得租费之多寡言，各有利弊"，"是得失相比，似尚以所得为多"；从大局着眼，"就事实言，如我方坚持原议，不稍通融，此项合约难有订成之望"①。虽然区域面积增加，但所有新装用户均须先得电话局许可，较之已签订之草案中所规定之办法限制更严，则主权一层已无问题，"在同一情形之下，一则无须我方许可即可装设，其权操纵之于公司；一则须经我方之许可后方得装设，其权属于我方"。此项临时合约，实属短期，为过渡性质。且所有该区域方面电话用户，根据商议结果，无论新旧，均须向本局具结，承认临时合约届满时，我方电话设备一到，即当改接，"是临时合约签订之后，北区方面已损失之权利，事实上均可收回"②。在此立场和前提之下，当工部局对于上述变通办法，再度表示"决难同意"，"如能将'必须经由该路出入者'一句，于'必须'二字上加上'至少有一处'五字，即无问题"时，上海市政府和交通部亦允照办，为 1933 年 4 月 19 日正式签订临时合约铺平了道路。

3. 交涉期间住户装迁申请的处理

临时合约商议期间，上海市政府严格禁止越界筑路地段电话的迁移、安装、维修事宜，以此对上海电话公司施加压力，希望尽快解决该地区电话经营的主权问题。然而在权利和义务的分配上面，双方意见难以于一时达成一致。在此漫长的时间内，越界筑路地段申请装修租界上海电话公司

---

① 《公用局呈市政府文》，1932 年 10 月 15 日，Q5-3-1779，上海市档案馆藏。

② 《公用局局长黄伯樵致南京交通部部长朱家骅函》，"公用局致电话局函"附件，1932 年 12 月 5 日，Q5-3-1779，上海市档案馆藏。

表 2.2　沪北越界筑路地段装置上海电话公司电话方案比较

办法	区域之内 · 新装用户	区域之内 · 现有用户	区域之外 · 新装用户	区域之外 · 现有用户
1931年10月23日临时合约草案现定办法	必须穿过越界筑路之地点：须具结；每线每年缴费12元 可通中国道路之地点：须先得许可，须具结；须缴全费	须具结；每年每线缴费12元	须先得许可	须具结；须缴全费
1932年1月9日公司请求修改办法	距离越界筑路不超过20码者：须具结；每线每年须缴12元 距离越界筑路超过20码者：须先得许可；须具结；须缴全费	须具结；每线每年缴费12元	距离越界筑路不超过20码者：须具结；每线每年须缴12元 距离越界筑路超过20码者：须先得许可	距离越界筑路不超过20码者：须具结；每线每年须缴12元 距离越界筑路超过20码者：须具结；须缴全费
1932年10月24日上海市政府拟修改办法	房屋依靠越界筑路者：须先得电话局许可；须具结；每线每年须缴费12元 业产依靠越界筑路者 / 不依靠越界筑路者：须先得电话局许可及公用局执照；须具结；须缴全费	房屋依靠越界筑路者 / 业产依靠越界筑路者：须具结；每线每年须缴12元 不依靠越界筑路者：须具结；须缴全费	房屋依靠越界筑路者：须先得电话局许可；须具结；每线每年须缴费12元 业产依靠越界筑路者 / 不依靠越界筑路者：须先得电话局许可及公用局执照；须具结；须缴全费	房屋依靠越界筑路者 / 业产依靠越界筑路者：须具结；每线每年须缴12元 不依靠越界筑路者：须具结；须缴全费

资料来源：《沪北越界筑路地段装置上海电话公司电话办法比较表》，"公用局呈市政府文"附件，1932 年 10 月 15 日，Q5-3-1779，上海市档案馆藏。

之商民络绎不绝。在华洋通话合同期满以前挂号请装上海电话公司共 51 家，其中一家为国华银行，位于中华路，在南市区域，另 50 家均在越界筑路两旁。[①] 通过查阅 1931 年 1 月底至 1933 年 4 月初的上海市公用局档案，经过初步统计，有案可稽的该项申请用户多达 46 户，其中要求迁移电话者 4 户，要求新装话线者 42 户。申请场所以外侨住宅为主，多处于大西路、愚园路、

[①]《公用局致电话局函，函复上海电话公司在越界筑路上之新用户电话应暂缓装置》，1931 年 1 月 29 日，Q5-3-2751，上海市档案馆藏。

安和寺路、极司菲尔路以及白利南路等地区。到底是以国权为重，先订约，再装线，还是适时满足居户需求，成为摆在上海市政府面前的一道难题。

申请者在争取装接、迁移电话过程中表现出以下几大特点，如表2.3所示。

表2.3 临时合约商议期间越界筑路地区商民申请装接、迁移租界电话统计

申请方	具体事宜	现处地址	（委托）交涉人	申请时间	公用局意见
《大美晚报》经理寓所	装接	华界大西路408#10号	得克利	1931年1月30日	暂缓
美侨倪尔寓所	迁移	大西路408#11号	倪尔	1931年2月2日	暂缓
派拉蒙影片公司办公处	装接	大西路408#9号	公司	1931年2月6日	暂缓
侨民伯尔森寓所	装接	大西路408#5号	伯尔森	1931年2月7日	暂缓
鲁麟洋行办公处	装接	哥伦比亚路351号	洋行	1931年2月9日	暂缓
侨民石克雷寓所	装接	大西路408弄10号	石克雷	1931年2月14日	暂缓
普益地产办公处	装接	法华区安和寺路106号	公司	1931年2月21日	暂缓
罗德公司安士伯住宅	装接	法华区安和寺路601号	安士伯	1931年2月16日	暂缓
				1931年2月26日	无法通融
英美烟公司纽森寓所	装接	大西路410号大西坊4号	纽森	1931年2月24日	暂缓
			沈崑三	1931年3月25日	办法妥协方可装置
普益地产百乐克寓所	装接	大西路408弄17号	百乐克	1931年3月2日	暂缓
华和特寓所	装接	大西路407号	华和特	1931年3月4日	未便准予
海澜寓所	装接	大西路104号	海澜	1931年3月5日	未便准予
亚丹士寓所	装接	大西路大西别墅12号	亚丹士	1931年3月17日	未便准予
奇克寓所	装接	安和士路70号	奇克	1931年3月18日	未便准予
苏浙皖统税局第9区办公处	装接	劳勃生路槟榔路口德隆坊19、20号	管理员绕宗汉	1931年4月23日	未便准予
上海领港员工会德籍会员寓所	装接	哥伦比亚路151号	驻沪德国总领事丰理德	1931年5月13日	未便准予
哈利司寓所	装接	法华区安和寺路76号	哈利司	1931年5月14日	未便准予
财政部印花烟酒税处黄处长住宅	迁移	愚园路266号A	财政部印花烟酒税处	1931年5月16日	办法议妥后可准移
老中庸洋行办公处	装接	白利南路皮字36号	洋行	1931年5月18日	未便准予
夏承诗寓所	装接	极司菲尔路	夏承诗	1931年5月20日	未便准予

续表

申请方	具体事宜	现处地址	（委托）交涉人	申请时间	公用局意见
爪哇张胜隆公司上海分行经理刘汝梗住宅	装接	愚园路邨第三号	刘汝梗	1931 年 6 月 12 日	未便准予
国立研究院办公钢铁试验馆	装接	沪西白利南路	国立研究院	1931 年 6 月 23 日	未便准予
麦克莱寓所	装接	安和寺路第 37 号	麦克莱	1931 年 7 月 11 日	新合约成立后，即可报请装设
公共租界工部局	装接	界外马路各街路警务处	费信惇	1931 年 9 月	准予设法任其进行
市财政局局长蔡增基寓所	装接	白利南路 37 号 C	蔡增基	1931 年 10 月 14 日	设法办理
华人居户	咨询	愚园路	实业部徐善祥技监	1931 年 10 月 22 日	未得交通部同意前，未便接受
真如营长司令秘书许锡清、杨建平寓所	装接	愚园路兆丰邨 16 号、大西路美丽园 30 号	真如营长司令陈铭枢	1931 年 11 月 14 日	草案议妥，正式签字后可装接
费德考寓所	装接	法华区	费德考	1931 年 11 月 28 日	草案已经议妥，正式签字即可
永豫和记纺织公司	装接	华界小沙渡纺织纱厂内	公司	1931 年 12 月 9 日	未便照准
韦懿寓所	迁移	愚园路 983 卫第 17 号	韦懿	1932 年 1 月 22 日	公司未取得营业权
国立中央研究院理化工程试验馆	装接	沪西愚园路底兆丰花园对面	国立中央研究	1932 年 2 月 23 日	话局未同意前本局无权核准
红十字会组织之 23、33 两处伤兵医院	装接	极司菲尔路 54 号	市政府机要室	1932 年 6 月 4 日	公司未取得营业权
驻华智利代办公使贝采耳办公处及住宅	装接	海格路 400 号	市政府秘书厅	1932 年 7 月 22 日	公司未取得营业权
			贝采耳	1932 年 8 月 5 日	已复请陈明市长
			陈明市长	1932 年 9 月	为尊重外交官地位，通融装设
祥丰公司公务	装接	北四川路祥丰里	公司	1932 年 8 月 11 日	新约未正式签订以前未便准予，新约交涉情形另纸附送
杜月笙某友人寓所	装接	海格路某地	杜月笙	1932 年 8 月 22 日	同上

续表

申请方	具体事宜	现处地址	（委托）交涉人	申请时间	公用局意见
欧亚航空公司航务	装接	上海站设虹桥飞机场	公司	1932 年 9 月 1 日	同上
			电政司咨行市政府、饬令电话局	1932 年 9 月 30 日 1932 年 10 月 18 日	话局既允，不予反对
德克医生住所	装接	极司菲尔路 99B 号	美国宣教公会同仁医院	1932 年 9 月 9 日	新约未正式签订前未便准予，附送新约交涉情形
市商会秘书严谔声处	装接	愚园路 871 号	市商会	1932 年 9 月 13 日	同上
章士钊友人寓所	装接	愚园路 582 号	章士钊	1932 年 9 月 13 日	同上
市领江公会会员梁寓	装接	海格路 400 号海格坊 23 号	江海关河泊司	1932 年 9 月 15 日	同上
凌姬觉弥某友人寓所	装接	愚园路 10018 号	凌姬觉弥	1932 年 9 月 30 日	同上
黄雯医师病院	装接	大西路	褚民谊	1932 年 9 月	同上
市邮政管理局邮务长寓所	装接	极司菲尔路第 32A 号	市邮政管理局	1932 年 9 月 27 日	同上
			市政府秘书处	1932 年 9 月 30 日	已复知
市卫生局李廷安局长寓所	装接	愚园路 909 弄 10 号	李廷安	1932 年 11 月 23 日	签订合约后可装接
交通大学新建办公厅	迁移	徐家汇	黎照寰	1933 年 3 月 14 日	同在校内，派匠移装
公共租界警务长马顿氏寓所	移装	愚园路 753 号	市政府秘书处	1933 年 3 月 29 日	通融准予移装
美国海军上校夫德启而高寓所	装接	海格路 400 号	上海电话公司	1933 年 4 月 6 日	用户责难，公司负责

资料来源：《上海市公用局关于越界筑路住户请准装迁租界电话案》，1931—1933 年，Q5-3-2752、Q5-3-2753、Q5-3-2754、Q5-3-2755、Q5-3-2756、Q5-3-2757、Q5-3-2758、Q5-3-2759、Q5-3-2760、Q5-3-2761，上海市档案馆藏；《上海市公用局关于公共租界警务处装置沪西越界筑路处电灯及电话案》，1931 年，Q5-3-2771，上海市档案馆藏；《上海市公用局关于永豫和记印织公司请准装置外商电话案》，1931 年，Q5-3-2772，上海市档案馆藏。

（1）需用电话急切。观诸申请者主体，除公司职员、普通商户、中外官员外，还有为数不少的中央驻沪机构、地区办事处、上海市政单位、飞机场、医院等社会服务机构，电话通信与商务、公务、医务、航务及人们日常生活等密切相关。例如，《大美晚报》经理得克利由租界迁入华界，要求装接电话以便与位于租界的报馆及阅户随时接洽。[①]罗德公司职员安士伯"所建住屋远在安和寺路 601 号，地极僻静，荒野，若无电话，殊感危险，且因此而蒙损失亦在意中"，拟于近期迁往居住，为此迫不及待请求公用局在新办法未经决定及装接电话应用文件未经办就以前，特予通融。[②]苏浙皖区统税局第九管理区所属管辖各棉纱、火柴厂，大半皆系洋商，区域范围较大，接洽事务非装租界电话，难于灵便[③]。美国宣教公会同仁医院"为公共租界及界外之华籍病人便利起见"提出，德克医生时常在晚间来院诊察病人，医院与德克医生住所间电话"实为必需"，"今所要求者，非为一己之便利，实为本市病人之福利着想"[④]。欧亚航空公司上海虹桥飞机场提出，"飞航事务消息极贵灵通，非装设电话不足以资联络"，请设法救济，以利交通[⑤]。永豫和记纺织公司提出，公司批发所设于英租界江西路吉庆里 4 弄 3 号，纺织厂设于小沙渡，因地界问题，通话实感不便，请求于纱厂内装接租界公司电话[⑥]。许多居户需用电话急切，一次未能允准，遂多次去函催促。例如，驻华智利代办公使贝采耳为解决办公处及住宅电话安装问题，曾三次托人或者亲自去函公用局申请特别允许。欧亚航空公司在与公用局交涉不成后，转请交通部电政司设法救济。

　　（2）牵涉关系复杂。申请者具体可以分为政府机构（包括中央、地区及市属各个层级）、公司企业、高等学校、科研院所、医疗机构、社会团体等几个种类，涵盖新闻、经济、政治、外交、军事、交通等各个领域。市政机关中申装电话就有市财政局、市邮政管理局和市卫生局等。它们除了直接向公用局申请批准外，许多个人和单位还转请中央部门、市政官员、驻沪领事或具有较大社会影响的公众人物出面交涉。国民政府财政部、实业部以及交通部均向市公用局询此类事件的发展；市政府机要室、秘书处等亦代表市长本人，对公用局批准市民装用电话施加压力。英美烟公司董事沈崑三、青帮头目杜月笙、政治家章士钊、国民党元老褚民谊等亦亲自

---

① 《大美晚报馆致公用局函》，1931 年 1 月 31 日，上海市档案馆，Q5-3-2752。

② 《罗德公司安士伯再次致公用局函》，1931 年 2 月 26 日，Q5-3-2753，上海市档案馆藏。

③ 《苏浙皖区统税局第九管理区致公用局函》，1931 年 4 月 23 日，Q5-3-2755，上海市档案馆藏。

④ 《美国宣教公会同仁医院致公用局函》，1932 年 9 月 9 日，Q5-3-2758，上海市档案馆藏。

⑤ 《上海市政府训令公用局，字第 2807 号》，1933 年 9 月 30 日，Q5-3-2759，上海市档案馆藏。

⑥ 《永豫和记纺织公司致公用局函》，1931 年 12 月 9 日，Q5-3-2772，上海市档案馆藏。

出面，利用与公用局局长黄伯樵的私交，争取为其各自的亲友在越界筑路地区安装租界电话。对于市公用局而言，这批人群无论是在安抚措施上，还是在应对策略方面，都是一个关乎市政形象和政府权威的问题。另外，临时合约商议时间之长、难度之大均超出原本预期，使公用局更加陷入被动局面。

人数众多、社会各个阶层的申请者纷至沓来，使公用局面临巨大的外交、行政和舆论压力。在整个合约交涉期间，上海市公用局面对如此之多的申请，除极少数迫于现实紧急需求或外交压力外，如欧亚航空公司、工部局法华区警务电话、驻华智利代办公使贝采耳办公室及住宅、市财政局蔡增基寓所、公共租界工部局警务长马顿氏住处等，其他则一律予以回绝。以公共租界工部局在界外马路装设电话为例，工部局提出，装设电话可防止犯罪和绑匪，上海市政府"鉴于犯罪之防止，乃系顾及全上海居民之利益，相应函发查照"①，迫于压力，尽可能满足市政用话的需求。

各个时期的回绝复函体现出不同特点：①交涉初期，上海市公用局均一律复函：上海电话公司在本市越界筑路地段装接电话，"向以上海电话局与前上海华洋德律风公司所订合同为根据，现在此项合同业已期满，正由敝局与关系方面积极磋商新办法，不日即可决定。在新办法尚未决定以前，请暂缓装设"②，对合约交涉难度估计不足，使公众以为电话问题在短期内便可解决。这一错误的预期，使公用局陷入了严重的信誉危机。②随着与上海电话公司交涉陷入僵持，公用局复函改变为"该电话公司尚未继续取得在上述地段内之营业权，自未便准予装设"③，将矛头直指外商公司，寻求市民理解。③临时合约草案签订后，公用局以为正式订约指日可待，对市民表示"合约草案已经议妥，俟正式签字即可实现"。不曾料想，电话公司再度提出修改意见，使即将解决的问题再度悬置。公用局被迫面对各种非议，处理各种请装申请时，均不惜长篇大幅，仔细阐明合约交涉原委，指出未能装设之症结乃公司态度反复、屡失信用，无意取得该地营业权，"一方固欲经营沪西电话，一方后不愿受合约上合理之约束与

① 《市政府秘书处致公用局函》，1931年9月30日，Q5-3-2771，上海市档案馆藏。
② 《公用局复大美晚报经理得克利先生函》，1931年2月3日；《公用局复美侨倪尔函》，1931年2月5日，Q5-3-2752，上海市档案馆藏。
③ 《公用局复华和特函》，1931年3月7日，Q5-3-2754；《公用局复苏浙皖区统税局第九管理区函》，1931年4月27日，Q5-3-2755，上海市档案馆藏。

尽相当之义务，盖完全为片面利益着想，故其责任应完全由该公司担负，毫无异议"①。众多的申请者，使公用局不胜烦扰。作为市政管理者，面对公众对电话这一公用事业发展的需求，一方面无以保障，另一方面无法替代，于是只能在民利和国权之间寻求一种平衡。在尽量取得民众谅解的同时，尽快促使上海电话公司签订临时合约，在保证电话主权的同时，亦满足民众需求。

在上海市政府看来，合约签订之前，上海电话公司尚未取得越界筑路地区经营权，理应将现有电话机及杆线应悉数拆除；而该项地段，用户需用电话甚殷，在交通部上海电话局线路尚未达到以前应当兼筹并顾，对已装电话暂予维持；但绝不可再由其任意发展业务。1931 年 1 月 14 日，临时合约开议之初，上海市公用局致函公安局，在新合约或其他办法尚未商妥以前，制止上海电话公司在越界筑路地段装置电话。②在促使临时合约签订事宜上，上海市公用局格外坚定和急切，采取"从速接洽妥当以便顾全用户通信"③的策略。

鉴于上海电话公司商议过程中时有拖宕，为尽快落实主权事宜，市公用局采取强制性行政干预手段，严格禁止上海电话公司于合约签订以前在越界筑路地区进行任何电话迁移、装设和维修工作。一旦上海电话公司采取合作态度，则适当放松此项管制。例如，1931 年 10 月 23 日临时合约内容均已议妥、临时合同草案签订后，上海市政府即于 11 月 25 日函知上海电话公司，临时合约未签订以前，无论机关还是私人，与市政府有密切关系，请求装设电话者，只需按照规定手续向市公用局具结，概予照准装设；并对公共租界工部局因警务上之需要，请装报警电话 10 余处，给予通融办理。④上海市政府严格控制电话安装，以此作为促使上海电话公司积极参加合约商议的筹码；适时放松电话装置限制，适度关注越界筑路地区电话装设需求的客观存在，可谓"成也萧何，败也萧何"。此种悖论使上海市政府和上海电话局在合约洽商过程中，均以方便民众为护符，以此争取舆论的

① 《公用局复韦懿函》，1932 年 1 月 28 日，Q5-3-2757，上海市档案馆藏。
② 《与上海电话公司订约交涉摘要表》，"公用局呈市政府文"附件，1932 年 8 月 26 日，Q5-3-1776，上海市档案馆藏。
③ 《公用局呈市政府文，为关于取缔上海电话公司在越界筑路两旁装置电话问题》，1931 年 2 月 5 日，Q5-3-2763，上海市档案馆藏。
④ 《公用局致电话公司函》，1931 年 11 月 25 日，Q5-3-1774，上海市档案馆藏。

支持。

4. 合约理想与事实经营间的博弈

临时合约草案签订以后，上海电话公司以公共租界工部局未能核准为由，在诸项意见尤其是营业区域划定等问题上，不再做出任何让步，致使合约商议突告中止。上海市政府的主权诉求遂无以达成。上海电话公司于越界筑路地区安设电话工程却并未准备因此停顿。合约商议期间，面对越界筑路地区商民申装电话者，上海电话公司一般采取以下三种方式：①趁上海市政府警力空虚时，私自安设，如"一·二八"事变期间，上海电话公司在局势混乱之际，于沪西自由安装电话多达数百具[①]；②市公安局严密巡视期间，告知用户须得市公用局批准；③过江电缆损坏之际，未经请照，私自动工修理。

对于第一种行为，市公用局和上海电话局认为"事关主权，万难轻予放任"，去函严词抗议，声明在合约未签订以前，公司举动在法律上、道义上均属不合，要求上海电话公司停止此种行动，若公司对此"置若罔闻"，公用局则会同公安局"以有效方法随时制止，免蹈覆辙"[②]。对于已安装之用户，要求电话公司事后补充说明"当时用户需要电话迫切情形，并非有意不与公用局合作，并由该公司负责令此用户补具书式"[③]。对于第二种行为，该项地段住户纷纷前往公用局请求装用租界公司电话，使其难于应付，造成"物议纷纷"，市民均将不便之责委诸公用局。公用局认为乃"代人受谤"，对上海电话局颇有微词。[④]一面致函电话公司，请其对用户说明其"尚未取得此项地段之电话专营权，不能装设，勿再藉词推诿，以免市民无谓烦劳"[⑤]。同时，登报发表与租界电话公司交涉经过，声明公用局为谋市民便利，委曲求全，积极促成合约订成，但公司一再反复，致使其没能取得越界筑路

---

① 《公用局致电话局函》，1932年10月5日，Q5-3-1777，上海市档案馆藏。
② 《电话局致公用局函，函请向上海电话公司抗议在越界筑路装设电话》，1932年5月19日，Q5-3-2784，上海市档案馆藏。
③ 《关于修改交通部上海电话局、上海市公用局、上海电话公司临时合约草案商定各点》，"公用局致电话局函"附件，1932年10月25日，Q5-3-1779，上海市档案馆藏。
④ 《公用局呈市政府文，为关于沪西电话问题谨陈意见请鉴核示遵》，1932年8月26日，Q5-3-1776，上海市档案馆藏。
⑤ 《公用局致电话局函，抄送本局致上海电话公司为越界筑路段请装电话事函请查照》，1932年9月15日，Q5-3-1777，上海市档案馆藏。

地段装设电话之法律依据。①对于第三种行为：上海市政府实行严厉取缔，坚决杜绝电话公司私下假借修理电缆之名换装大电缆以扩充营业，"是已丧失权利尚未收回，而未丧失之权利又将丧失"②，函请公安水巡总队如遇工人擅行施工，则予以制止，并将工人、工具扣押。后电话公司请公用局办理相关工程请照单，公用局以临时合约未能签订，毫无法律根据，严词拒绝，并函由公安水巡队彻夜严防公司偷偷施工。③

租界公司和市公用局双方就"民用"和"履约"各执一词。9月23日，电话公司致函市公用局，指责其妨害民用，耽延公众服务。公用局据理驳复，"此为公司延约之结果，自应由公司负其全责"④。9月29日，中外各报遍载上海电话公司紧急通告，略谓"因海底电缆受有损坏，以致往来浦东之电话暂行停顿。本公司曾立往上海市公用局请求执照，以便修理，但该局不允给予，遂使本公司不能进行修理，而致电话服务停顿"⑤，使公用局饱受舆论压力。公用局表示，该公司在正式签订临时合约取得专营权以前，绝对不敢发给执照，致蹈违法之图圄。对于各国商人因通话关系，以用户资格转请其本国领事，代向市政府要求时，"拟请令其转知各该国商人一致督促该公司迅与我方签订正式合约，俾事实、法律问题均得解决。该公司迫于众议，或易就范，亦未可知"⑥，积极争取社会谅解和民众支持。电话公司当局很快回驳，未能尽快签订正约，乃由于工部局未能核准，"上海电话公司向以便利群众为服务之主旨"，公用局不予发给执照则在客观上影响了电话公司便利民众。⑦双方多次互递函件，互加指责。

浦东电话因此不通，责任谁属，中外双方争执不下，但均未能忽视市民大众对于电话通信的急切需要，并试图以此为筹码，迫使对方按照各自的利益需求就范。电话公司欲挟公众服务之名以达到既成营业之目的；市公用局试图以电话公司未能取得法律根据为由，博取公众谅解和支持，以

---

① 《越界筑路装设电话问题》，《申报》1932年9月28日，第9版。

② 《公用局呈市政府文，呈报制止上海电话公司修理浦江水底电缆请转由》，1932年8月29日，Q5-3-2719，上海市档案馆藏。

③ 《公用局致电话公司函，复市民因装电话所感受不便贵公司应自负其责》，1932年9月24日，Q5-3-2720，上海市档案馆藏。

④ 《市当局函电话公司制止修理过浦电缆》，《申报》1932年9月25日，第16版。

⑤ 《浦东电话问题，公用局负责人员发表谈话》，《申报》1932年9月30日，第13版。

⑥ 《市政府秘书处致公用局函》，1932年9月27日，Q5-3-1777，上海市档案馆藏。

⑦ 《浦东电话问题昨讯》，《申报》1932年10月1日，第14版。

妨害民用为名迫使电话公司妥协，尽早解决主权问题。经过此次风波，1932年10月2日，中外双方开始续议临时合约。上海市公用局"为顾念浦东用户通话起见"[①]，于10月8日发出执照，由上海电话局代为修理过浦电缆[②]，做出适当让步。

（三）《电话临时合约》的最终达成

上海市政府试图通过临时合约的议定，争取越界筑路地段电话主权，解决中方所有这一关乎"国权"的问题。在具体交涉过程中，上海市政府面临了诸多困难，其中最大的困难就是在不违反"以国权为重"的原则下兼顾民利。一方面，华洋通话势难停止，越界筑路地段商民需用电话甚殷，上海电话局线路或者尚未到达，或者服务质量不及租界电话公司；另一方面，上海电话公司以越界地区电话业务发展已成既定事实，于临时合约商订事宜积极性不高，甚至故意迁延拖宕，与公共租界工部局多次提出有碍中方主权的修改意见。上海市政府积极争取交涉，在尽量保障国权的前提下，在上海电话公司遵守中国法令等问题上适当让步，以上海电话公司向市政府缴纳报酬金、新装电话须履行许可和执照手续、所有用户均须具结等形式，保证管理权属。最后《电话临时合约》的签订，使电话公司在越界筑路地段维持和发展业务具备了条文约束，也满足了该地区商民的通信需求。

上海电话公司作为外商在华企业，其目标即利益的最大化，尽可能扩大营业区域，自由增加安装户数。越界筑路地区现有用户数量已不在少数，随着将来华租两界工商业的发展和经济往来的频繁，此区域潜在市场需要更是不可估量。在上海特别市政府提出的诸多行政规制和区域限定面前，极力争取最大程度的转圜，为自己赢得更为宽松的经营环境。对于合约未商订期间的自由发展业务行为，均以便利民用为由。面对上海市政府故意拖延签约，妨害公众通话的指责，极力辩解，以公用事业自居，以服务公众自诩，极力博取用户的支持。

1933年4月19日，上海市公用局、交通部上海电话局与上海电话公

---

① 《公用局致电话局函，复贵局代表上海电话公司请照准修理过浦电缆暂可同意》，1932年10月10日，Q5-3-2720，上海市档案馆藏。

② 《浦东通话电缆将修理》，《申报》1932年10月10日，第19版。

司三方最终正式签订《电话临时合约》。相对于 1925 年以前上海电话公司在越界筑路区域任意发展电话用户、1925 年《华洋通话合同》及其附件将外商电话公司之越界电话"合法化"而未加任何约束而言，此项合约的签订，可谓将公共租界和法租界以外越界电话管理权收回，经营权亦俟交通部上海电话局局办线路一到，可随时收回；越界筑路区域内外，虽被迫赋予上海电话公司在合约期内上述地段的电话事业专营权，但在法律遵守、区域限制、手续完备、义务履行等方面有了诸多束缚。各方均认为 4 月 19 日合约内容"原则上与公用局初次提出四项意见无甚出入"①。上海市政府最终在"国权"和"民利"两问题上找到了一个较为理想的平衡点。

在中方看来，此项合约将电话经营权授予外商，仍旧于主权有碍。1932 年 10 月 10 日，市公用局呈文市政府，请其呈转交通部赶速完成浦东电话，"重主权而利居民"②。此后，上海电话局积极筹设分局、发展线路，为收回华界越界电话做准备。直至 1933 年 12 月浦东分局建设完毕，着手将浦东方面电话收归国有。华界南市、闸北等处公司电话，亦已"决定先将各户话机及小交换机等换装话局机器，并将线路接入局内，一俟总局中继线设备增设完竣，即将所有用户全部割入"，交通部饬令上海电话局从速进行，于最短时期内完成。关于越界筑路区内收回办法，也大体决定，在北区方面，由闸北电话分局就原有管道之空孔拖放地下电缆直接接通，在西区方面，以地面辽阔，另设自动电话分局一所。③

随着市政建设的推进、城市空间的拓展和民族主义思潮的兴起，城市公用事业管理权属问题日渐突出。"国权"与"民利"看似难以兼顾，但无论由谁来经营和管理，良好的政府和企业形象，优良的话务质量，是电话等公用事业管理者和经营者均须重视的问题。对于国家和政府，公用事业之主权和管理权固然重要，但不可忽视民用。在民营企业和外商企业看来，逐利被放在首位，亦不可以牺牲公众服务为代价。在争取市内电话管理权过程中，上海市政府提出其初衷在于行使职权，整顿市内公用事业，以更好地满足民用。淞阳商民之所以反对将民营电话公司收归部办，根本原因在于上海电话局经营不良，且收费较高。新建立的上海特别市政府在完善

① 刘骏祥：《一月来之电政》，《交通杂志》1933 年第 8 期。
② 《公用局呈市政府文》，1932 年 10 月 10 日，Q5-3-2721，上海市档案馆藏。
③ 刘骏祥：《一月来之电政》，《交通杂志》1933 年第 10 期。

政府职能、提高行政效率方面大刀阔斧。在众多越界筑路地区公用事业中，唯独电话问题长期悬宕不决。上海市政府从主权维护、市权统一的角度出发，以严正的态度，不卑不亢地与租界方面交涉。然而，迫于市民电话公用的需求，不得不在遵守中国法令、越界电话营业区域划定等问题上做出适当让步。对于上海电话公司迁延几近两月，临时合约草案业经签订后，忽请求变更，市公用局"为谋市民便利起见，乃复降心相从，委曲求全"①，同意再度与电话公司定期会商。围绕工部局提出几点修改意见，上海市公用局和交通部上海电话局，均在"不丧失国家主权"的最低限度内，做出适当妥协。对于上海电话公司在合约尚未签订之前在越界筑路地区自由装设电话行为，上海市政府提出严正警告，使其予以纠正。合约商议期间，外商公司各项迁移、新装、修理电话事宜，均被严格取缔。此项举动，一则为使上海电话公司早日"就范"签订合约，不再迁延拖宕，一则也使市公用局陷入"妨碍民用"的公关危机。

经过管理权属的梳理，近代上海电话事业实际经营主体和经营范围得到确定，确定市内电话仍归交通部办，商办电话最终被上海电话局收购。上海电话局经营方范围由此包括：南市总局，北至法租界，东至黄浦江，南至黄浦江，西至日晖港；龙华分局，北至法租界及徐家汇河，东至日晖港，西至沪杭甬铁路，南至龙华港及沪杭甬铁路；闸北一、二分局，北至柳营路，东至沙泾港，南至公共租界及苏州河，西至沪杭甬铁路第二桥；江湾、南翔、吴淞等各分局，以各该镇市街为限。②在交通部和市政府的努力下，越界电话主权也被争取回来，经营权在一段时间内被迫让诸租界电话公司。

近代上海租界电话事业，向来由公共租界工部局管理，由外商经营，其经营区域除越界筑路地区外，以公共租界和法租界区域范围为限。抗日战争胜利后，国民政府收回租界，原美商上海电话公司也由其接管。原拟由中美合办，统一经营上海电话业，但在美国压力下，1945年9月20日，经蒋介石亲自批示，将原租界电话交还原主自办。③上海电话公司继续由美商经营，其经营范围与抗日战争前基本相同，由上海市公用局规制。1946

<hr>

① 《越界筑路装设电话问题》，《申报》1932年9月28日，第9版。
② 《交通部上海电话局最近五年统计调查表（1927—1931年）》，1933年，Q5-3-2871，上海市档案馆藏。
③ 邮电史编辑室：《中国近代邮电史》，北京：人民邮电出版社，1984年，第206页。

年6月，国民政府交通部转函上海市政府，提出"民营公用事业依照民营公用事业监督条例第三条之规定，以中央主管机关为最高级监督机关。上海电话公司原为民营性质，战前设置在租界以内，致本部监督权无法行使。现在租界业已收回，自应以本部为该公司最高级监督机关"，要求上海市政府将上海电话公司调整话费办法转送交通部核定①，掀起了新一轮的电话部管还是市管的问题。

　　1945年11月2日，交通部提出，国民政府行政院"指定该部为上海电话公司之最高监督机关"。上海市政府不以为然。1947年1月18日，上海市公用局"为划分市权，树立对外信誉起见"，呈函国民政府行政院院长宋子文，坚持上海电话公司事宜"由地方机关就近处理，无从由中央机关遥领"，具体原则为：①任何关于专营权合约事项者（包括费率之核准在内），由市政府全权处理；②凡属于地方性质者由上海市政府处理；③凡不属于地方性质者，先由上海市政府商得交通部同意后处理，请其速定上海电话公司监督权，"以清界限"。后得其批注"所陈核无不合，准予照办"②。由此确立了战后上海电话事业中部办上海电信局，与部督、市管、外商民营上海电话公司之两分天下的格局。

　　①《市政府训令公用局，交通部人丁字第5184号公函》，1946年6月6日，Q5-3-5063，上海市档案馆藏。
　　②《公用局呈行政院院长文，为建议关于上海电话公司之监督职权三项祈仰赐核定》，1947年1月18日，Q5-3-5063，上海市档案馆藏。

第三章

电话运营模式的变迁：经营与管理的艰难进程

　　电话业的经营和管理，受到国家政治权力的划分、公用事业的社会定位、管理者的运营理念、社会政治局势等多种因素的影响。在不同的历史社会环境下，租界和华界的电话事业具有不同的经营和管理方式。华界由政府直接参与经营管理，租界由外商经营，两者各有利弊。战后租界收回，市政府取得了取缔监督上海电话公司的权力。电话作为市政公用事业的一种，无论是华界话局，还是租界公司，抑或战后整个上海市的电话整顿，都面临着如何更好地满足社会通信需求的问题，这也是电话业发展中所要解决的主要矛盾。

第一节　华界电话局的经营管理变迁

　　华界上海电话局先后由清末邮传部、民国交通部管理。邮传部和交通部既是经营者，也是管理方。由于权力体系复杂，上海电话局的管理与经营出现了"众声喧哗"的局面。清末邮传部和北洋时期交通部作为中央机构，更多地关注于全国电话线路的铺设等统筹事项。北洋政府时期各派军阀争权夺利，导致电话局局长调任频繁，局务开展不力。为改良业务，地方绅商奔走呼告，客观上对上海电话局各项举措形成一定影响。随着工商经济的发展、社会交往的增加，人们迫切需求良好的电话通信，来满足商情传递、人际交流。南京国民政府成立后，交通部加快整顿步伐，从思路改进、制度规范、业务发展等各个方面努力，力图改变清末以来电话局业务不振的状况。上海市政府亦放下权力之争，建言献策，配合管理。在多方合力下，电话事业与市政建设、市民通信需求等日趋同步发展。

一、清朝末年：边缘化的电政和官僚化的衙门

　　清末，上海电话业处于起步阶段。电话事业的发展出自一种保障电政主

权、防止外人干涉的保护心态，民众需求相对被忽视。中央邮传部和地方电话局均被视为官僚化的衙门，而非为民谋福利的服务机构。上海电话局设置简陋，用户较少，财政收入主要依靠上海电政局（即前中国电报总局）拨款，其局务发展较多地仰仗于电报余利。电政局的设立体现了清末因事设立的典型特点。1881 年，津沪电报线完成，清廷遂设立电政总办。之后电政局下设文牍、工务、交涉、会计、电话等五科。[①]1907 年 3 月，邮传部接管全国电信事业。邮传部电政司"掌全国电政，举官局、商局之则例，海线、路线之规章，万国电政联盟之条款，下至城市所敷设之电话、电灯各事，凡有关于电政者，胥掌焉"[②]。从行政统系而论，邮传部电政司负责主管全国电政事业，上海电政局亦统辖电政事业。上海电话局既直接受命于邮传部电政司，也隶属于上海电政局。1911 年，为达到事权统一，清廷裁撤电政局。

上海电话局发展初期，规模小、部门少、职员少、取费少。为吸引用户、发展业务，上海电话局呈请邮传部，于最初两年内，对申请装设者免收租费，仅收取少量安装费、移机费及修机费，经费来源主要依靠上海电政局财政拨款，大力投入推广电话线费，以此勉强维持收支平衡。1907 年，上海电话局用户数目为 97 户，安装话机收费 8 元，使用费 0 元。电话局内职员构成分别为：局员 1 人，司事 3—4 人，领班 1 人，司机生 2 人。电话局收入由用户装设费和电政局拨款组成，支出项有办公费、推广费和其他杂项，职员薪金由邮传部直接发给。[③]次年，上海电话局安装户数略有增加，使用总人数为 102 户，新装用户安装话机收费 70 元，移机收费 46.2 元，依旧未对用户收取租费。[④]局内部门构成逐渐完善，除原有局员、司事、领班外，司机生增加至 5 人，添设机匠 2 人。用户通话逐渐频繁，随着机件的损耗，各种机械和线路故障开始出现。当年，上海电话局收入项除装设费外，还有电政局拨款 5797.86 元、杂款 80 元，总额 5994.06 元；支出办公费 4459.75 元、推广电话线费 1006.68 元、杂款 547.45 元，总额 6013.88 元，收支相抵后，亏

① 王开节、修域、钱其琮：《铁路·电信七十五周年纪念刊》，载沈云龙：《近代中国史料丛刊续编》（第 93 辑），台北：台湾文海出版社，1973 年，电信，第 13 页。
② 交通部、铁道部交通史编纂委员会：《交通史电政编》（第 1 集），交通部总务司，1936 年，第 69—70 页。
③ 《邮传部交通统计表，第一次电政统计表》（上卷），光绪三十三年，上海图书馆藏。
④ 《光绪三十四年各局电话使用回数及收费表》，载交通部交通史编纂委员会、铁道部交通史编纂委员会：《近代交通史全编》（第 14 册），北京：国家图书馆出版社，2009 年，第 244 页。

损 19.82 元。[①]1909 年，上海电话局开始向用户收取少额使用费，至 1912 年
6 月每户每月仅收洋 2 元。[②]1909 年用户总数为 117 户。电话局新收安装机
费 420 元，移机费 58 元，修机 7.2 元，租户用费年收 1081.2 元，外计电政
局拨款等项，收入合计 10 843.75 元。随着电话使用次数的增加，在早期磁
石式和共电式话机制度下，人工接线压力日趋增加，司机生（接线生）随之
增加到 8 人。[③]电话局办公费支出随之增加。除去电话局开支，略有结余。
纵观清末几年上海电话局各项开支，办公费一直占据较为稳定的比例，电话
线推广费与当年电政拨款数额成正比例。1907 年，电政总局拨款为 29 756.05
元，电话线推广费高达 24 350.15 元，占该年电话局总支出额的 81.76%；次
年，电话线推广费随电政总局拨款额减少而减少；1909 年，电话线推广费又
随电政总局拨款增加而增多，占全年总支出额的 38.72%（表 3.1）。

表 3.1　1907—1909 年上海电话局收支情况　　　　（单位：元）

年份	收入				支出				收支情况
	电话费	拨款	杂款	合计	办公费	推广费	杂款	合计	
1907	8	29 756.05	114	29 878.05	4 775.90	24 350.15	656.5	29 782.55	95.5
1908	116.2	5 797.86	80	5 994.06	4 459.75	1 006.68	547.45	6 013.88	−19.82
1909	1 566.4	9 234.95	42.4	10 843.75	5 775.52	4 017.16	583.48	10 376.16	467.59

资料来源：交通部交通史编纂委员会、铁道部交通史编纂委员会：《近代交通史全编》（第 14 册），
北京：国家图书馆出版社，2009 年，第 263、266-268 页。

　　清末邮传部对于上海电话局的管理，体现出一种"以电报余利兼办电
话"，免使国权旁落、从财政上扶持的特点。此种运营模式的诞生，一方面
促使了公营电话业的起步，另一方面也决定了电话在电信事业中的较低地
位，"办理电政者，仅注意电报事业之建设，而于电话方面，多漠然置之。
社会人士，亦认为电报通信，应当发展，而对于电话，认为电报之附属物，
视为无足重轻"[④]电政管理者相对忽视电话局的规范管理和业务发展。1910
年，邮传部颁布实施《各省设立电话暂行章程》。[⑤]按照规定，上海电话局
应向上海城厢、镇内外区域提供电话服务，且有义务和责任将每年的业务

---

① 《邮传部交通统计表，邮传部第二次统计表》电政上，卷六，光绪三十四年，上海图书馆藏。
② 《华界加收电话费之阻力》，《申报》1912 年 7 月 24 日，第 7 版。
③ 《邮传部交通统计表，邮传部第三次统计表》电政上，宣统元年，上海图书馆藏。
④ 桢：《一年来之电话业务》，《申报》1934 年 12 月 1 日，第 28 版。
⑤ 《邮传部批准各省电话暂行章程》，《申报》1910 年 3 月 25 日，第 18 版。

发展计划、出入款项详情等报部核准。

上海电话局财政状况不良，经营不善，除了源于电话业前期投资大、业务推广难度大等因素外，也与其本身的管理理念有关。如同早期电报局，电话局官僚习气积重，管理方式落后，局务难有进展。"从前初办电报的时候，主持的人，多是官僚，局长称为总办，报务员称为师爷。报局大开两旁，还挂上两块虎头牌，活像一个衙门。做总办的，只知安置私人，中饱私囊，那里谈得到什么改进业务？并且那时候，创办电报算是推行新政，只要能替政府传达公文，已算得到利用，谁还去理会他营业的盈亏。"①电话的创办时间比电报稍晚，不免受此种风气的影响，那个时候，可谓"官僚化的电政"。"我国电信事业，初由商办，后经政府收回，改为官办，遂与政界，发生密切关系。既为政界之附庸，则政界之种种习气，难免传染于电界中"，此时"电政监督，为一二品道尹之专利品"②。"廷臣见电报通信之迅速，惊为奇异，须派有威望之大臣主其事，始足以震慑。以故当时二等以上之局长，多属世胄之公子、四品之道员。电局警卫森严，有类衙署。于是候补道，从九县丞、川目、杂佐、通判等官，竞流入于电界。彼辈多惟利是图，无暇言及建设。"③电话局被视作权力聚集之所，管理人员多为官僚，缺乏电信方面的专业人才。此种状况不利于电话事业的健康发展。

二、北洋政府时期：军阀争夺和绅商关注下的艰难发展

北洋政府时期，中央逐渐加强了对电政事业的监管，颁布了电信领域第一部较为完整的法规（《电信条例》）④和针对各省各地的《私设电话规则》⑤。上海市电话局一改官僚机构的做派，将原来南市电话总局负责人总办、总管称谓先后改为"经理""总理"等现代称呼，后统一称作"局长"。但由于受到地方军阀、城市绅商的多方牵掣，外加江浙地区连年发生战争，社会局势不稳，上海电话局业务发展同样艰难。"时事多艰，变乱相寻之秋。

① 钱其琛：《电信事业商业化》，《交通职工月报》1934年第8期。
② 王运桢：《整理中国电政之根本问题》，《电信交通部电信学校校刊》1930年第2期。
③ 罗英：《电政的危机及其补救方法》，《交通杂志》1934年第4期。
④ 交通部、铁道部交通史编纂委员会：《交通史电政编》（第1集），交通部总务司，1936年，第413—415页。
⑤ 交通部、铁道部交通史编纂委员会：《交通史电政编》（第1集），交通部总务司，1936年，第104—105页。

电局遂为军阀共争之的。电政管理为军阀所蹂躏者，时有所闻。""无耻之流，夤缘于军阀之门，以遂其利欲之壑。当局碍于情面，慑于威势，不得不破坏其成规，曲解其法则，以餍若辈之望。"①此乃特指签订电政借款密约之事。近代上海电话事业处于受战争影响、为军阀把持的特殊状况。

（一）局长调任受权力中心影响，局务难以贯彻一致

上海电话局局长任职方式分为两种，一种为中央交通部饬令调任，一种为地方实力派安插心腹。前者源于上海市内电话业归交通部直接管理，属于人事任免的正常途径，后者由近代上海电话业所处的特殊社会历史环境所致。20 世纪 20 年代，由于特殊的地理位置，上海成为各派军阀抢夺的重地。上海电话局局长一职的就任成为中央部令与地方军阀博弈的对象。局长个人才干、任期政绩等因素，被置于其次。在直奉战争、江浙战争等影响下，北洋地方军阀势力坐大。上海电话局局长在交通部令常态任免外，经常出现地方强力干预的状况。近代军阀割据混战，增加了近代上海电话局局长的更换频率。据统计，1917—1927 年共 11 年间，曾担任上海电话局局长职务者有 10 人，平均每大半年调动一次（0.73 次/年），任期最短的仅 2 个月，最长的也仅 4 年多（表 3.2）。

表 3.2　北洋政府时期上海电话局局长职务更替情况

任职时间	局长姓名	任前履历	任期举措	离职原因	舆论评价
1912 年 7 月至 1917 年 1 月	陶鞠如	—	华洋接线交涉	电话不灵，酿惨祸，交通部撤差	—
1917 年 1 月至 1917 年 4 月	周奉亭	—	华洋接线交涉	—	—
1917 年 4 月至 1917 年 12 月	邹鸿云	—	华洋接线交涉；电话局改组整顿	部令别有差委	—
1917 年 12 月至 1922 年 2 月	叶鸿续	参议院秘书；湖北知事等	华洋接线交涉；筹建局所，建设长途电话线路	与交通部意见不合，办公棘手，自请请辞	"才称干练" "勤能称职" "不辞劳瘁"
1922 年 2 月至 1922 年 7 月	华荫薇	吴淞无线电台工程师	华洋接线交涉；改换新式话机	部令另候差委	—
1922 年 7 月至 1924 年 11 月	顾廷实	苏州电话局局长	华洋接线交涉；保护淞沪话线；改良闸北线路	第二次直奉战争后，中央与地方当权人员调动	—

① 《破坏电政果谁之咎》，《电友》1925 年第 6 期。

续表

任职时间	局长姓名	任前履历	任期举措	离职原因	舆论评价
1924 年 11 月至 1925 年 5 月	鲍启元	从政 10 余年	华洋接线交涉	为奉张不满，自请辞职	整理局务，尽力外交，成绩甚佳
1925 年 5 月至 1926 年 1 月	周至诚	沪宁路军事管理局局长	办理淞沪、沪宁直接通话；扩充闸北线路；议定华洋接线办法	不知交通部何故，撤换人员	对于各项局务"积极筹办，不遗余力""成绩尚称优良"
1926 年 1 月至 1927 年 4 月	陈公锦	—	华洋接线工程；改装闸北新机；淞沪、沪锡、沪杭、沪宁及五省长途电话筹办	国民革命军北伐，孙传芳退居江北，蒋介石进入上海等省市	通话收费过高；"卷款潜逃""罪有应得"
1927 年 4 月至 1927 年 6 月	刘清凡	革命军总司令部交通处中校股长	接收北洋军阀掌理之电话局	奉白崇禧令赴宁办前线事宜	—

资料来源：①报纸：《电话局长撤差消息》，《申报》1916 年 12 月 14 日，第 10 版；《南市电话局长易人》，《申报》1917 年 12 月 11 日，第 10 版；《县商会挽留电话局长》，《申报》1921 年 12 月 16 日，第 15 版；《上海电话局最近之进行》，《申报》1925 年 7 月 21 日，第 14 版；《上海电话局长易员》，《申报》1926 年 1 月 13 日，第 13 版；《电话局长卷款潜逃之追究》，《申报》1927 年 4 月 7 日，第 15 版。②著作：李建源：《博白县志》，南宁：广西人民出版社，1994 年，第 1023 页；李元信：《环球中国名人传略》（上海工商各界之部），上海：环球出版社，1944 年，第 227 页；刘国铭：《中国国民党百年人物全书》（下册），北京：团结出版社，2005 年，第 1968 页。

　　上海电话局局长频繁更换，从表面上看属于正常的人事调动，实则蕴含深层的政治背景和军事原因。这一围绕近代电话管理的夺权拉锯战，反映了北洋军阀各派势力的消长，体现出直系、奉系、皖系，乃至中央与地方等各方势力在近代上海的介入和角逐，是近代中国军阀混战格局的特有政治气候的产物。各个局长既得到中央扶持，又取得地方支持，不仅需要雄厚的政治背景和广泛的社会关系，而且必须具备高超的交际手腕。偶尔也会出现毫无政治背景之人出任，但仅仅是中央和地方权力过渡的短暂空隙，一旦上海的权力真空被破坏，新的权力格局形成，上海电话局局长一职将于最短时间内自见分晓。

　　上海电话局局长离职原因有各方势力消长、地方绅商反对、局务发展窒碍、各项举措艰难等。在众多被调换的电话局长中，不乏因主张与中央部令相左、局务发展棘手而主动请辞者，或受地方势力牵制而被动遭调者。叶鸿续担任局长时间较长，社会评价甚高，称其在职四年"勤能称职""不辞劳瘁"，地方商会特为挽留。[①]最后仍旧承受不住各方压力，在华洋接线问题上与中央交通部（奉系主政）意见不合，舆论攻讦之下，自请辞职。1922年1月，交通部借口苏州电话局需用人才，将叶鸿续与原苏州电话局局长顾廷实对调。苏州电话局原为直系军阀齐燮元的管辖范围。仍为奉系"主持"下的交通部将与之意见相左之人员安插于苏州，将原来亲直系的苏州顾廷实调至皖系卢永祥之地盘。此项举措遭到直系、皖系等坚决反对。此时国内局势紧张，第一次直奉战争一触即发，政局扑朔迷离。工程师出身、毫无政治背景的华荫薇得以任职代理局长共5月。1922年6月直系胜利，开始把持北京政权。7月，顾廷实到任，苏州电话局局长另派陈云骙充任。[②]陈云骙名不见经传，但相比于曾服膺于奉系的叶鸿续而言，更加容易操纵和控制。顾廷实虽再度受到新中央政权的青睐，却未得上海士绅支持。1922年11月，近代上海无敌牌牙粉、中华国货出品社创始人吴中弼[③]，以上海公民的身份提出，"上海电话局长顾廷实嗜好甚深，措置乖张。胪列七款，具呈北京交通部请为撤换"[④]。顾廷实在推行各项举措的过程中，遭遇社会阻力。但此时，北京交通部已经是另外一番天地，顾廷实与直系的亲密关系，决定了地方绅商的反对意见只能成为强权和兵力下的牺牲品。顾廷实担任上海电话局局长两年有余（表3.2）。

受不同派系、政治军事力量的影响，电话局局长任期短暂，调动频繁，政令朝不保夕，前后置措难以贯通，在客观上限制了电话局务的长期规划和有序发展。就华洋接线问题观之，从见诸报端的1906年到1925年最终解决，8任局长均先后参与交涉，曾任上海电话局局长鲍启元曾感叹，"此事交涉非一日，交涉者非一人"[⑤]，前后长达20年。之所以悬置多年，一则因为牵扯外交，未便轻易处置；二则上海话局负责人频繁变动，前任与租界电话公司磋商好的各项条款，新任当时尚未到局，无案可稽[⑥]，"新局长接差伊始，亟应继续进行，故重行提议"[⑦]，交接周折，耽搁时日。例如，

---

① 《县商会挽留电话局长》，《申报》1921年12月16日，第15版。

② 《上海电话局长之更动》，《申报》1922年7月11日，第13版。

③ 熊月之：《上海名人名事名物大观》，上海：上海人民出版社，2005年，第103页。

④ 《吴中弼呈控电话局长》，《申报》1922年11月30日，第15版。

⑤ 《鲍启元对华洋电话接线问题说词》，《申报》1925年3月26日，第15版。

⑥ 《华界停装租界电之原因》，《申报》1920年2月11日，第10版。

⑦ 《南北市电话接线之催促》，《申报》1922年2月24日，第15版。

叶鸿续辞职之时，正值华洋接线磋议关键时期；电话新局甫成，部署未竟；长途电话经营伊始，正资表率，上海电话局全体工程司职员、铃生工、匠工认为，"若听辞职，电政前途恐多窒碍"①。上海县商会亦希望交通部照常任用，叶鸿续本人亦打消辞意，"就局务论，前项设施正待贯彻始终，岂容遽易生手"，请淞沪护军使公署念"上海电话在军政、商业上各有需要关系，准予电部挽留，以利前途，而专职守"②。由于华洋接线在上海社会有急切之需要，与上海电话局有密切关系，各个局长上任后，必须面对，不得不参与交涉，但数十载以来，长期无效果，各任局长怀抱一种求之而不得，弃之而不能的心态，"启（鲍启元自称）何人斯，讵敢必功之我成，然职责所在，又不容暴弃自甘或存推诿"③。此种心理，外加客观上外交关系的阻碍以及局长的频繁调动，使华洋接线迟迟未能达成。再者，局长依仗的背后交涉人员意见不一，难于取得突破性进展。例如，1914 年 4 月 8 日，报载电话局曾具呈上海镇守使郑汝成转请中央交通部杨交涉员与租界领事团商议接线事宜，郑汝成"以南北接线关系外交，一时恐难办到，当即批饬暂缓置议"④。10 日，电话局致函《申报》澄清，话局乃交通部直辖，部内对于此事尚未提议，并未具呈地方郑镇守，昨阅报纸第十版登载新闻"使想系访事传闻之误"⑤。此项辟谣既申明了对电话局的管理权限，又隐约表明了交通部对于华洋接线持有不同于上海镇守使的看法。多方关系和多种意见的牵制，不利于华洋通话的早日达成。

又如，以淞沪通话而论，中央权力在各派军阀手中不断转移，交通部和上海电话局几易其主，交涉颇费周折。此事源于吴淞绅商提议，吴淞商埠督办张謇核准。叶鸿续曾代表上海电话局与吴淞电话局签订通话合同。直系委任的顾廷实接任后，对于前项合同表示，"于手续上自难认为有效"，为便利商民交通，奉交通部令，上海电话局重与吴淞电话局筹议通话办法，切实解释"叶鸿续未经本部委任，不能擅订合同，及该项合同非经本部核准，不能签订各缘由"，以明责任。⑥经双方多次接洽，顾廷实乃与淞阳电

① 《电话局人挽留电话局长》，《申报》1921 年 12 月 9 日，第 15 版。
② 《县商会挽留电话局长》，《申报》1921 年 12 月 16 日，第 15 版。
③ 《鲍启元对华洋电话接线问题说词》，《申报》1925 年 3 月 26 日，第 15 版。
④ 《南北接通电话线之窒碍》，《申报》1914 年 4 月 8 日，第 10 版。
⑤ 《交通部上海电话局函》，《申报》1914 年 4 月 10 日，第 11 版。
⑥ 《吴淞电话局函请淞沪通线》，《申报》1925 年 7 月 1 日，第 15 版。

话局拟定通话合同底稿。然又值淞沪时局不宁，依然停顿。第二次直奉战争后，吴淞电话局旧事重提，于报刊上刊登（前）上海电话局约期会商及（前）交通部令。因中央权力中心变化，上海电话局对于此事异常诧异，表示"自现任局长视事以来，从未提及，亦未曾奉到此项部令"①。至 1925年 5 月，奉系委派周至诚接办局务后，对于淞阳电话局提出"现在商民渐次复业，切望通话，函请迅商办法"，表示"查淞沪通话一案，停顿已久，现在复议，须先呈请交通部核示，应由贵局先将现在用户线路图检送一份，俾资参考"②；7 月中旬乃重将通话合同草案拟就；8 月下旬将之备文呈请交通部鉴核。到次年 1 月，报刊仍载《淞沪电话通话之进行》，原来是因江浙战争打乱了既有部署。孙传芳占领上海后，介入相关事宜，重新饬令周至诚即速筹办，乃始有眉目，计划于 1926 年 2 月动工，预计三四月份通话。1 月 13 日，孙传芳委任陈公锦为上海电话局局长，所幸前次孙传芳已赞同并介入淞沪通话事宜，故陈传芳接办局务后，未经转手之"法统"梳理，即刻设法勘察路线，函商办法。至 3 月下旬，淞沪电话接线工程告竣，陈公锦"备文呈报孙总司令鉴核，并请示通话日期。以便遵令施行"③。4 月 27 日，淞沪两话局签订接线合同，达成通话取费方案。至 5 月 10 日，淞沪电话终于通话。④其中波折显而易见。

北洋政府时期，中央与地方权力关系复杂，情形混乱，局务发展唯部令是从，还是以地方为先，成为上海电话局需要解决的重大难题。在上海一地，权力中心不时发生更改，各方军政电话需求个性差异较大，经常使电话局忙于应付。1914 年 2 月，上海镇守使郑汝成"因迩来谣言不靖，深恐各营得有警信，传达濡迟"，谕令电话局在西厢门至沪杭铁路车站、石灰桥、龙华第三警署、沪军营旧址、图书公司等处添装电话，"每日派员分日夜班轮值，遇有要事发生，立发电话禀报各长官各机关，以期有备无患"⑤。该年 6 月，江苏都督暨巡按使训令上海电话局从速设立苏省宁垣等处长线电话，"上海为华洋巨埠，现设镇守使署，凡关系军事机密要件，向由电传稽延时间且费许多手续，殊未完善，是以拟

① 《上海电话局来函》，《申报》1925 年 4 月 24 日，第 15 版。
② 《淞沪电话通话问题沪局复淞局函》，《申报》1925 年 7 月 4 日，第 15 版。
③ 《淞沪电话工程告竣》，《申报》1926 年 3 月 27 日，第 15 版。
④ 《沪锡、淞沪长途电话昨均通话》，《申报》1926 年 5 月 11 日，第 13 版。
⑤ 《添装军用电话》，《申报》1914 年 2 月 6 日，第 10 版。

仿北洋电话局办法，用长线装接电话，俾可直达传递消息立通，不致再有避滞等弊"①。当时电话机械设备还是稀缺资源，军事、政治用途关系军队军情传递和官署政务处理，特别是在北洋军阀割据时期，地方实力派尤其将军政电话线路的保障置于首位，民用电话发展在无形中被挤压。碍于舆论压力，数日后上海电话局去函《申报》，更正装设长线电话乃交通部令饬勘估，而非奉江苏都督暨巡按使训令赶装②，撇清地方长官对局务断然干涉以及话局线路敷设徇私的嫌疑。局势混乱不安，地方事宜管理权限在中央交通部和地方当权者中游移不定，使普通民众电话整顿意见申诉无门。例如，1917 年，救火会为请减电话分机租费，前后多次呈请交通部核示。到了该年 7 月份，仍无进展，因当时京师正有战争，凡直接隶属于中央之各机关，一律改为直辖于江苏齐燮元。救火会不得不再度转请齐燮元请为核减。③

政局的不稳，局长的频调，绅商的牵制，使上海电话局各项举措难以在长时间段内得到一以贯之的实施。前任局长颇费周折商洽好的方案，到了下任时，要么不予承认，使原本应该落实的计划付诸东流；要么需要重新交涉，使本该早日实施的规划滞后延误，既增加了行政成本，又耽搁了筹办时间。各个局长与当权者的密切关系，便于其大刀阔斧地进行局务整顿和业务发展，但往往也使地方舆论对其饱含诟病。临时空降的局长对近代上海社会环境不甚熟悉，较多受到当地绅商的影响，举措艰难。历任局长的间断性，局务发展的不连贯，经常受到绅商的指责。"以前军阀时代，局长一席大都用非所宜，以致局务殊鲜进步"④，电话局局长的"滥用"造成上海电话局业务发展迟缓。

纵观北洋政府时期历任上海电话局局长，凡是那些在职时间较长，做出一定成绩者，如叶鸿续、顾廷实、周至诚、陈公锦等，具有以下特点：①具备真才实干，拥有丰富的管理经验；②雄厚的政治背景，得到中央或地方实力派支持；③高超的交际手腕，深谙近代上海社会隐性权力群体的交往之道，各项举措得到地方绅商的谅解；④改良局务的决心，对上海电

① 《南市长线电话之预备》，《申报》1914 年 6 月 14 日，第 10 版。
② 《交通部上海电话局函》，《申报》1914 年 6 月 23 日，第 11 版。
③ 《救火会请减电话费之呈文》，《申报》1917 年 7 月 23 日，第 11 版。
④ 《上海电话局日有进步》，《申报》1928 年 3 月 31 日，第 14 版。

话业发展具有长远规划和改革雄心，一旦实施起来表现出较强的魄力。声誉较好的局长，在受中央和地方势力制衡而不得不卸任时，还会得到地方绅商的挽留。最终将华洋接线合同签订的周至诚，受五省联军总司令孙传芳之饬令卸任，商界团体各方面致电孙传芳要求挽留。[①]后期，鲍启元、周至诚等提出挣脱政客身份的束缚，以商业机构经营者处理华洋接线问题，抛却一般时人浓厚的主权意识和民族主义，具备较为先进的管理理念。他们在困境中间续性地推动了近代上海华界电话事业的发展，使每每处于政治风口浪尖的上海电话局能够在复杂的权力格局中，取得华洋接线、制式改良、局所筹建等较大进步，使近代上海的电话线路敷设得到延长，机械设备得以改善，话务服务质量得以提升。

（二）各项举措受地方绅商影响，局务在曲折中展开

近代上海经济发达，文化繁荣，社会隐性权力强大，对地方甚至全国政治、经济形势而言，盘踞于上海市内的帮派老大、工商巨头等均为不容忽视的影响因子。上海电话局作为中央外派机构，在实施各项举措如线路敷设、话费收取、话机改良等时，不得不博取城市绅商群体的谅解和支持，兼顾他们的利益和发展。特别是华洋电话通线问题，身为局长，面对绅商众多反复殷切的请求和呼吁，处于国家主权和商民便利的悖论之中，作为交通部官员，肩负民族使命；作为公用事业管理者，业务发展是首要，如何处置，关系到地方问题解决和个人仕途前景。

绅商在近代上海经济发展、政治管理和社会生活中的深远影响与重要地位，决定了上海电话局在局务发展过程中必然不能不顾忌其意见和建议。"官方若离开了绅商的后援，可以说很难实施任何一项重要的城市管理措施"[②]。参与电话管理的诸位绅商均为上海工商界领袖，他们大多为江浙籍，热心地方公益，具有政治热情，是地方自治重要骨干，拥有较高的社会威望（表 3.3）。电话事业作为市政公用事业之一，其业务的发展和电话线路的铺设，需要兼顾地方经济发展和社会通讯需求。电话局的各项举措及其贯彻实施，需要地方民众的配合。

---

① 《上海电话局长易员》，《申报》1926 年 1 月 13 日，第 13 版。

② 马敏：《晚清"绅商"阶层的形成》，载周积明、宋德金：《中国社会史论》（下），武汉：湖北教育出版社，2005 年，第 441 页。

表 3.3　北洋政府时期参与电话管理的主要绅商情况

姓名	籍贯	履历	参与具体事项
顾履桂	江苏上海	在沪创设机制面粉厂、碾米厂和纱厂。1907 年参加上海自治运动，后出任上海城厢内外总工程局南区区长、局董事、总商会议董等职。1912 年任南市市政厅副厅长、上海县商会会长兼货物税所所长，1917 年任农商部顾问等	反对加价，电话改良
龚子范	江苏吴县	永丰余金号经营者，清末上海十铺商团团长，其兄龚子渔曾任汇丰银行买办	反对加价
穆杼斋	江苏川沙杨思	清光绪举人，曾任江苏咨议局议员、省议会议员、上海市议员、沪军都督府警察厅长，1915 年后先后创办德大纱厂、恒大纱厂、中华第一窑厂等企业，为 20 世纪二三十年代著名实业家	反对加价，电话改良
毛经畴	浙江	古董商人，"沪上名绅，生计裕如"，历任上海药行公所喻义堂董事、自治事会中区区董、自治局名誉董事、救火联合会副会长等	反对加价，电话改良
莫锡纶	江苏上海	上海城厢内外总工程局筹办人，历任上海城厢内外总工程局办事总董、上海城自治公所副总董、市政厅市长、中区商团团长	电话改良
李平书	江苏宝山	《字林沪报》主笔，历任上海城厢内外总工程局总董与上海城自治公所议事会总董，通商银行总董、华成保险公司总理、轮船招商局董事、上海自来水厂商股总董，还曾参与创办昆新垦牧公司、闸北水电公司等企业，本地绅商界的领袖人物	电话改良
苏本炎	江苏上海	提倡创办民立学校，历任上海城厢内外总工程局议董、南市商团公会参谋长、上海城自治公所议事会名誉董事、上海市政厅议事会董事、上海商团公会会长等	电话改良
姚慕莲	浙江嘉兴	历任上海电政局监理、上海招商局会办等职。1913 年被推为浙江铁路公司理事，后为上海内地自来水公司董事长兼总经理。1924 年，任上海工巡捐局局长兼上海沪南区保卫团长，同年创办上海女子商业储蓄银行，任董事长。又任中国渔牧公司董事长。是海上耆老之一，致力于上海地方事业的发展，历任上海救火联合会副会长、上海公用事业联合会常务委员等职	华洋接线
方椒伯	浙江镇海	曾创办庶康钱庄、大有余榨油厂等，曾任上海总商会会董、1919 年各公团联合会会长、上海华商证券交易所董事、上海总商会副会长、上海中国通商银行十六铺分行经理等	华洋接线
朱吟江	江苏嘉定	经营木材行业起家。历任上海总商会董事、南市商会副会长、震巽木商公会主席。先后创办嘉丰纺织整厂、崇明大通纱厂、龙潭中国水泥厂以及通和、正利、永亨等银行	华洋接线
沈联芳	浙江吴兴	振纶洽记缫丝厂经理，开设恒丰丝号，曾任闸北商团会长、闸北市政府副厅长、闸北慈善团总董、苏浙皖丝厂茧业公所总理、江阴利用纺织公司董事长、上海丰业保险公司董事长、闸北水电公司董事、上海总商会副会长等	华洋接线

续表

姓名	籍贯	履历	参与具体事项
王栋	江苏武进	曾任闸北市政厅、闸北工巡捐分局、沪北工巡捐工程处工程员、科长、主任，并担任闸北慈善团会长、闸北保卫团团总、上海市总商会常务委员、闸北商业公会副会长等	华洋接线
傅筱菴	浙江镇海	曾任华兴保险公司总经理、中国通商银行董事、上海总商会议董、祥大源五金号总经理、招商局董事、上海总商会会长等	华洋接线

资料来源：吴成平：《上海名人辞典（1840—1998）》，上海：上海辞书出版社，2001 年，第 151、169、392、416、560 页；郑逸梅：《艺林散叶续编》，上海：中华书局，2005 年，第 221 页；熊月之：《上海通史》（第 3 卷晚清政治），上海：上海人民出版社，1999 年，第 335 页；周松青：《上海地方自治研究（1905—1927）》，上海：上海社会科学院出版社，2005 年，第 110 页；章开沅：《辛亥革命与江浙资产阶级》，载中华书局编辑部：《纪念辛亥革命七十周年学术讨论会论文集》（上），上海：中华书局，1983 年，第 256 页。李新等：《中华民国史》（人物卷第二卷），上海：中华书局，2011 年，第 757—760、866—870 页。倪所安：《嘉定县简志》，北京：方志出版社，2008 年，第 301 页。郭天成等：《闸北区志》，上海：上海社会科学院出版社，1998 年，第 1169 页。文昊：《民国的买办富豪》，北京：中国文史出版社，2013 年，第 335 页。

1. 促进局务改良

绅商作为地方社会活动家，作为近代上海城市发展和社会进步的直接推动者，在服务改良、业务发展等方面，代表最广大用户，与上海电话局展开多次交涉，对上海电话局以及交通部形成较大的行政压力。例如，旧式人工接线电话，接线生疏忽，"平时每有摇而不接，接而不拆之弊"[①]。后更发生接线生延误火警电话，酿成重大损失事件，绅商代表集议发起了一场要求电话切实整顿运动。1916 年 12 月 2 日凌晨 5 点多，小东门四牌楼发生火灾，各区救火会迭发电话，因话局接线生懈怠，上床熟睡，致使电机无人管理，火警电话无人转接，大火延烧 30 分钟，烧毁房屋 7 幢，焚毙母子 2 人。事后，电话局一面申斥该接线生，记大过一次，并据请陈请交通部核办；一面委派收账员朱某诣救火会道歉。[②]各救火会会员以该接线生贻误地方重大事件，不能仅以记过了事，12 月 6 日邀集各用户开会集议办法。最后决议，由地方绅商毛经畴、穆湘瑶、莫锡纶、顾履桂、苏本炎、贾丰臻、龚模、沈惟耀、黄国瑞等联合电呈交通部派员查办，缓付月费。电文强调，上海南市电话局"平时办理腐败，工料危险，商民疾首"[③]；同时要求电话局"须将电

[①] 《内地电话局耽误火警》，《申报》1916 年 12 月 3 日，第 11 版。

[②] 《电话局耽误火警之道歉》，《申报》1916 年 12 月 5 日，第 10 版。

[③] 《对付电话局耽误火警之办法》，《申报》1916 年 12 月 7 日，第 10 版。

线改用十号紫铜丝线，不得再用铅丝装接，以免扰祸，如该局不肯采用此项要求，决以停付月费抵制"①。在强大的社会舆论压力下，交通部将电话局局长陶鞠如处分并撤差，命电话局切实整顿。南市电话局将原用十二号铅丝改换十号紫铜丝，以免电力猛烈之车灯各线碰撞触电。②1917 年 4 月 7 日，新任局长邹鸿云呈报整顿情形，交通部指令"尚堪嘉许"，另增设班长 2 人，准添招学习 14 人，饬令电话局线路由工程司及监工巡视修整。③为避免火警接线迟误，救火会还函请该局仿照租界救火会办法改设专机，以期报警敏捷，赴救迅速。④因绅商介入，事件得到圆满解决。

凡有话务服务不满时，绅商直接致电交通部，请其整顿改良。1921 年 2 月，电话局杆线年久未更换，时有断线，通话不清。雨雪交加之际，南市和闸北电话大半损坏，适逢旧历年关，火警频闻，贻误时机。救火联合会以上海电话局未及修复，其会长毛经畴、穆湘瑶（即穆杼斋）、莫锡纶等急电交通部请其从速整理："查部章，话局工程司对于工程上应负完全责任，此次细加访问，悉局中工程司有五人之多，乃竟相率离局，要工置之不问，尤堪骇异，应请大部严饬该局长，从速整理线路，并将失职之各工程司即行撤换，以资整顿而平人心。"⑤救火联合会为上海绅商自发组织，"一切经费全由地方绅商捐款维持，从未受国家丝毫之补助"⑥，相关负责人均为沪上社会名流，1907 年 9 月城厢内外救火联合会成立之时，到会代表 300 余人，选举李平书为第一任会长，毛子坚（即毛经畴）、穆杼斋为副会长。⑦救火联合会数次迫使电话局大加整顿改良，绅商在局务整顿上具有较大的促进作用。

华洋通线具体交涉，绅商起到重要的连通作用。除客观上的外交因素外，局长的频繁更换，上海电话局在华洋通线问题上难于保持连贯立场，中央与地方的隔阂，亦增加了交涉的难度。近代上海绅商几十年坚持奔走呼告。他们既是华洋通线迫切需求者的代表，也是联系交通部、地方当局、上海电话局和租界电话公司的重要纽带。绅商多次急迫询问和多方请愿，使上海电话

---

① 《救火会要求整顿电话局》，《申报》1916 年 12 月 8 日，第 10 版。
② 《电话公司改换电线》，《申报》1916 年 12 月 25 日，第 11 版。
③ 《整顿电话局之部批》，《申报》1917 年 4 月 8 日，第 10 版。
④ 《救火会请减电话分机租费》，《申报》1917 年 6 月 24 日，第 10 版。
⑤ 《救火会电请整顿电话局》，《申报》1921 年 2 月 12 日，第 11 版。
⑥ 《救火会请减电话费之呈文》，《申报》1917 年 7 月 23 日，第 11 版。
⑦ 王寿林：《上海消防百年记事》，上海：上海科学技术出版社，1994 年，第 71 页。

局勤于业务。长期以来，南市电话只能通达华界及闸北等处，不能与租界联络。随着南市商务日渐发展，与北市租界各商界通讯的要求越来越强烈。各业商号以南北商情不无隔阂，多次以绅董为代表函请电话局呈请交通部核办，并转商租界电话公司。"各业商号以交易等事亦多阻滞，营业之不能发达，实由于此"，联络会议，由某商董公函电话局局长，请为电陈交通部推广电话，与租界接通电线，以兴商务。①后南北接线一直未能达成。在各绅商的主张下，用户联络县商会等数团体直接公电交通部，请其饬令电话局筹办，或者呈请地方当政者，如淞沪护军使等，迫使上海电话局充分重视此项提案。

在局务措置方面，话局无法坐视绅商的申诉、忽视他们的看法。在多次呼吁南北接线无果后，为营业计，各绅商纷纷请装租界电话。电话局考虑商民急需，故先允暂行开放，待两界接线后再将租界电话拆除。租界电话公司则要求将之继续保留。电话局以此事关系主权甚巨，故将华界商民所装租界电话一事全部暂行停止，将事先所收商民年费一概退还。闸北等厂商发表声明，电话局此举乃不顾华界市面，毫无信用可言，唯有别筹他法。绅商与电话局关系紧张，僵持甚久。为消除误会，缓和关系，电话局先后于1918年5月18日、1920年2月5日等多次登报通告，于1920年2月10日等多次去函县商会，将事情原委及轻重缓急言明，以部令相挟，以公司要求相诿，博取社会各界谅解，将停止转装租界电话归为交通部饬令所为②，乃租界电话公司以苛刻条件要求、不同意装设之结果③，新任局长叶鸿绩对此前交通部与租界公司等交涉情形并不知情，未可擅自认可④，撇清责任和关系。此后，电话局密切关注社会舆论动向，及时维护自身形象，避免成为社会各界众矢之的。但是，商民对电话局上述解说并不买账。1920年3月24日，上海县商会快邮致电交通部，历数电话局预收月费却朝令夕改之行为。⑤隔日，电话局被迫再次登报通告，已将各请求装设租界之10余户预缴年费一概发还，以免误会。⑥对此，各绅商仍请接装租界电话，拟推举代表赴京向交通部陈明实情。1920年3月30日，交通部电政司复电，"查停止装设租界电话本为

① 《推广电话线之筹议》，《申报》1917年5月9日，第10版。
② 《上海电话局来函》，《申报》1918年5月18日，第11版。
③ 《上海电话局通告》，《申报》1920年2月6日，第11版。
④ 《华界停装租界电话之原因》，《申报》1920年2月11日，第10版。
⑤ 《南市停装租界电话之反响》，《申报》1920年3月25日，第10版。
⑥ 《上海电话局来函》，《申报》1920年3月26日，第11版。

将来磋议华洋接线减少困难起见，希即由该局长就近明白解释，俾免误会"①，异常重视地方舆情。上海县商会作为地方社会团体组织，绅商云集，在与交通部等交涉请装租界电话过程中，发挥了重要作用。

在分裂割据的社会环境下，除了直接向交通部申请饬令外，绅商还将申诉对象由中央转向地方，呈文淞沪护军使。绅商以上海县商会会长顾履桂（即顾馨一）的名义，言明前情，提出"钧使坐镇此邦，深悉就地情形。凡南市装用北线，必先请装南线，且更津贴公费，实于沪电话局有益无损"，请淞沪护军使核咨交部准予通融，令饬上海电话局仍准南市用户装用北线租界电话，"以顺商情而维业务"②。最终，交通部承诺派遣工程师来沪筹划改良接线办法。此后，各任上海电话局局长均深切认识到，须寻求一种"维持商业与顾全主权两不相背"③的办法，使华洋接线问题迎来新的转机。

叶鸿续任上海电话局局长后，上海绅商直接参与了华洋接线问题的交涉。1920年8月11日，叶鸿续在北市某菜馆宴请南市著名商家领袖，会商相关事宜。最后，南市商人自愿承担费用，由上海县商会出面与租界电话公司接洽让步办法。该公司主任答复，深盼北京交通部派专员全权决议。商界反复致电交通部电政司，请其派员来沪，与租界德律风订立专章，解决接线问题。转眼到10月份，各商家未见进展，纷纷赴县商会陈述一切，"现在下半年，各项营业正在发展，南北电话关系商业最为重要，若久不接通，恐与商业大生阻力，商家势非迁设租界不可"④。商界除不断电催交通部外，另再与叶局长陈明一切，要求从速进行，"以顺舆情，而维商业"⑤。后"洋公司以华委员磋议条文一字一句之斟酌，皆须电部请示，因而拒却"，案悬又一年。1921年5月20日，上海县商会正副会长再度致函北京交通部电政司蒋司长，请其"遴派确有经验之员，授以便宜行使之权，以竟全功"⑥。绅商参与接洽，使交通部与租界电话公司取得了联系，但碍于中央与地方异地阻隔、隔空传话，最终谈判夭折。

① 《南市停装租界电话之解释》，《申报》1920年4月9日，第11版。
② 《南市止接北线电话之呼吁》，《申报》1920年5月29日，第10版。
③ 《请部派员磋议电话接线合同》，《申报》1920年7月2日，第11版。
④ 《南北市接通电话线问题近讯》，《申报》1920年10月4日，第10版。
⑤ 《南北市电话接线问题》，《申报》1920年10月5日，第10版。
⑥ 《函商南北市电话接线问题》，《申报》1921年5月21日，第10版。

局长前后置措难以连贯，华洋接线长期悬置，绅商万般愤怒。叶鸿续经业商挽留无果辞职，所遗电话局务由华荫薇代理。新局长一到任，各业商即准备仍请商会再函新局长，迅将接线事宜积极进行，务期达到通线目的，公私交便，"若再延缓，罔顾商业上之利害，则惟有公同联络，止付该局月费"①。在此压力下，电话局被迫继续与租界公司进行交涉。至 1922 年 6 月 10 日，电话局对外称，接线一事，合同内容已有成议，双方均正赶竖杆线，布置机线，但交通部尚未批准，何日通话尚未确定。②南北市电话通线一事，屡经提议，迄未观成。1922 年 7 月，上海县商会副会长姚慕莲代表南市全体商人赴京与交通部磋商早日接线，以便商业。交通部高总长允将接线合同即为批准，不再延搁。③在以上海县商会为代表的绅商争取下，与租界电话公司直接交涉的主体再度由交通部转为上海电话局，迫于业务保持及发展的压力，电话局与电话公司达成了初步妥协。

交通部被国家主权负累，绅商受困于商情。在后者的积极奔走下，电话局作为部营通讯机构，极力在两者之间寻求平衡。1922 年 7 月 15 日，电话局局长华荫薇奉交通部令，再次设宴邀请地方各团体、各大公司总协理及县商会会长等，明确在华洋接线问题上之立场："务以国家主权及商界利便相环顾为主义"④，社会各团体、公司均允诺"其大要必以保全国家主权，顾全南市商业之利便为宗旨，一俟商订适宜，商界必能追随"⑤，在立场上达成一致。交通部迟延不决，各大商家与商会决议协助电话局与交通部积极进行，以冀早日实行两界通话。10 月 25 日，在各团体推举下，上海县商会副会长姚慕莲再度入京，向交通部面陈，"电话通线关系商业之进行，现在经营阻滞，未能发展者，皆因电话不通，难资利便"，"以期督促实行便利商业要图"⑥。在商界再三要求下，交通部答复已将通线事宜提出规划，大约不久即可成为事实。⑦转眼至 1923 年 3 月，华洋通线仍旧未有音讯。各绅商仍旧推举姚慕莲赴京之际顺便三度向交通部电政司催促。交通部复函，租界公司所拟条件过于苛

① 《南北市电话接线之催促》，《申报》1922 年 2 月 24 日，第 15 版。
② 《上海电话局来函》，《申报》1922 年 6 月 11 日，第 16 版。
③ 《南北市电话通线问题》，《申报》1922 年 7 月 9 日，第 13 版。
④ 《讨论南北市电话通线之宴会》，《申报》1922 年 7 月 16 日，第 13 版。
⑤ 《再志南北市电话通线之讨论》，《申报》1922 年 7 月 17 日，第 13 版。
⑥ 《县商会商议电话通线》，《申报》1922 年 10 月 26 日，第 15 版。
⑦ 《南北市电话通线可成事实》，《申报》1922 年 11 月 8 日，第 13 版。

刻，且租界公司在租界界线以外装设越界电话权限问题未能解决。在商会等社会团体反复呈请下，到1923年底，华洋接线合同才初步达成意向。

为顺利解决问题，电话局不时以宴请的方式，寻求各界理解，其中包括部分以"主权"为重的绅商。华洋通线为大多商民急切需要，但也有部分绅商并不赞同，认为此项接线有碍国家主权，不愿牺牲"主权"以换取利便。1925年3月19日，电话局局长鲍启元宴请华洋官商，表明解决此项问题的紧迫性和坚决性，"华洋接线在上海社会固有急切之需要，而在上海话局尤有密切之关系。以上海之商务言，华洋隔绝，影响至大。以话局之营业言，接线不成，营业无望。上海之大，而有两电话机关，而此两电话机关又各自为政，各不相连接，交通隔阂如此，宁非上海人之憾，又岂非吾人之耻耶"，"希望与此问题有关系之各方面，推诚相与，共观厥成"。他对此提出了四点转变：①公司和电话局"本其营业之旨趣，从事磋商，则极简单而易圆满"。②交通部和外交部方面，"其他涉及外交或政治之问题，不妨概从末减，或留待当其事者主持之。电话为一事，外交又为一事，截然不容淆混"。③自己作为上海电话局局长，"名义为一官"，实际视之，"不啻一公司之经理人"。④电话作为一种公用事业，"此种事业纯粹营业事项，无论官办、商办，皆为公共事业。上海电话局，上海人之电话局。凡居于斯土者，无论为中国人或外国人，苟有使用电话之需要，即皆与电话局有密切之关系，若人人视电话局为自身有关系之机关，则电话局获助于公共者必大且多，即电话局前途无量之庥"[1]。鲍启元看重地方建设，对公司、电话局、交通部、外交部、电话局局长、电话事业等的重新定位，使长期以来裹足不前的难题取得了实质性突破，华洋接线问题在一种全新视角下重新得到审视。上海电话局丢掉了政治包袱，减少了行政束缚，较好地做到了以民利为先，同时也能"获助于公共"，得到长足发展。

周至诚接任局长后，在华洋接线问题处理方面延续了前任局长鲍启元的思路。1925年12月30日下午4时，周至诚于大华饭店宴请军、政、商、报、各界，"藉以祛除社会之疑虑"[2]。宴会之上，除中外军、政、报各界人士外，各商界领袖方椒伯、朱吟江、沈联芳、顾履桂、李平书、王栋、傅筱庵等均被邀请赴宴。宴会对于此次达成的合约内容，评价为"公允"，

---

① 《鲍启元对华洋电话接线问题说词》，《申报》1925年3月26日，第15版。
② 《电话局定今日公宴各界》，《申报》1925年12月30日，第14版。

认为之所以能够解决，"实足以表示中外当局，诚意合作之一端"，远东通讯社社长黄克明发表演说，"希望于各友邦者，即为从此打破隔膜，永谋彼此利益之增进"①，为华洋接线合同的签订创造良好的舆论空间。

2. 承担社会责任

上海电话局作为中央设立于地方的市级行政单位，需要承担相应的社会责任。绅商作为用户代表，意见甚为重要。首先取费方案的变动，须征得绅商同意。上海电话局自开设以来，长期依靠电政局拨款得以延续周转，增加了中央和地方的财政负担。1912 年 6 月，各商号、各公署所设之电话箱创办之初，"因与沪北租界等处尚未通线，是以暂取装费，不取用资，每月只收洋两元"，为缓解财政压力，电话局议定于 8 月份起酌加用费，"每箱加收洋四元"，分布传单，至期实行，用户均不应允。1912 年 7 月 23 日，上海警务长穆杼斋邀集城内外救火司事及各用户等至花业公所集议对付方法。②到会代表 100 余户，公推顾履桂、毛子坚、龚子范、穆杼斋为代表于 7 月 26 日至电话局交涉。后经民政总长李平书出面调停，电话局许诺由原议每户加收 2 元，改加 1 元，以作通融。③电话加价过程中，绅商具备较大的隐形社会影响，与电话局讨价还价。

当市民对电话局不满或存有疑虑时，加收赈捐等政策也会遭到绅商一致抵制，难以实施。1920 年 11 月 1 日，交通部以北省义赈，饬令上海电话局于各电话每号每月加收赈捐大洋五角，实施一年。此时正值华洋交涉，交通部迟迟未见切实举措，各绅商以通线问题迄未就绪，对于赈捐一事，颇不以为然，一致否认。以上海县商会为代表致函电话局，陈明各用户意见，要求交通部取消增费，"此次北省义振或由商业团体附捐，或由个人乐助出捐，已不止一次，今电话每号按月加收赈费五角，数虽不多，未免过于繁杂，各用户实非所愿。况南北自停接电线以来，各商尤感不便，今再加收赈费，恐难踊跃遵从"④。11 月 28 日，上海县商会常会及到会各业代表均声明电话局收费时，一致照原额付给。华洋接线未能达成，绅商对电话局和交通部极度不满，断然拒绝履行社会责任，其行政任务遭遇坚冰。

---

① 《电话局前晚宴客记》，《申报》1926 年 1 月 1 日，第 13 版。
② 《华界加收电话费之阻力》，《申报》1912 年 7 月 24 日，第 7 版。
③ 《南市电话局来函》，《申报》1912 年 8 月 27 日，第 7 版。
④ 《南市商民否认电话加收赈捐》，《申报》1920 年 11 月 29 日，第 10 版。

1924 年全国部分地区发生特大洪水，哀鸣遍野。经北洋政府国务会议议决，交通部饬令所辖各铁路、邮政、电报等一切营业机关援照 1920 年加收赈款，规定上海电话局每号每月加收赈费大洋 5 角，自 9 月 1 日起实行，以 6 个月为限。鉴于上次赈捐募集过程中，绅商拒不合作的态度，上海电话局局长顾廷实"深恐商家多所误会"，特意致函上海县商会及各团体，述明原委，请其"广为劝导"①。绅商在地方事务中影响深刻可见一斑。

三、南京国民政府时期：中央与地方的协力整顿和规划

南京国民政府时期，大力整顿和发展电话事业成为全国上下的共同呼声。国民政府交通部和上海特别市政府分别从宏观调控和具体局务等方面，加强了对上海电话局的规划整顿。交通部通过机构调整，将上海电话局划归电政司直接管理，加大监督力度；召开全国交通会议，确定改良上海等市内电话等工作重心；实施划一市内电话营业规则，扩大电信服务宣传等举措。上海特别市建立以后，为使市内电话设施与市政建设同步，满足城市经济社会发展和广大市民的通讯需求，上海市公用局多次向国民政府交通部乃至行政院建言，改进市内电话，加强市内电话施工管理。

（一）国民政府交通部的整顿与改良

清末电话事业的起步出于一种国权的保护，北洋政府时期电话事业发展因为战事的频繁和权力的争夺而延误，南京国民政府对电话事业的重视和发展，多出于一种知耻而后勇的奋发状态。1934 年，时任上海大华科学仪器公司总工程师颜任光提出："上海为我国第一大埠，商业繁盛，人烟稠密，对于电话之需要，自甚迫切。现在除租界部分暂由外商办理之上海电话公司经营外，华界部分均为上海电话局营业范围。关于量的方面，固应设法扩充，以期市民得普遍享受通话之便利；关于质的方面，尤应力求改善，俾得与外人所办事业，并驾齐驱，不致由落后之讥。"②在国人的大力呼吁下，电话在电政事业中的地位得到改善，"我国电信，固不能以欧美相提并论，但对于电报、电话，应平衡发展，似无疑义"③。交通部逐渐对上海电话等电政事业展开整顿。

---

① 《电话加收赈捐之函知》，《申报》1924 年 8 月 30 日，第 15 版。

② 颜任光：《一年来之电政建设与整理》，《交通杂志》1934 年第 5 期。

③ 桢：《一年来之电话业务》，《申报》1934 年 12 月 1 日，第 28 版。

1. 统一事权

鉴于电信业的残破，交通部积极着手于全国交通业的整理工作。1928年8月10—18日，国民政府交通部召集交通会议，将市内电话管理权的梳理和电话服务质量的改良列为重点整顿对象。[①]随着交通会议的开展，全国电政事业转变了思路，精简了机构，统一了事权。电政界认识到，"电政原不是一种官僚化的衙门，而是为民众谋福利的商业化机关"[②]。电话局只有实现了自身角色的转换，剔除权力角逐的因素，致力于服务改善和业务整顿工作，才能取得地位的稳固和事业的发展。交通会议后，交通部将电政总局归并交通部电政司，以主持全国电政，负通盘计划监督之责，精简中央一级机构；坚持电政事业应该完全由交通部办理，绝不要"聚餐式"的由许多机关来办理，以达到电话事业经营的平民化、商业化和技术化；更好地减低价格，令人人有使用电话的机会；且以商业的眼光，谋营业的发达；用技术的方法，谋电政的改善。[③]同时紧握人事任免权，明确用人原则，一改北洋政府时期各派军阀抢夺电话的现象。交通部"呈请行政院严令各省府、各军队不得再行干涉电政"，"将非部委之局长，加以甄别，不称职者，即予撤换，如再有不良分子假借势力，强占局所及摧残电政者，立将电员资格取消，永不录用，以示儆戒"[④]，"用人则一秉大公，以人材为主义，并予以切实保障，俾得专心于事业。同时对于办事成绩，严订考核办法，以资奖惩，庶几人效其用，事无虚设"[⑤]。上海电话局局长委任一改从前调度频繁、任人唯"亲"的状况。

除了国民革命军北伐胜利初期的短暂过渡期外，上海电话局局长一职相对稳定。从1927年11月至1937年11月共10年间，部委上海电话局局长有赵传玉（1927年11月至1930年5月）、赵守恒（1930年5月至1932年4月）、韦增复（1932年4月至1932年12月）和徐学禹（1932年12月至1937年11月）等4人，除韦增复在任8个月外，其余任职均在2年及以上，在任时间最长者为徐学禹，担任局长一职长达5年。与北洋政府时

[①] 《电政组电话类审查报告》，《电友》1928年第9—10期。

[②] 洪瑞涛：《一年来我国交通事业进展之动向》，《交通杂志》1934年第5期。

[③] 木子：《可怕的电政聚餐化》，《电友》1928年第9—10期。

[④] 希治：《整顿电政之我见》，《电友》1931年第2期。

[⑤] 钟锷：《改进中国电政之计划》，《交通杂志》1932年第1期。

期上海电话局局长一职较长时间内为政客把持所不同，南京国民政府时期胜任局长者，或者从事电话局务管理经验丰富，或者为外国著名大学科班出身，赵传玉曾任苏州电话局局长，徐学禹乃德国柏林大学电机科毕业生。在政局相对稳定和社会秩序相对安定的背景之下，国家中央集权加强，交通部加大部办电话监督管理力度，严防各方势力介入和争夺电话资源，为上海电话局务发展创造了一个较为稳定和有序的外部环境。具有专业知识背景者出任局长，有利于领导上海电话局的线路发展和局务整顿。1932年12月24日，徐学禹到局视事，面对中央社记者采访时曾说："本市为繁盛都市，自当格外努力，以谋发展。本人对于局务，主张事业商业化，办事合理化，以最少员役，获得最大之功效"①，表现出他大刀阔斧改革的决心。

2. 整顿局务

在业务整顿方面，国民革命军一接收上海电话局，就表现出十足的决心和魄力。1927年8月27日，鉴于沪南东区商业联合会反映接线生时有恶声相向，交通部建议电话局严订取缔条例，责成领班严密查察。上海电话局承诺一旦接到举报将彻查，"轻则记过，重则斥革"②。1929年，为节省开支，促进业务改进，交通部对所辖电话局均行改组。上海电话局原与南京、天津、武汉等处同为特等局，余则均为一二等，共分三等。交通部此次改组电话局，将三级改为四等制，改上海特等局为三等局。划分标准依照各局年收入不同而定，"凡每局收入年满10万元者，列入一等；满5万元者，列入二等；满2万元者，列入三等；在1万元以下者，列入四等"，"上海电话局电话机不过2000号，收入不满5万，而支出甚大，冗员及无精良技术者太多，不能不加整顿，以节开支。以裁退冗员，年轻而无精良之技术者，则令其补习充分后再录用之。将来自动电话装齐，收入增加，则尚可升为二等局或一等局"③。上海电话局被降至三等局，意味着其内部组织将被精简，年开支额将被缩减。上海电话局接到部令后，即将新组织拟订：设立事务、工务两课。事务课下设文书、出纳、营业、庶务四股。工务课下设规划、设置、材料、修养、交换、长途六股。缩减开支一项初步计划缩减员司工资，或进行裁员。上海电

---

① 《电话局新局长徐学禹昨晨视事》，《申报》1932年12月25日，第12版。
② 《电话局严订取缔接线生条例》，《申报》1927年8月28日，第14版。
③ 《王伯群谈沪汉新购自动电话，上海改为三等局因以收入为标准，本人无返黔意，中央须派员前往》，《民国日报》（上海）1929年6月23日，第3张第1版。

话局局长赵传玉鉴于局中行政员司自 1925 年后就未曾加薪，其他人员虽迭有增加，"但处此上海生活城中，仅可勉强维持，设一旦再缩，殊多困难；如不缩减而减员，则办事上又感困难"①，颇显踌躇。直至 1930 年 5 月，赵守恒继任局长后，局中收支不能相抵，裁撤冗员，制订各项整顿计划，"一、发展营业；二、撙节开支；三、训练线生；四、对于员司方面，亦将筹设完全之宿舍及置办娱乐品，俾于精神上不致受任何影响，于工作时间，亦得从容办公"②。交通部的改组调整，将电话局收入与开支各项直接关联起来，促使其自力更生，这有利于上海电话局转变从前官僚机构之"坐等"思维，主动致力于局务整顿和营业发展。

1）筹建局所，改造话机

无论从上海占全国话机容量的比例来看，还是从上海商民自身对电话通讯的需求来看，将原有人工接线电话改装为自动话机，筹建新局所是当时上海电话局面临的重要任务，也是国民政府交通部发展全国电政事业采纳的重要对策。市内电话的发达是长途电话发展的基础，它是交通部整顿电话业工作的重点。依照交通部计划，拟花费 2 230 000 美元改装南京、上海、武汉三城市的自动电话，在 5 年之内拥有 50 000 号自动电话。期望于此前提下，使各大都市长途电话之连接电讯交通获得可观发展。③这一改造计划基于当时全国各大城市间长途话线和话机程式分布情况而制订。

上海当时所存电话交换机容量与其在全国的经济地位极不相称。当时，上海与其他地区之长途通话线路仅有京沪线，全长 670 里，部办长途电话话线还有平津、津奉、吉长哈、济青、京芜等，共计 14 160 里，上海与其他地方的长途里程仅占全国总数的 4.73%。这一较低比例与上海市内电话的发展不足密切相关。"市内电话之于长途电话，犹根源之于木水，必先扩充市内电话，始可求长途电话之发达。"④全国大部分市内电话均为磁石式，较大城市为共电式和磁石式共存，仅有天津和青岛两地采用了较为先进的自动式电话。三种电话程式容量分别为：自动式 12 000 号，共电式 34 380 号，磁石式 7477 号，合计 53 857 号。上海一地，共电式容量 2000 号，磁

① 《电话局改组进行》，《民国日报》（上海）1929 年 6 月 26 日，第 3 张第 1 版。
② 《电话局之整顿》，《民国日报》（上海）1930 年 5 月 24 日，第 3 张第 1 版。
③ 庄智焕：《京沪汉三市改装自动电话之经过》，《工程》1930 年第 4 期。
④ 汪启埜：《扩充长途电话之先决问题》，《交通杂志》1933 年第 12 期。

石式容量 980 号，共计 2980 号，约占全国总数的 5.53%（表 3.4）。其他尚有
16 408 号民营电话公司话机容量，其中淞阳电话公司有磁石式电话容量 200
号，仅占总数的 1.22%。华界长途电话和市内电话发展均不足，无法满足上海
繁荣的工商经济和庞大的人口规模对电话通讯的需求，亟待大力整顿。

表 3.4　1930 年部办市内电话程式统计

地点	程式	容量（号）
北平	共电式	19 400
	磁石式	547
武汉	共电式	4 580
	磁石式	520
上海	共电式	2 000
	磁石式	980
苏州	共电式	2 000
扬州	磁石式	400
天津	自动式	9 000
	共电式	3 600
南京	共电式	2 800
	磁石式	300
青岛	自动式	3 000
镇江	磁石式	500
芜湖	磁石式	600
烟台	磁石式	580
保定	磁石式	500
长春	磁石式	400
九江	磁石式	150
郑州	磁石式	300
太原	磁石式	500
吉林	磁石式	600
蚌埠	磁石式	300
沙市	磁石式	100
洮南	磁石式	200
共计		53 857

资料来源：庄智焕：《京沪汉三市改装自动电话之经过》，《工程》1930 年第 4 期。

随着话务日趋繁忙，上海电话局原有人工接线话机逐渐不敷应用。改
造自动话机，扩大话机容量，发展电话户数，增加机械性能，提高通话效
率，满足市民通讯需求，势在必行。1930 年，南市共电式人工接线电话平
均每日每线用话次数 21.31 次，闸北为 15.27 次（表 3.5）。有限的话机号额，

繁忙的接线工作，对机器负荷和接线司机均是挑战，急需将旧有人工接线电话改良为新式自动话机。当时上海租界电话部分话机已改用自动新机，其他局所也都在着手改装工程，但华界仍用旧机。1929年，交通部向美国自动电器公司订购自动机 4800 号，规定于南市总局设机 3000 号；改建闸北分局，设机 1500 号；添设浦东分局，设号 300 号。①1930 年，开始修造南市总局自动电话房屋，装设机器，闸北分局房屋也已经动工。同时，为收回浦东越界电话，积极筹建浦东分局。经过努力，终在 1933 年 4 月 15 日午夜，南市和闸北自动机开放。1933 年 12 月，浦东分局也正式成立。②由于材料限制，原计划的浦东自动机局所，后实际筹建为共电式人工接线机，但各个局所号额得到大幅扩充。南市、闸北等局所自动机改造后，传话声浪异常清晰，用户莫不称便。鉴于其他各小局仍为人工接线机，交通部上海电话局遂开始改装工程，并决定首先从龙华分局着手，装设自动机 150 号，乃于 1934 年 5 月 19 日正式改用。③1934 年 11 月，为便利闵行居民通信，上海电话局呈请交通部，开始筹建分局。1935 年 2 月，闵行分局成立，沪闵长途电话通话。④1935 年 7 月，市中心自动机改造工程宣告结束。1937 年 3 月，上海电话局还计划将吴淞、浦东、暨县属闵行、颛桥等局所叫接机，逐渐改装成自动机，使全市电话设备完全统一。⑤

表 3.5　1930 年上海电话局原有设备通话记录

局名	机式	容量（号）	平均每日每线用话次数（次）	平均每线忙碌小时内用话次数（次）	平均每次通话时间（秒）
南市	共电	2 000	21.31	1.50	120
闸北	磁石	680	15.27	1.20	131
江湾	磁石	100	——	——	——
吴淞	磁石	100	——	——	——
南翔	磁石	100	——	——	——

资料来源：庄智焕：《京沪汉三市改装自动电话之经过》，《工程》1930 年第 4 期。

① 庄智焕：《电政沿革及计划概略》，《交通公报》1929 年第 116 期。
② 颜任光：《一年来之电政建设与整理》，《交通杂志》1934 年第 5 期。
③ 刘骏祥：《一月来之电政》，《交通杂志》1934 年第 8 期。
④ 《闵行电话分局成立》，《申报》1935 年 2 月 7 日，第 14 版。
⑤ 《上海电话局扩充零号接线台，中继线再增一百对，吴淞等区渐次改进》，《申报》1937 年 3 月 24 日，第 10 版。

2）完善稽核，提升服务

电话事业的发达，不仅离不开硬件设备的改良，还与电政职工的勤勉努力、尽职守责以及服务意识息息相关。交通部力图通过完善职工考核方案，改善服务，提高效率。据交通部调查统计，各电政机关电务职工，除事务员、工役外，所有电务技术员、报务员、话务员和技工等，总数多达万人以上。他们的服务成绩考核，向来由所在机关主管人员于每年 6 月底、12 月底分为特优、优良和平常三项，填具报告表呈送交通部，以为考核标准。各机关在贯彻执行时，却过于粗糙简单，难以起到"奖优惩劣"的制度设计初衷。为此，交通部规定，"凡各机关出具员工考语，务须严密查考，综核名实。其填注特优、优良者，并应就品行、勤奋、学识、技能四项分别指出其特优、优良之点，详叙事实，以资佐证，不得再空泛填注，以除笼统、虚伪之弊"[①]，通令各电政机关遵照，自 1933 年 6 月份起施行。1935 年 10 月施行稽查电话业务制度，针对话局职工役，规定稽查员可密查，"一、话局员司工役有无向用户索取酒资，或对用户缺乏礼貌情事；二、司机生有无接线迟缓，或其他服务不周情事；三、话局员司有无向新话户需索挖费情事"[②]。上海电话局采用女接线生后，交通部制定实施《交通部直辖电话局女电话生暂行章程》，规定电话局每年 6 月及 12 月分别对女电话生办事情形考核一次，分甲、乙、丙三等，呈报交通部。[③]通过严格完善职工业绩考核，杜绝"一刀切""大锅饭"的平均主义做法，策励职工敬岗爱业，取得优异业绩，提高话务质量，促进电话业发展。

话务稽查制度还对话局形成一种制约。稽查办法规定，上海电话局应与稽查员随时取得密切联络，充分给予其职务上种种便利；稽查员因职务需要，可向电话局各科室主管人员直接索阅各项话务法令、规章、格式、图说，并调查有关之表册单据。稽查员对于电话局具体询问或密查事项，除职工是否尽职、服务是否满意外，还包括话机安设是否规范、财务管理是否完善等。稽查员对于稽查所得结果，按情节之轻重，分为寻常与重要两种，寻常者填入稽查簿附意见送电话局主管人员，情节重要者径送电政司核办。电话局局长接到稽查簿后，迅即查明办理，将办理情形于每月月

① 刘骏祥：《二月来之电政》，《交通杂志》1934 年第 2—3 期。

② 《十月一日起开始稽查电话业务》，《申报》1935 年 9 月 28 日，第 11 版。

③ 《交通部直辖电话局女电话生暂行章程》，《电气协会会报》第 31 期，上海图书馆藏。

终汇报电政司备案，并书面叙明通知稽查员。①此项制度的实施，有利于电话局励精图治，改进业务。

营业章程关系电话业务进展，向来由各局自行拟订，内容未能一致，且历时久远，多有未妥之处。整合营业章程，有利于确立良好的电话供求关系。1935年6月，交通部参考欧美各国成规，拟定《交通部市内电话营业通则》，于次年1月1日施行。②通则的最大原则，即保障用户权利，"各地公众之利益，亦得依此通则，有法律上之保障"③，减轻用户担负，减低装设费，取消过户更名费，设置公用电话，实行数户合用电话办法等。④为防止收费混乱，交通部特别制定收取话费原则，通饬各电话局依照拟具收费价目表和机件赔偿价目表。此次改订价目依照两大标准，"一为价目之划一，各局价目在可能范围以内，予以划一规定，其有特殊情形者，则暂仍其旧。二为杂费之核减，各局原有收费办法，有为数过巨者，有过于琐屑者，此次核定，或予以减低，或应予以取消"；为用户谋便利，规定用户可以分期缴纳保证金及预缴租费办法，"用户保证金得于半年内或一年内，分期缴纳，加收5%或10%之手续费，电话月租得按季或按年预缴，享有减低价目1%至4%之利益"；市内电话新价目施行时应注意事项，规定新价目施行后新旧办法抵触之处置方法，如保证金之暂缓补收或找回，新办法关于装置副机具数及距离之限制，对于旧用户暂不适用，以及搬闸费之减除，换机时迁移费之免收等。⑤时人提出："吾国市内电话所以不发达之原因，遂其道多端，但电话租费之价目，不能适合一般国民经济，要为重要原因之一。故除少数商户必须装用者外，尚难期普遍之利用。"⑥保证金，原为保证月租费之支付、机件损坏之赔偿，为电话局保证日常经营之必要。用户装置电话之际，既须支付装费，又须缴付保证金。对于普通市民，特别是经济衰落之年，难于一时悉数缴齐。若干需用电话者，因此踌躇装设。如此既影响电话业务发展，又影响民众使用便利。⑦营业通则的制定、公用

① 《十月一日起开始稽查电话业务》，《申报》1935年9月28日，第11版。
② 《交通部市内电话营业通则》，1936年1月8日，Q464-1-20-70，上海市档案馆藏。
③ 《试评新订交通部市内电话营业通则》，《申报》1935年7月1日，第24版。
④ 《上海电话局实行数户合用电话办法》，《申报》1937年1月8日，第11版。
⑤ 刘骏祥：《二月来之电政》，《交通杂志》1936年第1—2期。
⑥ 骅：《今后之电话业务》，《申报》1935年7月16日，第18版。
⑦ 麟：《电话租费及保证金缴纳办法之改进》，《申报》1936年1月16日，第20版。

电话的设置、合用电话业务的办理、租费收取原则的制定及保证金缴纳方式的变通，无一不体现出在交通部指导下，上海电话局以用户利益至上，进而谋求业务发展的理念。

在思维转变之下，上海电话局逐渐改变从前被动等待装户的做法，想方设法加强与用户的沟通，达到业务发展和用户便利的双赢。"我国电信业务，未能日趋发达，推究其故，民众对于电信之隔阂，实为重要原因之一。"为使一般民众普遍明了电信知识，上海电话局通过印行小册子、特别举办播音宣传等，宣传电话业务规章、电话收费章程、装用电话利益等①，还利用开放展览、电影广告作业务上的宣传。1935 年第六届全国运动大会期间，交通部上海电话局乘机开放市中心分局，以供人们参观。截至该年 10 月 18 日，有数千人前往。通过此次活动，参观者可了解上海电话局市中心分局房屋建筑、内部设备、机线样品、统计图表、局务发展等，上海电话局还提供了自动电话小总机任人拨叫谈话，参观者可近距离了解自动电话工作原理。②这些做法增进了电话局与用户之间的沟通，扩大了业务宣传，推动了业务发展，"直接灌输民众电信常识，俾能充分享受通信上之便利，间接即所以谋电信事业之发展"③。相比于北洋政府时期的"官僚作风"，上海电话局在服务意识和营销模式上进行了转变。

3）扩大区域，增强规划

营业区域的大小，事关电话局的业务发展空间、越界筑路电话主权以及用户收费标准制定。长期以来，上海电话局杆线的树植，向来以用户需求为转移，对于具体营业范围及界线，未有明确划定。1931 年 1 月越界和商办电话管理权属清理之时，经上海市公用局提议，交通部饬令上海电话局绘图以备查照，始明确"上海电话局营业区域以上海市政府辖治区域为限，区域以外各城镇之电话事业，得经交通部核准后随时扩大之"④。凡用户在地界以外、上海市区域内请求装设电话者，除按界内用户一样缴纳装押各费外，还须增缴工程费、杆木补助费、月租加收费等；在市区域以外

---

① 刘骏祥：《一月来之电政》，《交通杂志》1935 年第 9 期。
② 《市中心区电话分局开放盛况》，《申报》1935 年 10 月 20 日，第 13 版。
③ 刘骏祥：《一月来之电政》，《交通杂志》1935 年第 9 期。
④ 《上海电话局营业区域概要》，"市政府训令公用局"附件，1931 年 3 月 16 日，Q5-3-2762，上海市档案馆藏。

请求装设电话者，除按界内用户一样缴纳装押各费外，还须增缴线路工料费。[①]1937 年，交通部上海电话局以沪工商日渐发展，原有营业区域太过狭小，工商界请求减免城区界外和城区以外用户增缴费用，参考现有杆线情形，将营业区域加以扩充为：①南市，东至黄浦江，南至黄浦江，西至日晖港，北至二特区；②闸北，东至体育会路及沙泾港，南至苏州河及一特区，西至中山路，北至水电路柳营路中山路；③龙华，东至日晖港，南至龙华港、沪杭甬路、漕河竞合及镇，西至中山路与漕溪路三百公尺，及漕河泾镇，北至二特区及虹桥镇；④市中心，以市中心区江湾镇及车站附近（南至水电路，西离铁路 500 公尺[②]，北迄江湾镇）为限；⑤浦东，东至浦东路东 500 公尺，南至唐水泾，西至黄浦江，北至马家浜；⑥吴淞，东至黄浦江，南至蕴藻浜，西至泗塘河，北至水产路永清路泰兴路；⑦真如，为真如市街暨南大学区桃浦西路西 300 公尺，至真如大电台为限；⑧大场，以交换所为中心，东西南北距 1.5 千米为营业区。[③]营业区域的明确和扩充，避免了因规划无序、服务空缺，导致租界电话公司肆意安装越界电话的情形；配合了市内工商经济发展的通讯需求，减轻了用户担负。

交通部上海电话局业务整顿领域广泛，内容丰富。相关措施还有诸如电话传发电报办法、取消京沪长途保证金、答复用户讯问当地事务办法、邮局代售公用电话、车站装设公用电话、长途通话免费销号、长途电话夜间减费、推行长途通话三分钟制、取缔电话局职员免费电话等。[④]通过努力，上海电话局改进了服务，精进了业务。

（二）上海市公用局之建言和协管

1927 年上海特别市设立之后，随着市行政权属清理工作的进行，上海市公用局对于市内电话等公用事业取缔经营权日渐明晰。在长时间争取电话市管不成后，经国民政府行政院的协调和裁夺，上海特别市政府与交通部达成谅解和默契，以合作的方式共同谋求上海市内电话的发展。针对市内电话事业发展诸多与市政建设不同步的情况，上海市公用局多次呈请市

① 《上海电话局总分各局普通营业地界及界外用户纳费办法》，"公用局致电话局函"附件，1931年 1 月 20 日，Q5-3-2762，上海市档案馆藏。
② 1 公尺=1 米。
③ 《沪电话局近事，扩充营业区域》，《申报》1937 年 1 月 15 日，第 14 版。
④ 《一年来之电话业务》，《申报》1935 年 12 月 16 日，第 17 版。

政府转咨交通部饬令上海电话局，着力改善扩充。上海电话局作为部设地
方公用事业，一方面，不希望受到地方行政手续的牵制；另一方面，局务
拓展离不开地方当局的配合。围绕市内电话改善和发展问题，上海市公用
局实施了众多取缔规则，与上海电话局矛盾不断。经过长期的磨合与协调，
电话事业改进工作在龃龉中徐徐展开。

1. 贡献意见、督促改良

　　市内电话事业经营的好坏，直接关系到市政基础设施的完善、市内工
商经济发展以及市民生活的便利等。市公用局作为地方公用事业管理机关，
对于上海电话局此种部办单位，不可能完全放任自流，应在其尚未取得经
营取缔权的情况下，通过密切合作、贡献意见的方式，争取保证电话服务
的良好质量。移管上海电话局案件中，国民政府行政院裁夺"电话事业统
归交通部负责办理"，"电话事业应如何改善扩充"，市公用局"尽可随时建
议交通部切实举办"①。基于改良电话服务的初衷以及行政院所赋予的权力，
上海市公用局多次设法调查市内电话设备情形和话局业务状况："本市电话
系由贵局管理，而敝局以职务关系，对于市内电话，亦殊有关心之必要。
囊因研究华租通话问题，双方交换意见，颇为契洽。此后果能同以造福市
民为目的，彻底合作，共同努力，深信本市电话前途必有长足之进步"②。
上海市公用局多次通过呈请市政府，陈述市内电话改进意见。上海电话局
管理权属之争时，公用局就曾多次呈请市长转咨交通部饬令话局规划改进，
1927 年 12 月 15 日陈述意见四项；1929 年上半年先后建议交通部接收淞阳
电话、收回市内华洋电话及设立浦东电话分局等；1930 年 3 月 27 日，市
公用局再度提出，"管理权属虽解决，但为市民谋福利起见，对于市内电话
之注意未尝因此稍减"③，就应兴应革事宜，开列整理意见十项④；1932 年
6 月 29 日，上海市公用局再次就改装自动机和改进华洋通话表达意见等。
　　在改装自动话机方面，上海市公用局多次督促工程进度。为维持上海

---

　　① 《市政府训令公用局，令知奉行政院指令》，1929 年 2 月 25 日，Q5-3-2853，上海市档案馆藏。
　　② 《公用局致电话局函，为调查市内电话设备情形及贵局业务状况开列所需多件请查照》，1931 年
1 月 7 日，Q5-3-2868，上海市档案馆藏。
　　③ 《公用局呈市政府文，为拟具整理本市电话意见请核咨交通部采由办理》，1930 年 3 月 27 日，
Q5-3-2858，上海市档案馆。
　　④ 《整理市内电话意见》，《上海特别市公用局业务报告》1930 年第 1—6 期，上海图书馆藏。

电话局部辖，1929 年 12 月，交通部曾呈复行政院，承诺为适应民众需要起见，决将上海市内电话改装自动新式机，一年后即可完成。转眼两年有余，交通部预定期限已到，上项计划未见完成。1932 年 6 月 29 日，正值租界改装自动机完成不久，华界改装自动电话因财政不支，难以支付材料付款，延未竣工。上海市公用局提出，租界电话公司提前完成改进工作，租界电话事业焕然一新，华界电话"未能尽量改良，致营业难于发展，市民亦益感不便"，相形见绌，未免悬殊，"宜由交通部另筹办法，未能因付款关系，而阻碍改进计划之实现。现本市战事甫平，百业正待建设，原有陈旧设备尤宜乘此机会改进"[①]，对交通部形成压力。

　　针对越界电话安装问题，上海市公用局提出设法改进华租通话，以"顾全用户便利"，"又不妨碍主权"。沪南、闸北及浦东内，不少外商和住户因为华界电话远不及租界电话灵便，而选择装用租界电话。市公用局提出，"为维护主权，而禁止装用外商电话，则用户必感不便；为谋用户便利，而任其装用，则究属有妨主权"，可就工程和收费两方面加以改进，使用户乐于使用华界电话。工程上，改进中继线布置，减少电话公司总交换所辗转相接，使沪南总局与租界电话公司各分所直接连线，节省时间（图 3.1）；租费上，取消华租通话高额收费，用户"不复有装用外商电话之心，是为遏制外商越界装设电话之根本办法"，"果能如此，则不但主权与便利可以兼顾，而上海电话局之营业必将因之而发展"[②]。1932 年 12 月，交通部亦

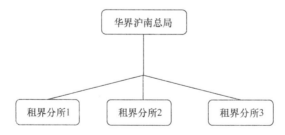

图 3.1　1932 年上海市公用局建议华租通话改进办法
资料来源：《公用局呈市政府文，陈述改进本市电话意见祈核咨交通部》，
1932 年 6 月 29 日，Q5-3-2786，上海市档案馆藏

---

　　① 《公用局呈市政府文，陈述改进本市电话意见祈核咨交通部》，1932 年 6 月 29 日，Q5-3-2786，上海市档案馆藏。
　　② 《公用局呈市政府文，陈述改进本市电话意见祈核咨交通部》，1932 年 6 月 29 日，Q5-3-2786，上海市档案馆藏。

赞同华洋收费 5 分 "于用户既不经济，又感不便"，饬令上海电话局详细拟订计划，敷设华租界线材料，就绪后将原定接线费取消。①

上海市公用局作为地方市政机关，对于市内民众通讯需求和各方情势了解深刻；作为公用事业管理机构，其对上海电话局业务发展和改良计划的密切关注，能够有效地督促市内电话事业的发展；作为市政基础设施建设组织者，提出了许多富有地方特色的建设性意见和建议，可以弥补交通部宏观管理和隔空指挥的不足。

2. 规范制度，增强管理

1929 年，国民政府行政院将上海电话局划归交通部管，但上海电话局局址设置和线路发展均位于市行政地理范围内。1929 年 8 月 12 日，上海市公用局曾因上海电话局浦东赖义渡东昌路有废弃线路之电话杆 8 株，杆木腐朽不堪，竖立路中，致函电话局 "即速拆除，以利交通，而免危险"；同年 9 月 12 日，上海电话局因枫林桥至东庙桥及谨记桥至龙华寺止一带路旁树木长高，与电话明线相碰，致函公用局将两处树枝 "略加删短，以利话务"，工务局意见是 "道旁树木，其高度虽有限制，然亦不可修剪过低，致伤生机而损美观"，要求电话局方面 "将电线设法移高，以资两便"②。围绕电话线敷设等事宜，上海市政府与上海电话局各自权限、义务及责任模糊，一旦遇到问题时双方沟通受阻、相互推诿。

通过上海市政府掘路和取缔架空电气线路两项规则的公布实施，上海市公用局力争属于自身的电话管理地位。1929 年 7 月 19 日，上海市政府修正公布《上海市掘路规则》，对上海电话局等水电煤气公司在市辖区范围内的公路上设置或修理公用杆木、管线等行为进行规范。③《上海市掘路规则》是上海设立特别市后，首次对市内公用事业施工掘路进行的一次手续完善和权责声明。它的实施，声明了市公用局对于电话等公用事业具有管理取缔权，有利于协调各个机关单位之间的利益和行动，保证施工安全，维护市政设施完整。1930 年，上海市政府公布实施《上海特别市取缔架空

① 《交部整顿沪电话，接线费将取消》，《申报》1932 年 12 月 5 日，第 8 版。
② 《电话局、公用局、上海市工务局（以下简称工务局）往来函件》，1929 年 9 月 12 日至 1929 年 9 月 26 日，Q5-3-2712，上海市档案馆藏。
③ 《上海市掘路规则》，"公用局致电话公司函"附件，1932 年 1 月 29 日，Q5-3-2707，上海市档案馆藏。

电气线路规则》，市公用局相关管理取缔权规定更加细致、具体和严格。规则具体针对在特别市内经营电气事业者包括上海电话局等，规范市区范围内建设或移动架空电线及电杆等活动。①按照上述两项规定，上海电话局因线路扩展和调整，遇有掘路、移植、换植或添植电杆需求时：①严格依照相关手续，申请市公用局和工务局审核办理；②施工时必须依照相应规范进行，保证质量，不破坏公共设备、不影响公共交通、不危害市民安全；③破坏其他市政设施时，履行相应的修复或赔偿责任。

《上海市掘路规则》和《上海特别市取缔架空电气线路规则》构成了《上海特别市暂行条例》和《上海特别市市政府公用局章程》中关于上海市公用局职权范围的详细注脚。此种法规的实施，一方面，分类详细述明上海市公用局对于上海电话局等因树植、移植、换植或添植杆线，在开掘马路或架空杆线施工过程中应该履行的手续、注意的事项、承担的责任等，包括申请核准、部门协调、安全保障等；另一方面，维护了上海市公用局作为市政管理者的权威，加强了对市内公用事业的管理取缔，有利于协调好电话事业经营者与工务局、土地局、公安局以及其他相关市政主管部门等之间的关系，避免工程危险，保证施工期间公共交通通畅、市民生产生活顺利开展；有利于保护既有公共设施如马路、路灯等，以及公共标志如公告、路标等，同时有利于整治和维护市容市貌。

对于上述规则，交通部上海电话局存在异议，以中央部管单位自居，不愿受市内烦琐行政手续的束缚。交通部在呈复行政院文内，亦有"话局对于市政有关事项，向系随时商准当地行政机关办理"②，不同意上海市将施工手续等形成法规条文。在各项局务实际开展时，上海电话局或者未经市公用局核转，直接与工务局、公安局等其他市政机构联系，或者不在公用局备案，径直施行。1931年4月25日，公用局致函工务局，请工务局遇上海电话局请求掘路时，亦照上项手续，将请求掘路单送由公用局核准，以使手续一律。③表面上，此事件的发生，仅仅是上海电话局未按《上海市掘路规则》办理相应手续，导致上海市公用局对于上海电话局各项工程无从考核，公用局对其

---

① 《上海特别市取缔架空电气线路规则》，《上海特别市公用局业务报告》，1930年第1—6期，上海图书馆藏。

② 《公用局呈市政府文，具报交通部上海电话局新订营业价目请鉴察》，1933年4月28日，Q5-3-2793，上海市档案馆藏。

③ 《公用局致工务局函》，1931年4月25日，Q5-3-2702，上海市档案馆藏。

进行纠正。实际上却是公用局对于上海电话局作为部办机构的一种管理宣言。上海电话局作为部办机构，在与市政机构沟通方面经常未能使市公用局满意。1933 年 4 月 28 日，市公用局不满电话局改换自动电话、增加营业价目、设置公用电话时未与其协商，提出市政府对于市内一切公用事业，无论官营、民营，均为中央规定之监督机关；上海电话局在本市区内经营电话，自应受市政府监督，其诸多行为，却未能与中央规定和交通部呈文相符，请市政府"咨请交通部转饬上海电话局，凡遇举办有关市民利益之市政建设之重要事项，随时商准本局办理"。交通部咨复"已饬上海电话局，凡遇举办有关市政建设事项，随时商办"①。当出现电话局逃避监督和不予配合的情况时，市公用局不断通过间接施压和反复声明等方式，试图予以纠正。

3. 配合施工，完善市政

随着电话业务的拓展，市公用局与电话局逐渐抛开权力之争。基于市政建设和市民便利的初衷，双方关系朝着互惠互利、造福于民的方向发展。电话局日渐发现，在某些方面，如线路施工、杆线保护等，不得不依靠与市公用局、工务局、公安局、警察局等市政单位的配合。上海电话局需在市内某些地段敷设地下管道时，须事先与相关单位取得沟通，提前通过各种方式转知广大市民，从而保证工程的顺利进行，也最大限度地保证人们正常的工作和生活，防止因协调不力、消息阻滞或信息不对称等因素，酿成工程破坏或交通事故。1931 年 11 月，上海电话局敷设高桥沙亚细亚公司油池电话线路，在浦东港口及高桥港内两处施放 10 对水底电缆时，为安全起见，函请公用局转知公安局，令饬前述两处水巡队妥为保护，阻止大小船只在附近抛锚，以免发生障碍。②1933 年 12 月，电话局拟在黄浦江底埋放电缆，除了通过各种渠道，如两岸竖立牌号、派工巡视、登报通告等，使在浦或来往大小船只知悉施工期间不能于特定江面抛起船锚和及撑篙，如有违反，造成损坏，将照价赔偿，相应函请市公用局转知各轮船公司以避开。③为保护杆线，电

---

① 《市政府指令公用局》，1933 年 5 月 18 日，Q5-3-2793，上海市档案馆藏。

② 《电话局、公用局、上海市公安局（以下简称公安局）等往来函件》，1931 年 11 月 23 日至 11 月 30 日，Q5-3-2714，上海市档案馆藏。

③ 《电话局致公用局函，函请转知各轮船公司注意本局所埋水线地段希查照见复》，1933 年 12 月 5 日，Q5-3-2732，上海市档案馆藏。

话局亦需要与上海市公安局、警察局等密切合作。上海电话局通过与上海市政府的合作，可以降低交涉成本，减少不必要的麻烦，从而达到立己达人的良好效果。

市内各项举措如能得到电话局的襄助，则于城市发展、市民便利不无裨益。此点在警务电话的公开宣传和公用电话的代管推广上，反应明显。1931年6月12日，市公用局致函公安局，建议仿照公共租界及法租界警务当局，于电话簿封面上加印报警电话号码，以期报警迅捷，方便市民，如公安局认为此项提议可行，则自当与电话局接洽，嘱其于下届新电话簿上加印，并提出"此项报警号码最好先尽南市、闸北、浦东三区，各设一号，凡各该区内无论属于区、或所、或分所、或派出所辖境内发生警报，无问昼夜，均可向该号电话报告，以期敏捷"①。此项提议得到公安局和电话局的一致赞同，电话局承诺于当年下期电话号簿中加印各区特别事项电话。

此项报警电话具体分为盗警和火警两类（表3.6），在上海市公用局、公安局和电话局的合作之下，得以刊印于市内电话号簿之上。电话号簿发行广泛，将特别事项电话号码通过上述手段广而告之，有利于近代上海市民在遇到盗警、火警时，第一时间获得距离最近之公安局分所、救火会支队的救援，有利于保证人们的生命财产安全，完善了近代上海城市的公用设施。

表3.6　1931年6月上海市公安局开列报警电话号码单

种类	南市		浦东	闸北		沪西	吴淞
	第一区	第二区	第三区	第四区	第五区	第六区	第七区
盗警	南市 97	南市 7	华洋 64153	闸北 6	闸北 7	闸北 232	吴淞 2
火警	南市 91		华洋 64153	闸北 16		华洋 27979	—

资料来源：《报警电话号码单》，"公用局致电话局函"附件，1931年6月23日，Q5-3-2767，上海市档案馆藏。

对于绝大多数普通市民，装用电话实乃一项奢侈的消费。电话于商务信息的沟通与日常生活的交际方面作用甚大，为使更多市民尽可能地享受电话便利，推广公用电话的使用，是一项可行且有效的办法。市公用局为

---

① 《公用局致公安局函，为建议于电话号簿封面上加印报警电话号码请见复》，1931年6月12日，Q5-3-2767，上海市档案馆藏。

此积极交涉。1931 年 1 月 1 日，交通部上海电话局在大南门总局、老西门上海银行西门分行、小东门上海银行小东门分行、闸北共和新路本局第一分局、闸北东宝兴路本局第二分局、江湾本局江湾分局等设立公用电话 6 处。①1931 年 12 月，上海市公用局以"是项电话，为公共交通利器，而以本市区域之广，人口之多，电话需用之繁，近此六处，殊觉不敷供应"②为由，主张招揽适当地点之铺户，代为管理，优予报酬，以事推广，与电话局通力合作，推出由市代管公用电话办法。公用局派员在全市实地察看 22 处地点，即南车站、董家渡、豫园内、蓬莱市场内、九亩地报警亭附近、公共体育场、地方厅、龙华镇、徐家汇镇、宝山路河南路口、北车站、虬江路广东街口、北四川路横浜桥、物华路、施高塔路恒丰里、同济路、宝山路宝兴路口、共和新路大统路、新闸桥、蒙古路更新舞台、恒丰桥、蒲松镇，拟订装置公用电话，并会同电话局登报招揽代管之铺户。③自 1933 年春，该项措施实行后，各处店铺纷纷函请装设。至 1934 年 6 月，市内代管公用电话共计 90 余处。④鉴于该项电话为社会所欢迎而乐于使用，交通部上海电话局遂于邮、报两局内装设公用电话。此举的推行，保证和贯彻了电话公用事业作为一项市政基础设施的普遍性。

随着上海市政建设规划的调整，电话事业作为城市基础公用设施，也需要上海电话局相应地拟订新的局所扩张计划。1931 年，上海市为实施大上海计划，圈定殷行、引翔、江湾一带为市中心区域。在开辟市中心区域干道、筹划市政府新屋等逐渐进行之时，市中心建设委员会提出，各项公用配套设施亦应同时着手筹划。在其函请下，上海市公用局除嘱令闸北水电公司外，"以电话一项，亦属不可缺少之设备，尤应及早筹备，以免临时供不应求"，于 4 月 17 日转函电话局趁早核办。两年之后，转眼至 1933 年 5 月，新的市中心区域各干道多已筑就，市政府新屋行将竣工，电话局尚未有相关线路敷设方案出台。市公用局提出"市廛之兴，定不在远，电话需要更见迫切"，再度函请电话局将该区域电话设备迅予筹划进行，以应需要。在市公用局多次交涉下，交通部上海电话局开始依照公用局提供的房

① 《上海电话局开放公共电话六处》，《申报》1930 年 12 月 27 日，第 11 版。

② 《本市将增设公用电话》，《申报》1931 年 12 月 24 日，第 15 版。

③ 《公用局致电话局函，开送装设公用电话之地点请酌定以便招人承揽》，1931 年 12 月 19 日，Q5-3-2785，上海市档案馆。

④ 《邮电两局内设置公用电话》，《申报》1934 年 6 月 23 日，第 15 版。

屋位置图，规划所有架空、地下及电缆明线标注图。①经过紧急商议，交通部上海电话局即行敷设 50 对电缆接至闸北电话分局，以 15 对拨给市政府各局使用，其余 35 对留供用户装置，于 1933 年 12 月 28 日正式通话，以暂时满足市政机构及当地居民通讯需要。②市中心区为全市政治中心，将来话务发达程度可窥一斑，50 对电缆未能满足日渐增长的潜在用户需求，并且市中心区距离闸北分局约 10.5 千米，线路绵长，极不经济。1934 年，交通部上海电话局遂设立市中心区电话分局，购地筑屋，装设自动机 300 号，供市中心区用户使用，还将附近江湾电话分局之用户话机由磁石式改为自动式。此项工程于 1935 年 7 月完成。③新的局所扩建，配合了近代上海市政建设，方便了市政府政务处理及附近居民的商务往来和人际沟通。

第二节　租界电话公用事业的经营管理

不同于华界，租界电话事业发展环境相对安稳，较少受到国内政治局势的影响，特别是战事的波及。由于租界特殊的社会历史环境，电话事业经营管理形式直接嫁接来自海外的现代公司制度。从 1882 年起步至 1949 年上海解放，经过短暂的早期分散局所筹建阶段，以中国东洋德律风公司成立为标志，租界电话事业发展较早体现出现代企业制度的特点，由公共租界工部局招标商办，授予投资者特许经营权；由市政管理者规制，由外商经营，电话公司具有较多的经营自主权。自 1898 年英商华洋德律风公司获得电话专营权，租界电话事业发展进入专营化阶段。此项经营和管理制度，有利于一定区域范围内电话作为市政公用事业的总体规划、各个局所和用户间的连线互通。由于缺乏市场竞争，服务质量的保证和取费高低的评定，须依赖于工部局的行政决策。因为缺乏相关专门技术人才，工部局多次高薪聘请外国电话专家以事调查，并以之作为审核话务改良和租费额定方案的依据。租界电话事业经营和管理制度，在较长时间段内，表现出不同于华界的独特性。

---

① 《公用局、电话局之市中心区电话装设往来函件》，1931 年 4 月 7 日、1931 年 5 月 6 日、1933 年 5 月 17 日、1933 年 5 月 27 日，Q5-3-2769，上海市档案馆藏。

② 《市中心区电话昨晨六时半正式通话》，《申报》1933 年 12 月 29 日，第 8 版。

③ 刘骏祥：《一月来之电政》，《交通杂志》1935 年第 9 期。

一、引进采用西方公司企业发展模式

近代上海电话事业的起步，也是电话公司企业发展的开端。电话事业始于租界，此种现代企业经营模式由租界外商自西方率先引进并应用于电话事业。现代股份制管理模式萌芽于 19 世纪末中国东洋德律风公司的成立，成形于 20 世纪初华洋德律风公司的重组，在上海电话公司时期得到完善。这一发展轨迹与西方现代股份制公司确立及美国现代企业制度的形成基本保持同步。现代股份制公司的兴起，对近代社会经济的发展产生了重大影响。它的确立和发展，促进了生产和企业的巨型化，使企业产权形式由单个资本家所有转变为社会所有。在管理制度方面，经营管理进一步专业化，形成一套专业经营管理制度，导致职业经理层的形成。在产权制度方面，使所有权与经营权分离。[1]通过构建此种电话企业发展模式，英美等外商迅速筹集资本，招募管理团队，购进先进话机设备，运用大量的广告宣传和职员推销手段，将近代上海租界电话事业的发展推向高潮。

（一）资本构成

租界电话公司采用合股集资的方式，通过发行股票和债券，迅速向社会筹集巨额资金。华洋德律风公司成立之际，发行股票共 20 000 股，"每股票面银 50 两，资本总额银 100 万两"[2]。20 世纪 20 年代，为缓解因自动话机改造工程带来的财政压力，公司多次发行股票，以此来增加资本总额。1921 年 11 月 14 日，华洋德律风公司股东特别大会议决，续增资本 100 万两，拟将资本总额增至 200 万两，发行新股票 2 万股，每股票面价额 50 两，先将其中 5000 股售予股东（面银共 25 万），"每四旧股，得购一新股"，每股在市价基础上加付 20 两，每股售价付银 70 两。[3]1922 年 8 月 1 日，华洋德律风公司再度续股 10 000 股（面银共 50 万），每股规银 60 两[4]。到1923 年底，公司共卖出股票 34 356 股，资本已达 171.78 万元[5]。1924 年 6月，公司董事会将前未招足之 5644 股（面银共 28.22 万两），以每股 75 两

① 嵇尚洲：《中国企业制度变迁研究》，北京：经济管理出版社，2010 年，第 38 页。

② 《德律风公司之营业》，《申报》1916 年 2 月 7 日，第 10 版。

③ 《德律风公司股东会记，追认续增资本案》，《申报》1921 年 11 月 6 日，第 15 版。

④ 《德律风公司通告认股截止期》，《申报》1922 年 9 月 23 日，第 16 版

⑤ 《德律风公司将开股东会》，《申报》1924 年 5 月 28 日，第 14 版。

之价格出售。①为鼓励人们投资，公司规定，认股者限于老股东和用户；每购此项新股四者，于公司发行"红股"时，可认购一"红股"。经过此次扩资增股，公司资本额最终达到 1921 年预定的 200 万两的目标。1925 年 5 月 1 日，华洋德律风公司再次召开股东特别会议，通过议案，"在公积金账上未分红利内拨出 50 万两作为资本金，分作红股 10 000 股配给股东，每普通股四股可得红股一股"。②经过上述四次两阶段的增股，华洋德律风公司资本增加至 250 万两。上海电话公司成立时，投资总额为 800 万元③，后通过银行贷款和发行股票等向社会筹资的办法，到 1947 年，公司总资本达 2100 余万元。其中"额订普通股 300 万股，优先股 300 万股，每股法币 10 元，实收普通股 1 151 420 股，优先股 1 007 249 股，两者合计实收资本法币 21 586 449 元，内账面新合美金 7 196 686 元"④。

　　外商利用国外相关公司法律规定，通过掌握普通股的绝大多数，达到控制电话公司经营权的目的。公司发行股票分为两种：优先权和普通股。按照外国公司法（华洋德律风公司在英国注册，受英国公司法保护；上海电话公司系美国台莱华州政府注册公司，1939 年改向美国联邦政府注册，受美国公司法保护），优先股持有者不具有公司选举权，不能参与公司董事会，没有经营管理权，但可以按照固定比率按期领取股息；普通股股东，享有公司选举权，可依照一定程序进入公司董事会，参与公司日常经营管理决策事宜。⑤其收益红利，受到企业年度经营状况好坏和今后经营发展战略决策总体安排的影响，具有不确定性。虽然优先股持有者未能享有同等经营管理的权利，但因其风险小，收益稳定，受到股民欢迎。外商在进行股票分配时，充分利用此点，严格控制普通股股票比例。华洋德律风公司在发行股票时，巧妙地将大股东排在优先购买普通股的行列。上海电话公司利用了普通股的高比例控制权，聚敛并操控了优先股的高额资本。据 1950 年 12 月 30 日上海市公用局电话处调查研究，当时上海电话公司资本为美元 7 447 443.60 元，其中普通股 1 151 420 股，合美 2 839 061.10 美元；优先股 1 024 085 股，

---

① 《德律风公司股东会记》，《申报》1924 年 6 月 4 日，第 14 版。
② 《德律风公司股东开特别会记》，《申报》1925 年 5 月 2 日，第 14 版。
③ 九三学社中央研究室：《中国科学家回忆录》（第 2 辑），北京：学苑出版社，1990 年，第 139 页。
④ 吴毓驹：《美商上海电话公司调查报告》，1947 年，Q78-2-16393，上海市档案馆藏。
⑤ 上海市人民政府公用局电话管理处：《上海电话公司初步调查报告》，中共上海市邮电管理局委员会：《上海电话公司职工运动史》，北京：中共党史出版社，1991 年，第 8 页。

合 4 608 382.50 美元。美国国际电话电报公司的投资为普通股 799 670 股，计 1 967 188.20 美元。① 从持股比例而论，美国国际电话电报公司持股总数仅为上海电话公司股票总数（普通股和优先股的总和）的 36.76%；观诸资本总额比例，美国国际电话电报公司投资数额也仅占上海电话公司资本总额的 26.41%。但其所拥有的股票数量占普通股总股数的 69.45%，占普通股价值总额的 69.29%，在公司董事会中享有绝对优势。通过上述办法，公司不但保证了绝对控股权和董事会高层管理群的稳定性，而且还解决了大规模扩建电话局所与改建自动设备工程所需的资金问题。

（二）组织结构

公司以普通股占有比例为依据，选举产生董事会成员，对公司发展战略、财务预决算、人事管理、技术改进、机械采购、线路敷设、设备维护、业务拓展等日常管理事项做出集体决策。董事会最高领导为董事长，其次为总经理，其下分设营业部、工务部（交通部）、话务部（设备部）、工程部、稽核部（会计部）等。董事长、总经理及各管理部门均直接或间接对董事会负责，董事会对股东负责。除去人事、常务等管理外，公司各个部门围绕电话装、拆、移、修而运转。"用户申请新装电话，营业部综合用户申请和公司设备情况开出工作单；工务部派线、施工；话务部提供查号；工程部在必要时设计工程；稽核部算账等"②，各部门分工合作，各司其职。

企业内部分工细密，各部门职工均具有一定的文化程度和技术水平。职员分为管理人员、技术人员和普通工人三种。管理人员分布于公司从上自下各个层级部门，掌控公司的总体运转。他们多为高级外籍人员，由投标母公司直接聘任委派来华，是公司核心管理层，如总经理、各部部长、各科科长（除一人为华籍工程师）、各分局负责人等，其最高月薪可达法币 1120 元，还享有住房、医疗、回国休假等多种优厚待遇③；其他尚有少数在上海雇用的外籍人员和中国领班，作为基本管理层，待遇较差，一个领班的起薪为法币 200 元。其他技术人员和普通工人担负接线、机务、线务

① 上海市人民政府公用局电话管理处：《上海电话公司初步调查报告》，中共上海市邮电管理局委员会：《上海电话公司职工运动史》，北京：中共党史出版社，1991 年，第 8 页。

② 中共上海市邮电管理局委员会：《上海电话公司职工运动史》，北京：中共党史出版社，1991 年，第 11 页。

③ 九三学社中央研究室：《中国科学家回忆录》（第 2 辑），北京：学苑出版社，1990 年，第 139 页。

等工作，起薪仅为法币 26—30 元。[①]

上海电话公司高级职员均为美籍，由美国电报电话公司直接聘任和委派，"总经理为鲍德，经理为美人杰斯密斯，秘书长为郎浩诗。该公司现有职工 2000 余名"[②]；技术人员以上海交通大学毕业者为多，其次为沪江大学。公司结构略有调整，管理机构中专门设立顾问团，当公司遇到业务拓展、财务收支、技术改进等问题时，顾问团为董事会提供咨询；局长（总经理）之下添设分局长、总务科、人事室、工程师室等；原稽核部被改为会计科；话务部和营业部被综合至业务部；工务部专管材料发放、机械安装、线路敷设及其维修护理等；分局长下设线路科等，分段或分区维持线路（图 3.2）。相比前华洋德律风公司，上海电话公司组织机构更为完善，更加符合管理需要。

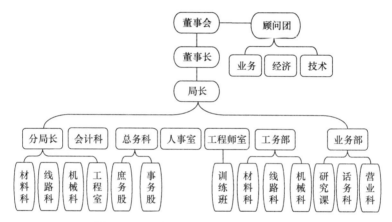

图 3.2　1949 年上海电话公司组织系统图

资料来源：《上海各种公用事业概况：上海电话公司》，1949 年 3 月，
Y12-1-78-135，上海市档案馆藏

股东大会和股东特别大会有权对董事会进行监督和考核。按照规定，公司每年召开一次股东常会，由董事会汇报上年营业状况。按例由会议主席向出席各位股东报告过去一年公司业务发展、施工建设、合同签订、盈余情况及分配方案等；由各列席股东投票选举下一届董事会董事成员。遇有资本增额、话机改造、标书筛选、企业变卖等重大事项时，须在股东常

[①] 中共上海市邮电管理局委员会：《上海电话公司职工运动史》，北京：中共党史出版社，1991 年，第 10-12 页。

[②] 《上海各种公用事业概况：上海电话公司》，1949 年 3 月，Y12-1-78-135，上海市档案馆藏。

会决定后，提交股东特别大会通过。1925 年 4 月 15 日，华洋德律风公司曾为与公共租界工部局及法租界公董局磋商修改专利合同，召开股东特别大会，到会股东 7194 权，讨论通过新合同中工部局盈余限制、派驻董事、公司增资等议案。①1926 年 6 月 16 日，华洋德律风公司股东常会到会股东10 203 权，通过公司营业报告，选举赖墨氏为董事，克佐时洋行为查账员。②华洋德律风公司售与国际电报电话公司后，于 1930 年 8 月 14 日召集股东特别会议，到会华股东 5 人，洋股东 24 人，根据之前股东会议签订出售合同议决案，讨论通过款项和股票清理分配等提案。③

　　受公司股票分配方案所限，尽管华人持有较大份额股票，却难以在电话公司重要事务中享受股东的应有权利。近代外资企业在华大量兴起后，华人常以"附股"形式投资公司股本，虽然其总额超过外籍人士认购股份，但是对公司管理发展没有任何实质影响。华人"附股"只为获取定期回报或者股票买卖差价，"没有任何途径参与企业管理"④。20 世纪 20—30 年代，华股所占电话公司份额 47%，华洋德律风公司"华股东实占十之六"⑤，却未能在反对电话加价和出售事件中拥有话语权。华洋德律风公司提出于1925 年 1 月 1 日增加话费，对部分商业电话采取按次收费制度，遭到以华人为主的电话用户的反对。有股东代表提出，可召集华人股东联合大会，督促公司打消加价之议，"该公司中国股东，不在少数，其平时所鲜往过问者，盖以信任公司办事人员，并非无权过问"⑥。实际情形却是公司加价与否取决于外籍高级管理层。在公共租界工部局的主持下，华洋德律风公司出售案得以进行。此举遭到南京国民政府交通部、华人团体和用户的坚决反对。工部局董事会和公司董事会均推诿"权在股东"。华人股东总体比例不少，但大多持有优先股，难以逆转公司标售之事实，"华股东方面大多系零星小股，颇形散漫，且平日亦无团结，致该公司之标售办法，虽经华股东缺席抗争，仍由公司中之西人股东轻轻通过，交涉年余，未见成效"⑦。

---

① 《德律风公司股东特别会记》，《申报》1925 年 4 月 15 日，第 14 版。
② 《华洋德律风公司股东会记》，《申报》1926 年 6 月 17 日，第 15 版。
③ 《华洋德律风公司前日股东特别会》，《申报》1930 年 8 月 16 日，第 15 版。
④ 嵇尚洲：《中国企业制度变迁研究》，北京：经济管理出版社，2010 年，第 127 页。
⑤ 韬奋：《租界电话出卖问题的测验》，《生活》1930 年第 36 期。
⑥ 《华洋德律风公司一股东之意见》，《申报》1925 年 6 月 27 日，第 11 版。
⑦ 《华洋德律风公司出售后交部准备收回》，《申报》1931 年 3 月 21 日，第 13 版。

上述现象的产生，一方面固然囿于外国公司法对于股票分类的规定，另一方面也反映了外国在华企业对华人股东权利的漠视。

（三）设备采购

租界电话制式的决定和话机设备的采购渠道，均取决于国外话机设备的制造和发展，由公司高级管理层决定，带有强烈的主观性和利益倾向。从世界范围来看，电话机样式种类繁多，仅以自动电话而论，就达几十种。采用何种电话制度，不仅要看地域经济社会发展状况，而且也受经营者的利益驱使。华洋德律风公司经营期间，电话机械设备均从欧洲购进。20世纪 20 年代自动话机改造时，公司对来自英国的西方电气公司的投标感兴趣，主张继续采用"露特来"制，提出此种电话制度已经法国政府和专家详细审查，在法国试用良好[①]；拒绝考虑公共租界工部局董事会倾向"提出了一个非常优惠的报价"的电报信托有限公司标书，甚至拒绝就两份标书主张的不同电话制度技术优劣展开任何形式的探讨[②]，与工部局董事会产生严重分歧。表面观之，原因在于两者对电话制度和技术的不同看法，实际上显示了华洋德律风公司作为英商经营企业的利益偏好。美商上海电话公司成立后，相关机械器材，新装、修理、翻新机件设备等均源自美国国际电话电报公司。具体事宜由美国国际电话电报公司另一个设在上海的子公司——中国电气公司代办。经其转手，所购物品、器材、设备等都加收了60%费用；"承包电话公司的工程和修理零星部件，还可以任意虚构成本"[③]。上海电话公司的美籍"身份"，使得其物件采购形成了严重的"路径依赖"，"最荒唐的例子就是自动机房内木梯也以高价从国外进口"[④]。此处"国外"，当然特指美国。上述状况的产生，固然源于中国国内电话技术的落后，电话制造工业的欠发达，但关键因素则是租界的存在，公司决策权掌握在外人手中，外商以追逐利润为目的。

---

　　① 《华洋德律风公司述投标经过》，《申报》1930 年 5 月 1 日，第 14 版。

　　② 上海市档案馆：《工部局董事会会议录》第 24 册，上海：上海古籍出版社，2001 年，第 571—572 页。

　　③ 中共上海市邮电管理局委员会：《上海电话公司职工运动史》，北京：中共党史出版社，1991 年，第 8 页。

　　④ 九三学社中央研究室：《中国科学家回忆录》（第 2 辑），北京：学苑出版社，1990 年，第 139 页。

（四）业务推广

"商人的出现是广告产生的前提条件。"①租界电话事业的现代企业经营模式，不仅使经营主体资本构成、组织结构和设备采购独具特点，而且在利润的驱使下电话公司还采用了现代企业广告宣传、职员推销等业务推广手段。通过报纸广告、霓虹灯、小册子等宣传方式，外企电话公司大力传播电话通讯的独特性能，树立企业服务公众的良好形象，潜移默化地影响市民生活习惯。公司还鼓励各部门职员群策群力，发挥个人聪明才智，开展推销电话竞赛。

1. 广告宣传与定位

电话广告对租界电话事业的发展有着不可磨灭的贡献。无论是早期的中国东洋德律风公司，还是后来的美国上海电话公司，都把电话广告作为其拓展市场份额、加快业务发展的重要手段。通过报纸等发布大量电话广告，电话公司宣传电话通话快捷无误、用途广泛、取费低廉和方便舒适等特性。以《申报》电话广告为例，生动形象的情景构造图配以详细的解说，树立了电话公司服务公众的良好企业形象，宣传了电话通讯的用途和优势，拓展了电话业务，加快了电话事业的发展，促进了人们生活方式的转变。

最早的电话广告为华洋德律风公司发布。华洋德律风公司将电话的市场定位于行铺和住宅两种人群，尤以绅商为重。在广告宣传中，强调了电话传递消息迅捷、方便等特点，"各行家如装一德律风，可以通2500家，言语不及一分钟，租界各处无不可通达情形"，凸显电话通讯在商业拓展和人际交往方面的优势，"凡行铺欲装此项德律风者，每年需银50两，住宅只需40两。有此信息灵捷，则凡贸易者，瞬息间可以周知物价，易于发财。盖因由此德律风，可以与友朋互相问答，较之未装德律风者，诸事更灵便也"，电话公司极力拓展市场份额，"如有欲装德律风者，请至本公司面议或写信来亦可"②。此时期的电话广告，夹杂于大量其他广告之中，所占篇幅较小，约占《申报》每页版面的1/20，采用独白方式，配有德律风图画，形式较为简单直接（图3.3）。

上海电话公司经营租界电话业务以后，电话事业的自我市场定位趋于成熟，电话广告业发展壮大。通过精微、审慎地调查和分析，上海电话公

---

① 韩光军：《现代广告学》，北京：首都经济贸易大学出版社，2003年，第18页。
② 《装德律风可以省时省费》，《申报》1906年4月10日，第15版。

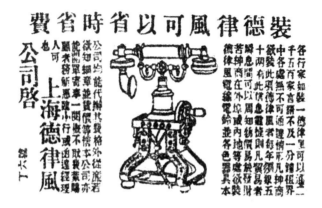

图 3.3　1906 年 12 月 25 日《申报》华洋德律风公司广告

司坚信，"上海人口之增加、商务之发达、工业之振兴与面积之扩充，足令电话事业随之发展"①。随后斥资约 2200 万两整顿上海租界电话业，大力购进设备，建筑接线间，改善通话服务。1932 年 3 月 26 日，上海电话公司完成公共租界和法租界电话自动机改造工程，同时利用报纸、广告牌、霓虹灯、小册子等发布大量电话广告，扩大舆论宣传，树立服务公众的良好企业形象；宣传电话用途广泛、方便快捷、取费低廉等特点。

　　上海电话公司对自身的电话设备供应和通话服务有着明确的理解和定位。公司以公用事业自诩，"电话公司为公用品之机关，然其责任繁重，与社会、个人有密切关系"②，"为公用事业，必定要努力将高效率的服务来供给电话用户"③。此类企业广告的刊登，有利于提高企业知名度和声誉，从而树立良好的企业形象。电话事业社会公用的性质，也为公司拓展业务提供了契机。"上海为东方大商埠"，"商业发达端赖电话灵通"④。上海电话公司独到的市场敏感性，满足了城市人们的通讯需求，拓展了电话服务业务，改变了人们的生活方式。此时的电话产品广告和观念广告⑤，均采用了大篇幅图画（更有甚者占《申报》每页版面的 1/2）和文字说明，构造了

① 《上海电话事业之将来》，《申报》本埠增刊 1931 年 1 月 25 日，第 3 版。
② 《何为电话公司》，《申报》本埠增刊 1931 年 1 月 11 日，第 3 版。
③ 《经济的计划》，《上海电话公司杂志》1935 年第 2 期，J-0920，上海图书馆藏。
④ 《服务精神》，《申报》本埠增刊 1931 年 1 月 18 日，第 3 版。
⑤ 产品广告、企业广告和观念广告，是广告学中根据广告内容所做的划分。参见韩光军：《现代广告学》，北京：首都经济贸易大学出版社，2003 年，第 11 页。

许多日常生活和商务往来中使用电话的情景。1936 年甚至采用了与其他商家，如中国啤酒、美女牌冰结涟、正广和汽水、茂昌太阳眼镜等联合广告的形式①，推出电话购物（图 3.4）。精美绝伦的画面和画龙点睛的旁白，试图引起人们对于电话使用的无限美好憧憬，电话由起初为少数人使用的奢侈品，逐渐走入寻常百姓家。

图 3.4　1936 年 8 月 2 日《申报》上海电话公司广告

上海电话公司作为电话服务供应者，深谙广大市民快速、准确地传递信息的需求，多方位诠释了电话服务此种商品的特性，以达到舆论宣传、吸引众多潜在用户的目的。在电话广告中，电话公司强调现代社会竞争激烈，时不我待，"世事纷纭，时至今日，莫不以迅速为前提，举凡商业、转运、制造甚而至通电谈话皆以迅速为快，夫电话亦是世事迅速之一分子也"②；大肆渲染新式自动电话快捷无误，"只需转动号码盘而机械便能自动接线无讹，虽远隔数里之人立能互相谈话，其服务之巧妙敏捷亦足惊人"③，以显示电话通讯业的发展，适应近代上海社会的不断发展和快速的生活节奏。受此影响，人们增加了对电话的期待，认为使用电话可以节省时间，减少麻烦。

各类广告除了强调电话用途广泛，对人们工作、生活、交际等产生巨大影响外，最为重要的一条，即电话取费低廉。上海电话公司作为电话广告主④，

① 《天气炎热，请用电话购货，不必出门一步》，《申报》本埠增刊 1936 年 8 月 2 日，第 1 版。
② 《速！速！速！》，《申报》本埠增刊 1931 年 4 月 26 日，第 3 版。
③ 《一鸣惊人》，《申报》本埠增刊 1931 年 5 月 10 日，第 2 版。
④ 广告学中，广告主也称为广告者，指发布广告的主体，包括企业、个人或团体，是广告活动的委托人和直接受益者。参见陈培爱：《现代广告学概论》，北京：首都经济贸易大学出版社，2004 年，第149 页。

利用广告，反复多次刊登相关信息强调使用电话实际上是"以最少值用费，便得极大之功用"①，所谓费廉用广，莫过于阁下之"电话"②。相对于电话带给人们的长期收益来说，其费用更显得微不足道，"若电话费每年一千两，则电话可有可无矣，但其费不过每日数分，则电话便为不可少者也。换言之，电话之费较其服务之价值实为极廉，则吾人不可无电话矣"③。电话的服务价值分两部分强调，"住宅电话每日费用不到一钱八分，诸君拿钱买来电话的服务，便得到电话事业所有的无穷利益。随时能够发出或收到意见，随时能够收到别人的思想和感情"④，"营业电话的租费每日不过二钱九分，诸君用这些少租费，便能够和上海的商界全体联络了"，"每举听筒，便能与上海 42 300 电话用户之一家接洽事务"⑤。通过反衬手法，上海电话公司强调了用户每日所费少，电话通讯用途之广和价值之大。人们的生活方式、思维习惯发生悄然改变，电话安装户数也不断往上攀升。

2. 推销组织与开展

租界电话公司采取全体动员的方式，大力开展业务推销工作。公司组织机构中，商务部下设推销股，主管话机安装、分机分铃、布线设计等业务拓展；其他各部门全体职工亦被动员和鼓励参与推广话机安装；国际电话电报公司的其他上海子公司，如中国电气公司和马凯无线电公司等，也协同上海电话公司参加雇员推销大会。此项推销工作被上海电话公司称为"推销运动"。

"推销电话，所以发展公司之营业"⑥，为积极推进公司营业发展，电话公司积极策划组织"雇员推销征求大会"和"职员推销运动"，鼓励全体雇员加入其中。雇员所在各部门，均设有销售代表一员，配合商务部推销股开展该部雇员推销活动。具体工作程序如下，每个雇员均可代表公司与用户接洽，争取销售订单，订单上详细注明用户的姓名、地址、电话号码

① 《电话费廉，功用极大》，《申报》本埠增刊 1932 年 5 月 5 日，第 4 版；1932 年 5 月 15 日，第 4 版。

② 《费廉用广，莫过于阁下之"电话"》，《申报》本埠增刊 1932 年 7 月 10 日，第 3 版。

③ 《若电话费用每年一千两》，《申报》本埠增刊 1932 年 8 月 9 日，第 3 版；1932 年 8 月 14 日，第 5 版；1932 年 9 月 12 日，第 6 版。

④ 《常川服务，随时应命》，《申报》本埠增刊 1932 年 9 月 27 日，第 5 版。

⑤ 《营业电话的租费每日不过二钱九分》，《申报》本埠增刊 1932 年 10 月 13 日，第 5 版；1932 年 10 月 18 日，第 2 版。《商业各界，如在左右》，《申报》本埠增刊 1932 年 12 月 25 日，第 4 版。

⑥ 《推销琐语》，《上海电话公司杂志》1938 年第 3 册，J-0920，上海图书馆藏。

（新装电话除外）及所需要的电话样式，由用户签字后，经过雇员各本组或本股主任送各本部销售代表；各部销售代表负责收集本部雇员的推销订单，编号注册后，送商务部推销股；所有电话公司及中国电气公司各雇员的推销订单，皆集中于推销股，由此股主任注册登记，并注明应给佣金数后，如雇员售出者系分机分铃等，则订单直送营业股，如新装者，则推销股须先派推销员至用户处收装费及签合同后，方送营业股；再由营业股发电话工作单；待用户第一次付费后，由会计部发给雇员佣金。[①]

　　为推进业务发展，电话公司创办《上海电话公司杂志》，旨在加强内部交流、方便职员沟通、鼓励业绩开创。其中刊登大量"推销新闻"，内容涵盖公司各部推销计划、实施战略、分期业绩及最终排名等。对不同年份同一时间段内，同一时间段内不同部门间，以及同一部门中不同员工间的电话安装户数进行排名比对；各部表现优异的冠亚军将发榜公布，除发给其佣金外，还颁发奖品，以示表彰。为按时甚至超量完成目标，公司经常刊登致各职员的信件，赞誉其成绩，并对员工提出希望。1934 年 8 月 24 日至 9 月 10 日雇员推销特别运动中，各部优胜者为：商业部推销股石祺祥，24 具；会计部账务股史中华，12 具；工程部户外设备股潘文焕，4 具；设备部线路股亨生厄谟，10 具；交通部工程股梁成永和服务股贝次厄夫，8 具；中国电气公司张士生，7 具；等等。每人均由公司奖励优胜奖品经用自来水笔一支。公司副总裁兼总经理鲍德发出公开信："雇员推销大会之结果表示由每一职员之热心、才能、忠诚所致之功绩垂诸永久。对于此功绩，予特向各职员致贺，并请继续此优良工作，而使结果于 1934 年时超出预算极巨，实所企盼。"[②]次月，公司称自 11 月 1 日起，推销电话的战场上将迎来一次冲锋，"希望可以达到预算表之最高点，而使自由推销电话以来，1934 年之记录成为最高之记录"[③]。12 月上旬，公司再度呼吁，"要赶上 1934 年预算表，我人尚须销售600 架电话"[④]。每月雇员推销征求大会记数表中亦均刊有"你今天可有售出一架否？"此外，公司还鼓励各部自主开创交流形式。例如，"商务部每日将如何推销之方法，与职员演讲及讨论。以期职员能多得新意，多多推销

---

　　① 《雇员推销定单之手续》，《上海电话公司杂志》1934 年第 3 期，J-0920，上海图书馆藏。

　　② 《雇员推销大会》，《上海电话公司杂志》1934 年第 8 期，J-0920，上海图书馆藏。

　　③ 《一九三四年推销电话之最大冲锋》，《上海电话公司杂志》1934 年第 9 期，J-0920，上海图书馆藏。

　　④ 《如何能适合预算表》，《上海电话公司杂志》1934 年第 11 期，J-0920，上海图书馆藏。

而得胜"①。通过多样而密集的宣传动员，公司各部门、各职员掀起了一场你争我赶的推销浪潮，每年电话新装数量多达数千具（表3.7）。

表3.7　1932—1939年上海电话公司各部推销运动成绩　　（单位：具）

时间	商务部	稽核部	工程部	总裁处	工务部	话务部	公司总计	中国电气	马凯无线	全沪统计
1932年10月至1934年1月	793	176	98	42	525	1850	3484	73	—	3557
1934年1月至1934年11月	2241	229	91	58	415	2037	5071	131	—	5202
1935年1月至1935年8月	1851	131	76	1	1360	253	3672	39	40	3751
1936年1月至1936年10月	1317	307	193	21	2489	394	4721	33	38	4792
1937年1月至1937年11月	1670	747	292		3592	650	6951	29	5	6985
1938年1月至1938年11月	2712	650	406	—	4408	1141	9317	52	10	9379
1939年1月至1939年3月	253	90	54	—	603	222	1222	1	0	1223

资料来源：《上海电话公司杂志》1934年第1期（1932年10月—1934年1月）；1934年第6期（1934年2月—1934年6月）；1934年第10期（1934年7月—1934年11月）；1936年第5期（1935年1月—1935年8月）；1937年第4册（1936年1月—1936年10月）；1938年第4册（1937年1月—1937年11月、1938年1月—1938年11月）；1939年第1册（1939年1月—1939年3月），J-0902，上海图书馆藏。

注：1932—1934年商务部统计未计入推销股推销之电话数目。因部门称谓变化，交通部后称工务部，设备部后称话务部，会计部后称稽核部，总管理后即总裁处。

在全方位、多层级的努力下，公司研究出具体的推销对象、最佳的推销时机及高超的营销策略，为职员的业务拓展工作指明了方向。新建房屋、各类店铺、亲朋好友等均成为职员推销的潜在客户。1934年2月，通过分析市场需求，公司提出"现可服务之房屋极夥，吾人当能见静安寺路上高耸云霄之大厦、苏州河畔之广厦，本公司西区接线间附近之建筑物以及各处新建房屋等"②。通过分析电话簿分类栏发现，山东路、浙江路帽庄达好几十户，北四川路、南京路和静安寺路的水果店、花铺、皮鞋店等亦不少，但有电话者水果店仅10户，花店7户，鞋店7户，帽庄1户。公司认为，"像上面同样的店铺，应当每家都有一具电话，因为电话可以招徕新生意新

① 《职员推销演讲》，《上海电话公司杂志》1936年第4期，J-0920，上海图书馆藏。

② 《卷头语》，《上海电话公司杂志》1934年第1期，J-0920，上海图书馆藏。

主顾，这就是我们推销电话的好机会"①。公司还鼓励雇员将推销对象扩展到身旁的友朋，"在君许多朋友中，定有知道加装一架分机，所费极小，但还缺少君之一语鼓励。所以赶快去一试"②。何为推销的最好时机，也有讲究。圣诞节、冬至节及中国新年临近，均是职员推销最为忙碌的时候。"天气转寒，家家主妇正在布置如何使家庭中更舒适、更愉快、更安乐"；"各种商店又将大忙而特忙，一般商人，在此时期，对于外界接洽之便利工具，特别欢迎"③。此外，每年5月和9月截止"电话簿之重印，乃一最佳之机会，以劝人报装电话，因此可使渠等之各号编印于簿中也"④。关于推销方法，除推销员最基本的素质外，应遵循因人而异的原则。1934年8—9月特别推销大会优胜者石祺祥提出，"吾侪苟能具有热心、勤勉、判断、忍耐、知礼之态度，即不难于有为之推销员"⑤。公司还倡导个别研究推销对象的心理，"对各个主顾，立定推销之方针，即以何种装设电话之理由，可以打动某一主顾"⑥；"推销之方法及其措词，必须因人而施。对顾客之意见，必须慎重考虑，以达其所企求，务使顾客感觉君确能解除其困难。至于有礼貌之态度、敏捷而有效之处理，其能增加顾客对公司之良好影像"①。想方设法，来增加电话装户。

二、租界市政机构工部局的特许规制

对于租界电话事业的产生、发展和演变，公共租界工部局和法租界公董局，尤其是前者，起决定性作用。工部局在行使其经济职能中体现出管理租界社会经济的两大特点：有限干预和有限监管。在公用事业管理中，工部局遵循特许权协议行事、有限干涉、维护社会经济利益，实行非零和博弈。⑦在租界电话事业的管理中，公共租界工部局通过制度构建和完善，在坚决维护自身市政权威和经济利益的前提下，坚持遵循电话经营特许权，以专家调查为参照依据，适当地照顾公众通信需求、

① 《翻阅电话簿分类栏》，《上海电话公司杂志》1934年第2期，J-0920，上海图书馆藏。
② 《推销琐语》，《上海电话公司杂志》1938年第3册，J-0920，上海图书馆藏。
③ 《一九三四年推销电话之最大冲锋》，《上海电话公司杂志》1934年第9期，J-0920，上海图书馆藏。
④ 《电话簿将付印矣》，《上海电话公司杂志》1934年第7期，J-0920，上海图书馆藏。
⑤ 石祺祥：《电话之需要与其推销》，《上海电话公司杂志》1934年第2期，J-0920，上海图书馆藏。
⑥ 《一九三四年推销电话之最大冲锋》，《上海电话公司杂志》1934年第9期，J-0920，上海图书馆藏。
⑦ 樊果：《近代上海公共租界工部局经济职能研究》，《中国经济史研究》2012年第1期。

缴费能力和舆论反应。

特许经营权，意味着经营单位的独一性和排他性。电话特许经营权是公共租界工部局确立管控地位，规范市场主体的重要手段。它的确立经过长时间的酝酿和准备，于 1908 年形成，到 1930 年得到具体完善。最初，电话特许权被大北电报公司等提出，但未获批准。长期以来，电话经营单位同工部局商定的唯一非正式协议是关于在马路上架设电话线的问题。通过此项授权，各电话局所缴纳一定许可费，即可依照规定在界内架设电话杆线，发展电话业务。电话线路各自为营，相互连通受阻，通话服务未能令人满意。1897 年，东洋德律风公司经理趁机去函工部局，提出"要使电话设施达到令人满意的程度，作为交换他希望取得一项为期 15 年或 21 年的特许权"[①]。特许权问题被正式提上日程。1908 年，华洋德律风公司开始获得为期 30 年的专营特许权，其他电话经营单位同时被取缔。

20 世纪 20 年代，随着自动电话改造工程的启动，特许经营权问题被再度提出修改。随着用户数量增加，通话次数密集，接线工作繁重，外加第一次世界大战前后从欧洲运输电话器材的渠道受阻，未能提供更多、更优的交换设备，电话公司服务效率低下，颇受用户诟病。1924 年，华洋德律风公司考虑安装自动化设备以代替现有的人工接线，估计花费 5 年时间。设备更新耗资巨大，但公司所获特许权将于 1937 年 4 月满期。为避免投资大，收益时间短，入不敷出的现象，公司提出修改或扩大特许权，以确定合同到期后是否能续订。[②]该项问题交涉历时 6 年，终在 1930 年 8 月上海电话公司成立后得到解决。此次签约，不但使特许权期限延长到 40 年，而且明确了工部局对其拥有所有权和处置权：特许权终止时工部局有权没收或出售公司财产，工部局同意后才能转让；公司增资计划须提请工部局商讨；特许权使用有偿性，上海电话公司需缴纳使用费等。另外，特许权在保障用户权益的同时，对电话公司收益有所保护：公司收入出现短缺时，可提取之前的超额利润以做补贴；公司可按规定比率调整收费率等[③]。电话特许经营

---

① 上海市档案馆：《工部局董事会会议录》（第 13 册），上海：上海古籍出版社，2001 年，第 552、553 页。

② 上海市档案馆：《工部局董事会会议录》（第 22 册），上海：上海古籍出版社，2001 年，第673 页。

③ 上海市档案馆：《工部局董事会会议录》（第 24 册），上海：上海古籍出版社，2001 年，第 596-598、604-605 页。

权对市场主体——公司和用户等行为均形成规制。

（一）工部局收益护符

特许经营权的长期商定过程，也是公共租界工部局针对自身利弊得失权衡的艰难历程。从表面观之，1908 年工部局审慎处理电话公司享有长期特许经营权问题，是源于市民对现有电话服务不满，但在实际上，"工部局作为一个实体机构，既是理性经济人又是代理人，具有追求自身利益的一面，正是以布坎南为代表的弗吉尼亚公共选择学派所说的'运用其公共部门行为追求利益最大化的经济行为人'"[①]。在电话特许权设计中，工部局掺杂了许多切身利益的考虑。

对工部局而言，特许权设立最终目的乃是确立一个由工部局管理和控制的电话系统，以此确保市政权威、自身权益和服务质量。围绕双方各自权益，工部局与电话公司长期博弈。在此过程中，工部局始终保持谨慎小心的态度。面对东洋德律风公司的申请，一面请工程师进行调查，一面通过董事会决议，将特许权问题提至纳税人大会上讨论，以获得授权。"凡能保证（每部电话机）按某一固定的最高价格提供良好服务的公司，即授予该公司以经营电话系统的特许权"[②]，并在斯德哥尔摩等世界各大城市刊登电话招标广告，以获得最佳经营方案。截至 1899 年 4 月，工部局共收到两份关于电话特许权的投标书，分别为东洋德律风公司和巴塔维亚洋行。在工部局的安排下，董事会工程师和电气监督对这些投标书进行了研究，并撰写出相应的报告。报告建议在对所需器材的费用进行调查之前，暂不对特许权的投标做出决定，认为东洋德律风公司的投标估价过于昂贵。其间，工部局对特许权设想了许多限定，如持有者应免费提供市政公用电话和某地地方的火警电话；必须交纳 5000 英镑保证金（后降低到 1 万两白银）以保证架空和地下电线施工质量等。

投标截止期限前，东洋德律风公司作为正在经营租界电话业务的单位，面对工部局的利弊权衡，关注的重点是经营地位的保持和原有权利的维护。于是，其一再致函工部局，催促招标结果，提出"在没有其他实际

① 樊果：《近代上海公共租界工部局经济职能研究》，《中国经济史研究》2012 年第 1 期。
② 上海市档案馆：《工部局董事会会议录》（第 13 册），上海：上海古籍出版社，2001 年，第 554—555 页。

投标的情况下，除非工务委员会明确反对该公司的投标，否则就应该接受该公司的投标"①。在进一步交涉中，公司与工部局在重新购买价格、电话系统效率等问题上产生分歧，拒绝作出任何妥协。9月，公司宣称到适当时候，将在某日发出通知结束电话业务。工部局承诺在和公司的协议中不再列入义务服务问题，以示让步，但要求兴建一套电话机构或为其整套装置供应必要设备的可供选用的投标或提议。②按此设计，工部局将特许权持有者与设备供应商人为分离，将服务管理和技术支持决然分开，掌控电话公司硬件设施处置权。工部局借口获取最佳电话制度，否定公司原有机械设计，剥夺公司材料采购和供应权，特许权被局限在公司日常服务运转和设备维护范围内。东洋德律风公司对此难以认同。11月15日，公司去函工部局，撤回经营特许权投标，谈判失败。1900年1月，公司再次致函工部局，声明将于3月31日前结束电话业务，租界面临随时被停止电话通讯服务的危险。在对特许权的最初定位中，工部局将自身权限设想过大，对电话制度干涉过多，使对方难以接受。工部局不得不调整原有方案，加快与华洋德律风公司就特许权商议的进度。

一方面工部局作为电话用户代表，加强企业监督管理，是完善市政基础设施的必然要求。20世纪初电话公司服务对象主要为市政机构，外加少数外商。工部局对于电话公司的管理，除了许可竖立线杆、敷设线路等基本事宜外，基本围绕火警、捕房及市政电话设施的布局。电话事业的起步源于电话公司与工部局的合作，1882年3月，中国东洋德律风公司提出，使用工部局的电报柱子，"作为对这一优惠使用的报答"，"让工部局各办公室、各捕房、各救火会和他们的电话局及电话用户免费通话"③。经过几年的发展，电话公司"1884年有150根电线杆，其中54根由工部局使用"，到1886年4月，"租界马路上共有电线杆80根，虹口有52根，内中除了8根之外，全部用于架设工部局的电话线"④。市政及其辅助电话数量占电话用户总数的绝大部分比例。工部局作为当时电话通信的最大受益者，电话事业管理水平和服务质量与其密切相关。20世纪30年代，特许权规定，

① 上海市档案馆：《工部局董事会会议录》（第14册），上海：上海古籍出版社，2001年，第498页。
② 上海市档案馆：《工部局董事会会议录》（第14册），上海：上海古籍出版社，2001年，第511页。
③ 上海市档案馆：《工部局董事会会议录》（第7册），上海：上海古籍出版社，2001年，第776页。
④ 上海市档案馆：《工部局董事会会议录》（第8册），上海：上海古籍出版社，2001年，第668页。

市政机构具备享受电话服务的优先权，公司在进行系统改装时，须为这类服务提前做好准备[1]，率先满足捕房、工务处和火政处的通讯需要。

另一方面，工部局将特许权作为获取经济利益的良好途径。通过电话特许权各项制度设计，公共租界工部局获取间接税、股票分红、高额贷款回扣等。1898 年 11 月，工部局有董事提出，作为特许权的交换，电话公司应免费供应市政公用和火警等辅助电话设施。经过董事会仔细研究，考虑到这样一项条款会使间接税由工部局承担，故而撤销。[2]最终，工部局选择有偿使用辅助电话设施，但要求东洋德律风公司缴纳相关税收。随着企业股份制度的完善，工部局董事会将注意力转移到公司股份分配上。1905年 11 月 1 日，工部局董事会会议决定，向华洋德律风公司提出，"由公司发给工部局 5 万两金额的临时股票，作为报答，工部局将给予电话公司敷设全租界电话线路的专利权"[3]。公司承诺，"作为给予特许权的回报，按照与自来水公司合同相同条件，公司须移交给工部局已付清股款的股票 1 000 份"，同时提出防止用户使用电话不当和增加用户付费等办法。大量股份的转让，不仅保证了工部局作为股东的管理权限，而且还为其带来了实际的红利收益。1933 年，为帮助上海电话公司摆脱财政困境，回绝其增价要求，工部局决定贷款 400 万两给公司，并由其担保，由公司再向汇丰银行贷款 200 万两，前提是这两笔款项，共计 600 万两均以 6.25%的利率预付给公司，其中 0.25%利息付给工部局，作为工部局从这两笔投资中得到的好处。[4]工部局在帮助电话公司解决困难时，充分体现了作为理性经济行为人的角色。

另外，电话特许权还构成租界施政便利的工具，保证捐税收取、维护界内秩序等。为扩大税源，特许权合同规定，任何地处公共租界外而在公共租界道路上的房屋，若不根据协议支付 5%的特别税，均不得接通电话[5]，并将纳税人由租界内扩展到越界筑路地段。1930 年，此种规定对象由越界筑路地区扩大到租界内所有用户。1934 年 10 月，工部局对华人旅馆提高

① 上海市档案馆：《工部局董事会会议录》（第 24 册），上海：上海古籍出版社，2001 年，第626—627 页。
② 上海市档案馆：《工部局董事会会议录》（第 13 册），上海：上海古籍出版社，2001 年，第 603 页。
③ 上海市档案馆：《工部局董事会会议录》（第 16 册），上海：上海古籍出版社，2001 年，第 604 页。
④ 上海市档案馆：《工部局董事会会议录》（第 26 册），上海：上海古籍出版社，2001 年，第 420 页。
⑤ 上海市档案馆：《工部局董事会会议录》（第 16 册），上海：上海古籍出版社，2001 年，第 658 页。

捐税税率。针对 8 家旅馆拒不按要求缴纳捐税，工部局总董一度建议切断这几家旅馆的电话线①，以此来对其施压。在工部局看来，凡享受公共租界提供或其公用事业公司提供的电力、自来水或电话设施，用户均须履行相应的义务，否则将停止供应此类服务。通过把控电话等公用设施的供应权强制征收赋税。为快速平息界内罢工、骚乱等活动，工部局于戒严期间具有封闭电话公司办公场所、禁止华人用户使用电话的权限。1925 年"五卅"运动期间，工部局为防止电话"被广泛地用以进行威胁行为，并用以推动本地罢工的鼓动工作"，授权华洋德律风公司切断所有华人电话用户的线路，前后长达一个月。②1927 年 4 月，此项特权被工部局董事会再度确认，如果租界中出现由总工会号召的总罢工或工界其他严重骚乱，工部局可以在董事会的决议下，采取一定措施，暂停对华人用户的电话服务。③通过特许权决定电话服务供应成为工部局实行强制措施的保障。

（二）用户权益保障

电话事业作为市政公用设施的重要组成部分，在众多设立特许权的初衷中，维护公众利益、保证服务质量，是工部局首要和始终关注的问题。电话公司在取得经营特许权的同时，受到诸多价格和质量方面的限制。面对东洋德律风公司的强硬态度，工部局转向华洋德律风公司，向其抛出了橄榄枝。商议过程中，工部局各董事设想"为电话用户们的利益提供一切保护措施"④，以保证合理的租费水平及优良的服务质量。鉴于之前与东洋德律风公司的不愉快经历，也为戛然而止的电话通讯尽快恢复，保证电话通讯的正常维持，工部局在大致保证用户权益的前提下，事先给予华洋德律风公司经营权的承诺，随后再作详细研究和深入完善。

1900 年 2 月 8 日，工部局董事会会议决议接受华洋德律风公司投标，但提出了三点规定：①电话用户固定费用收取，对所有居住在公共租界范围内的申请人不论其距离电话局远近都适用；②公司作为特许权持有者，

---

① 上海市档案馆：《工部局董事会会议录》（第 26 册），上海：上海古籍出版社，2001 年，第471—472 页。

② 上海市档案馆：《工部局董事会会议录》（第 16 册），上海：上海古籍出版社，2001 年，第 576、578 页。

③ 上海市档案馆：《工部局董事会会议录》（第 23 册），上海：上海古籍出版社，2001 年，第 690 页。

④ 上海市档案馆：《工部局董事会会议录》（第 16 册），上海：上海古籍出版社，2001 年，第 708 页。

须交纳 1 万两白银作为保证金，工部局作为特许权授予方，握有此项留置权，在安装工程完毕后 5 年时间内保持有效，以保证公司令人满意地履行其与工部局签订的协议中各条款和提供高效的服务，借以保护公众利益；③在公司股份分配中，优先考虑申请四股以下的小股东，特别是那些善意的电话用户。①在租费制定、工程质量和股权利益等方面，对华洋德律风公司给予具体限定。公司表示原则上同意。此时，前东洋德律风公司已停止电话业务，华洋德律风公司得到工部局准许，开始安装一些临时性的线路，逐渐恢复电话通讯。

经过长时间的考察和磋议，1906 年 3 月，纳税人大会正式通过决议，批准将租界电话专营权授予华洋德律风公司。11 月，为具体落实新合同的签订问题，公共租界工部局特意成立了一个由斯克脱乌、海菲及李德立先生组成的特别电话委员会。1907 年 1 月，当华洋德律风公司对长期悬置的合同签订问题产生疑虑时，工部局承诺，绝对兑现在 1906 年纳税人会议上通过的特营权决议，并明确说明"按此合同，现在的电话业务将成为永久性的，同时还将为保持良好的装备和管理作好充分准备"②。1908 年，双方签订特许合同。可见，工部局对于电话特营权所持的决心和初衷。

关于用户权益，工部局具体进行了两点设计：限制租费收取和保证服务质量，适当照顾舆论反应。对于第一点，1900 年，"工部局认为有必要向电话用户规定一个至少为期五年的最高费用"③，希望在较长时间内把公司收费维持在较低标准之内。1908 年，华洋德律风公司提出一项替代方案，即离电话总局 2.5 英里半径范围之内的用户，以最低标准收费；界外用户则收取较高费用。工部局董事会各董事认为，这种安排并非没有道理，但要求将这个半径范围扩大为 3 英里。公司以损失经济利益过多表示未能接受。随后协议确定，以 2.5 英里为半径范围，当公司增加交换台时，就按照订户与有关交换台的距离计算定金，并补充规定，当公司和用户双方中任何一方感到有必要修改收费时，可要求对方同意修改。④1917 年，有用户据此提出修改范围以内和范围以外两种不

① 上海市档案馆：《工部局董事会会议录》（第 14 册），上海：上海古籍出版社，2001 年，第 525 页。
② 上海市档案馆：《工部局董事会会议录》（第 14 册），上海：上海古籍出版社，2001 年，第 677 页。
③ 上海市档案馆：《工部局董事会会议录》（第 14 册），上海：上海古籍出版社，2001 年，第 524 页。
④ 上海市档案馆：《工部局董事会会议录》（第 20 册），上海：上海古籍出版社，2001 年，第 602 页。

同的收费标准。工部局董事会亦主张将半径范围略加扩展，内半径范围由 2.5 英里增加到 3.5 英里，外半径从 4 英里增加到 5 英里。[①] 由于电话公司的抵制，此项更改未能实现。

1925 年 4 月，应华洋德律风公司要求，工部局与公司商定新合同草案。新草案对于特许权修改甚多，因关系用户利益密切，规定电话收费应由公司与工部局协定：公司股息不得超过长年八厘；每年拨入股息平准账下的公积金不得超过公司已缴资本的 1.5%，无论何时总额不得超过公司已缴资本的 8%；每年拨入普通公积金账下之公积金不得超过公司确定资产的 2%，其总额不论何时不得超过公司确定资产的 10% 等。[②] 1930 年，特许权限制收费规定更加明确和细致：自动电话系统改装完成后，公司可调整费率，但须提前 3 个月提请工部局审议；之后三年期限内，收费率的增加将不超过安森氏（工部局聘请电话专家）所提出的 25%，此后两年内不可再涨价。[③]

对于第二点，协议规定，如有占用户总数 33.33% 的人抱怨时，公司得整顿改良。工部局后考虑将此比例规定为 10%，以督促公司不断更新设备、提高质量。当公司服务效率低下时，工部局可以将此问题提交仲裁。20 世纪 20—30 年代，新的特许权进一步规定：公司账册及财政记录，得由工部局委派查账员于正当时间检查，以便督促公司节省开支；公司董事应由工部局委派一员永久连任，如遇该员辞职身故，或由工部局停职时，工部局得续派一员继任董事，使工部局能及时了解公司最新动态和举措。[②] 工部局通过特许权协议中诸多价格、质量及财务方面的条款，对电话公司形成一种制度约束，以保障用户权益。

（三）矛盾解决方式

遇到与公司产生意见分歧时，工部局一般依赖于相关专业报告，并以之作为施政决策的依据。此种报告，最早出自工部局董事会测量员及工务处工程师。1926 年后出现工部局与电话公司的联络员，由工部局董事会董事兼任电话公司董事会董事，代表公众和工部局的利益。1929 年后，面对

① 上海市档案馆：《工部局董事会会议录》（第 20 册），上海：上海古籍出版社，2001 年，第 653、654 页。

② 《德律风公司改订合同之草案》，《申报》1925 年 4 月 15 日，第 14 版。

③ 上海市档案馆：《工部局董事会会议录》（第 24 册），上海：上海古籍出版社，2001 年，第 596—598、626—627 页。

日益复杂的电话技术和财务问题，工部局倾向于高薪聘请外国电话专家，以事调查。

　　早期电话业起步阶段，公司户数较少，管理事宜较为简单。工部局对于各项电话市政决断基本依靠董事会商议，遇到情况不明时，线路敷设实况等由董事会测量员调查报告，工程实施质量则由工务处工程师监督保证。1884年捕房电话线路的连接、1885年火灾报警线杆的维护、1886年工部局电话线杆收费等交涉中，测量员都发挥了重要作用。1888年6月，东洋德律风公司代理人波特先生要求工部局将该公司原来的电话箱安放位置挪动，以防止往浦东敷设的过江电缆经常被折断。面对此项申请，董事会"有点吃不准"，派遣测量员打听清楚事情的由来、电话箱尺寸及新地点旗昌洋行的态度，据此批准公司申请。[①]起初电报、电话和电气等公司架设线路时无章可循，导致界内电线相互碰撞时有发生，不仅潜伏事故风险，而且各种电线和贵重器材也因之时常被损坏。1890年11月，几家电报公司去函董事会，提出有关架设电线的规则，请工部局将这套规则坚持贯彻。董事会为防止电报公司过分偏袒自身利益，"由测量员就各种电线的目前情况，以及应采取什么步骤（如有的话）予以改进，写一份报告"，据此，董事会去函各电灯、电话、电报公司，"告诉他们必须把架设电线的位置安排得使工部局满意"，"以保证公众的安全和方便"[②]，尽量做到公平公正。

　　20世纪开始诞生工部局驻电话公司董事一职。1926年5月，正值特许权修改之际，工部局财务处长提议，由工部局推选一名华洋德律风公司董事会候选人，此位推选的董事被设想为"可以成为工部局与公司之间一个合乎需要的联络员"[③]。1930年2月，为了保持工部局董事会提名的公用事业公司董事在处理相关事宜时采取公正态度，工部局进一步明确，工部局驻公司董事会董事这一职位，是作为公共利益受托人和联络官员而设置的，为充分保护纳税人的利益，不论其在公司领取多少津贴，"他应该完全为了工部局和公众的利益办事，而非公司的利益"[④]。前后担任该职位的工

　　① 上海市档案馆：《工部局董事会会议录》（第9册），上海：上海古籍出版社，2001年，第660、661页。
　　② 上海市档案馆：《工部局董事会会议录》（第10册），上海：上海古籍出版社，2001年，第708—709、712—714页。
　　③ 上海市档案馆：《工部局董事会会议录》（第23册），上海：上海古籍出版社，2001年，第636页。
　　④ 上海市档案馆：《工部局董事会会议录》（第23册），上海：上海古籍出版社，2001年，第595—596页。

部局董事有 A. D. 贝尔和 P. W. 麦西，为工部局修订特许权和出售华洋德律风公司做了许多重要的沟通工作。

随着电话管理事项的复杂化，聘请电话专家考察作为施政参考，成为工部局的首选。20 世纪 20 年代，华洋德律风公司在改造自动话机的工程中，遭遇了内部资金周转不灵、外部舆论指责服务不良的窘况。在历次向工部局提出增加收费而不被允许的情况下，公司提出接受外部电话设备和资金投标支持。此项申请得到了工部局批准。华洋德律风公司很快收到西方电气公司和电报信托公司两个投标。依照特许权契约规定，公司遇有发生发行股票与公债问题时，应与工部局商洽。①在具体接受哪一方投标、租界采用何种自动电话制式等问题上，工部局与公司发生严重矛盾。前者倾向于提出较为优惠报价方案的电报信托公司；后者立足于与原有自动机式统一的角度，不断与西方电气公司沟通，对工部局提出的协商和建议置之不理。鉴于公司未能提供满意的服务，且在投标事宜上独断专行，对公司原有的"露特来"式轮转机顽固坚持，"该公司对一种也许适用于上海、也许不适用于上海的制度承担太多的义务"②，工部局决定聘请英国邮政总局电话技术专家安森氏前来考察租界电话系统，据此为工部局考察投标书优劣提供政策咨询。1929 年 10 月 18 日，安森氏从英国抵沪，11 月 20 日完成关于租界电话系统的报告书。根据安森氏的报告，租界电话公司维持当时的建制是不合适的，特别是因为改进体制所需的资金数额巨大。华洋德律风公司对此表示采纳并改进。工部局和公董局认为，"最好的解决办法是把这个企业卖给某个能够提供必须资金来保证实施安森氏所提出的改进措施的机构"③。此举意味着取消华洋德律风公司的专营权。为防止公司由工部局少数董事控制，尊重公司股东们的意愿，经过争取和权衡，1930 年 5 月，华洋德律风公司致函工部局董事会，表示希望接受国际电报电话公司的投标，正式申请董事会批准把特许权移交给该企业。

1935 年 2 月，新成立的上海电话公司根据特许权规定和 1929 年安森氏报告，申请修订电话租费标准，针对商户实行按次收费，以减经用户通

---

① 《华洋德律风公司述投标经过》，《申报》1930 年 5 月 1 日，第 14 版。
② 上海市档案馆：《工部局董事会会议录》（第 24 册），上海：上海古籍出版社，2001 年，第 571—572 页。
③ 上海市档案馆：《工部局董事会会议录》（第 24 册），上海：上海古籍出版社，2001 年，第 586— 587 页。

话压力，从而提高公司收入。具体采用何种收费方式，既能保障电话公司特许权赋予的 10% 的收益，又能适当地减少用户负担、平息反对呼声，成为工部局的一项难题。经过反复磋议，1935 年 7 月 10 日，工部局决议成立由专家组成的特别电话委员会，调查电话公司经营、管理及财务状况。大英书信馆布朗少校、日本稻田博士、华籍胡瑞祥先生及美籍 J. G. 雷专家接受聘请，经过为期一个月的调查，提出相关调查报告。1935 年 11 月 11 日，工部局董事会决定采纳专家报告，对租界所有电话用户实行按次收费制度。1929 年英国电话专家安森氏和 1935 年英美日华四国电话专家的调查报告，为公共租界工部局的电话决策提供了相关政策参考。当然，除了上述测量员、工务处工程师、公司工部局董事及电话专家外，工部局法律顾问、财务处长和公用事业委员会也在工部局特许权制度设计、设备考核、财务调查等事宜承担了重要的政策咨询工作。

当用户权益和自身利益发生冲突时，工部局往往选择维护自身利益和市政权威。20 世纪初，工部局围绕收费高低、服务质量等提出诸多要求，公司不满，认为"工部局对公司今后顺利开展工作方面干预过多"[1]。1908 年，公司代表安徒生表示工部局要求将界内用户范围扩展的做法，严重损害了公司的经济利益，建议推迟支付工部局从 1907 年 10 月以来所持有股票的红利，此项股息原定应该于 1908 年 4 月支付。工部局态度立即转变，表示公司如不推迟支付工部局股票红利，"董事会对该公司的提议是很少或没有什么反对意见"[2]。一周后，工部局董事会授权总办在特许权协议上签字盖章。在各项施政中，工部局多以维护其信誉和形象为要。1924 年，华洋德律风公司提出实行收费新章，工部局予以批准，用户以按次收费、变相加价未能适应华人习惯为由表示强烈反对。面对纳税华人等申诉时，工部局总董费信惇发表意见："工部局认为公司拟议之新章程，无可批驳，故已正式批准。工部局实有全权批驳此案，但一经批准，无论如何，不能更改"，"对于增加价格一节，可无须置议；对于按次计价办法，既有异议，当令公司先行试办一年，届时再定办法。总之工部局不能因少数人之反对，使已经批准之公司章程，有所更改"[3]。1936 年 3 月 1 日在按次收费办法

---

① 上海市档案馆：《工部局董事会会议录》（第 17 册），上海：上海古籍出版社，2001 年，第 530 页。
② 上海市档案馆：《工部局董事会会议录》（第 17 册），上海：上海古籍出版社，2001 年，第 556 页。
③ 《电话加价案尚难解决》，《申报》1925 年 1 月 11 日，第 14 版。

实行前，遭遇到来自社会各个方面的巨大阻力。此种方案的提出依据，为工部局聘请来的四国电话专家做出的调查报告。面对各种非议，总董提出，既然事前纳税会决议"要听取专家意见，现在意见已经有了，如果对此置之不理，则工部局就会把自己变得荒谬可笑"，经过努力交涉，法租界工部局也最终同意采纳按次收费的办法，"如果工部局现在向法租界当局建议不要理睬专家们的意见，而专家们的意见是工部局自己化了大约 10 万块钱得到的，这岂不是工部局使自己的作为成为笑柄"；电话公司拥有特许权赋予的经营权，纳税人通过决议使电话公司暂时让步以等待专家委员会的调查结果，"如果现在采取消极的态度，这是不守信誉，将严重损害工部局的威信"，电话公司将有权要求立即采取措施或进行仲裁，结果将"必定严重损害工部局"[①]，因此，坚决要求实行按次收费制度，以杜绝出现任何危害工部局权威和利益的状况。在管理租界电话事务过程中，工部局将自身职责定位为"为整个社会的最大利益服务"，"它必须进行管理，或者就撒手不管"，实际上这种职能行使建立在不损害工部局利益和权威的前提之下。

第三节　战后上海电话公用事业的整顿和规划

受战火影响，近代上海电话事业惨遭严重破坏。上海沦陷后，日伪政府视电话公用事业为横征暴敛的对象。在电话税及高额附加收费下，民用电话通讯被严重压缩，有限的电话资源被强制性服务于日本的军事战略和日伪政府的殖民统治。据统计，当时"上海的电话用户中，日本人占 87.7%，日伪军事机关占 53%。电信已成为日本侵华的工具"[②]。抗日战争胜利后，交通部电信规复处、上海市政府积极着手市内电话线路整理、服务改良、局务规划等工作，市政参议会和市内电话制度技术委员会等发挥了重要建言监督作用。

一、日伪时期电话业的畸形发展

上海沦陷不久，日方开始接收电信机关。1937 年 11 月 28 日晚 10 时

---

① 上海市档案馆：《工部局董事会会议录》（第 26 册），上海：上海古籍出版社，2001 年，第516—518 页。
② 邮电史编辑室：《中国近代邮电史》，北京：人民邮电出版社，1984 年，第 195 页。

起，无线电报交通全部被中断，之后电报须经日方检查，方准收发。电话等其他电讯机构也相继被日方接收。日方发言人对外宣称，"日当局希望各机关现有职员得以平顺继续进行"，"日当局切望勿被迫施行严厉之管理"①，希望保证现有电讯机关的正常运转，保证日伪机构军事和治安电话服务的通畅。此后，上海电话局改由伪华中电气通讯信公司经营。1941 年 12 月 7日，租界沦陷。次日，日军占据外商公用事业，对上海电话公司实行军事管制，更名为"上海电话株式会社"。起初由"大日本军军部"委托伪华中电气通讯信公司经营，公司内部一切仍旧，不过每一部门委派一个监督，一面考察，一面学习。到 1943 年 3 月 15 日，公司里所有美籍人员均被日籍人员取代。1944 年 7 月 1 日，上海电话公司被正式并入伪华中电气通讯信公司，与此前被日军侵占的交通部上海电话局合并，改称"上海电话总局"。②

日伪时期，上海电话事业作为占领区战略物资，日军和日伪政府将电话军用置于首位，民用通讯退居其次。上海电话局务发展、线路敷设均围绕日军军事行动和殖民管理展开。抗日战争及日伪统治期间，上海电话作为战略物资，极其有限。华界电话线路遭受战火摧毁。战后，上海电话总局既未添装机件，损坏的机械也未得到及时修理。界内交易行号商业投机活动兴盛，民用电话需求激增，线路机械器材等物质紧缺，外加抗日活动中常有电杆被砍、电话线被割、话机被窃等事件发生，有限电话线路往往难以应付民用和商用。"各方报告每日上午使用电话极难接通，殊感不便。"③接线迟缓，装置停止，投机猖獗，安装甚至保有电话通讯，对于普通老百姓而言，成为一种奢望。日伪政府除采取非常手段镇压抗日活动、清查"投机"活动外，集中调动有限的电话线路资源，服务其军事管制，伪华中电气通讯信公司及"大日本军管理上海电话会社"大肆从事电话资源管制和调集活动。

（一）保证军事行动和治安管理电话资源

为保证军用和治安电话资源，日伪进行了"清乡运动"电话线路的敷设、警察总署电话的装置、专线电话的开辟及长途电话次数控制等。占领

① 《日方接收电讯机关》，《申报》1937 年 11 月 29 日，第 3 版。
② 陈中履：《上海电话公司的掌故》，《电世界》1946 年第 3 期。
③ 《日伪上海特别市政府关于市政咨询委员会函以近日上午使用电话极难接通请核转电话管理局查明改善的文件》，1944 年 8 月，R1-10-799，上海市档案馆藏。

上海后，日伪成立"国民政府清乡委员会"上海分会"清乡"地区办事处，统辖南汇、奉贤、北桥等特别公署等的"清乡"工作。为方便"清乡运动"的开展，日伪首先在南汇敷设电话事业，在最短时间内与上海特区通话。1942年12月9日，上海分会"清乡"地区办事处鉴于北桥、奉贤两区尚未开辟电话，致使交通网未能整个完成，"现值'清乡'工作紧张之际，一切报道端赖消息灵通，奉、北两区似未便再事因循"，转函北桥、奉贤两特别公署，"克日筹备敷设，以利交通"①。"清乡"地区电话线路的敷设，配合了日伪在占领区进行残酷的军事、政治、经济和思想"清剿"。

为实行占领区内的严密控制，钳制人们的思想和言论，沪西特别警察总署加大警力分布，增加分署驻点。电话作为警署办公设施，必不可少。1941年3月，上海市沪西特别警察总署第一、第三署等先后呈文总署，提出所用电话或设于署所楼下内勤室，或设于楼下刑事室，与各自官佐办公室距离过远，听话甚为不便；且各分驻派出所现有对讲机与署所和总署电话均未能沟通，"如遇有紧要机密事件，消息最易泄露"，为传递消息灵通，便利行使职务，呈请添装电话机。其中第一署"拟在署长室装自动电话机一具，巡官办公室装分机一具，行政室装分机一具"；第三署要求添装分机两架，以方便署长和署员等。总署均按所请，要求上海电话公司迅为安装。②警察总署的电话设施布局，配合并加强了日伪的殖民统治。

为保证有限电话资源能够充足供应军事、社会管制，节省开支，日伪出台一系列管制电话使用的紧急措施。1941年9月5日，上海特别市沪西特别警察总署训令各警察分署，对于电话等各项公物，使用时尤须注意，"不可擅用，以节物力，免糜公币"，"电话非公事绝对不许私人擅用。倘敢故违，一经察觉，定予严惩不贷"③。1942年4月29日，上海特别市政府对各局实行长途电话登记办法，规定特别市政府各级官员、各室科职员、各局会职员等需要使用长途电话时，须填写使用长途电话通知单，注明使用机关详细处所，分机号码，使用人职务和姓名，通话方面姓名、地址、

---

① 《民国政府清乡委员会上海分会为筹备铺设电话事函奉贤、北桥特别区公署》，1942年12月9日，R10-1-101-1，上海市档案馆藏。

② 《日伪上海特别市沪西特别警察总署关于装置电话机问题与所属各署及上海电话公司的来往文书》，1941年3月至1941年4月，R19-1-67，上海市档案馆藏。

③ 《日伪上海特别市沪西特别警察总署关于交通管理装置自来水电话节约用电等问题的训令》，1941年9月5日，R19-1-1029，上海市档案馆藏。

机关、电话号码，长途电话的性质（普通或加急），使用事由，通话截止时间，主管长官同意盖章，申请人等信息，"凡为私事借用本府电话挂长途电话者，其费用应由通话人负担"[①]，通过严格把关，来防止电话滥用，从而稳定界内秩序。

1944 年 3 月 13 日，"大日本军管理上海电话会社"还将电话交换台加以调整，将上海特别市第一公署第 15349 号、第 15348 号通行线专留接收外来电话；上海特别市第一公署财务处特捐科第 12819 号、第 12818 号通行线专留接收外来电话；上海特别市第一公署会计处第 12810 号、第 12818 号通行线专留接收外来电话等[②]，以方便各个单位在星期六、星期日或非办公时间无接线员值班时，仍可接收外来电话，保证特殊用途电话，增加电话使用效率。日伪时期电话被作为一项军事战略物资，而非公用设施，服务于日伪政治和军事方面。

（二）"规范"甚至限制民用电话使用

在保证军用的同时，规范和限制民用是日伪时期电话事业管理的另一大特点。1944 年 2 月 28 日，"大日本军管理上海电话会社"邀约自用交换机用户，于上海日本俱乐部召开座谈会，分发上海电话公司制定的"自用交换机使用细目"及"自用交换机使用法提要"，要求各公司商号用户遵守。细目和提要各十条，围绕如何减少接线错误或延误而展开，如"用户应将职员名字及其使用分机号码编成小册，存置接线员易见之处，以便接线时易于检查"；"通话时言语应尽量简单明切，以免费时"；"接线员应熟记电话公司发行之电话簿内所载各种指导事项"；"除接线员以外，非因公要，或非管理者，不应擅入接线室"；"分机使用者不应差使接线员办理其他任务"；"分机使用者对于接线员切勿遇于苛求，并无端斥责"；等等[③]。此项规则的制定和实施，有利于营造日伪政府设想中良好的接线环境，协调使用者和用户之间的关系，缩短通话时间，减少话线压力，疏通电话线路，提高机线利用效率，解决电话资源紧缺、军事需用紧急等问题。

---

① 《日伪上海特别市政府颁市府各局长使用长途电话办法》，1942 年 4 月 29 日，R48-1-201，上海市档案馆藏。

② 《上海电话会社关于调整电话实施新计划》，1944 年 3 月，R22-1-259-8，上海市档案馆藏。

③ 《日伪上海特别市第一区公署关于电话管理的文件》，1944 年 2 月，R22-1-259，上海市档案馆藏。

日伪政府还通过增收电话税、提高话费等举措，巧取豪夺，限制民用。1944 年 1 月 10 日，上海特别市第一公署公布实施"电话税暂行条例，规定凡在上海特别市第一区公署管辖地段内装置电话者，得依照条例征收电话税"；具体税率，"住宅电话每架每月 5 元，营业用电话每架每月 10 元，住宅用电话副线每架每月 2 元，营业用电话副线每架每月 4 元，新设每架 50 元，移转每架 20 元"；"官公署所用之电话不征收电话税"；由伪华中电气通讯信公司收取电话费时代第一区公署征收电话税。7 月 1 日，日伪将上述税率提高 3 倍，规定住宅用电话每架每月 15 元，营业用电话每架每月 30 元，住宅用分机每架每月 6 元，营业用分机每架每月 12 元，新装电话每架 150 元，电话移动每架 60 元。[①]电话用户除缴纳使用租费外，还需要额外负担高额特殊税目。

除以日伪政府名义增加赋税名目外，伪华中电气通讯信公司多次提高话费，来增加额外收费。1944 年 12 月 23 日，"上海市区通话每次改为 5 元，其他各地话费悉皆增加约一倍"[②]。1945 年 3 月 1 日起，将电话价格重新调整，规定"本市通话费额外收费每次 15 元（凡在三月一日以后发出之账单，其上月通话费用亦照新账计算），公用电话每次 30 元，其他各地电话费用均依现在征收者加 200%"[③]。1945 年 5 月 1 日，伪华中电气通讯信公司再度调整价格，市区"通话费额外次数每次收费 50 元（凡在 5 月 1 日以后发出之账单，其上月通话费亦照新增数额计算），公用电话每次通话费 100 元，其他各种电话费均依照现在征收者加 250%收费"[④]。通过日伪市政公署高额的电话税率，以及伪华中电气通讯信公司的附加收费，日伪统治对普通市民层层盘剥，人们视装置和使用电话为畏途。电话作为一种公用事业，本身所应具备的普遍性和公用性不复存在，而是演变为日伪机构横征暴敛、钳制思想、剥夺言论的政治工具。

战争及日伪政府的畸形管理与发展，给近代上海电话业造成极大的直接损失和间接损失。1937—1942 年间，中国电信财产损失为 39 601 702元，其中国营电信业损失 37 444 881 元。[⑤]上海电话局作为沦陷区国营单位，损失无疑巨大。据抗日战争后上海电话公司清理，1941 年 12 月 8 日至 1945

① 《上海特别市第一公署修正的电话税税率布告》，1944 年 7 月，R22-2-43-1，上海市档案馆藏。
② 《华中电信公司修正报话费》，《申报》1944 年 12 月 23 日，第 3 版。
③ 《华中电信公司通告电报电话增价，三月一日其调整价格》，《申报》1945 年 3 月 2 日，第 2 版。
④ 《电话电报收费额昨日起重行调整》，《申报》1945 年 5 月 2 日，第 2 版。
⑤ 韩启桐：《中国对日战事损失之估计（1937—1943）》，载沈云龙：《近代中国史料丛刊续编》（第9 辑），台北：台湾文海出版社，1973 年，第 47 页。

年 12 月 18 日，上海电话公司不但没有任何的收入，而且被日伪于 1945 年
9 月 18 日调整资产时扣除以往盈余多达 36 307 美元；其他折旧和储备亏空
达 2 960 035 美元，此项款额自 1946 年 1 月 1 日起，由上海电话公司以年
利息 750 000 美元来偿还，到 1947 年 12 月 31 日时，仍剩余 1 460 035 美
元债务。①1941 年 12 月日伪管制公司之前，"备用零件及维持材料之存货
足供正常运营之用，但此项存货不久即为日本人耗用罄尽，且在日本人占
据四年期内并未加以补添"，对于普通维持工作，"例如转动部分之加油，
屋内电线及连接用户电话机与铅包电缆电线之更换，电池之维持与更换及
其他重要例行维持工事，几乎完全搁置未办"。1945 年 9 月上海电话公司
收回财产时，"全部电话设备均在极可惋惜之情形中。数千具之电话机均待
全部修理及更换零件，交换所设备之大部分已濒于完全停顿之危境，其中
尤以旋转式交换器及联动器为甚，供给电话通话所必需之直流电力之蓄电
池均已损坏达于危殆，其供电量亦远在正常标准之下"②。战争破坏和日伪
搜刮，打断了近代上海电话业发展的正常进程，扰乱了近代上海经济社会
秩序，严重破坏了普通老百姓的正常生活，给战后电话服务的恢复和供应
带来了沉重负担。

二、抗日战争后市政府的电话整理努力

由于战争破坏、抗日战争后需求激增、电话使用不当、物价飞涨等因
素，近代上海出现了一段被时人称为"电话恐慌"的时期。为解决抗日战
争后市民电话的使用问题，交通部电信规复处、上海市电话技术委员会等
展开了大规模的整顿工作。在观念方面，对于原租界上海电话公司的去留
问题，不同于以往坚持电话国有国营的原则，转变思路，采取暂时允许外
商经营的策略；在财务方面，清理日伪资产，保留公司提款权力，给予经
济援助；在服务质量方面，限制滥用电话，采用累进收费制度，保证正常
通信需求，接受社会监督，提高工作效率；在硬件设施方面，加紧修理装
置，做好预期规划，保证话机安装供应。抗日战争后，市政府实施的各
项措施都有利于缓解抗日战争后通信中断、线路不通的弊病，但由于积

①　*Shanghai Telephone Company Federal INC. U.S.A，Notes to Financial Statements*，1948 年 6 月 14
日，Q5-3-5269，上海市档案馆藏。
②　《上海电话公司战后电话服务问题之报告》，1947 年 9 月 30 日，Q5-3-5277，上海市档案馆藏。

重难返、工程庞大、时间短暂，此种努力的效果毕竟有限。

所谓"电话恐慌"，指抗日战争以来，"装电话难、打电话难、修电话难"的这一特殊历史社会现象。抗日战争后百废待兴，物资匮乏，物价飞涨，器材欠缺，外加市场恢复、商业复苏，民众需用电话急切，电话投机倒把活动盛行，电话严重供不应求。保证有电话并使之能够正常通信，成为许多人难以企及的目标。

居民每有装置电话需求时，往往因电话公司人力、器材不足而延误，责难颇多。"敌伪时期"，"因材料被他们强取豪夺，服务腐败，弄得用户们怨声载道。胜利后，虽然改善不少，但时间已经过了半年，还未听说有新的材料运来"①。"现在的车钱贵，用不到面谈的事情就打了一个电话接洽一说就完事，既经济，又省事，现时代的社会中，尤其是上海，实非电话不可，但上海抗战以来，电话公司即告电话号码缺乏，用户就装不到电话。"② 1948年3月2日，医师朱励醒致函市参议会议员声诉电话装置的困难情形，自言从1941年以来共7年曾多次申请于诊所内装设电话，是为急病病家召延迅速，解除病痛计，决非利用投机可比，公司却每以器材缺乏拒绝。③虽然求助各方，但最终也难以解决。

电话成为稀缺资源，正常装设电话的渠道被阻隔，衍生各种奇怪现象，电话使用权诉讼案件数目高居不下、黑市电话交易、军队电话装于舞女家里或酒吧等。有人抱怨，"虽然和平降临已10月多，上海一只电话在黑市仍索价甚高。老百姓申请装设电话大都受拒绝"；因政府和军事机关享有装置电话的优先权，"上海许多老百姓，尤其是靠军界的帮助，获得电话设备"；几部电话"要装置在跳舞女的家里"；一位"霸王"用户坚称"某酒吧楼上的房间是军队办事处，一定要装只电话在那里"④。由于日伪政府对电话战略物资的严格管制，深受其害的只能是平民百姓，特权阶层依然我行我素，腐败滋生。

因装机户数过多、投机倒把活动盛行，电话需求尤其是商用类的电话使用次数激增，导致线路不堪重荷，重要和紧急通话常被阻隔，接线困难。1947年，"各商业用户均在每日上午大量使用电话，以致各用户欲得'表

① 龙公：《电话公司神机妙算》，《沪风》1946年第2期。
② 《电话不要顶费》，《黑白》1946年第1期。
③ 《朱励醒医生致函市参议会声诉电话装置之困难情形》，1948年3月2日，Q109-1-1413，上海市档案馆藏。
④ 《上海军用电话盛行》，《实用英文》1946年第3期。

轨声'时常遭相当迟延"①。1948 年 7 月 31 日，中国实业银行总经理傅汝霖反映，许多商业机关及交易所、各证券号经纪人"每将电话接通后，不予挂断，用作对讲机，故可畅通"，致使"交换总机上之话线连接器等均被占去，使话务拥塞，其他用户不易接通"，其办公室 10947 号电话"于午前打出时，极难接通，误事不少"②。1949 年商业繁荣地区"市场回复旧态"，自证交复业，"欲在上午打电话出去遂日趋困难，电话几乎入于麻痹状态，竟至一小时内仅能得到几个表轨声"，急需打出电话接洽事务者，内心不免"焦急和惶恐"③。投机活动扰乱了正常的市场秩序，加剧了抗日战争后电话供不应求、线路不敷应用的困境。其他如沪西人工接线电话，接线生常因失误而按错号码，"有时竟搁置不理，发函愈催愈不理"，有参议员严厉质询"其技术固应改进，其恶意尤应草涤"。电话公司服务态度每况愈下。电话修理方面，参议员反映用户投诉意见："电话损坏时通知公司修理，不但三五天不来修，就是十天八天也不一定来修理"；"凡遇机件损坏，修理员大都回说公司没有物资"④。电话售后服务难以跟进。电话公司机件修理工作繁重，特别是遇到阴雨天气，机件损坏，一天中接到修理申请多达千余件，依公司修理员工数量，每日仅能修理六七百件。

　　经过战争的浩劫，电话局内部机件、外部线路及用户话机等，都受到重大损失。抗日战争胜利后，上海残存的交换机容量，不足以应付市民的通信需求，既存机件的服务效率也大不如以往。号码奇缺、器材不足、话线超荷，市公用局相关投诉信件纷至沓来。"如何整理机件，恢复战前的服务水准；如何扩充设备，使得市民的供应无缺"⑤，成为国民政府交通部和上海市政府面临的一项难题。

　　（一）保留外商经营，维持正常通信

　　抗日战争胜利后，租界被收回。原上海电话局、上海电话公司的归属，

---

　　① 《上海电话公司函请减少通话次数和时间》，1947 年 4 月 21 日，Q349-1-8，上海市档案馆藏。

　　② 《公用局通知上海电话公司，准中国实业银行总经理函为午前通话困难一案希设法改善并具报由》，1948 年 8 月 24 日，Q5-3-5072，上海市档案馆藏。

　　③ 程惠：《漫谈电话》，《聚星》1949 年第 10 期。

　　④ 《公用局通知电话公司，为参议员质勖有关电话方面质勖事项转行通知具体由》，1946 年 9 月 19 日，Q5-3-5274，上海市档案馆藏。

　　⑤ 陈中履：《上海电话公司的掌故》，《电世界》1946 年第 3 期。

成为交通部和市政府重点关注的问题，它关系到两方的监督控制权益，事关抗日战争后市内通信是否能够照常供给。受抗日战争后机件、技术、人才等局限，为维持抗日战争后市内电话通信的基本供应，交通部与市政府采取了平稳过渡、维持战前原状的处理方法。1945 年 9 月 14 日，电信规复处处长郁秉坚等率同旧员至伪华中电气通讯信公司，接收上海电话总局等，"由该公司负责人员，将全部资产、机件、材料、账册等一并移交"①。为维持照常通信，电信规复处特别叮嘱实际工作日籍职员暂留原处，听从部派人员的指挥，以协助工作。

1945 年 9 月 18 日，上海市政府对上海电话公司正式实行《上海市内电话接收后暂行处理原则》。原则规定，上海电话公司经交通部派员接收后，即会同上海市公用局移转于该公司抗日战争前原经办人继续营业，不得中断；交通部及市公用局所派委员全面负责敌伪事宜的处理，会同负责公司营业政策的调整；伪华中电气通讯信公司合并上海电话局与上海电话公司的财产清理工作，由公司经办人、交通部会同市公用局研究办法处理；公司设备状况、财务状况、发展计划、业务设施、人事变动等事项均应在经办人接管经营后通知交通部和市公用局考核；交通部和市公用局委员对于公司发展改进建议，经办人应慎重研究解决，市公用局、上海电话局、电话公司处理的协商意见，公司应立即实施。②12 月 18 日，上海电话公司正式归还原美国国际电话电报公司，上海市政府"保有征收专营权报酬金及对于业务之监督与话费之订定权"，"市内电话技术合作之研讨，上海市政府应参加"③。原上海电话局则划归交通部上海电信局分管。

上述决策的产生，不仅源于盟邦的压力，更有对抗日战争后维持市内正常通信的考虑，而且关乎抗日战争后人们对公用事业管理政策和经营方式的重新考量。曾任交通部邮电司司长，时任上海市公用局局长赵曾珏撰稿强调公用事业的性质、责任和权利等。他重点提出，"租界收回，治外法权亦已取消，所有外商公司，都已接受中国政府的监督和指挥，我们的政策可以自由推行了。照一般人意见，公用事业应由公众经营，至少亦应由

---

① 《交通部昨接收华中电信公司》，《申报》1945 年 9 月 15 日，第 2 版。
② 《上海市内电话接收后暂行处理原则》，"公用局致电话公司副总经理保特先生函"附件，1945 年 9 月 18 日，Q5-3-5255，上海市档案馆藏。
③ 《上海市政府对于上海市内电话制度之立场》，1946 年 2 月 15 日，Q5-3-5282，上海市档案馆藏。

国人自办"，但是，就他在沪主管公用事业 9 个月的经验观察，"第一、外
商公司对于中国政府的合作精神甚好，因此国人以为以往怀疑外人在上海
投资设厂，即为破坏主权的顾念，在政权统一的今日，应当改变；第二、
上海现有各种建设的成绩，其中颇多外商努力的成果，平心而论，有几个
公司效率很好，吾们在不碍主权之原则下，自当继续予以维持及保障"①。
近代以来国人坚持公用事业国营，坚决杜绝外商染指的观念悄然改变。此
种改变并非意味着将上海电话业拱手让于外人，而是基于近代国内电话制
造业不发达，机件设备依赖国外市场现状的变通，更是对民众电话通讯需求
迫切的兼顾；有利于抗日战争后上海电话公用事业的平稳过渡和照常供应。
1946 年上海市内电话制度技术委员会提出统一电话机构不成后，1947 年上
海市参议会提出，"或由上海电话公司统一经营，或由上海电信局统一办理，
或由电信局与电话公司合并为一个机构，统一办理，均无不可。现在租界收
回，行政统一，即使由上海电话公司同意办理，亦不发生主权问题。且与中
央规定公用事业之经营原则，亦并无背谬之处"②，国民政府行政院指令"仍
遵照前令，暂照原状维持，不必变动"③。国民政府既无财力、人力合组市
内外商经营和国营电话业，也在全盘交与外国公司经营上有所保留。

（二）清理日伪资产，缓解财政压力

抗日战争后，上海经济陷于失序状态，投机盛行，物价飞涨，外商电
话公司业务维持费、修理费、安装费、职工薪金等支出数额庞大，面临严
峻的财政困境。上海市政府与相关方面提出交涉，解冻日伪时期存款，为
其借款提供便利，清理机关积欠话费，适时提高电话租费，来缓解公司的
财政压力。

日军曾将上海电话公司 3880 余万元款项以日伪上海电话总局的名义
存入日方银行，其中汉口银行 38 733 728.85 元，三菱银行 115 352.57 元；
存入伪中国银行伪钞 61 374 900 元。上海电话总局被接收后，日方银行均
被查封休业；日伪中国银行重新整顿复业，原存款被冻结，无法提取。1945

---

① 赵曾珏：《上海市公用事业回顾与前瞻（续）》，《申报》1946 年 7 月 6 日，第 8 版。
② 上海市参议会：《公三字第一号》，1947 年 6 月 20 日，Q109-1-525，上海市档案馆藏。
③ 《市政府复上海市参议会函，转达行政院指令》，1947 年 12 月 13 日，Q109-1-525，上海市档案
馆藏。

年 9 月，公司负责人朗赫斯德致函市公用局，提出"公司接收伊始，需款孔殷，势须设法代为提取"，或"请为解冻，以利业务"①。上海市公用局与财政部财政金融特派员、中国银行等洽商解决，准由该公司凭前上海电话总局原用支票及印鉴提取存款，有效地保护了外商资产。为改善现金缺乏，维持电话业务，应付日常支出，支发职工薪给，1945 年 10 月至 1949 年 4 月，上海电话公司呈请上海市公用局代为介绍、施以援助，向中央银行上海分行、上海市银行等透支和贷款共 5 次，周转资金达 876 999 960 元，利息为 10%～48%不等，半个月至一个月内还清；并以公司全部收入担保，向国民政府行政院转借国币 100 005 000 万元①。

上海市政府各局积欠话费严重，增加了公司的财务负担。为肃清财务统系，上海市公用局呈请市政府催缴各机关电话账款，保障了外商上海电话公司的权益。据统计，1945 年 10 月至 1946 年 9 月，警察局、卫生局、工务局、公用局、消防处、财政局、总务处、教育局等各处积欠公司话费共计 63 426 024.62 元。市公用局率先垂范，于 1947 年 2 月 17 日将名下欠款共 227 109 元付清。即便如此，催缴工作仍不如意，截止到该年 5 月 20 日，新增调查处、地政局、社会局等处电话费再度增至 115 274 386 元。依照电话专营权合约的规定，上海电话公司须付市政府上年下半年营业权报酬金达 535 045 467 元。经公司再三呈请、市公用局协助催付、市政府严词指令，终于至该年 6 月由各处付清积欠话费②。通过清理和借贷，市政府为公司提供了较优惠的财务环境，保障了公司的正常运营，保证了市内电话通讯的正常供应。

物价不断上涨、工资激增，"各公用事业收支，无法平衡，没有一个不亏负累累。这种现象，不但使投资者裹足不前，事业不能扩充，就是旧有设备的修复，经常事业的维持，也将无从措手"③。到 1946 年 3 月，上海电话公司亏损达 15 000 万元④。为使公司达到收支平衡，市公用局决议增加电话收费，于 1946 年 5 月 1 日提高公司收费。至 10 月，对电话价格已

① 《公用局、中国银行、中央银行等围绕电话公司提款及借款事项往来函件及附件》，1945 年 10 月至 1949 年 4 月 1 日，Q5-3-4208，上海市档案馆藏。
② 《公用局、市政府等围绕电话公司报酬金事项往来函件及附件》，1947 年 2 月 7 日至 1947 年 6 月 27 日，Q5-3-4226，上海市档案馆藏。
③ 赵曾珏：《上海市公用事业回顾与前瞻（续）》，《申报》1946 年 7 月 6 日，第 8 版。
④ 《当局苦心孤诣调整公用事业价目》，《申报》1946 年 5 月 3 日，第 4 版。

做出四次调整。为帮助各公用事业度过战后危机，1947 年 2 月中央实行经济措施方案，对上海电话公司等酌予政府贴补。虽开支不断增加，但贴补数额与实际支出相差仍巨。[①]公司以生活指数及美金汇率上涨、物价增高及通货膨胀，"原定之新费率于若干日或若干星期之内仍成为陈旧而完全不适施用"[②]为由，不断要求调整话费。1947 年 7 月 1 日调整话费后，9 月 30 日，电话公司称"自电话费使用计算公式核算以来，自 1947 年 1 到 7 月共亏损 1 565 900 万元，拟请自本月起调整话费"[③]。市公用局后索性批准实施一项计算公式，方便频繁调整话费。从 1947 年 7 月至 1949 年 1 月，公司调整话费多达十几次，几乎每月一次，每隔一段时间调整新价计算表一次。市公用局迭次批准公司调整价格的请求，"意在使该公司改善经济地位，切实从事于服务成绩之改进"[④]，调整幅度"只限于目前最低维持费用的获得。所谓维持费用，是限于薪工、燃料及业务上必需的开支。所有折旧官利红利等，都暂不计入"[⑤]。市公用局局长赵曾珏说明，"任何公用事业倘无对于其投资之足敷保护及适合现实之利润，必将不克运营，因公用事业倘无合法利润，则势将不能获得投资也"[②]。加价举措适应了战后非常态的经济社会形势，使公司增加了相当的收入，弥补了积亏，维持了业务周转。

（三）限制规范使用，整顿通话秩序

抗日战争后机件缺乏，需用电话甚殷。"话务超载过重，所有设备万难应付，如欲添置器材，一时也不易购到。"[⑥]为保证党政军警、国营事业、公用事业、医院学校等关系国计民生机构的电话需求，上海市政府制定了装置电话及电话过户的规则。1945 年 10 月 18 日，公用局代电交通部江苏省江南电信规复处处长郁秉坚，"电话事业甫经接收，市申请装接者纷至沓来，为便利通讯起见，自不能概予拒绝，但在目前机件缺乏之情况下，自宜衡量缓急，分别办理"，制定市内装置电话及电话过户临时规则 10 条，

---

① 《市政府代电交通部，关于调整本年七月份本市上海电话公司电话费率请赐核备由》，1947 年 7 月 12 日，Q5-3-5064，上海市档案馆藏。

② 《上海电话公司战后电话服务问题之增补报告》，1947 年 10 月 21 日，Q5-3-5277，上海市档案馆藏。

③ 《电话公司呈请公用局调整电话价格》，1947 年 9 月 30 日，Q5-3-5062，上海市档案馆藏。

④ 《公用局通知电话公司》，1945 年 12 月 12 日，Q5-3-5072，上海市档案馆藏。

⑤ 《当局苦心孤诣调整公用事业价目》，《申报》1946 年 5 月 3 日，第 4 版。

⑥ 赵曾珏：《上海市公用事业回顾与前瞻（续完）》，《申报》1946 年 7 月 10 日，第 8 版。

以便上海电话公司和上海电信局统一执行。此项规则适应了抗日战争后初期话机线路严重匮乏、清理日伪电话的情状，规定电话安装率先满足中央、市内、盟邦党政军警机关办公和住宅，其次为国营金融和工商业、交通机关及公用事业机关、报馆、文化机关和社会团体、医院等；对已装有电话者，除申请加装分机外，不得申请添装直达话局线；如遇该地区外线及局内机件无空额时，得延缓装置，军事需要另行设法装置；普通民营工商业或普通居民申请装置电话时，一概从缓，当该地区外线及局内机件有大量空额时得依申请秩序装置；原电话装置被日伪拆除者，经查实，视该地外线及局内机件有无空额时装设；原日伪机关经中央、市内、盟邦官署接收后，其电话可请求保留过户；原电话装置经日伪使用后保留原地，经查实，可申请保留过户。[①]

　　1946 年 4 月，为适应电话供应情形的变更，上海市公用局另订上海电话公司装置电话临时限制办法，并于 4 月 15 日起切实遵行，原临时规则停用。其内容共有三大变化：①装机对象更加明确具体。可申请装机者共 12 类，分别是重要政府机关、本市市政机关、重要军事及航空机关、公用事业公司、国营工厂、国营金融机构、外国使领馆、外国军事及航空机关、医院、大学校、报馆和航业公司。②申请、审核、符合程序更加严密。申请机关及高级主管人员，"其电话需要系为公共服务所必需而系紧急性质者为限"；申请须"经各该机关最高长官慎重审核"；电话公司对于申请的资格发生疑问时，"得呈请上海市公用局核定"。③注意向用户反馈意见，"凡经核准装置之用户，如遇无余额或空余线路时上海电话公司应于 5 日内书面答复申请者，并将申请者户名登记"[②]。上海市政府因时而变，杜绝以政府及军事机关的名义装用话机以供私人便利现象的发生，电话公司服务态度亦得到改善。

　　在保证紧急电话供应的前提下，规范电话使用，保证线路通畅，在抗日战争后特殊的社会环境中亟待解决。为解决上述问题，市政府和电话公司采取了打击非法通信、规范使用方法、劝导恶意占线、采用累进收费等

---

　　① 《装置电话及电话过户临时规则》，"公用局代电交通部江苏省江南电信规复处郁处长"附件，1945 年 10 月 18 日，Q5-3-5091，上海市档案馆。
　　② 《上海电话公司装置电话临时限制办法》，"公用局通知电话公司"附件，1946 年 4 月 12 日，Q5-3-5091，上海市档案馆藏。

诸多措施。

电话原为便利民众通信而设，却不断有经纪人利用所装设的电话和专线，或者私装对讲电话，从事棉纱、金钞、证券、违禁品等黑市交易，长时间占据有限的线路资源，不仅搅乱正常的市场秩序，而且严重影响市民的正常通讯。为打击投机活动，整顿电话秩序，杜绝非法交易，上海市政府严格取缔私装对讲机。社会局会同财政、公用、警察三局，派员前往上海证券交易所等地，"按照该所所抄录之各经纪人核准装置之对讲电话表格，按址至各经纪人查封，如发现有私装者，即予执行拆除"[①]。截至1947年4月，警察局和公用局等会同拆除证券大楼私装对讲电话206具，话线约9000磅。[②]至1948年3月，据市警局行政处称，连日拆除对讲电话总数已达500余具。[③]

电话拥堵，除了客观上资源有限外，"用户不熟悉使用电话方法，以致占线过久，机件不及应付"的主观因素也存在[④]。针对那些正常需求下错误操作导致线路不通的现象，市政府与电话公司进行了普及教育、劝导甚至警告，以规范用户使用，从而减少线路负荷。1946年3月，市公用局将自动话机使用方法制成教育唱片，转请各广播电台免费播送，每日播送两次，播行一个月。唱片内容："这是上海电话公司说话。你要打电话，先要晓得对方正确的号码，拿起听筒，听到这样的声音，嗡——嗡——嗡，这就是表管声，立刻拿起手指放在话机上，用手指拨号头到底，第一个字、第二个字、第三个字，第五个字……假使这个号头没有人打，可以听到摇铃的声音，像铃……便是告诉你，你要打的号码，正在摇铃。假使这个号码，有人在打，你会听到叭、叭、叭的声音，这便是电话不通声，你听到这个声音，至少要等一分钟后再拨。假使听到像嗯、嗯的符号声，这是关照你所拨得号码是没有的。假使你听到对方说话，便应先说自己的姓名。当你说完以后不要忘记一定要把听筒放在话架上面，谢谢你！"[⑤]对于新用户，电话公司采取持续劝导的方式，而对那些"屡教不改"者，电话公司则采

①《当局派员查拆经纪人私装对讲电话》，《征信所报》1947年第321期。

②《警察、公用局会呈拆除对讲电话总结》，1947年4月，Q5-3-5079，上海市档案馆藏。

③《对讲电话拆除差竣，政权交易可趋正常》，《征信新闻》1948年第663期。

④ 赵曾珏：《上海市公用事业回顾与前瞻（续）》，《申报》1946年7月6日，第8版。

⑤《公用局致上海广播电台函，检送使用自动话机唱片希惠予播送》，1946年3月21日，Q5-3-5274，上海市档案馆藏。

取警告的方式。

公司认为，抗日战争后电话运用失当情形，"已臻极严重之程度"，"电话表轨声之所以迟迟不来，最大原因即由于各用户本身之未能善为运用。用户往往不肯静候表轨声响，而将听筒取下，话机置于一旁；装有交换机用户之接线生，亦有不听是否有表轨声，而将外线占住，皆为发生困难之主因。须知于彼等不经意中表轨声或早已发出，即因彼等疏忽之故来而复逝，盖每次表轨声仅来 30 秒钟而已，若于此 30 秒钟之内，不即拨动键盘，则自动电话之作用，即行停止。此种情形，最足使表轨声之迟缓加甚，而使全市用户皆感不便"，各用户完全可以协助电话服务，"细听表轨声，然后依法拨动键盘"，假如用户乐于合作，"不特于彼等本身有益，且有助于上海全市电话之运用"，对那些不顾迭次说明及警告，造成公司"服务益形困难"之老用户，发出最后警告，如仍不合作，则将线路割断。① 电话公司还亲自去函各大公司，请其饬令所有职员勿在每日上午 10 时至 12 时作私人之通话，尽量减少业务上之通话，使一般紧急商业通话不受延搁。② 另外，除广播教育、登报公告、去函宣传外，公司还于账单中通告用户，加紧清除占线。在市政府、电话公司、用户的共同努力下，抗日战争后电话线路阻塞问题逐步得到缓解。

（四）实行累进收费，减轻话务负荷

通过研究，市公用局认为，"本市电话用户使用电话在话费未调整之前，大多不知节约，以致电话机线拥塞、维持困难"③，主张通过增加收费的方式，使用户减少不必要的通话。鉴于抗日战争后电话装用需求过盛，机件不堪担负，市公用局和公司决议自 1946 年 5 月 1 日起采用累进收费的办法，"胜利后，话务金形繁忙，械件不胜负荷，致效用锐减，用户甚感不便，乃参酌用户之正常需要，并为限制不必要之通话计，定累进办法"④，以诱导市民节制使用电话，"以期减轻目前公司方面之过重负荷，而得维持正常

---

① 《谨告本市电话用户》，《申报》1946 年 6 月 18 日，第 5 版。
② 《上海电话公司函请减少通话次数和时间》，1947 年 4 月 21 日，Q349-1-8，上海市档案馆藏。
③ 《公用局便条》，1946 年 4 月 20 日，Q5-3-5072，上海市档案馆藏。
④ 《公用局复上海市社会局函（以下简称社会局），为调整电话价格事》，1946 年 7 月 20 日，Q5-3-5063，上海市档案馆藏。

通讯业务"①。此项办法"采取顾到小用户的负担，简约大用户的方式"，即"通话次数在规定限度以内，取费甚廉，超过限度取费比例加高，使通话次数较少之小用户，不致过分加重负担"，"每月在 100 次以内，平均每次 25 元；100 次以上，每次 50 元；200 次以上，每次 100 元；300 次以上，每次 150 元；超过 400 次，每次 200 元。公用电话一律每次 100 元"②。收费新规的实行，保障了基本和紧急电话的使用，相比于同期水电增价幅度而言，算较低的；对超额电话、任人借用及佣工雇员等因私事通话，则采取了高额费用限制。"若用户能节省不必要之电话，则不但本身不必出巨额话费，且可减轻械件负荷，藉利公众通话。"③其他行政、文化、慈善机构等非营利性公务通话，则订其他优待办法。

多种措施，包括累进收费制度的实行，减少了不必要的通话，降低了话机安装比率，减轻了话线负荷，畅通了话线信号传递，增加了电话使用效率。相比于抗日战争后物价水平，抗日战争前通话费用非常便宜，营业电话每月 100 次，收费 10 元，抗日战争前住宅用电话，每月 65 次，收费 6.5 元。"在尚未调整价格以前，美国上海电话公司里的一个职员，曾打趣地向记者说，要是照目前该公司装置电话的费用计算(装置电话一具，须装置费 5000 元，保证金 10 000 元)，只要公司里有电话，那么三教九流的人物，都可人手一了了。"④自改用新收费办法后，"用户使用电话次数已较前减少。大致住宅区用户减低较多，约较 4 月份少了 20%，商业区较 4 月份减少不足 10%"；"5 月份于 5 秒钟内听得拨号音比率，已由 75% 增高至 83%，接通之百分比亦由 66% 改进至 70%"⑤。通过增加收费，减少了不必要的通话，从而初步达到了预期的效果。

（五）督促装修工作，提升服务效率

电话公司自被接管以来，大多不能满足市民申请电话装置的愿望；日常话务繁忙的分局接线日渐迟缓；用户电话发生障碍，报告公司后往往多日不见修理。市民多次向市参议会和公用局投诉，啧有烦言。1946 年 4 月，在临时参议会第三次大会上，参议员叶凤宪、吕恩潭、赵班斧就电话线路拥堵和

---

① 《公用局呈市长文，为调整电话价格事》，1946 年 7 月 9 日，Q5-3-5063，上海市档案馆藏。
② 赵曾珏：《上海市公用事业回顾与前瞻（续完）》，《申报》1946 年 7 月 10 日，第 8 版。
③ 《公用局复函社会局，为调整电话价格事》，1946 年 7 月 20 日，Q5-3-5063，上海市档案馆藏。
④ 《当局苦心孤诣调整公用事业价目》，《申报》1946 年 5 月 3 日，第 4 版。
⑤ 赵曾珏：《上海市公用事业回顾与前瞻（续）》，《申报》1946 年 7 月 6 日，第 8 版。

障碍修理效率低下等问题进行质询；1946 年 9 月，在上海市参议会第八次大会上，参议员施宗德、马天硕、候寄逞、徐则骅等就电话修理迟延、接线错误、冒顶装设等问题提出质询，引起了市政府的高度重视。市政府训令，"本市电话太坏，严厉督促改善为要"，市公用局以电话为公用事业之一，应以服务市民为原则，采取各种措施，建议并督促公司提升服务效率。

经印发电话装移修理及过户情形调查表，电话公司承认，服务成绩尚未达到日伪占据前的高度效率，需要努力改进，以期满足用户希望。用户新装、迁入、拆除和迁出电话需求比日伪占据前大为增加，在接到通知后 3 天内完成通知单的百分比却远远低于日伪占据前（表 3.8）；故障报告数目仅占日伪占据前的 75.64%，于 24 小时内清除故障的百分数却大为降低（尤其是 1945 年 10 月）（表 3.9）。这是由于客观上受器材和人力所限，公司难以应付非常时期的繁忙工作。日伪侵占公司 3 年内机件及线路历年失修，维持低落，接收以后需极紧张的维持工作，难以一时完成；日伪将抗日战争前公司储存器材消耗殆尽，接收后因物资匮乏和运输不便，未能及时补充；外加接收以来公司大部分人工和器材以市政机关、中央来沪接收机关、盟军急切需要为先，"不得不将普通市民之请求加以延迟"。以当时

表 3.8　上海电话公司被日伪占据前后装移工作效率对比表

时间	发出之工作通知单数				接到通知后 3 天内完成之通知单数				
	装（具）	拆（具）	其他（具）	总数（具）	装（具）	拆（具）	其他（具）	总数（具）	百分数（%）
1941 年 10 月	726	671	588	1985	663	558	569	1790	90.2
1941 年 11 月	809	577	477	1863	636	482	434	1552	83.3
1945 年 10 月	1001	1047	210	2258	748	442	102	1292	57.2
1945 年 11 月	1084	2048	200	3332	1090	790	157	2037	61.1

资料来源：《上海电话公司报告服务成绩来函译文》，1946 年 12 月 7 日，Q5-3-5072，上海市档案馆藏。
注：装，包括新装及迁入；拆，包括拆除及迁出；其他，包括屋内迁移、变更服务种类等。

表 3.9　上海电话公司被日伪占据前后维持工作效率对比表

时间	故障报告总数（具）	于 24 小时内清除之故障百分数（%）
1941 年 10 月	23 140	98.4
1941 年 11 月	22 464	99.3
1945 年 10 月	18 916	69.4
1945 年 11 月	15 578	99.9

资料来源：《上海电话公司报告服务成绩来函译文》，1946 年 12 月 7 日，Q5-3-5072，上海市档案馆藏。

情况而论，电话公司外线容量、机件装置用户多已满额，难以加装新户；再者抗日战争期间人口增加，电话装置陡增，话务逾量，无法疏通。在主观方面，修理部、装置部职工怠忽职务，未能与用户取得及时沟通的现象，也时常有之。

市公用局经过缜密思考，提出将话务清闲局内机件移装一部分于话务繁忙的分局，同时鼓励机关及大厦内用户采用小交换机替代直接话线，以解燃眉之急。关于修理延误之因，加紧购置补充器材，切实整顿修理、装置二部，"务使员工勤其职"，"对于市民话机障碍应随时将障碍情形及不能立即修复原因书面通知用户，免致市民疑虑"①。通过资源调配、改进服务、提高效率、加强沟通等措施，缓解供求矛盾。

市公用局先后于1945年10月3日、1946年6月17日等多次通知上海电话公司将业务整顿情形及服务效率相关数据列表呈报，训令公司"在敌伪接管期间，办理腐败，通话效率低下。现在既经收回，亟将业务统筹改进，以示整顿，而利公用，应将改进情形，随时报告局查"②。呈报具体报告事项包括各局交换所用户每日平均通话率、最高通话率、呼叫损失率、各局话务实施情形、拨号声是否较前加速、修理装移工作速度如何等。此种督察工作有利于电话公司恪尽职守，克服各种困难，保证优质的话务质量。

另外，在市参议会积极交涉下，上海电信局和上海电话公司在机件允许的前提下，于商业繁华、偏僻小镇安装公用电话，以尽商民之用。1947年11月，市参议会第四次大会决议，"查电话之设置，系繁荣地方与确保治安之要具"，"为繁荣本市郊区，确保本市外围治安计"，对郊区电话应迅速装置。电信局随即派员查勘，在杨思区、泽渣区各装设明线一对，其他各处则视材料储备情况而逐一装设。③在市参议会第五次会议的建议之下，闸北及四郊公用电话装置亦引起市政府重视。但因受材料所限，迟迟未能实现。1948年5月，闸北区商民集体致函市参议会，请装设公用电话："宝昌路中华新路一带，北达吴淞，南连虹口，居民众多，商贾荟萃，为闸北冲要地区，战前民居市肆，公用设备，俱为敌寇所毁。胜利以还，商店工

---

① 《公用局通知电话公司》，1946年4月1日，Q5-3-5072，上海市档案馆藏。
② 《公用局训令上海电话公司》，1945年10月3日，Q5-3-5072，上海市档案馆藏。
③ 《上海市参议会请市政府转函交通部电讯局装置郊区电话的文件》，1947年11月，Q109-1-526，上海市档案馆藏。

厂，房屋建置，逐渐恢复，唯公用设备如电话等，尚为缺如，万一发生紧急事件，呼援乏术，实有装设关于电话之必要。"在市参议会的积极奔走下，上海市电信局承诺"参酌线路、市容、地点情形，予以统筹办理"[①]。抗日战争后器材缺乏，商业复兴，装置公用电话较好地保证了基本民用。

在市公用局等单位的督促下，上海电话公司装修工作得到较大改进。公司添雇设备装置及修理职工 200 余人，并对其进行严格的工作培训；自抗日战争结束到 1947 年 9 月，公司更换引入电线几达 250 万尺[②]，更换屋内电线达 150 万尺，更换电话机绳及自用交换机绳达 4 万余条，修理或更换电话话筒达 4 万具；订购复兴及维持之用的电话、自用交换机、屋外电缆、交换所机件、工具等总额多达 1 719 000 美元。[③]

（六）统一电话制度，规划话机容量

抗日战争前，上海市内电话分由不同单位经营，且后为敌伪占据多年，以致产生种种缺点：用户号码重复、互通电话不便、电话供应不足、话务信号拥塞、收费制度参差、交换区域不合理等。抗日战争后，针对话机不足、话务超荷、修理不及等问题，市政当局和电话公司采取了诸多措施，但均只能暂时缓和上述矛盾。上海电话业仍由交通部上海电信局和上海电话公司分别经营，分割为两个系统，采用的电话机式互不相同，发展水平亦不均衡，"既不经济，又欠效率"，"双方限于机件容量，无法扩充"[④]。因此，欲从根本上解决问题，只能通过统一话机制度，以减少话务周转，添置大量话线和话机，使电话事业与经济社会同步发展。为此，上海市公用局等进行了诸多努力。

1. 中美合资公司的构想

电话事业业经接收，市公用局与上海电信局提出划一上海市内电话制度办法草案三章，于 1946 年 1 月向交通部电信规复处提出商议。市公用局认为，上海市内电话制度在管理、技术及业务三方面均应划一，主张将市

① 《上海市参议会关于保长及商民请装公用电话的文件》，1948 年 5 月 18 日至 1948 年 7 月 24 日，Q109-1-1413，上海市档案馆藏。

② 1 尺≈0.33 米。

③ 《上海电话公司战后电话服务问题之报告》，1947 年 9 月 30 日，Q5-3-5277，上海市档案馆藏。

④ 上海市参议会：《公三字第一号》，1947 年 6 月 20 日，Q109-1-525，上海市档案馆藏。

内电话，包括上海电信局市内电话部分和上海电话公司，改造为中美合资公司。在此民营机构成立前，先将上海电信局市内电话部分改为商业性质的上海电话特种有限公司。在过渡期间，上海电话公司与上海特种有限公司均应与上海市政府订立市内电话专营合约，保证市政府的监督指导地位，兼顾交通部最高监督机关地位；须向市政府缴纳专营权报酬金及地方捐税；市政府与交通部均可投资此公司；两公司在市政府协助下进行号码分配、机件互用、连线互通、编印号簿、技术人员聘用等密切合作。中美合资公司成立后，对交通部、市政府、国际电话电报公司股权重新分配；与市政府签订电话专营合同，以上海市政府辖区为其营业区域，业务以市内电话为限；新公司将市内全部电话改用自动式，保持最优良状态，随时扩充设备，设立公用电话等。①此设想对中央交通部、地方市政府及商业电话公司的职权范围重新进行了规范，有利于加强上海市内电话事业的管理，提高服务水平，但由于变相取消了中央交通部对于上海电信局的直接经营管理地位，此设想遭到坚决抵制。

2. 制度技术委员会报告的实行

1946 年 2 月 12 日，上海市公用局会同交通部上海电信局和上海电话公司，组织上海市内电话制度技术委员会，欲从技术角度提出合理化计划。该委员会由三个单位各派技术人员组织成立，以市公用局局长为主任委员，每星期二集议一次。其工作范围包括：研议市内电话制度合理化计划、全市局所分布及电话号码分配、合理化工程实施步骤等。委员会积极搜集相关资料，如人口密度及预测、电话发展预测等，提出解除目前最重要中心区域电话运用困难的五年计划，以及使电话服务与将来上海整个都市发展相配合的二十五年计划，并于 8 月 20 日编印相关报告书。

在该报告书中，委员会将上海两个电话机构的交换局及用户线、交换机容量、外线设备概况、互通制度、号码编制等进行了详细调查。通过往年年底用户线数平均增长率，对上海五年后的用户线数、电话密度等做出发展预测，得出 1950 年上海市用户线数等将达 133 410 线，每 100 人口话机数达 4.97 具；通过参考其他各大城市电话发展资料，征询上海都市计划

---

① 《划一上海市内电话制度办法草案》，"公用局局长赵曾珏致交通部电信规复处处长郁秉坚函"附件，1946 年 1 月 17 日，Q5-3-5264，上海市档案馆藏。

委员会等意见，预测 1970 年上海人口约为 800 万，其中约 700 万人集中于电话中心区内，其他则分布于上海近郊各村镇，到时电话总容量将为 570 000 线，电话号码必须采用六位号码制。欲达到上述建设目标，委员会认为，最好的方案是全上海应划一采用旋转式自动电话接线制度，拟订出相应的建设计划程序。在报告书结论中，委员会强调，"欲使本报告书所建议之计划得以实施，本委员会认为上海市电话之建议、维持与运用，其经营之机构必须统一，方能有优良之成绩"。只有经营机构统一，扩充设备的资金才易于筹集；大量工程及设计工作才可集中力量，逐步推进；员工的雇佣、管理及监督才可经济；电话制度的维持与运用，才可划一规范；与市政方针的配合才可简化，"经营机构之统一，实为完成此目的之基本步骤"①。

　　为完成电话制度技术委员会的报告，彻底改善市内电话，上海市政府多次咨请交通部，呈请行政院，希望统一经营机构，却因管理权限问题未能达成。1946 年 9 月，上海市政府呈请统一市内电话机构，遭到拒绝。市内电话改良计划实施无望，各界用户颇有怨言。1947 年 6 月，市参议会第三次会议再度提出，"电话为都市神经系统，必须统一办理，方可收灵捷之效，而目前两个机构，一为国营，一为外商，性质不同，系统各异，无法统一，致双方对于扩充改进，裹足不前，遂使众多市民，无法享受电话之便利，影响实巨"②。1947 年 7 月 17 日，鉴于"上海市内电话现由交通部上海电信局及美商上海电话公司二机构分别经营，以致全市电话制度发生种种缺点，既不经济，复欠效率，使市民咸感不便"③，上海市政府致函国民政府行政院和交通部，提出"欲谋本市电话彻底改善，实以统一经营机构为先决条件"，交通部上海电信局和美商上海电话公司"双方各自为谋，本府虽有扩充改进之计划，亦必难于实现"④，坚持"市内电话应由市政府专管"等原则⑤。对于上述各点，交通部难以接受。9 月 23 日，国民政府行政院再度谕令"暂照现状维持，不必变动"⑥。在上海市政府与交通部对上

　　① 上海市内电话制度技术委员会：《上海市内电话制度技术委员会报告书》，1946 年 8 月 20 日，上海图书馆藏。
　　② 上海市参议会：《公三字第一号》，1947 年 6 月 20 日，Q109-1-525，上海市档案馆藏。
　　③ 《市政府致交通部函》，1946 年 9 月 11 日，Q5-3-5263，上海市档案馆藏。
　　④ 《市政府致交通部函》，1947 年 7 月 17 日，Q5-3-5263，上海市档案馆藏。
　　⑤ 《市政府训令公用局》，1947 年 11 月 15 日，Q5-3-5263，上海市档案馆藏。
　　⑥ 《市政府训令公用局》，1947 年 12 月 11 日，Q5-3-5263，上海市档案馆藏。

海电话公司和上海电信局的管理权限未作明确划分之前，此报告书实施遥遥无望。

　　受不同管理主体及社会环境的影响，华、租两界电话事业历经了两种发展模式。华界上海电话局由清末邮传部和民国交通部办理。因为政局的变化，从清末起步，到北洋政府时期发展，再到南京国民政府时期整顿，各个历史阶段显示出不同的特征。清末时电话业附属于电报业，财政不能独立，管理人员衙门习气重。北洋政府时期，因为军阀混战，中央与地方权力分庭抗礼，市民社会发展强大，上海电话局人事委任、局务举措、赈捐取费等均受到中央交通部、各派军阀及地方士绅的影响。南京国民政府时期，经过管理权属的梳理，中央交通部和地方市政府能较好地在促进局务整顿方面达成共识，取得较大进步，但也难以避免矛盾和冲突。租界电话管理采取了现代公司企业、市政当局特许专营的模式。公司股份制，解决了电话作为一种公用事业因前期投资成本大，后期收益周期长，一般商人鲜能承担的问题；现代化的管理团队，保证了科学化的运营效率；跨国公司的地位，保障了电话器材的充足供应；在现代企业广告和推销之下，电话服务作为一种商品，迅速地打开市场。专营权的存在，在保证了公司相当利润的同时，也具有同等责任的约束。通话质量的保障及费率的限定，解决了电话事业作为一种公用事业，适当照顾市民承担力的问题。公共租界工部局和法租界公董局作为监管单位，亦从中获取一定的收益。抗日战争胜利后，由于政治地理的变迁，上海市政府收回了原租界上海电话公司的管理权。在其领导下，电话公司基本克服了财政困难，维持了业务供应，改进了装修效率。但由于电话经营机构统一化的搁浅，市内电话制度统一最终未能达成。近代上海电话业此种特殊的发展运营模式，反映了历史社会的时代烙印，也影响了电话业的发展成效。

第四章

电话使用权益的保障：质量与价格的不同考量

近代上海电话事业的发展和规划，除了受到社会历史环境、国家电信政策、市政当局管理模式及电话局经营单位经营方式的影响外，必然以用户需求为转移，服务质量、覆盖面积等要尽量达到用户满意的程度，收费高低要维持在用户可以接受的范围之内。在电话使用过程中，用户除履行租费支付和设施维护等义务外，对电话费用的厘定及电话服务的优劣等问题也具有一定的发言权。围绕上述问题，中外电话用户群体，积极奔走于市政当局和各社会团体之间，与电话公司展开长久博弈，并做出了较大努力，对电话事业的发展产生了一定影响。

第一节　电话用户团体的产生和发展

电话营业章程和服务合同明文规定，电话用户在享受通讯便利的同时，要承担一定的义务和责任。当此种规定超出用户的承受限度时，他们也将适时地表示抗议和反对。随着电话用户，特别是华人用户的增多，其权益意识逐渐萌发。面对电话公司、电话局等电话租费的渐行渐长，出现电话服务不良及电话主权旁落等现象，电话用户群体从最初的颇有微词走向起身抗议。为了更好地与电话经营单位、市政当局等方交涉，电话用户彼此之间逐渐走向联合。20 世纪 20 年代中期到抗日战争全面爆发前，各种电话用户团体相继成立。

一、电话用户的义务与责任

电话经营单位向用户提供话机安装、话线敷设及其日常维护。电话用户在享受通讯便利的同时，必须按时缴付电话租费，切实保护机械设施等。电话公司和电话局从中获得其提供服务的一定报偿，获取经营电话事业的成本和收益，减少局所机械设备和话机线路的人为损耗。此种费用的支出和设备维护具有不可抗性和确定性。当用户申请装设电话时，则默认履行上述义务。

（一）电话租费担负

用户在享受电话通讯服务的同时，须向电话经营单位缴纳固定的装设费、保证金、使用租费、移机费等。上海电话公司在其服务价目施行通则中规定，凡有用户欲添加电话服务及设备，或迁移装置地点，均将默认经营单位现行收费制度，"一切价格及规则，倘经主管当局核准修改，所有用户之合同即受同样之更改，除公告外，不另通知"①。上海电话局除上述各类收费项目外，在基本营业区域以外装设电话设备者，还须特别缴纳界外工程费、加杆费、界外维持费等。②电话收费章程的制定，反映了经营单位与电话用户间的供求关系变化，"电话价目制度之适宜与否，不但与电话事业之发达，有极大之影响，即与一般公众，亦有绝大之关系"③。话费多寡和收取方式，关系到经营单位的成本支出和盈利状况，影响其营业发展，由其制定并申报主管当局批准执行；话费多寡和收取方式也与用户息息相关，部分取决于用户数目的多少和通话频度的高低，直接决定其话费负担的轻重。

电话收费制度种类，以价格分类来看，可分为均一制和次数制。所谓均一制，"是以电话交换区域为前提，在其区域内，不问使用电话的回数如何，凡装用电话机者，都缴同一的费"；次数制，"乃是依使用电话的回数而定费的多少"④。按照用户种类，可分为营业电话和住宅电话。按照电话收费周期，可分为年租费、季租费和月租费等几种类型。当电话事业未发达时，所有用户租费均采用均一制度，收费周期以年或者季度计算。因当时用户不多，电话利用范围狭窄，电话经营单位线路敷设里数、业务人员安排均不多。随着电话事业的发达，电话使用愈加普及，用户数量增加且使用频率提高，使电话收费制度也越来越精细。除按价格、用户分类外，收费方式逐渐改为按季、按月和按次收取。首

---

① 《美国联邦政府注册上海电话公司服务价目施行通则》，1949 年 12 月 27 日，Q5-3-5067，上海市档案馆藏。

② 《交通部市内电话营业通则》，1936 年 1 月 8 日，Q464-1-20-70，上海市档案馆藏。

③ 《电话租费制度》，《电气》1916 年第 16 期。

④ 刘光华：《交通》，上海：商务印书馆，1927 年，第 10 页。

先，随着电话用户人数的增多，话费总额的增加，公司和电话局投入成本的提高，缩短了收费时间间隔，减少了话费拖欠现象，增加了资金流动率，解决了电话局所的财政困难；其次，依据电话业务繁忙程度、通话次数多寡决定电话费用的高低，解决了电话大户负担较轻、电话小户负担较重的不公平现象；最后，在均一制度下，"用户每于无意中滥用电话，以至事业经营上受至大之损害"[①]，增加了电话局的线路负担。因此，改用次数制，防止电话线拥堵。

自上海电话业起步始，到抗日战争前的近半个世纪内，随着电话使用户数的增加，电话公司等频繁调整话费价率和取费方式，这在20世纪二三十年代表现得尤其明显。据统计，上海电话公司在上海经营电话业共15年，共涨价25次。[②]战后，物价飞涨，为抑制通话次数，电话公司采用了累进收费制度，频繁调整租费额度。电话租费一再变更，收费间隔也由最初的按年收取缩短至按季收取，最后定为按月收取。收费制度由最初的均一制度，到1925年部分实行、1936年统一实行按次收费。例如，上海租界内旅菜酒茶业等所使用的电话，以前均只每月定额缴费，自1925年5月1日后，均改为每次缴费5分。另外，因电话通讯在商业发展中的重要地位，商业用户价格均略高于住宅用户的20%～50%。相比较而言，华界电话局规模较小，人数较少，大部分时间采用按月收费的均一制度，收费价格明显较租界便宜（表4.1）。

华租两界电话收费制度和额度不同，源于两界电话事业的性质定位、管理方式和经营规模各异。租界电话事业属于外商公司经营，公司资本源于股票发行，年终需要给股东分红，公司经营者还须向租界市政当局支付一定的专营权报酬金和捐税，私有性质决定了其在除维持正常运营、业务开展外，还须保证足够的盈利，吸引众多的投资者。华界电话局则更多体现了满足市政公用建设和公众便利通讯的需要。电话等电信事业的收费，完全出于一种业务维持的需要，收费仅限于成本的回收，"吾国电信事业除创办时由政府投资以外，国库尚少补助，一切支出全赖本身收入，所以财务状况与普通商业无甚差异。普通商业的发达，更靠社会的安定、市面的繁荣开支节省，电信事业也是一样"。"电信事业的收费，是完全一种服务的代价"，

① 《电话租费制度》，《电气》1916年第16期。
② 上海人民出版社：《上海的故事》（第3册），上海：上海人民出版社，1979年，第52页。

表 4.1 近代上海电话价格变化

区域	电话局所	业务对象	收费制度	具体价格
租界	大北电报公司	外商银行、饭店，洋行	均一制，按年收取	初每户年租费 100 银元；后因与上海电话互助协会竞争，降为 50 银元
	上海电话互助协会交换所	外商银行、饭店，洋行	均一制，按年收取	每只话机年租费为 50 银元
	中国东洋德律风公司	始有少数越界电话	均一制，按年收取	无论公私，每线电话每年均收费 50—60 银元
	上海华洋德律风公司	营业电话为主，住宅电话逐渐增多。除租界电话业务外，还在南市、闸北、徐家汇、浦东等地区越界安装电话	均一制为主，按年收取；部分按次收费	1900 年后一度规定用户装设初期 3 个月内概不收费，3 个月后逾期不交费者每两个月收费 1 银元，后增为每两月收租费 4—5 银元；1901 年，公司规定无论营业及私人电话用户，每年交费 50 两；1906 年 3 月经公共租界纳税人会批准，租界电话费一律增至每户每年 55 两；1909 年营业电话每年收费增为 65 两，私人电话费则减为 45 两；1925 年修订为营业用户年收费 78 两，住宅用户 52 两，旅菜酒茶、总会等公共场所属于营业用户性质的电话实行按次分级收费办法
	上海电话公司	分商业用户与住宅用户两种	均一制，按季或按月收取；后统一改为次数制，战后实行累进收费制，均按月收取	1930 年 8 月后按季收费，营业和住宅电话每季收费分别为 19.5 两和 13 两。1932 年 3 月将两种电话分别提价 34.6% 和 25%。1933 年按月收费，普通营业用户每月收 12.24 银元；旅菜酒茶、总会等类商户，300 次以内，12.24 元/月；500 次以内，13.80 元/月；700 次以内，15.69 元/月；700 次以上，加收 0.0559 元/次；住宅用户 7.58 银元。1936 年 3 月，实行计次收费制，营业用户每月法币 10 元，可通话 150 次，住宅用户每月法币 6.5 元，可通话 100 次，超出每次加收法币 0.03 元。1946 年 5 月 1 日后每月在 100 次以内，平均每次 25 元；100 次以上，每次 50 元；200 次以上，每次 100 元；300 次以上，每次 150 元；超过 400 次，每次 200 元
华界	电话沪局	多为营业用户	均一制，按月收取	最初免费，1907 年收月租费 1 银元；1909 年每月增为 2 银元
	上海电话局	住宅电话逐渐增加，大多数仍为营业电话	均一制，按月收取	初月租费为 3 银元；1926 年 3 月增为商户每月 6 银元，住户 5 银元；1933 年营业用户每月收费 10 银元，住宅用户每月 7 银元

资料来源：上海通志编纂委员会编：《上海通志》第 6 册，上海：上海人民出版社、上海社会科学院出版社，2005 年，第 4344—4345 页；《申报》相关报道。《上海通志》记载与《申报》中电话公司的公布略有出入，均以后者统计为准。

注：1933 年 3 月前，近代市面上同时存在银两和银元两种货币单位；"废两改元"后，银元成为法定货币单位。1935 年 11 月国民政府实行"法币改革"，法币取代银元成为通行的纸币本位制货币。因而，近代上海电话价格单位有银元、银两、元等，不尽一致。

"电信事业因为要有余利来谋继续的发展，是不应当亏本的"①。上海电话局财务状况常年维持在勉强收支平衡的水平。两界电话事业发展的规模不一，投入的机械设备、人员管理成本亦不相同。租界电话公司在历次增加收费时，均从加大投资、增加收益方面考虑。1925 年，上海华洋德律风公司因自动机改造工程缺乏资金而要求加价；1932 年，其完成自动机改造工程但投入资金过大，未能达到投资金额 10%的收益，因此提出改制申请。当话费增长超出了用户可以承受的范围时，围绕着话费增减问题，电话供求双方的矛盾不可难免。

均一制和按次收费制度的选择，是随着电话用户数量、电话拨打次数，以及根据公司资本支出而确定的。公司局所在提供电话服务的同时，须担负相应的创设费、管理费等。所谓创设费，即开通用户、建设线路、装置电话机、设置交换局所等所需的一切费用，其费额多少与订户多寡、业务范围密切相关；其中除交换局所内所需经费外，用户使用电话次数无论多少，其费额皆相同。管理交换事务经费，则会随着用户数目和通话次数的增加而增加，因话务管理中所需司机生、事务员及其他职员等数量增多，公司管理成本提高，负担加重。在制定收费制度时，若不对电话用户通话次数加以限制，电话局所将会增加多余的管理经费。若实行按次收费，用户将按照实际通话次数公平负担租费，"均一制不仅令使用回数多的和少的，受同一待遇，有失负担的均衡，而且对于经营费的增加，不能得充分的补偿的缘故"②，可减少不必要的和滥用的通话次数，使电话局的线路负荷和司机生的负担随之减轻，占线不通的现象会得到缓解，电话交换服务得到改良，电话局话务管理费用也可节减。

近代上海电话按次收费制度的实施经历了一段艰难的推广过程。鉴于敷设线路的支出和计算的方便，长途电话和公用电话很早便实行按次和计时收费，后来才逐渐推广到普通市内用户。它的推广伴随了巨大的社会阻力。按次收费的实行，直接受影响者莫过于那些电话使用大户。1929 年《上海泰晤士报》调查，阅户对于华洋德律风公司拟将电话由按季计费改为按次计费的心理，截至 1929 年 7 月 4 日，表决结果为"赞成按次所收者，仅有 1.4%，而反对者则居 98.6%。且检查所投之票，每张皆记有投票者姓名、住址，足见其

① 赵曾珏：《上海之公用事业》，上海：商务印书馆，1949 年，第 53、74 页。
② 刘光华：《交通》，上海：商务印书馆，1927 年，第 10 页。

间并无冒滥情事，洵堪为民意之代意"①。截至 1929 年 7 月 18 日，"已收得 5268 票，检查结果，赞成按次计费者，仅 84 票，赞成按次计费而附有保留条件者 21 票，反对按次收费者则有 5163 票之多，完全反对者仍占 98%"②。

自 20 世纪 20 年代起，电话用户种类不同，租费数额亦不相同。起初华租两界电话收费均未对用户类别作划分。用户人数的增加，尤其是商业用户对通讯的需求增加，使电话收费开始有了用户种类区分。租界电话公司将用户分为营业和住宅两种，"分别用户之属于营业或住宅，应视其服务使用之性质而定。凡电话服务器主要或确实用于营业、职业、机关或其他业务性质者，则应归入于营业用户类。至于电话偶然用以接洽业务而其余之用度均系为社交或家庭事务性质者，则应作为住宅用户"③。华界上海电话局分类更细致。1936 年，《交通部市内电话营业通则》将电话用户性质分为四种：其一，住宅类；其二，商店、工厂、报馆、医院、医寓、律师会计师建筑师等事务所、商界会所，以及有营业性质之机关团体等；其三，有营业性质之用户，而使用电话次数甚繁者，如银行、钱庄、交易所、旅社、餐馆、茶社、球房、游艺场、戏院、书场、俱乐部、浴室及公共娱乐场所等；其四，机关、团体等无营业性质者。④在两界收费章程中，商业用户收费均高于住宅用户。

为保障自身利益，电话经营单位通过各种提醒和强制措施，保证用户费用的及时缴纳。电话安装之时，上海电话公司要求用户必须缴纳与三个月市话和长途服务估计各项费用相等的保证金。在电话供求关系存续时，保证金留存于公司，作为缴付服务费用的担保；公司随时将此项保证金款项或其余除去应收服务费用后的一部分，退还给用户；当电话服务合同终止时，公司可将此项保证金除去用户所欠服务账款后退还给用户；当然，用户不能因此项保证金的存在，免除用户预付用费及见到账单给付款项的义务。⑤当电话用户过期未付账单时，电话公司将发出催款通知，明确说明

① 《外报续记反对电话按次收费》，《申报》1929 年 7 月 6 日，第 14 版。

② 《电话按次收费之反对票数》，《申报》1929 年 7 月 29 日，第 15 版。

③ 《美国联邦政府注册上海电话公司服务价目施行通则》，1949 年 12 月 27 日，Q5-3-5067，上海市档案馆藏。

④ 《交通部市内电话营业通则》，1936 年 1 月 8 日，Q464-1-20-70，上海市档案馆藏。

⑤ 《美国联邦政府注册上海电话公司服务价目施行通则》，1949 年 12 月 27 日，Q5-3-5067，上海市档案馆藏。

用户须在账单发出之日起约 10 日内，将该项账款付清；若逾期尚未付清者，电话公司将暂停该用户的电话服务；电话用户要求恢复时，须先将账款全部付清，并另付复线费；若超过 10 日用户未付欠款和复线费，电话公司将向用户寄送拆除电话通知书；倘若通知书发出后 10 日内，用户仍无反应，电话公司则直接将其电话服务终止。电话拆除完毕后，若用户要求恢复装置电话，须另行申请登记，除将欠款付清外，须于装置电话时另付正常装接费。①此项办法，适用于所有用户，其中政府、军事、大使馆、领事馆及重要官员须经商务部经理核准后办理；市内有名人士、大规模工商厂号及其他经济情形可靠者，可通融一个月；其他所有用户则须严格执行。

历次反对电话加价和改制收费时，凡是拒不照新章缴付话费者，将面临被拆除电话的威胁。《交通部市内电话营业通则》规定："用户因欠费或违章，致停止通话者，在停话期内，仍应照常算租费"，不照章缴纳市内电话租费者，"经局方用书面请其于规定期限内照付，逾限内不照缴者，无论其是否有意拒绝，或因一时疏忽，局方即予停止通话。停止通话后，逾七日仍置不理者，即销号撤机，其所欠各费，于保证金内扣抵"②。1937 年 7 月 1 日《交通部上海电话局话费通知单》上除正面注明用户应付金额、欠费金额等外，背面还郑重声明注意事项："本局专派之收费员向贵户收取本通知单内已到期应付之话费，只收一次，如果收费员第一次收过，而贵户未付者，本局不另再派员向收第二次，该款请于每月十五日前送交本局营业股为荷"，"无论商店、住宅及各机关用户，其欠费经本局通知后再不将欠费全数来局缴清时，本局得酌量情形，有随时停止其通话及拆回其话机之权"，"用户因欠费，而经本局停止通话后，仍要求继续通话者，除应缴清全部欠费外，并须另缴继续通话手续费法币二元"③。相比较而言，租界电话公司在催缴话费方面更加灵活和宽松。

（二）设施维护责任

电话经营单位为用户提供各种设施布局，同时规定用户应履行保护机件的责任。电话机件属于电话局和公司财产，用户通过缴纳一定的押金，

---

① 《上海电话公司催付过期未付账单办法》，1949 年 12 月 27 日，Q5-3-5067，上海市档案馆藏。

② 《交通部市内电话营业通则》，1936 年 1 月 8 日，Q464-1-20-70，上海市档案馆藏。

③ 《交通部上海电话局话费通知单》，1937 年 7 月 1 日，Q407-1-48，上海市档案馆藏。

仅取得使用权，但没有所有权，电话机件一旦遭遇损坏，用户需要按照一定的标准支付赔偿费。上海电话公司营业章程规定，"凡本公司对于用户房屋所供给装置之各种电话机件、机器及电杆、电线等皆为本公司之产业"，"用户对于各项电话机件及附属设备均须妥为保护，如遇有非因普通使用而发生之损坏、遗失或毁灭者，用户须负担赔偿、更换或修复是项机件设备所需费用之责"[①]。上海电话局营业章程规定，"各用户如有故意或过失损坏电话机及附属机件者，应按照号簿刊列赔偿价格表赔偿"[②]。因水、火或其他意外灾祸，机件毁损或遗失者，也在赔偿范围之内。

电话机件赔偿范围具体包括话机、传受话器、传受话绳等主体部件，也包括话柄、插簧座、铁盒、音盒、铁片、电池等细小附件。不同的话机制度，包括的机件种类和名称不同，赔偿价额各不相同，价格随市价的变化而波动。1933 年上海电话局各项赔偿金额从 0.4 元到 90 元不等（表 4.2）。通过此种措施，电话经营单位达到保护设施、提高机件耐用度、减少机械损耗的目的。

表 4.2　1933 年上海电话局电话机件赔偿价目

话机类别	机件名称	机件单位	赔偿价额（元）
自动式	桌话机	全部	85.0
	墙话机	全部	80.0
	话机传受话器	全具	35.0
	话机转号器	全具	20.0
	话机传受话绳	每根	4.0
	桌话机进机二心绳	每根	4.0
	话机传受话器胶木柄	每只	12.0
	话机受话器盖	每只	1.6
	话机传话器胶嘴	每只	1.4
	桌话机叉簧座	每副	7.5
	墙话机叉簧座	每副	15.0
	桌话机接线胶木盒	每只	2.0
	话机受话器铁片	每片	0.5
	桌话机胶木盒	每只	24.5
	墙话机铁盒	每只	25.0
	桌话机橡皮脚	每只	0.4

---

①《美国联邦政府注册上海电话公司服务价目施行通则》，1949 年 12 月 27 日，Q5-3-5067，上海市档案馆藏。

②《上海电话局总分各局普通营业地界及界外用户纳费办法》，"公用局致电话局函"附件，1931 年 1 月 20 日，Q5-3-2762，上海市档案馆藏。

续表

话机类别	机件名称	机件单位	赔偿价额（元）
共电式	桌话机	全部	80.0
	墙话机	全部	75.0
磁石式	桌话机	全部	90.0
	墙话机	全部	90.0
	带铃板机	全部	45.0
共电式或磁石式	话机传受话器	全具	30.0
	话机受话器盖	每只	1.5
	话机受话器铁片	每片	0.5
	话机传受话器绳	每根	3.0
	话机传话器助音盒	每只	6.0
	话机传话器胶嘴	每只	2.5
	桌话机叉簧连座	每副	4.0
	墙话机挂钩	每只	1.5
	话机铃碗	每只	1.5
	话机摇手柄	每只	4.0
	挡雷机	每部	6.0
	干电瓶	每只	1.5
备注	上列价目市价如有更改，本局得随时另订之		

资料来源：《电话机件赔偿价目详表》，"电话局致公用局函"附件，1933 年 4 月 13 日，Q5-3-2793，上海市档案馆藏。

为维护电话机件良好特性，保持电话服务良好效果，公司和电话局杜绝用户采用一切私自安装的附件和器具。电话号簿"电话机上之附件"一栏中，公司严重声明，"本公司定章，凡非本公司所供给之附件或器具，皆不准附带或接用于电话机具上。电话机具之制造，目的为使其生产最佳之效果，故须有敏锐之感受性，其组织实复杂难解。市上出售之种种不为认可之物件，名为可增进传话，消灭杂音，格杀细菌，代替电话簿等，实则不特此种种皆可毋须采用，但有时反将电话线及电话机具损坏，本公司履行其保护服务电话之责任，势必将此等物件除去。如有某种情形普通机具不足应用者，则本公司将取极公道之代价，以供给特别之设备"[①]。电话经营单位将电话器具的装、修、改等事宜全部掌握在可控范围内，严禁用户私自改动电话器具，以免影响电话使用性能，造成损失。

---

① 《上海电话公司电话簿》，1937 年冬季，民国图书电子版，第 16 页，上海图书馆藏。

二、电话用户团体的出现

电话用户的权益意识，源于其在承担相应的责任和义务、支付一定的话费后争取享受良好的话务质量。商务活动的开展迫切需要良好电话的辅助，以传递商情，迅速获悉物价变化和市场导向。特别是在盗匪活跃时期，电话还可用于联络巡捕房和救火会，预防紧急事件的发生。20世纪初，上海人口突破百万大关，对外贸易额开始直线上升，电话作为一种新兴的通讯方式，显现出进一步发展的必要，当时人们对电话服务的抱怨还仅仅是一种零星的情绪表达方式。20年代初，随着工商经济进一步发展，电话安装户数日益增加，1922年华洋德律风公司实装用户达15 579线[①]，电话使用次数愈加频繁，公司原有人工接线电话逐渐难以满足日常通讯的需求。正值第一次世界大战结束后，欧洲商品和资本卷土重来，上海不少商业资本面临亏损。1924年9月至1925年10月，更是连续发生几次军阀抢夺上海的江浙战争，致使周边地区战乱不息，盗匪横行，租界人口激增，物价上调，公债涨跌无常，人心惶惶，商户处境艰难，迫切需要良好的电话用来加强联系，从而保障财物安全，恢复市场繁荣。但华洋德律风公司管理不善，接线迟缓，态度傲慢，"于改良电话一层，显似非经公众之逼迫，未必肯自行举办"[②]。各大报纸不断有电话通话质量差、接线服务不良的报道，反映出电话用户的强烈不满和对电话制式革新的迫切要求。有论者甚至提出电话用户如何才能有效抗争的问题，反映了租费所出与服务所得之间存在着较大落差，"上海（华洋）德律风公司未能以良好之服务畀予公众，吾人虽时为有力之抗议，然以抗议之程度，与不便利之程度较，犹觉相差悬殊"，作为用户"出费已不可谓不巨，而所得之报偿，犹大有缺憾在焉"[③]。随着电话用户人数的增多，权益意识的萌发，通过组团结社的方式作为利益维护、权利表达的渠道越来越成为他们的共识。电话用户逐步走向联合。

迫于舆论压力，华洋德律风公司开始筹议自动话机的实验改造工作，并希望通过提高收费扩大收入，增加投资，这一举动遭到用户的联合抗议。

---

① 上海通志编纂委员会：《上海通志》（第6册），上海：上海人民出版社、上海社会科学院出版社，2005年，第4335页。

② 《西报载改良电话无望之投函》，《申报》1923年9月15日，第15版。

③ 《西报对于德律风公司之责言》，《申报》1924年1月28日，第13版。

公司认为，"改章收费后，公司收入较增，即可渐图改良，使用户免去种种不便"①。1924 年 11 月，华洋德律风公司提交加价申请，公共租界工部局董事会讨论通过。具体价目为，"住宅电话每年自 45 两增至 52 两，商家电话每年自 65 两增至 78 两"，"凡酒馆、菜馆、总会、旅馆、茶馆等电话则按接线次数计费，每机每次收洋 5 分（每元作 120 分算），每日每机至少以 10 次计算"，自 1925 年 1 月 1 日施行。②各界闻讯后，反应激烈，认为公司应体恤商艰，不可只图私利；何况公司服务弊端重重，改良开销不应取诸用户。"各界用户，亦已团结一致，预定计划"，纳税华人会、各路商界联合会、同业联合会等召开会议，商讨解决办法③，致函工部局，希望其"爱护商业，关怀市政"，"体察商艰，准予打消加价原议"④。为了取得抗争成效，用户加强内部联系，统一抗争步伐。1924 年 12 月 26日，旅菜酒茶业召开同业联合会，决议如果电话公司坚持新章，"全体一致停止通电"，"如同业不守公义，当由本会登报通布，视为公敌"⑤，表示抗争的决心。

随着电话供求双方矛盾的进一步激化，用户方面，由社会团体内部的联合，逐渐发展到社会团体之间的合作，组建以电话用户为成员的专门团体的要求被提上日程。转眼到了新章实行之期，公司未有退步之意，工部局也无明确表示，各商户纷纷致函公司，表示一致停用电话，坚决反对电话加价。1925 年元旦上午，公司派出工匠多人，顷刻拆除话机数百家。1月 5 日，旅菜酒茶等同业向工部局发出请愿，抗议公司"剥夺用户地位，滥施专利权力"，请各界团体共同加入，"务恳顾全公意，通力合作，庶几行动一致，不为外人笑我华人似一盘散沙"⑥。冯炳南以租界市民身份针对电话加价问题发表了一篇 3000 余字的意见书，历数工部局与电话公司理亏之处⑦，这篇意见书激励了电话用户，使反对电话加价之声愈发高涨。1月

---

① 《电话加价声中之各方所闻》，《申报》1924 年 12 月 7 日，第 13 版。

② 《德律风公司将增收电话租费》，《申报》1924 年 11 月 13 日，第 10 版。

③ 《电话加价声中之各方所闻》，《申报》1924 年 12 月 7 日，第 13 版。

④ 《商总联会反对电话加价之理由，要求工部局驳回原议》，《申报》1924 年 12 月 14 日，第 13 版；《旅菜酒茶同业会致工部局函，为电话加价事》，《申报》1924 年 12 月 16 日，第 14 版。

⑤ 《旅菜酒茶业反对电话加价之昨讯》，《申报》1924 年 12 月 27 日，第 14 版。

⑥ 《反对电话加价之昨讯，公司纷纷拆除电话》，《申报》1925 年 1 月 3 日，第 14 版。

⑦ 《冯炳南对电话加价之意见》，《申报》1925 年 1 月 4 日，第 14 版。

31 日，上海旅菜酒茶各同业联合会再次召集代表会议，主席周伯尧提议成立专门机关，共同力争，获得一致赞成[1]，电话用户逐渐走向统一联合抗争。2 月 1 日，各业用户假座总商会议事厅召开大会，正式成立华人电话用户联合会。会议通过决议，如果交涉不达目的，上海华洋德律风公司不允修正章程，华人用户不用电话。联合会成立时，出席用户包括旅菜酒茶同业、商号公司、住宅用户等 2000 余人[2]，声势壮大。各用户分属于不同的商界联合会和同业公会，还有较多分散的住宅用户，场面纷杂。华人电话用户联合会为取得理想的交涉结果，还进一步规范了组织制度。改组后的电话用户联合会一直有活动，直到该年 5 月电话公司做出适当让步。就目前资料所见，华人电话用户联合会是电话用户自行发起的第一个团体组织。

三、电话用户团体的发展

通过电话局所提供的交换器械与话机装备，电话用户可享受一定的电话服务。电话设备的更新、电话线路的推广直接关系用户使用的满意状况。近代上海自动电话的改造和电话网络的连接体现了用户在使用过程中的技术要求。电话经营单位在满足消费者需要时，其话机租费也随之增高。围绕电话取费等问题，电话用户与电话经营单位展开了长久的博弈。电话用户团体得到进一步发展。

华界电话用户团体以 1926 年 6 月成立的用户联合会为代表。1926 年 2 月 1 日，华洋开通连线通话，华界电话安装户数骤增。上海电话局投资增加，入不敷出，遂发表通告，提高话费。在南北商界的再三交涉下，电话局坚持原议。用户纷纷函请拆除电话，自行组织电话用户联合会，筹谋反对办法。用户联合会团结用户，统一步伐，积极与电话局交涉，希望降低收费标准。上海电话局最终实行新的收费章程，抗争结果不尽如人意。

租界电话户数远远超过华界，外商"专为营利"，形象恶劣，围绕电话取费问题，供求双方矛盾激烈，电话用户团体的成立及其活动更加频繁。其中最具代表的为 1932 年成立的北区电话用户联合会和上海特区电话用户联合会、1935 年成立的上海特区电话问题研究委员会等。"一·二八"事变爆发后，经过一周的战事，"原先工厂林立，房屋鳞次的闸北区、北四

---

[1] 《旅菜酒茶联合会开会记》，《申报》1925 年 2 月 1 日，第 15 版。
[2] 《华人电话用户联席大会记》，《申报》1925 年 2 月 2 日，第 14 版。

川路一带已成瓦砾遍地，疮痍满目的焦土"，工商业损失惨重。据估计，日军占领区内原有工厂 597 家，一半以上受到破坏；商店 12 915 家，70%受到不同程度的殃及，全市各种有形无形损失的总价值将近 15 亿元。[①]部分商户不堪战事祸及，处于休业状态，于是成立了北区电话用户联合会，向电话公司提出申请，希望豁免当年春季电话费用，于夏季时减低付费。[②]当时新成立的上海电话公司并未给予回应。

1932 年 3 月，自动机改造工程完竣，公司提出按照安森氏报告的建议，提高电话收费标准。消息传来，各界表示骇异。6 月 22 日，市民联合会反对电话加价专门委员会成立，集中力量，准备"联合全市用户，组织电话用户房客会积极进行"[③]。与此同时，市民联合会各区分会纷纷对工部局核准公司要求的行为表示抗议，认为"一·二八"事变后，"我东北区之商业，均被摧残净尽，即中区商店，虽未直接受日人之蹂躏，然商市停顿两月有余，间接所受影响亦颇重大"，"战后正拟恢复市面，力谋商业之复元，而忽有于商业上最关重要之电话加价之实现"，加重市民担负，希望取消加价新章。[④]之后，市民联合会反对电话加价专门委员会积极联合各区分会发表反对加价宣言，组织电话用户填具反对电话加价志愿书，为成立更大范围的电话用户团体组织做准备。截至 7 月 28 日，市民联合会共收到反对电话加价志愿书7000 余份，要求联合抗争的呼声高涨。[⑤]市民联合会在向工部局请愿的同时，积极筹备电话用户团体的成立工作。公共租界纳税华人会发表抗议，各路商界联合会也积极行动，联合其商店会员共筹对付办法。在市民联合会倡导、反对电话加价专门委员会积极筹备及各工商团体的支持呼应之下，8 月 21日，反对电话加价用户联合会正式成立。此后，电话用户联合会组织用户，积极开展相关活动，向电话公司、工部局等方面交涉电话改章收费问题。

在众多的电话用户团体中，1935 年上海特区电话问题研究委员会最为典型，其存在时间最长，抗争过程最为艰辛。前一起电话加价风波甫平，上海电话公司又以改装自动机所费甚巨为由，于 1933 年 9 月 15 日再次要求加价，距离上次加价不过 18 个月。各工商业主极其愤怒，严厉斥责公司"扰商害

① 刘惠吾：《上海近代史》（下册），上海：华东师范大学出版社，1987 年，第 244、250 页。
② 《北区商界力争减免电话费》，《申报》1932 年 5 月 19 日，第 9 版。
③ 《市民联合会议决反对电话加价》，《申报》1932 年 6 月 23 日，第 11 版。
④ 《市民二十区分会反对电话加价》，《申报》1932 年 7 月 27 日，第 16 版。
⑤ 《市民会反对加价开会记》，《申报》1932 年 7 月 29 日，第 11 版。

民"。因公司举动违背 1930 年 8 月份与工部局的相关协定：在改造自动话机工程结束三年内不得再次加价。在众多用户厉声反对下，加价之议暂时搁浅。转眼到了 1935 年，加价纠纷再次白热化。该年 1 月，电话公司提出加价 22.89% 之议，于 4 月 1 日起实行。经过长期交涉，公共租界工部局与上海电话公司拟定，商户和住宅一律实行含有基本通话次数在内的按次收费制：营业用户每月打电话 150 次，收费 10 元；住宅用户每月打 100 次，收费 6.5 元，超出次数，均按次收费 3 分。自 1936 年 3 月 1 日起实行。[①]受战事创伤，上海经济一直处于恢复阶段。后来又因世界经济不景气潮流的影响，农村破产，市场缩小、外资竞争及税收沉重等，各业商人举步维艰，"商店闭业，工厂停工，处处皆是"[②]。对于电话公司大幅度增加话费，各界用户表示强烈反对。经过艰难呼吁，1936 年 11 月 24 日，各团体联席会议召开，在电话取费标准上暂时达成一致，以市民联合会所提要求为参考，决定成立上海特区电话问题研究委员会专门负责交涉电话加价事件，由张一尘、严谔声、顾文生、瞿秋舫、毛云、郑鳌奎、王剑锷等起草大纲。经过紧张筹备，于 12 月 16 日，各团体联席会议第二次会议通过电话问题研究委员会简章，专门的电话用户组织诞生。在其领导下，各用户统一意见，积极联络社会各界力量，向市政当局和电话公司据理力争，掀起更大声势的反对电话按次收费活动。在推翻电话收费新章失败后，电话问题研究委员会争取基本通话次数，尽可能保障用户权益。随着抗争的需要，电话用户团体不断改组，扩充力量，其活动一直持续至 1936 年底。在此过程中，间或有其他形式的相关组织产生，如 1936 年 3 月 25 日成立的公共租界纳税华人会电话问题专门研究委员会等，与电话问题研究委员会遥相呼应，对租界当局的施政产生了较大影响。

旧时会馆、公所到近代同业公会的转变，商会等的兴起，适应了当时社会经济的发展和工商界自我权益维护的要求。[③]历观 1925—1935 年各个电话用户团体的成立情况，虽然其社会背景和具体起因各不相同，开展活动也不尽一致，但其形成均体现了近代城市社会经济的发展形态，它们都是统一在电话用户群体的基础上，本着自愿原则组织起来的社会团体，其

---

① 《电话专家委员电话报告节略》，《申报》1935 年 10 月 24 日，第 10 版。

② 《电话加价问题》，《申报》1935 年 3 月 26 日，第 11 版。

③ 朱英：《中国近代同业公会与当代行业协会》，北京：中国人民大学出版社，2004 年，第 113—129 页。

宗旨都是为了维护电话用户群体的共同权益。

第二节　电话用户团体力争租界电话主权运动

在全国民族主义思潮高涨下，近代上海华人电话用户掀起了一场争取租界电话国营运动。20 世纪 20 年代，全国各地收回租界、收回利权的呼声越来越高涨。"五卅"运动之后，上海租界地位岌岌可危。1927 年汉口、九江英租界的收回，使得人们对外国人长期占据租界，享受"治外法权"等特权愈加不满。租界存在的问题引起了人们深度的思考，华人参政与收回租界两种要求同时冲击着租界市政当局。伴随着华人参政运动取得部分成果，全国其他租界地区电话权均被收回的情况之下，20 世纪 30 年代收回上海租界电话权的进程也在一步步向前推进。

一、收回电话主权的动议

上海市内电话始于租界。1882 年，丹麦商人创办的大北电报公司在上海租界开办第一个电话交换所。由于缺乏主权意识，清政府没有提出异议。英商中国东洋德律风公司兴办租界电话事业后，用户日益增多，业务不断拓展，逐渐越出租界范围装设电话。华界当局以事关主权为由，屡次设法制止，但由于诸多原因，并无实效。1900 年，上海华洋德律风公司接办租界电话业务后，继续在租界以外装设电话，南市、闸北、徐家汇、浦东等华界地区相继被涵盖在内。为维护主权，1902 年，由南市地方绅士郁屏翰等发起，在南市新码头里街租赁民房，开办电话交换所。1906 年 11 月，清电报总局派员筹设上海电话。翌年成立南市电话局。该局成立后，由于外商电话公司的百般阻挠，以及不能与租界通话等原因，华界电话局装设用户长期不多。英商上海华洋德律风公司还在越界筑路地区大量扩展电话用户，继续侵害中国主权。1908 年 5 月，华洋德律风公司与公共租界工部局签订自 1907 年起为期 30 年的经营合约，合约规定其营业区域为工部局管理下的全部地区和所有公共租界外道路。后法租界公董局也与公司签订类似的合约。1925 年 12 月 17 日，英商上海华洋德律风公司与上海电话局签订为期 5 年的"互通合同"，局方同意公司在越界筑路地区内扩展用户，公司在局方经营范围内装置的电话线和电话用户保持一个相当时期，且还

7

可在浦东地区发展用户。至此，租界电话公司业务包含上海租界、华界南市、闸北、浦东等地区及越界筑路地区。

　　收回电话主权之议由来已久。早在 20 世纪 20 年代中期，就有用户不堪租界电话公司加价重负而提出要收回电话主权。1924 年 11 月，华洋德律风公司通告用户自第二年起实行新的收费章程，规定加价后，各业大小商户均相抗议，以旅菜酒茶各同业最为严重，联合请愿将租界电话收归市办，以减轻负担。①至华租两界商议互通电话时，针对上海电话局对租界电话公司越界安装电话采取默认的态度，不少人提出反对，究其原因，"不是不知其便利，实是不欲以贪图便利而损害主权"，"希望办理这件事的人，要对外交上、国权上兼筹并顾"②。在用户看来，外商私营是话费过高的渊薮，绝不可图一时便利而放弃国权。

　　1929年起，上海租界当局鉴于租界内电话经营不良准备转让其经营权。国民政府交通部闻讯后咨请外交部严正交涉，意在以合适的价格将租界电话收回自办。社会各界积极响应。但是租界当局不予理会，坚持我行我素，电话公司招标工作依旧如故。1930 年 6 月 27 日，华洋德律风公司股东大会通过决议，拟将接受美国国际电报电话公司标函。"我国各团体及市民等闻之，均极愤激。"③经过紧张而积极的筹备，华洋德律风公司华人用户联合会成立，对外表明团体立场和大会宗旨，认定上海华洋德律风公司经营不良，应由中国政府积极设法收回自办，否则"不足以保国权而维商民利益，属会谨当率领华人用户，采取有效手段，绝对不与该国际电话电报公司合作，以为后盾"④。7 月 21 日，市民联合会电话问题专门委员会随后成立，呼吁"本会代表全体市民，维护国家主权，保障商民利益，决心反对到底，义无反顾"⑤，并相继投身于收回租界电话权运动中。

二、力争电话主权的努力

　　电话主权涉及整个国家政治权力的完整性，关系到租界的将来地位和

① 《讨论电话加价之两大会议》，《民国日报》（上海）1925 年 2 月 2 日，第 3 张第 10 版。
② 慎：《时评：电话接线问题》，《民国日报》（上海）1925 年 3 月 20 日，第 3 张第 11 版。
③ 《华洋德律风公司通过标卖以后》，《申报》1930 年 6 月 29 日，第 13 版。
④ 《华人电话用户力争主权》，《申报》1930 年 7 月 10 日，第 9 版。
⑤ 《华市民力争电话权，积极进行反对》，《申报》1930 年 7 月 22 日，第 14 版。

社会发展，问题重大，非同小可。作为电话用户团体，迫切需要壮大声势，寻求支持。电话用户团体注意加强团体内外团结，争取行动一致；积极与交通部等政府部门联络，表明抗争决心并致函相关外事机构，争取舆论支持。由于租界地位的存在，华人电话用户团体争取电话主权的努力最终以失败告终。但电话用户团体的大声呐喊和积极活动，使中方政府相关方面开始重视电话主权问题，着手收回越界筑路地区电话主权，也使外商电话公司在制定电话收费章程、改进电话服务质量等问题上有所顾忌。

（一）加强内外团结

一方面，华人电话用户联合会注意加强内部的团结，认定上海华洋德律风公司与国际电报电话公司的私相授受行为，"此种蔑视我国法令与主权，为任何人民、任何国家所不能容忍，尤为我全体用户所甚痛心"，各电话用户表示外商公司在未向中国政府正式取得特许专营权以前，"绝对准备不用违法之电话，而不与国际电报电话公司合作，言出行随，义不反顾"。另一方面，华人电话用户及时与市商会、市民联合会及纳税华人会等联络并保持一致，集合力量，奋力抗争，"唤起全市各团体，一致援助"，"促成美人国际公司觉悟，自动放弃"，呼吁"务望各界，同声援助，以维国家法令与主权"[1]。1930 年 7 月 21 日，市民联合会电话问题专门委员会成立，表示要与各公团联络一致进行反对，特别提到要与华人电话用户联合会取得联系，通过决议，"亟宜派员调查接洽，以期一致进行，而厚实力"[2]。7月 22 日，市民联合电话问题专门委员会决议，"通告全体华市民电话用户，从速一致加入华人电话用户联合会为会员，以便集中力量共同努力"，"推举余华龙、虞仲咸、蒋信昭、郑澄清四委员为代表，负责与华人电话用户联合会，随时接洽合作，以利进行"，两电话用户团体走向联合抗争。电话问题专门委员会认为，"电话出卖，关系重大，纳税华人会为纳税华人结合团体，迄今未见积极进行反对工作，工部局华董，亦未有任何表示与动作，殊负市民付托之重"，致函纳税华人会声明，"贵会为界内纳税华人结合之团体，当此界内发生市政重大问题之时，自应临时集合纳税华人全体代表，勉力奋斗，以期达到最后目的。咨经敝会第二次委员会议决，函请贵会，

① 《华洋德律风公司通过标卖以后》，《申报》1930 年 6 月 29 日，第 13 版。
② 《华市民力争电话权，积极进行反对》，《申报》1930 年 7 月 22 日，第 14 版。

即日召集全体代表大会，积极讨论反对方法，以厚实力而保主权"①，并加以敦促。7 月 25 日，电话问题专门委员会再次提出，"工部局华董溺职，纳税华人会对于反对电话工作未见努力，均负市民托付之责"，表示将致书警告，由秘书处负责草拟工作。②电话用户团体多方奔走相告，争取得到尽可能多的社会支持。

（二）联络政府部门

国家主权高于一切，只有通过外交的方式，形成权威的法律条款，体现国家意志，才有望解决电话主权的问题。电话用户团体力争电话主权的努力，需要通过中央政府、交通部等的最终交涉才能达成。电话用户团体积极联络相关方面，争取电话主权问题的彻底解决。在发给南京中央党部、国民政府、国民政府内政部等的电函中，电话用户团体表明立场，希望相关方面"严重交涉"，表示"决作政府后盾"，以期收回租界电话权。③在呈给交通部的函件中，电话用户团体陈述，"以国际电话电报公司，未经政府核准，亦未向交部取得专营特许权，竟承购华洋德律风公司财产，虽迭经政府交涉，与民众反对，仍悍然进行，蔑视我国主权殊甚，现拟采取有效之手段，绝对不与该公司合作"④，表现了其作为用户群体，力争收回国家主权的坚定决心。

交通部电政司司长庄智焕前往上海交涉租界电话主权事宜，鼓励"国人稍能坚持不合作主义，则收效必大，上海市民只须忍受交通上暂时之不方便，即可免未来之种种损失"，承诺"交部以此事利害，非止局部，故绝不肯稍事放弃也"⑤。收到电话用户团体的函件后，交通部复函表示，"华洋德律风公司标售租界电话一案，既妨国家主权，又与当地民众，有切身利害关系。贵会有鉴及此，联合华人用户组织团体，力谋抵制，具见爱国热诚，至深佩慰"，"已咨请外交部，再予严重交涉，以期贯彻始终，尚望群策群力，团结一致，效甘地之不合作主义，努力奋斗，冀最后之胜利"⑥，

---

① 《租界电话权案》，《申报》1930 年 7 月 23 日，第 13 版。
② 《市民联合会议记》，《申报》1930 年 7 月 26 日，第 14 版。
③ 《收回沪租界电话案》，《申报》1930 年 7 月 12 日，第 7 版。
④ 《收回沪租界电话案》，《申报》1930 年 7 月 15 日，第 7 版。
⑤ 《庄智焕谈沪电话问题》，《申报》1930 年 7 月 15 日，第 7 版。
⑥ 《租界电话权案》，《申报》1930 年 7 月 23 日，第 13 版。

华人电话用户团体的活动受到交通部肯定，也引起了外交等部门的重视。

（三）争取外交支持

不久，报端披露工部局同意出售华洋德律风公司，并将与美国国际电报电话公司签订为期 40 年之久的特许营业合同，各国驻华领事团也对此批准，"预定八月一日起，即将由新公司接办营业"①。得到消息后，电话用户团体致函外交部，表示工部局等行为实为"在此应除不平等条约与收回租界声中，再行作此露骨之侵掠"，希望外交部"本革命外交之精神"，"积极严重交涉，并设法促其反省"，否则"不足以保国权而谋民利"②。

由于承购公司为美商，电话用户团体为保障国家主权、捍卫自身权益，积极致函美国驻沪领事克银汉、国民政府驻美公使伍朝枢等，希望他们参与调停。在函件中，电话用户团体历陈华洋德律风公司、美商国际电报电话公司及工部局违反国家法律、蔑视国家主权的行为；揭露外商公司专为盈利的真实面目，"该国际公司，纯以谋利为目的，据其投标计划，估计其营业净利高至 10.5%，则将来电话之使用费之增加势无止境，而用户之受亏自必不免"，"认定非将租界电话事业全部由我政府收回，或经政府核准监督，不足以保国权而谋改进"；提出上海电话事业"实关系于全国交通"，"上海华界、租界互相毗连，其电话经营，更须求其统一整齐"，工部局越权批准美商获得租界长达 40 年的专利营业权阻碍了中国的交通行政；强调了租界电话主权问题对用户的重要性，"电话是公用事业，自应尊重大多数用户之意旨，而公司标函，迄未征求用户意旨，纯以私利为前提"，希望伍公使"直接向美国政府提出严重交涉，并促美国人民注意我国主权，勿冒不韪，免伤两邦之友谊"③，从国家邦交联谊、市政交通规划和用户权利维护等三方面陈述利害，表达了作为电话用户代表，将国家主权完整与个体切身经济利益相结合的呼声。1930 年 7 月 28 日，电话用户团体接到美国驻沪领事克银汉复函，对电话公司出售已成定局表示无奈。对此，电话用户团体依旧没有放弃，并对美国领事继续声明，"（电话）专利权，自非得当地最高主权者中国政府之核准，不能任意转让也"，"上海之最高土地主

① 《本月底租界电话交割，国际公司定下月接受营业》，《申报》1930 年 7 月 25 日，第 9 版。

② 《租界电话华用户电请外部交涉》，《申报》1930 年 7 月 25 日，第 9 版。

③ 《租界电话权案》，《申报》1930 年 7 月 23 日，第 13 版。

权，仍属我中国政府"，"绝对不可忽视我国之主权"①，电话用户团体这种
不屈不挠的精神，显现出他们为维护国家主权的坚定和执着。

　　在电话用户团体的积极呼吁下，各界反应强烈，对租界当局及电话公
司造成了极大的舆论压力。1930 年 7 月 11 日，上海报界工会和英美烟厂
工会发表反对宣言，措辞激烈，表示"鄙会等痛心国权丧失，无泪可挥，
惟有拼洒满腔之热血，追随国人，与帝国主义者作殊死战，以争最后之胜
利，非至我国政府收回自办之目的达到不止"②。面对电话用户团体的谴责，
纳税华人会随即复函，声明"上海华洋德律风公司所专营之电话事业，自
应由我国政府收买管理"，将纳税会前对于收回租界电话权的各种努力付诸
报端，表示"好在已有电话用户会专主其事，鄙会等更易协助，以观其成，
而得达到最后目的"③。7 月 29 日，他们再次致函工部局总办爱德华，表
明电话事业应由我国政府收买自办，"俾电话之使用地域广大，而收到处
皆通之利益"，电话专营批准权事关我国主权，各方力争，唯恐酿成重大
纠纷；新的电话转让合约中"如保息一分，与新旧之方法，及材料之价格，
均足使用户有增负担使用费之危险"，敦促工部局将电话专营批准权交还
我国政府。④

　　在交涉过程中，工部局与驻沪领事团坚持合约已成定局，无法挽回。
1930 年 6 月 27 日，华洋德律风公司股东大会以在决定出售之前没有接到
中国相关方面之公文相推诿，通过出售议案。但鉴于华人用户抗议激烈，
态度明显好转，表示"租界当局与本公司，为将来中外合作起见，甚愿博
得华人方面好感，将来希望，能与中国官场谋得妥协"⑤。7 月 30 日，工
部局董事会核准华洋德律风公司售予国际电话电报公司。8 月 5 日，工部
局与美商上海电话公司签订特许营业合同，除规定电话公司享有租界 40 年
特许营业权外，对电话公司的电话服务质量、收费标准改制等方面均作出
相应约束。美商上海电话公司依照合约条款，迅速着手租界电话改良工作。
租界电话公司出售一案已成定局，电话用户的权益在某种程度上得到一定
的保障。国民政府交通部也感到事情难以再有进展，"该项交涉在租界未

---

① 《力争电话权函件》，《申报》1930 年 7 月 29 日，第 13 版。
② 《两工会反对出售租界电话》，《申报》1930 年 7 月 11 日，第 14 版。
③ 《纳税会为租界电话复市民会函》，《申报》1930 年 7 月 26 日，第 13—14 版。
④ 《纳税会再度抗议租界电话案》，《申报》1930 年 7 月 30 日，第 13 版。
⑤ 《华洋德律风公司昨召集股东特别大会》，《申报》1930 年 6 月 28 日，第 17 版。

收回以前，进行甚感困难"，提议改订计划，先行收回租界电话公司越界筑路地段内装设的电话。①

（四）切实推动进程

电话用户团体对于电话主权的争取并未就此结束，而是改变策略，发表宣言，厉声谴责租界当局等方面侵犯国家主权；同时积极联络用户，汇集各方意见，着手改组电话用户联合会，拟与租界电话公司作长久周旋。1930 年 8 月 30 日，华人电话用户联合会发表宣言，坚持原有主张，重申"为拥护我国主权，完整维持我国法令威信，保障华人用户利益计"的五点理由：①国际电报电话公司未经国民政府核准，向租界工部局获得 40 年专利权，违反"中国电话事业，法律明定国营"的规定；②租界属于国家领土，国际电报电话公司私自经营，侵害了我国主权；③洋泾浜章程中并无工部局有权允以私人电话专利权的规定，工部局滥用职权，妨碍了我国交通行政；④电话属于公用事业，应该尊重用户的意旨；⑤越界筑路地段的电话装设问题应尽快解决。电话用户团体一反平和的常态，对电话公司与工部局及美国领事等的行为进行了控诉，表达了强烈的不满，认为该公司不但不反省，反而"竟敢凭其金钱实力，在工部局掩护之下，漠视一切，悍然进行"。美领事克银汉"亦专以援引不平等条约特别产物之洋泾浜章程及外国法律，以资搪塞，对于我国之主权法令，置若罔闻，此种专横情形，尤为痛恨"，"非根本急谋收回租界，及给以实际的严重手段，不足以羁其野心"。社会各界"应根本否认工部局有权擅与私人经营电话专利权，及该公司在上海经营电话之一切权利"；电话用户团体"仍当作坚决之奋斗"，"尚希邦人志士，一致抵抗，贯彻始终"②。

其后，电话用户团体积极联系会员，征求反抗意见。截至 9 月 2 日，共收到用户意见书 4000 余封。对于工部局滥用职权和国际电报电话公司擅自承购行为"均请奋斗到底，始终不渝"，汇总意见主要有六大类：①拒绝与国际电报电话公司发生营业关系；②呈请交通部另组专司机关办理租界电话事业；③呈请交通部收回越界筑路部分的电话权；④呈请国民政府查禁一切未经核准的电话材料进口；⑤呈请外交部严重交涉，收回上海租

① 《收回沪租界电话案》，《申报》1930 年 8 月 28 日，第 7 版。
② 《华人用户联合会努力收回租界电话权》，《申报》1930 年 8 月 31 日，第 17—18 版。

界；⑥号召服务该公司的华人群起拥护国权，不与其合作，促其反省等。接着，电话用户团体发表宣言，决心依据用户意见，"积极进行，非至国际电话电报公司呈经我国政府之核准与监督，决不停止运动"，谋划完善组织，按照各用户所提之候选人，"使该会成为永久之组织，为用户利益永久之保障机关，并与该国际公司，作持续之奋斗"①。

9月5日，电话用户联合会呈请交通部公布具体计划，信函中对工部局等行为痛心疾首，大喊"呜呼，民心未死，孰忍长此屈辱于强权。我国法令尊严，岂能再三供其玩忽"，"以为非根本收回租界，不足以羁其侵掠之野心"，否则"后患何堪设想"②。并于当日公布了由各会员选举的执行委员名单，表达了抗争到底的决心。鉴于华洋德律风公司已经实行让渡，交通部深感"若仍用从前方法，空言抗议，殊无补于事"，采纳用户联合会的建议，拟将南市、浦东等处由租界公司所装电话以及越界筑路各处电话收回。③

在电话用户团体的积极呼吁下，交通部与外交部多次会商，最终确定从实际着手实行"三步"方案。首先，将前华洋公司在浦东、南市、闸北及华界其他各处所设电话，实力收回。其次，由外交部积极交涉越界筑路各处电话；租界内电话，另筹妥善办法后，继续交涉。④最后，交通部特派专员前往上海，调查越界装置电话号码和数目，作为交涉的根据；上海电话局开始估计将要改接的各用户所需材料，做好前期准备工作。1930年10月，国民政府交通部通过外交部与上海领事团交涉，要求外商公司停止安装越界电话。通过长期磋商，1933年4月，上海市公用局、上海电话局与美商上海电话公司三方共同签订《电话临时合约》，确定了局方与公司各自的营业范围。自临时合约签订之日起，沪北原越界筑路地区公司所装电话和沪西区等越界地区电话用户向上海电话局缴费。电话局于条件成熟时，随时可以收回自办。⑤之后，上海电话局购进设备，增建局所，浦东等分局相继开通，越界地区电话用户逐渐过渡。1934年，上海电话局所属南市、闸北、浦东等地电话局业务发展迅速，仅南市每日呼号就达38 000余

① 《收回租界电话权应声》，《申报》1930年9月2日，第13—14版。
② 《德律风华人会执委会纪》，《申报》1930年9月9日，第14版。
③ 《再争沪租界电话权》，《申报》1930年9月10日，第8版。
④ 《收回租界电话案，交外两部计划》，《申报》1930年9月20日，第13版。
⑤ 《上海市内电话交涉纪要》，上海市公用局辑印，1933年6月，第43—44页。

次。①在电话用户团体的积极推进下，电话主权交涉取得了阶段性成果。

电话用户主张将电话权收归国营，一方面受民族主义思潮的影响，另一方面也是对自身权益的考量和维护。在近代国人眼中，"外人专为营利"，"上海租界之公用事业，全操诸于外人之经营，外人本挟其帝国主义之经济侵掠政策而来，故其目的在剥削压制"②。"电话事业倘由政府经营，自能顾及全民利益，不致如商人承办，专以营利为目的。即照国际电报电话公司之预算，按照所投资年获纯利10%，又二分之一作精密之计算，则此后华租价目将增加35%，徒使人民增加担负，实非公平之办法。"③至1936年，电话用户团体不堪上海电话公司不顾商情，按次收费，使其负担加重，反复呈请政府收回租界电话权，实行自办。④1936年3月3日，电话问题会致函国民政府行政院交通部估计该公司资产，通过发行公债，设法"收回上海电话公司自行经办，以免听任宰割"，"既以福国利民，并戒贪婪欲壑"⑤。由于战事、外交等诸多因素，直至战后租界收回，租界电话权才最终被收回。由于收回租界电话权活动的进行及其浩大的声势，迫使租界上海电话公司不得不在局务置措和价格厘定等方面，适当考虑华人用户的承担能力和舆论反应。

第三节　中外电话用户反对加价和改制收费运动

近代上海经济发展受社会环境、世界经济等影响而一再波动。20世纪20年代的军阀混战及30年代的"一•二八"事变等，使市场缩小，银根紧缩，更有甚者工厂、店铺等直接遭到破坏，各大小商户处境窘迫，步履艰难。电话一再加价，致使供求双方矛盾加剧。华租两界电话用户群体均掀起了声势浩大的反对加价运动。围绕话费增减等问题，电话用户团体代表华人电话用户群体，外侨社会团体代表外人用户，与市政当局、租界电话公司、华界电话局等展开一次次交锋。其间，电话公司曾经三次提出按次收费。两次为华洋德律风公司，一次为上海电话公司，横跨20世纪20年代和30年代，电话用户团体的主要交涉对象由电话公司转向租界当局，具有一定的代表性。

---

① 《上海电话局之局务》，《申报》1935年2月14日，第13版。
② 崇实：《电话加价》，《礼拜六》1932年第464期。
③ 《收回上海租界电话案》，《外交部公报》1930年第3期。
④ 《电话问题会昨日议决登记拆除电话用户》，《申报》1936年2月28日，第11版。
⑤ 《电话问题会联络用户抗争到底》，《申报》1936年3月4日，第12版。

一、1925 年反对加价和改制收费

20 世纪 20 年代中期，上海经济环境恶劣，广大中小商户处境艰难。1924 年 11 月，华洋德律风公司通告收费新章，计划于翌年开始施行，除大幅度加价外，还规定对菜馆、总会、旅馆、茶馆等实行按次收费，这引起电话用户群体的强烈抗议。反抗活动一直延续至 1925 年 2 月仍无结果。电话用户联合会应声成立，带领广大用户群体，继续反对电话公司加价。

（一）统一行动

电话用户团体成立的主要目的为明确计划、统一步骤。电话用户联合会成立当天，相关人士于报纸上发表评论，"今天的会里，反对的理由已说烂了，不必说。最要紧的，是和华洋德律风公司交涉最低的让步是什么，万一不成，各同业补救的办法是什么？这样一一议完了，再全权付托理事去执行，而一致为理事的后盾"①。1925 年 2 月 1 日，华人电话用户联合会召开，发表宣言，"电话为公共事业之一，又为商场交通之利器，其征收费用，自不能不顾及公共利益，而予公众以较巨之负担。否则反对之声既起，用户方面虽不足与公司以有力之抗衡，而因负担加重，减少装置，殊足影响商业交通，且猝遇盗警祸患，尤关社会安宁"②。大会征集应付办法，全体用户表示，"如果交涉不达目的，德律风公司不允修正章程"，"则全体表示愿不用（电话）"③。2 月 2 日，华人电话用户联合会发出通告，分别致函纳税华人会、各路商界联合会及旅菜酒茶同业会等，召集联合会，继续讨论应对办法。经过各方会商，决议反对华洋德律风公司加价办法分为四步：第一，依据 2 月 1 日大会议决案，由委员会进行反对电话加价及改章的手续；第二，函请华顾问向工部局据理力争；第三，由各业各用户联合盖章，直接向工部局作最后交涉；第四，若交涉无效，一致拆除不用，并以法律手续交涉。④对于电话用户团体的议决，各用户争相呼应。2 月 2 日，五马路商联会召开大会议决，"由本会通函各会员陈述利害，请一致拆

---

① 慎：《时评：反对电话加价要有办法》，《民国日报》（上海）1925 年 2 月 1 日，第 3 张第 11 版。
② 《反对电话加价之两大会议》，《民国日报》（上海）1925 年 2 月 2 日，第 10 版。
③ 《华人电话用户联席大会记》，《申报》1925 年 2 月 2 日，第 14 版。
④ 《反对电话加价之近状》，《申报》1925 年 2 月 20 日，第 14 版。

机停用，以资对付"；四川路商联会表决对于电话加价改章一致反对，"如果将来委员会力有所不及，德律风公司不肯让步，本会当以全力协助之，本路会员凡装有电话者应一律拆卸"①。其他已经拆除电话的各商业用户，也积极配合，表示在电话公司让步之前暂缓复装。②纳税会等相关团体的工作依期进行。2 月 6 日，纳税华人会召开理事会，决定"请华顾问致函工部局，转令德律风公司，将新章修正，取消按次计费办法，再行商酌价格"③。电话用户团体组织的成立和活动的开展，保证了分散各用户反对加价行动的一致性和有序性。

（二）直接交涉

在华人顾问向工部局交涉不成的情况下，电话用户团体审时度势，改变策略，设法直接与公司取得联系，希望从公司方面打开缺口，谋得缓和。鉴于工部局与电话公司对于用户的抗争没有任何让步的征兆，用户联合会着手组织各业用户分别盖章，为向工部局请愿作相关准备，截止到 2 月 20 日，参与商户多达数千家，同时研究法律事项，以备交涉之需。④转眼到 3 月份，电话公司收取春季电话费期限迫近，各用户不知所措。反对电话加价收费的交涉毫无进展，几近陷入僵持。3 月 12 日晚，电话用户会召集紧急会议，讨论进行方法，最后决定各团体用户联名盖章向电话公司声明不承认收费新章，请其收取旧章费用，否则一律拆除，同时商议采用私人调停的方式。⑤随后，电话用户团体延请华顾问袁履登和总商会会员陈炳谦等出面调停，向电话公司接洽，准备作诉诸法庭前的最后努力。最后，公司经理柯尔承诺愿取消按次收费，住宅用户定为 52 两，普通商业用户定为 78 两，对于酒馆、总会、旅馆、茶肆等处价格须较普通商店增加 10 两，每年共计 88 两，需由公司董事会商议通过。⑥旅菜酒茶各同业等用户先后集议表示赞同此项变通。

电话新章的制定，需要公司董事会讨论通过，才能最终形成决议并付

① 《两路商联会开会记》，《民国日报》（上海）1925 年 2 月 4 日，第 3 张第 11 版。
② 《旅菜酒茶同业开会记》，《民国日报》（上海）1925 年 2 月 16 日，第 3 张第 11 版。
③ 《反对电话加价之昨讯》，《民国日报》（上海）1925 年 2 月 7 日，第 3 张第 11 版。
④ 《电话用户会今晚开会》，《民国日报》（上海）1925 年 2 月 14 日，第 3 张第 10 版。
⑤ 《电话用户会紧急会议》，《民国日报》（上海）1925 年 3 月 13 日，第 3 张第 10 版。
⑥ 《电话加价案将解决》，《民国日报》（上海）1925 年 3 月 21 日，第 3 张第 11 版。

诸实践。面对公司经理的口头承诺，电话用户团体不遗余力，继续促成公司尽快公布改订后的收费新章。此次电话加价风波自1924年底始，许多商户不惜以拆除话机为代价向电话公司作严重抗议。已近3月，商户因为电话不通而长期遭受营业损失，当电话按次收费有望取消时，急切希望收费新章尘埃落定，恢复电话，以利交通。3月20日晚，电话用户联合会举行全体委员会，"议定请袁履登君会同陈炳辉君即日向德律风公司磋商，早日将按次计费办法实行取消"①，努力促使电话加价问题的彻底解决。在电话用户团体的积极奔走下，4月15日，公司公布电话加价修正案，"凡旅馆、茶馆、餐馆、公会等用户，每月打电话，不在300次以外者，每年价银78两；不在500次外者88两；700次以上者100两，每次另加洋五分"，自6月份实行。②对原定按次收费的各家电话，以通话次数为参考，限定拨打电话的次数，大体实行按具收费，加价幅度明显降低。多数商户表示愿意试行，至9月间再行复议。③电话用户团体的反对活动取得初步成效。

（三）保障权益

电话公司让步后，能最大限度地保障重装用户及迟滞纳费用户的利益，成为电话用户团体的首要任务。在电话公司经理允诺对收费新章重新议定后，公司却继续对各未照新章付费的用户，"照例将电线剪断，以致交通不便"④；对于延迟缴费之用户一律罚银二两⑤，用户利益遭到损害。电话公司公布电话收费修正方案后，电话用户团体进一步向电话公司提出三点要求：①9月间重议期间，公司必须明白承认；②因否认新章而拆除的电话机，用户需恢复时，公司立予装设，不得借以加征任何费用；③改良及整顿电话接线，尽最大努力积极维护用户的基本权益，进行相关接洽。通过努力，最后"公司声明，第一、第三两项，当然照办，惟第二项按章须银十两，兹减取工力二两"⑥，一定程度上获得了有利于各用户的答复。随后，华人电话用户联合会结束会务，延续长达近半年的反对电话加价运动告一段落。

---

① 《电话按次收费可望取消》，《民国日报》（上海）1925年3月23日，第3张第11版。
② 《电话加价修正案发表》，《民国日报》（上海）1925年5月29日，第3张第11版。
③ 《电话加价案解决以后》，《民国日报》（上海）1925年4月16日，第3张第10版。
④ 《电话加价案即可解决》，《民国日报》（上海）1925年3月31日，第3张第10版。
⑤ 《南京路商联会特别会》，《民国日报》（上海）1925年4月4日，第3张第10版。
⑥ 《解决以后之电话加价问题》，《民国日报》（上海）1925年4月18日，第3张第10版。

二、1935—1936 年反对加价和改制收费

电话事业为近代上海重要的公用事业之一。公共租界工部局对电话事业发展具有监管权，工部局董事会对其价格厘定、营业办法等市政事项具有监督权和决策权。围绕话费厘定，中外用户、电话公司和工部局曾展开多次多方博弈。在历次反对电话加价运动中，以 1935—1936 年反对规模最大，持续时间最长，过程最为曲折。上海电话公司完成自动机改造工程后，多次提出加价申请，继 1932 年 3 月 27 日起增加收费①后，电话公司于 1933 年 9 月再次意欲加价，在用户的极力反对下，被工部局驳回。事隔三年，1935 年初，公司为满足年息一分，又一次提出加价，要求对商业用户实行按次收费。中外电话用户强烈反对，将电话公司和工部局的价格决策多次推翻，这反映了中外电话用户群体强烈的权益意识。

（一）反对电话加价运动的缘起

1935 年 1 月 21 日，上海电话公司依据 1930 年 8 月与公共租界工部局签订的特许营业合同，向工部局呈请，自 1935 年 4 月 1 日起，改定话费，实行加价，并对营业用户实行按次收费。租界市政当局始有允许之意。这一举动，遭到了中外电话用户的强烈抗议，华人用户、其他各国商户尤其是日侨用户先后表明抗议立场。

1935 年 1 月 22 日，上海电话公司援引特许营业合同相关条文，通过报刊舆论声明，公司有权要求保证合同赋予的纯年投资金额 10% 的收益，依照目前的经济状况，必须限制通话并加价。通过分析，公司认为自动机的改造虽为用户提供了便利优良的服务，却造成现有用户通话次数过多的现象，"1931 年自动尚未通话前，每一用户之每日平均通话次数仅只 7.12 次"，自动机开通后，以经济不景气之 1934 年论，"平均通话次数，已超越一倍而强，达于 14.81 次"，部分用户占据了有限的电话资源，"第用途既增，该公司之各项机械线路设备亦即随之而大"，不得不追加投资，"一应资本利息、折旧、维持、运用各费，亦随之而有增加之必要"；公司还要满足日益增加的装户需求。事实证明，这些人数不少，"1930 年终，共计有电话 33 537 号连接于

---

① 《各界坚决反对租界电话加价》，《申报》1932 年 6 月 19 日，第 18 版。电话公司每年收取商业用户由原来的 78 两增为 105 两，住宅用户话费由原来的 52 两增为 65 两。

总交换机。而在 1934 年终，则已加为 51 783 号，此较增加 54.41%"，即使公司"机械则以经济方法建造之，各项费用上则节省之"，"自 1930 年 8 月 5 日实行迄至 1933 年 12 月 31 日，该公司血本屡增，而大致所获到者则微末已极，甚至不克以红利股给股东"①，拟实行加价。

此议一出，中外业界还没等电话公司公布具体收费新率，在尚不清楚电话加价幅度的情况下，以目下上海经济境况不佳为由，纷纷表示难以接受。1935 年 1 月 30 日，西颜料业、中西木器号业等 28 个行业联名转函租界当局，陈述理由，望其万勿批准电话加价。各同业认为，"上海一埠，除受不景气之潮流外，复遭"一·二八"之创痕，以致年来商号纷纷倒闭，房屋十室九空"，商业凋零、市面衰落，公司行为实乃"惟私利之是图，罔顾全体市民之生存"；另外，观诸公司财务，"该公司洋员月薪均在千百元以上，而所任职务，即数十元者未尝不能应付裕如"②，应撙节紧缩以疏财务困境，而非取诸用户。

面对这种各持一端、众声抗议的局面，公共租界工部局不敢贸然决策，"为获得公众和报界对此问题的评价"③，决定公开公司修改费率申请。2 月 21 日，各大报纸刊登了电话增价内容。在申请中，电话公司声称，1934 年收入仅为资本额的 6.13%，只有将总收入增加 22.89%，才能达到特许权所规定的 10% 年利。最为理想的办法即"原来商用按具收费者，每月收费，由固定之 12.24 元改为 10 元，以 100 次为限，过此数，按此比例递减征收，每次最少 3 分"，"家用电话，每月固定话费，由 7.58 元加为 8.50 元"④。电话公司试图通过上述收费新章，一方面控制大商户通话次数，使其变相增加话费；另一方面激励通话较少的商户安装电话，从而增加电话公司的收益。

上海电话公司加价申请公诸报端，引来了新一轮更加激烈的反对浪潮。一方面，众多用户认为公司经济状况良好，自身力有不逮。1935 年 3 月 12 日，市商会致函工部局，言明 1934 年上海电话公司"尚能获得净利六厘一毫三丝，已属商业中不可多得之盈利。无论从公益方面设想，抑纯从商业眼光着想，均不应再榨取公众利益，以增加其收入"⑤。更有外商

---

① 《上海电话公司改订收费新章》，《申报》1935 年 1 月 22 日，第 11 版。
② 《各业同业公会群起反对电话加价》，《申报》1935 年 1 月 31 日，第 5 版。
③ 上海市档案馆：《工部局董事会会议录》（第 26 册），上海：上海古籍出版社，2001 年，第 468 页。
④ 《电话公司请求增价内容》，《申报》1935 年 2 月 21 日，第 13 版。
⑤ 《市商会再函请工部局制止电话加价》，《申报》1935 年 3 月 13 日，第 11 版。

推算，实行按次收费后，电话公司每年盈余之数远非其对外宣称的 1 523 750 元，"实际值每年盈余额当倍于电话公司预估之数，即为 3 047 500 元"；另一方面，各用户"因损及营业，于能力上亦不堪负担"，上海西籍经纪人公会表示，"所用电话者共计 900 线，如一旦加价，则所受损失，至为重大"①。汇票经纪人公会、日本侨民团体等亦均致函工部局，对电话收费新章表示抗议。

面对强大的舆论压力，工部局希望拿出一套既能"使公众安心"，也能尊重公司权益的方案。②经过讨论，3 月 11 日，公用事业委员会决定允许电话公司自 1935 年 4 月 1 日起，"增加总收入至多 12.5%"，"足使公司获得一分纯益"；"股东实可获约一分五之红利"；"对于用户之利益已可谓有合理之保障"③。正当公司按照工部局所核减的加价比例改拟新章时，中外各方用户仍表示不满，希冀从根本上打消加价之议。各社会团体纷纷致函工部局，严词责问，对工部局提出增加公司收入 12.5% 的合理性表示怀疑，"电话加价之反对声浪可称弥漫全市"④。工部局只能做出先让电话公司自 4 月 1 日暂行加价 11% 的退步，并聘请四国电话专家调查公司财务和经营，以期能够拿出使公司和用户双方均能接受的方案。经工部局调解、专家调查，决议上海电话公司收费新章为：营业用户每月打电话 150 次，收费 10 元；住宅用户每月打 100 次，收费 6.5 元，超出次数，均按次收费三分，自 1936 年 3 月 1 日起实行。⑤

（二）华人电话用户团体的抗争

华人电话用户团体成立的目的是解决电话使用费用过高、服务不佳等问题。为了反对上海电话公司实行收费新率，特区电话问题会进行了严密的工作部署，制订了多项抗争方案。1935 年 12 月 16 日，特区电话问题会成立，明确规定会务，"一、特务电话用户之准确调查及登记；二、电话用户每月平均通话之次数；三、调查电话公司之设备与耗费；四、保障用户使用之便利；五、减轻用户之负担；六、增加用户之装置；七、研究电

① 《西商亦多反对电话加价》，《申报》1935 年 3 月 15 日，第 11 版。
② 上海市档案馆：《工部局董事会会议录》（第 26 册），上海：上海古籍出版社，2001 年，第 491 页。
③ 《工部局讨论结束准许电话加价》，《申报》1935 年 3 月 24 日，第 10 版。
④ 《工部局核准电话加价，纳税会昨严函责问》，《申报》1935 年 3 月 30 日，第 12 版。
⑤ 《电话专家委员电话报告节略》，《申报》1935 年 10 月 24 日，第 10 版。

话价目之标准"①，积极准备与电话公司和租界当局展开交涉。次年 1 月
10 日，电话问题会全体委员会召开，议决通过：①推定顾文生、张一尘、
胡凤翔、陆文中为代表，与工部局、公董局交涉；②函请各团体转饬全体
会员对电话加价问题，遇必要时，应采取同一步骤；③对电话变相加价严
重表示，函请中西纳税会提出异议；④函请交易所联合会、旅业公会等各
重要用户，贡献办法；⑤印制表格，分发各用户，举行用户调查，交调查
科专门负责②，进一步明确用户团体反抗活动的主要任务和具体事项。

1. 推举代表与市政当局交涉

依据特许营业条约，电话公司收费新制必须征得租界当局的允准，方
能施行。截止到 1935 年底，公共租界工部局与法租界公董局先后核准公司
收费新率，加价势在必行。若要推翻公司加价方案，必先得到租界当局的
重新决议。1936 年 1 月 18 日，电话问题会代表陆文中、张一尘、顾文生、
郑鳌奎等四人亲往工部局请愿，"要求顾全大局，将新制予以复议，以利市
民"③。工部局总办钟思允以日后书面答复，劝各用户切勿拆卸电话，影响
业务。实际上他是委婉拒绝了电话问题会的请求。各代表继续向法租界公
董局请愿，但结果也不甚理想。得知公董局于 2 月 15 日将再次对电话公司
收费新章做出讨论，电话问题会再次推定郑鳌奎、瞿振华、李维良、张一
尘等于 2 月 14 日赴公董局交涉，"要求接受纳税人公意，对该公司变相加
价问题，予以驳斥"④，最终"撤销核准办法，保障纳税人之利益"⑤。各
位代表逐条陈述对电话公司不满之处，提出公司加价行为不当、压迫市民、
每次三分、装设计数表等四项意见。公董局华督办魏志仁"表示法租界当
局，对于此次上海电话公司变更收费办法，曾经主张应予增加基本次数，
且法当局方面已有表示，住户每月一百五十次，商用二百次，但该公司未
予接受。现各代表既有四项意见提出，当局当可接受参考"⑥，公董局对电
话问题会提出的各点意见表示同情，给予翘首以盼的各用户一线希望。

---

① 《反对电话按次收费，各团体昨开联席会议》，《申报》1935 年 12 月 17 日，第 9 版。
② 《特区电话问题会昨举行理事会》，《申报》1936 年 1 月 11 日，第 11 版。
③ 《电话问题会昨向工部局请愿》，《申报》1936 年 1 月 19 日，第 12 版。
④ 《抗争电话加价问题，纳税会昨晨表示意见》，《申报》1936 年 2 月 11 日，第 10 版。
⑤ 《电话问题委员会对抗变相加价办法》，《申报》1936 年 2 月 14 日，第 12 版。
⑥ 《电话问题委员会四项意见，法公董局表示接纳》，《申报》1936 年 2 月 15 日，第 11 版。

2. 争取中西纳税会的支持

租界纳税华人会、纳税西人会等为租界工部局和公董局的议政机关，理论上可以参与租界的政务管理，对公董局的施政有一定的监督作用。电话问题会争取纳税会的支持，有利于推进抗争电话加价活动的开展，保证活动的成功率。1936 年 1 月 15 日，电话问题会致函公共租界纳税华人会、公共租界纳税西人会、法租界纳税人大会，抗争电话加价，谓"际此市面衰落，商业萧条，吾人正感'上海居，大不易'之苦。而在缩衣节食不遑之下，宁愿增加生活上之负担，而为不切实际之豪举乎？此次上海电话公司变相加价之结果，窃恐大多数用户，必望望然去之矣"，请召集纳税会反对电话加价，"以冀打消而为残局"①。电话新制公布后，纳税会方面仍无消息，电话问题会再次致函纳税会方面，强调电话新制"一旦实施，关系社会经济殊巨"，"事关纳税人利害，务希勿加漠视"②，言语之中仍积极争取，但也有不乏责备之意。

法租界纳税会对于电话用户团体的呼吁，有所表示。于当年第一次常务委员会议决函请电话公司改善收费办法。鉴于法租界公董局将于 1936 年 2 月 15 日开会对电话公司加价作最后讨论，法租界纳税华人会于 2 月 6 日和 2 月 10 日先后两次致函公董局，反映用户意见，提出"上海电话公司将改收费制度，际此世界经济极度恐慌之下，殊属不合事理"③；列举诸多理由证明其"毫未顾及市民之利害，而变更价率。此举完全垄断自私，实行竭泽而渔，复借工部局维权而瓮中捉鳖"，反对收费新制，希望公董局"研究此重大问题之时，必能博采众见，顺从舆情，以市民经济与商业前途为前提，不予瞻徇，痛加驳斥，而作最后之否决"④。

3. 积聚各方团体反对力量

电话加价涉及众多用户切身利益，需要大家齐心协力，才能获取更大成效。电话用户队伍庞大、人数众多，电话使用情况及各种意见、建议等难以在短时间内集中。电话问题会由各个其他社会团体组成常务委员会，

---

① 《电话问题委员会请召开纳税人大会》，《申报》1936 年 1 月 16 日，第 13 版。
② 《电话委会函纳税会，召开纳税人大会》，《申报》1936 年 2 月 5 日，第 12 版。
③ 《法租界纳税会坚决反对电话按次收费》，《申报》1936 年 2 月 12 日，第 9 版。
④ 《法租界纳税会抗争电话加价》，《申报》1936 年 2 月 7 日，第 10 版。

积极争取各团体的支持声援和主持正义，召集各团体代表联合会议，征询公众意见，是最为切实的办法。1936 年 1 月 14 日，电话问题会致函市内各团体，团结各团体对电话改制收费采取统一步骤。电话公司拟实行按次收费制，影响最大者莫过于那些电话使用频繁的用户。1 月 16 日，电话问题会致函市内旅业公会、交易所联合会等，劝其"势属同舟，谊当共济"，共谋应对之策。① 多数用户分布在市民联合会和各同业公会两大社会团体之中，以争取这两大类团体的支持，能很好地组织其本身为电话用户的会员。2 月 7 日，电话问题会致函第一特区、第二特区市民联合会，"按沪市商业，自'一·二八'事变以还，衰落已达极点"，"该公司竟以垄断自私，压迫市民，实为情理上所不许，敝会除定期召开执委会，讨论最后应付外"，请市民联合会"通告全体市民，在不获圆满解决之前，情愿牺牲一切，与之周旋，以达最后目的"，请各区分会召集该区用户，讨论反抗办法。同时分函各同业公会："电话为增进商业之交通利器，一旦受按次收费之限制，即无形束缚，同业之无形损失，将不可数计"，希望广征会员意见，"联合一致，作最坚决之表示，强有力之抗争"。②

电话问题会作为全体用户联合团体，积极接受各方意见，以作统筹布局之需。电话新价公布后，市民联合会对于按次收费一节，坚决不能接受，"兹工商凋敝，百业衰落，一旦实行，市民更不堪负担"，致函电话问题会严重交涉，请求召开全体各团体代表联席会议，讨论应付办法。③ 市民联合会还主张召开纳税华人会，反对工部局违反纳税人意愿的行为。1936 年 2 月 8 日，虹桥医院亦向电话问题会提供意见两项，"一、电话公司实行新价目后，装电话者一律拆除，使电话公司失却成立之本能；二、电话公司实行新价后，照常使用，到缴费时，一致停付"。④ 2 月 10 日，纳税华人会致函电话问题会，建议"上海电话公司，又不顾及上海市面衰落，及用户经济之苦难，坚请工部局履行合同。是该案已非理论可以解决，只有事实之趋向，以促该公司之反省矣"。⑤ 在电话用户团体的领导下，各用户及各社会团体群策群力，致力于电话加价问题的解决。2 月 12 日，电话问题会第二次理事会召开，集

---

① 《电话委会征询各业反对加价意见》，《申报》1936 年 1 月 17 日，第 9 版。

② 《特区电话加价期近，全市用户坚决抗争》，《申报》1936 年 2 月 10 日，第 10 版。

③ 《电话新价目公布后，市联会征意见》，《申报》1936 年 2 月 4 日，第 11 版。

④ 《全市用户反对电话按次收费》，《申报》1936 年 2 月 9 日，第 12 版。

⑤ 《抗争电话加价问题，纳税会昨晨表示意见》，《申报》1936 年 2 月 11 日，第 10 版。

中各个用户意见，共分为"情愿拆机、拒绝付费、一致团结对付公司"三种；同时议决接受市民联合会提议，分函公共租界、法租界纳税华人会速开纳税人大会；分函各团体团结一致，积极反对。①

在电话问题会的号召下，市民联合会加紧联系各会员，市民联合会各区分会纷纷召集电话用户，表明态度，坚定立场，准备最后的抗争办法。市民联合会第十九区、第二十七区、第三十五区等分会纷纷于改选时表示反对电话按次收费、变相加价。②2月10日，第一特区市民联合会第五区、第七区、第十二区、第二十七区、第三十区、第三十七区等各分会，举行电话用户大会，决定抗争电话公司的有效办法，派人员前往调查区内用户数量，"分别填具调查表格，俾得必要时，作强有力之表示"③。市民联合会接到各区分会会员纷纷来函主张，"该公司如果实行加价，到期用户应一致拒绝缴费，任凭割线，以作最后应付"④。市民联合会更致函电话公司，不满工部局没有采纳纳税会扩大电话专家研究范围之请求，称工部局此举"对于市民公意，以及市面上实际情况，毋乃太未顾到"；警告电话公司，"现在为不景气所普遍笼罩，一般市民，均在节衣缩食，以与此萧条之实况，努力挣扎，贵公司必欲竭泽而渔，以逼图穷匕见，未免不智。殊为贵公司不取也。须知众怒难犯，专欲难成"⑤，措辞激烈，力劝电话公司暂缓实行电话收费新章，以强有力的姿态带领市民联合会各分会坚持抗争。

4. 争取新章之最优修改方案

在各方压力之下，电话公司一改强制实行按次收费等加价新章的态度，先后于1936年2月1日、2月3日、2月7日、2月10日，多次通过登报说明、刊载广告及发送用户通知的方式进行解说，尤其是对按次收费的操作流程和效用优点等极尽赞美之词，宣称"上海一经改用按次新率后，定能公认此新率为最新颖、最公平及最进步之取费方法"⑥，试图消除用户对按次收费中计数不确、操作混乱的疑虑。不少电话用户开始倾向于接受按次收费的

① 《特区电话问题委员会昨二次理事会》，《申报》1936年2月13日，第10版。
② 《市联会纷纷改选》，《申报》1936年1月13日，第10版。
③ 《抗争电话加价问题，纳税会昨晨表示意见》，《申报》1936年2月11日，第10版。
④ 《电话问题委员会四项意见，法公董局表示接纳》，《申报》1936年2月15日，第11版。
⑤ 《特区市民会警告电话公司暂缓实行新章》，《申报》1936年2月12日，第9版。
⑥ 《上海电话公司宣称按次收费有二大功效》，《申报》1936年2月4日，第11版。

增价方案。

电话问题会也随之调整其最初坚决打消收费新章的主张，开始争取增加限定次数或减低基本使用费，希望达成一项尽可能有利于用户的收费方案。2 月 20 日，电话问题会各团体联席会议召开，参与各团体代表百余人，建议电话收费以按次 3 分计算。①按照工部局与电话公司达成的最后方案，基本通话次数均收费超过 6 分。2 月 22 日，纳税会执行委员会召开，各委员也赞成电话公司应减少基本使用费或增加限定次数。②2 月 23 日，法租界 1647 户电话用户发表宣言，"如不能达到法租界纳税华人会所提出之（增加基本通话次数）主张，则决一律拆除，予以严重之警告"③。工部局华董提出一项增加基本次数的折中方案，"商用电话费每月银币 10 元，可通 200 次，家用电话费每月 6.5 元，可通话 150 次"，延期至 4 月 1 日起实行，此后公司五年内不得再行加价。④按此方案，在基本通话次数中，商业电话每次收费 5 分，住宅电话每次收费约 4 分。经过紧张讨论，电话问题会决定遵循民意，仍坚持原有议决，"要求必须将电话公司收费新章，根本推翻，最低限度，基本通话次数一律以 3 分计算，方得为平"⑤，以减少基本限定收费，商用电话每月付费 4.5 元，可通话 150 次，住户电话每月付费 3 元，可通话 100 次。按照上述标准，电话问题会于 2 月 26 日再次推定代表张一尘等向工部局请愿，请与上海电话公司交涉，且要求在计数表未装置前，暂缓实行新制。2 月 27 日，电话问题会召集会议，重申"按次 3 分"的变通办法，同意"可先行试办三个月"；表示尊重各用户意见，倘若电话公司坚决实行新制，则一律拒绝缴费；设立登记处，统计 3 月份以后拆除电话用户数量。⑥然而，各个方案均未被公共租界工部局和电话公司采纳。收费新章实行后，电话用户团体曾试图再度做出让步。1936 年 5 月 4 日，电话会致函工部局，除坚持一贯之按次 3 分计算外，承诺商业用户每月消费至少 10 元，住宅用户每月消费至少 6.5 元，以给电话公司一定的收益保证。⑦如此，商用电话每月可

---

① 《反对电话加价，各团体昨开联席会议》，《申报》1936 年 2 月 21 日，第 11 版。
② 《纳税华人会昨开执委会，决定电话问题三原则》，《申报》1936 年 2 月 23 日，第 10 版。
③ 《法租界电话用户昨日发表宣言》，《申报》1936 年 2 月 24 日，第 11 版。
④ 《电话问题会拥护华董折中主张》，《申报》1936 年 2 月 25 日，第 10 版。
⑤ 《全市电话用户坚持推翻收费新章》，《申报》1936 年 2 月 26 日，第 10 版。
⑥ 《电话问题会昨日议决登记拆除电话用户》，《申报》1936 年 2 月 28 日，第 11 版。
⑦ 《电话会定期开各团体电话联席会议》，《申报》1936 年 5 月 5 日，第 10 版。

通话 333 次，住户电话每月可通话 216 次。

对于电话问题会的请愿和抗议，公共租界工部局和电话公司一如既往地通过报纸等方式向用户公布原定的电话收费新章，2 月 14 日、2 月 20 日、2 月 24 日、2 月 26 日等在《申报》上均有类似报道。3 月 1 日当天，公司声明即日实行新章，重申"商店电话纳费 10 元，可通话 150 次；住宅电话纳费 6.5 元，可通话 100 次；逾额每次收费 3 分"①，电话问题会试图增加基本通话次数的努力归于失败。工部局和电话公司碍于电话问题会领导下用户的反抗，达成协议，拟于每具话机旁装设一个计号机，承诺尽全力保证电话拨打计次的准确性，一定程度上捍卫了广大用户的权益。1936 年 5 月 23 日，电话公司发表谈话，以电话专家之口吻坚持，"现行之按次计算办法，实足以减轻一般少用电话者之负担"，"曾经确实参酌上海近年来之不景气状况，而已将价目减至低无可低"，"上海电话公司所用之记录表，与世界各最大城市所用者，绝对相同，其服务之满意、记录之准确，已历经证明矣"②，暗示电话问题会的抗争不会再有成效。经过此番风波，各华董要求，工部局董事会表示电话公司此后之营业，董事会有审查认为满意的权力，特于公用事业委员会中设立一特别小组，负责调查租界电话情形和上海电话公司营业状况③，以期对电话公司起到更好的监督作用，更好地保护电话用户的相关权益。

（三）日侨用户对于电话加价的态度和抗争

依据近代市政学家的构想，市民通过投票表决，对于市政决策具有创制权（initiative）、复决权（referendum）和撤销权（recall），而得公共管理市政④，其中复决权可通过相当投选人数将市政当局通过的议案暂行搁置，待公众审查后，再行决定。上海公共租界实行由纳税人会议、工部局、领事团共同参与运作的地方自治，工部局承担着"政府"的职责，纳税人会议对于市政事务议定实行投票制度。纳税西人会和工部局董事会的存在，为日侨用户反对电话加价提供了制度保障。1935 年，反对上海电话公司按

① 《租界电话新章今晨零时起已实行》，《申报》1936 年 3 月 1 日，第 12 版。
② 《电话公司对用户解释误会》，《申报》1936 年 5 月 24 日，第 12 版。
③ 《公共租界工部局调查电话公司营业》，《申报》1936 年 4 月 10 日，第 12 版。
④ 杨哲明：《现代市政通论》，载全国图书馆文献缩微复制中心：《民国时期市政建设史料选编》（第 2 册），北京：全国图书馆文献缩微复制中心，2001 年，第 322—323 页。

次收费、变相加价运动展开后，日侨用户除向电话公司抗议外，通过请愿代表、纳税人、工部局董事会董事、电话专家等市政影响渠道，反馈商民不满意见及理由，通过展缓电话公司加价案，参与电话改制收费审查，力图维护在沪日侨的电话使用权益。

1. 向电话公司言明抗议

电话公司向工部局提交加价申请后，在沪日侨即以"此时各业均呈不景气，日商营业亦较往年减退"为由，"首先向电话公司表示反对之意"。上海电话公司为征得日本侨商的谅解，于1935年1月30日召集双边会谈，出席者有公司副经理费区曼和营业科长伯利，日侨民团杉本理事和滨野总务科长等人。公司副经理费区曼详细说明了公司方面财政经济状况及营业困难，有不得已实行加价之苦衷，竭力希望日方予以谅解，"日方答称此事关系重大，日侨全体确难立即谅解"，遂告结束。[①]2月9日，为征集各方意见，日商各路联合总会召集大会，到会各路代表及重要人物50余人。各路日商决议"上海电话公司去年度营业已获相当利益，此后纵不加价，亦决不致亏蚀。况处此全沪经济恐慌时期，日商营业均无利可图，何能负担高率话费"，一致反对电话加价，并向关系方面提出[②]，彻底打消了公司寻求日侨谅解的企图。

2. 向工部局提出反对建议案

电话公司增费办法公开后，各界用户反应激烈。日侨方面派出代表向工部局提出反对电话加价建议案。工部局以"此次电话公司之举动，乃根据以前本局与电话公司所订契约，如本局阻止公司加价，则此后本局将失其威信"为由，不予受理。日侨坚持，"工部局虽有不得不容许电话公司加价要求之苦衷，然处此不景气时期，亦万无可以增加之理由"[③]，准备于即将召开的纳税西人会上提出讨论。向工部局请愿无果而终后，"两三日内，日侨民团及各路商人，无不以反对电话加价，为其主要议题"，报界舆论评价"就现状而论，日侨确已下反对决心，非达到目的不止云"[④]。工

---

① 《租界电话加价，日侨商亦反对》，《申报》1935年2月1日，第3版。

② 《日侨反对电话加价，各路联合总会开会》，《申报》1935年2月11日，第12版。

③ 《电话加价事，日侨坚决反对》，《申报》1935年4月12日，第9版。

④ 《电话加价事，日侨坚决反对》，《申报》1935年4月12日，第9版。

部局的解释，未能让日侨满意，反而激起了更大的抗议浪潮。

3. 纳税西人会上力争展期案

日籍纳税人在纳税西人会上的力争，为反对电话加价运动迎来了新的转机。4月17日，上海公共租界纳税外侨年会如期召开，到会外侨共897人，日侨居半数以上。日侨乾精末提出，"请工部局董事会与电话公司协商展缓加价案"，"谓此非日侨一部分之事，乃全上海市民利害所关，电话公司为上海所有，应为全上海而服务"，"值兹经济衰落、各业不振之时，此项加价为各国各界人士所深感困难者"，"加价应俟专家调查决定"，博得在场其他外侨的深切同情。但工部局总董认为电话公司拥有加价权无可否认。后经各方长达一小时的激烈争议后，乾精末原提案得以修正通过，纳税西人会议决增加组织专门委员会，以调查电话加价事宜。①纳税西人会等为租界工部局的议政机关，对后者的施政有一定的监督作用。虽然工部局已同意增加话费，但在以日籍为首的纳税西人的压力之下，市政当局所通过的电话公司增加总收入12.5%的决议被推翻，电话公司被迫再度让步。后经工部局与电话公司协商，将总收入增加11%，自4月1日起实行，作为电话收费新章确定前的权宜之计。

4. 力争特别电话委员会人选

纳税西人年会后，新一届入选的工部局董事会外董上任。新任日董山本武夫、卜部卓江等在反对电话加价、争取更大权益问题上，态度表现坚决。这一点主要反映在争取特别电话委员会的人选问题上。关于特别电话委员会的组成问题，5月22日的工部局董事会会议上，总董安诺德的意见为由一名英国专家和若干委员组成。②对于这一提议，两位日籍董事率先表示反对，并以日本侨民强烈抗议加价为由，要求任命一名日本专家。由于相关方面的争取，最后董事会决议特别电话委员会由布朗少校（英籍）、稻田博士（日籍）、胡瑞祥先生（华籍），以及一名美籍委员组成③，作为工部局、电话用户、电话公司三方均可接受的最终方案。争取日籍专家出任专门委员会，使电话价格的厘定可能代表日侨用户的利益，在租界电话

① 《纳税外侨年会通过展缓电话加价案》，《申报》1935年4月18日，第8版。
② 上海市档案馆：《工部局董事会会议录》第26册，上海：上海古籍出版社，2001年，第505页。
③ 上海市档案馆：《工部局董事会会议录》第26册，上海：上海古籍出版社，2001年，第510页。

价格决策问题上可谓又一进步。分析其各国电话专家的身份与地位，可知各方均有自己的考虑。首先，公共租界为英美所属，英国人在工部局董事会中占据主要地位，安排英籍专员参与电话问题调查有利于工部局施政。上海电话公司为美商经营，其服务价格之估定、经营状况之评判关系到美商在华利益，美籍专家存在的重要性不可小觑。其次，反对电话加价者主要为华籍和日籍用户，他们为电话最主要的使用人群。较之英国公共租界管理者、美国电话公司经营者来说，中、日专家的出任，或许可以保证专家考察团的相对公平和公正。最后，工部局董事会作为解决争端的合法渠道，对特别电话委员会调查范围的确定，以及调查报告书的制定具有牵掣作用，为后来电话价格的拟定赢得了主动。

5. 争取扩大专家调查范围

在电话专家委员会人选确定后，专家如何开展调查工作，关系到最后电话价格的厘定。作为被调查对象，"上海电话公司方面声明，前经商定，尚须由工部局及公司双方继续磋商之三点，即公司财产之折旧、美国政府所得税及总公司管理费三者，不在此次专家调查范围之内"①。作为申诉方，电话用户希望通过调查，"一面使市民担负不致增加，公用利便不受影响；一面则使公司从开支之搏节及组织之改善，以求投资利益之稳定"②，能否达到此目的，与专家调查范围关系很大。工部局董事会会议上，日籍董事卜部卓江即提出，"如果将按建议折旧、美国所得税金和管理费用等问题不在调查范围之内"，那么"该委员会无法对增加电话收费的问题作出决定"，另外，"对电话公司资本投资的调查应列入受权调查范围之内"③，竭尽所能争取在电话加价问题上的有利条件。经过综合考虑，工部局以电话公司制定收费率时，公司财产之折旧等三点均不列入费用项目之内为由，决定不将之纳入调查范围，资本投资则可列入。对日董的提议，予以部分保留，保障了用户的基本权益。

（四）反对电话加价运动的成果及其原因

华人电话团体持续不断地努力争取，公共租界工部局日籍董事和纳税西

---

① 《电话专家委员会人选大致决定》，《申报》1935 年 7 月 11 日，第 12 版。
② 《上海电话加价问题》，《申报》1935 年 8 月 21 日，第 7 版。
③ 上海市档案馆：《工部局董事会会议录》（第 26 册），上海：上海古籍出版社，2001 年，第 507 页。

人会日籍纳税人参与市政议决机制的存在，使中日专家得以参与租界电话事业调查，中外反对电话加价的民意得到了较好的申诉和争取。虽然工部局坚持遵循特许营业权行事，认同电话公司 10% 的收益权利，但在制定上海电话公司收费新率的这一市政决策中，出于议政制度、舆论压力及对社会稳定的顾虑，仍将用户的意见和建议纳入考虑范围。在电话费率修正通过后，仍组成专家委员会，再度调查研究，使用户权益得到了较充分的重视。

1. 电话收费新章：电话用户权益的部分体现

上海电话公司最终实行的收费新章，出自英国、美国、中国、日本四国电话专家。自 1935 年 8 月电话专家开始工作至 10 月 24 日报刊登载专家委员会报告，历时两个月。报告书建议工部局董事会允准公司统一实行按次收费，营业用户每月打电话 150 次，收费 10 元；住宅用户每月打 100 次，收费 6.5 元，超出次数，均按次收费 3 分，自 1936 年 3 月 1 日起实行。[①]1936 年 2 月 1 日，上海电话公司通过报刊媒介正式向各界用户公布下月即将实行上述收费新章。

观诸此阶段内上海电话公司提出和实际实行加价的各方案，最终实施的收费新章具有以下特点（表 4.3）。

表 4.3 1935—1936 年上海电话公司加价方案

办法 类别		1935 年 4 月 1 日以前原有收费办法	1935 年 4 月 1 日拟定实行加价办法	1935 年 4 月 1 日暂行加价法	1936 年 3 月 1 日最终实行价格
营业用户	一般商户	12.24 元/月	一律改为按次收费，100 次以内，10 元/月，100—200 次，按次加收 5 分；200—300 次，按次加收 4 分；300 以上，按次加收 3 分	13 元/月	150 次以内，10 元/月；150 次以上，按次加收 3 分
	旅菜酒茶、总会等类商户	300 次以内，12.24 元/月；500 次以内，13.80 元/月；700 次以内，15.69 元/月；700 次以上，加收 0.0559 元/次			
住宅用户		7.58 元/月	8.50 元/月	8.40 元/月	100 次以内，6.50 元/月；100 次以上，按次加收 3 分

资料来源：《电话公司请求增价内容》，《申报》1935 年 2 月 21 日，第 13 版；《电话专家委员电话报告节略》，《申报》1935 年 10 月 24 日，第 10 版。

首先，收费新章时间被推迟。囿于特许营业权，上海电话公司保有年

---

① 《电话专家委员电话报告节略》，《申报》1935 年 10 月 24 日，第 10 版。

投资额 10%的收益始终无法动摇，于 1936 年 3 月实行按次收费、统一加价，但是此次新章实行的时间大为推迟，电话公司大幅增价的欲望在较长时间内被遏制。自 1935 年 1 月电话公司提出加价之议始，至 1936 年 3 月上海电话公司正式实行按次收费，反对电话加价运动告一段落，前后持续时间长达一年有余。其间，上海电话公司自 1935 年 4 月始暂行加价 11%，相对于 1935 年 1 月电话公司所拟定的加价 22.89%，以及后来公共租界工部局核定的 12.5%的加价比率，显然已有大幅降低，由公司认准之按次收费，在此期间也未能实施。

其次，电话增价幅度降低。①比较上海电话公司 1935 年 4 月 1 日拟定实行与 1936 年 3 月 1 日最终实行的电话价格。就营业用户来说，每月基本通话次数得以增加，按次收费价格得以降低；具体到住宅用户，每月基本月租降低，虽然限制了基本通话次数，且实行了按次收费，但对于住宅用户较少通话次数的事实来说，尚可接受。②比较 1935 年 4 月 1 日前后拟定实行和实际暂行的电话价目。由于中外用户的坚持抗议和请愿，日籍董事和纳税人的争取和提案，上海电话公司于 1935 年 1 月向工部局呈请的收费新章被搁置。实际暂行的收费办法虽然增加了公司总收入的 11%，但相对于电话公司申请拟定的收费新章，假使一般商户月均通话次数为 300 次，每月可少支出 5 元。据南京路市民会统计，所属会员即南京路各商店日打电话以 20—30 次为最多①，每月可少支出 12—21 元，用户负担大为减轻。

2. 舆论压力：华人用户影响电话决策的渠道

此次反对加价运动，呼声最高、反应最激烈者，莫过于为数众多的华人用户。从 1935 年电话公司提出电话收费改制，至 1936 年 5 月按次收费制度已经实行两个月，华人电话用户反对电话加价、按次收费的活动一直在进行，纳税华人会等团体、工部局华董、华人电话专家都积极参与其中。1919 年后兴起的市民权运动也不时撼动着租界市政制度。纳税西人年会召开的前一天，纳税华人代表大会提出，"本（反对电话加价）问题应由工部局聘请中外专家，及用户最多之华人代表组织委员会，切实详细审查该公司状况，务求减少非必要开支，增加服务效能，以符公用事业之本旨"②。

---

① 《南京路市民会发表电话打用统计》，《申报》1935 年 4 月 9 日，第 11 版。
② 《租界纳税华人会，昨举行代表大会》，《申报》1935 年 4 月 17 日，第 10 版。

纳税华人会与纳税西人会同为公共租界工部局的议政机关，理论上均可对工部局实行行政监督，但在实际上，"纳税人会议在相当长的时间里将华人完全排斥在外，华人纳税但毫无权力，只是到了后期，在华人的强烈抗议与要求下，才点缀性地增加了一点华人董事的名额"①。纳税华人会和纳税西人会、工部局华董和外籍董事未享有同等权力和地位，前者作用远远不及后者，但是，强大的舆论压力，迫使公共租界工部局在作出电话价格决策时不得不有所忌惮。

3. 议政制度：日侨影响市政决策的保障

观诸租界政治制度建设，工部局为公共租界行政管理机构，对公共租界市政事项具有决策权。工部局董事会为工部局提供决策咨询。纳税人会议为公共租界重要的议政机构，实施对工部局的行政监督。工部局董事会董事由纳税人会议投票选举产生。长期以来，在公共租界市政中，英国侨民占有绝对主导地位，"华人又在摒弃之列"②。从 1916 年始，公共租界工部局董事会添设了日籍董事，1927 年该席位增至两位。20 世纪二三十年代，随着在沪日侨人数的增加，公共租界共有纳税西人 2000 余人，其中日侨纳税人达 500 余人，约占总人数的 25%。

相比华人用户，日籍电话用户人数较少，作为被公共租界工部局管理的对象，力量尚为有限。但是，相对于英美侨民的寂静，工部局董事会日籍董事席位的存在，在纳税西人会中占有绝大多数票数日籍纳税人的合力争取，使日侨在电话价格厘定这一市政决策中仍有一定的呼声。市政议决机制的实际运作过程中，"租界惯例，每年纳税（西人）大会，皆由领团召集，惟到会者，殊不踊跃"，"1927 年，共有纳税人 2368 名，代表票权 2688 票。而到会者，仅 547 人，代表 790 票而已"③。20 世纪 30 年代起，随着日本在华势力的扩张，日侨在公共租界工部局中地位的提高，外加其他外籍纳税人对租界市政的漠视，日侨获得了此次市政议决投票的绝大多数。1935 年纳税西人年会召开，日籍纳税人几近全数出席，赢得了展

---

① 熊月之：《近代租界类城市的复杂影响》，《文史知识》2011 年第 7 期。
② 夏晋麟：《上海租界问题》，全国图书馆文献缩微复制中心：《民国时期上海史料文献丛编》（第 24 册），北京：全国图书馆文献缩微复制中心，2009 年，第 484 页。
③ 夏晋麟：《上海租界问题》，全国图书馆文献缩微复制中心：《民国时期上海史料文献丛编》（第 24 册），北京：全国图书馆文献缩微复制中心，2009 年，第 481—482 页。

缓电话加价提案的通过。

在沪日侨在公共租界市政议决机制中的制度优势、有利地位及合力力争，使纳税西人会中展缓电话加价提案得以顺利通过，日籍专家介入电话调查事项。工部局和电话公司不得不再次调整价格方案，按次收费被迫延缓实行，电话增价亦被限幅。由于提案结果没有使各方完全满意，中外用户反对加价运动到 1936 年 7 月仍在继续，但是，此次反对电话加价运动可谓取得了较大成果。市民意见反馈与工部局市政议决形成了较为良好的互动。

4. 其他压力：近代日本在中国的军事战略

当时的国际环境，也对此次电话加价运动的结果产生了一定影响。近代以来，中日关系日趋紧张，日本通过外交周旋、商业渗透、军事突袭等手段，从政治、经济、军事等方面全面介入中国。到 20 世纪 30 年代，先后发生"九一八"事变、"一·二八"事变等。上海为亚洲通商大埠，战略地位十分重要。"七七事变"前夕，在沪日侨的许多外交、民间活动均打着保护日本居留民在华利益的旗号，不断要求在上海租界市政管理中占据重要席位。1915 年上海各界反对日本政府提出的"二十一条"，发起抵制日货运动。日侨借机向工部局施加压力，要求增添两名日籍警官，由此奠定日后万国商团日本队的基础。20 世纪 30 年代，这种趋势愈发明显。1934 年，日侨向公共租界工部局提出，掌管租界事务的主要职务，如财政、收纳、消防、警察、卫生、工务等课，均"任用多数日人，充任重要地位"，某些部门不仅要增员，而且要给原有的职位升职；甚至对于财政课这一较为重要的职位，明确要求"应在财政次长以下之重要位置，安插日人"①。1935—1936 年日侨纳税人、工部局日籍董事及后来日籍电话专家等对电话加价问题的介入，不仅有利于维护日侨电话用户的利益，更为重要的是符合了近代日本人在上海全面干预的总方针。近代，日本在中国的战略也无疑促成了日侨在租界电话价格议定中的发言权。

日侨作为被公共租界工部局管理者，其争取权益的过程同样艰难，却也取得一定成效。原因为何？究其根底，作为一种时代的特殊产物，公共租界属性为英美，各项制度注定为少数"权贵"服务，"地方自治"只是在一定人群范围内的有限自治。华人长期被排除在市政管理之外，其他国

---

① 《工部局事务主任，日民团要求增用日人》，《申报》1935 年 2 月 3 日，第 5 版。

外侨也只有名义上的意志表现。随着"市民权"意识的增加，中外民众的抗争，包括制度外和体制内两种权益的争取，使租界英美"专权壁垒"逐渐松动，民众意愿的表达和实现体现出"民主"的趋势。当然，日本在华战略客观上为这种抗争提供了支撑，此种"民主"的程度亦不可高估。

　　总之，电话供求双方权利和义务对等，中外电话用户在付出服务租费和维护话机设施的同时，对电话服务的价格和质量、经营主体也提出了相应的要求和设想；电话经营单位在保证一定数额收益的同时，必须向公众提供优质的电话通讯服务。当电话服务不能满足市民日常需求，出现通讯受阻、服务不良、话费过高等状况时，电话用户群体便会组织相关团体，进行自身权益维护；面对电话经营单位屡次加价的行为，中外电话用户均从自身立场表达反对加价、更换经营者的呼声。电话用户维护权益的活动，反映了公众对电话事业作为市政公用事业、市民作为市政主人翁等不同于以往的新认识。此种认识及活动，迫使电话管理者和经营者在其发展事业、提供服务、厘定费用时，不得不将用户的服务意见反馈及费用接受限度加以慎重的考虑。

第五章

电话公用事业的发展及其影响：电话与近代上海社会

从晚清到民国，上海电话公用事业经历了 68 年的发展历程，其发展深深地打上了时代的烙印，受到社会政治局势的深刻影响。由于华租两界的分割，两界电话管理者——国民政府交通部和上海市政府与公共租界工部局和法租界公董局——社会管理方式和经济发展理念各不相同。华界上海电话局和租界电话公司的发展态势各具特点，业务发展程度有所不同。作为城市基础设施建设，电话公用事业的发展对城市发展、工商经济、市民生活和价值观念等产生了深远的影响。

第一节　近代上海电话公用事业的发展概况

电话公用事业的发展衡量指标，一般包括电话局所的兴建、电话线路的敷设、电话机器的置办等方面。电话局所和公司经营情况可通过话务服务质量、营业收支状况、用户满意程度等方面进行考察。受近代特殊历史社会环境的影响，上海电话局线路敷设长度、电话机器数量、电话障碍次数和营业收支状况等统计数据残缺不全。电话创办初期，线路敷设长度等未有详细记载。1907 年邮传部方才在全国范围内进行了第一次电政统计工作。但 1907—1909 年的统计项目，仅限于上海电政局管辖各电话局电话使用回数及收费、员役人数薪费、电话局收支总况等，其他如电话线路长度等因各省未加造报，无相关记载。1910 年起，邮传部办电话包括上海电话局等 8 处（分别为北京总局、北京分局、天津总局、天津分局 1、天津分局 2、太原电话局、烟台电话局和上海电话局），以及各省官办电话局 18 处始有各项分类记录，其中上海电话局相关数据包括在江苏省内，此种情况一直持续到 1919 年。1920 年后，由于军阀混战，各省商办、官办电话局各项数据造报不全，邮传部统计数据仅有部办电话局 15 处的所有各局相关情况统计，上海电话局各项具体数据得以单独罗列。1924—1927 年，受直奉战争、江浙战争、北伐战争等影响，控制上海的政治力量几易其主，上海电话局务发展统计工作因此搁置。1928 年以后相关数据来源于南京国民政府交通部统计年报和半年报。比较而言，租界电话事业的发展较为持续完整，档案资料等保存较为完备。

一、上海电话局的建设成绩

上海电话局业务经历过清末、北洋政府和南京国民政府三个重要的发展时期。各个阶段均具备典型特点：清末电话局处于起步阶段，受电政局财政支持，沾染严重的官僚习气；北洋政府时期受军阀混战和权力争夺影响，局务整顿和业务发展困难重重，长期以来线路敷设局促不前，机械发展迟缓反复，电话障碍报修次数众多，财政收支状况不良；南京国民政府时期，是近代上海华界电话业发展的黄金时期。思维转变方面，电话公用事业的商业机构定位，强调电话局及其职员的绩效考核，注意协调电话局与用户间的沟通和了解，在交通部主持下，上海电话局具备了较强的内部发展动力；硬件设施方面，自动话机的改装，局所的扩建，线路的敷设，为上海电话局的刷新局务创造了较坚实的物件基础；管理方面，经过上海市公用局和上海电话局的协同努力，有效地将市内电话发展作为一项市政公用设施来建设。除"一·二八"事变闸北分局等遭遇破坏，线杆数量大幅减少、话务故障大幅增加外，总体相对稳定的国内政治局势，为上海电话局提供了良好的外部发展环境，局务发展取得了较大进展。

（一）局所扩建，话机容量增加

华界电话事业起步较晚，在国民政府大力发展电讯事业、交通部相关政策的支持下，电话局所建设得到快速发展，话机容量得到大幅提升（表5.1）。南市电话局初建时使用磁石式人工电话交换网。1909 年，电话局所增为 2 个。至 1930 年，上海电话局拥有 7 个局所，职工人数为 387 人，线路里程达 203.90 千米，拥有电话机共 3260 号，其中磁石式 980 号，共电式 2280 号。①1933 年后，南市、闸北、市中心、龙华等局相继改装开通步进制自动交换机。经过大规模的整改和新建，到 1934 年，上海电话局拥有总分局 8 所，其中南市、闸北、龙华及新近开通市中心局大部分改为自动机。②同年，上海电话局接办原闵行区商办电话局，考虑"电话关系市面兴衰，欲繁荣该地商业，应设立电话局"③，开始筹划闵行分局的建设。1937 年 8 月，上海电话局分营的电话局所共有南市、闸北、吴淞、浦东、龙华、市中心、闵行、真如和江湾大场 9 个，营业范围覆盖当时整个上海市政府管辖区域、共 870 平方千米的电话通信线路。其中自动话机的局所

表 5.1　近代上海电话局局所建设

局所	地址	开通时间	停办时间
南市	东门外新码头里街，1922 年 5 月迁中华路 734 号	1907 年	—
闸北	闸北共和路，后迁闸北大统路、共和路致富西里、永兴路育婴堂口，1938 年 5 月迁东横滨路 114 号	1909 年	1946 年 1 月
南翔	南翔镇	1923 年 2 月	后划归江苏省
闸北第二分局	东宝兴路	1926 年 8 月	1933 年
江湾	江湾镇	1926 年	1935 年 5 月
大场	大场镇	1931 年	1937 年 8 月被毁
吴淞	吴淞镇桂枝街，1946 年迁淞兴路 222 号	1922 年秋	
浦东	东昌路 193 号	1933 年 12 月	
龙华	斜土路 2417 号	1934 年	
市中心	三民路 1 号	1935 年 5 月	—
闵行	闵行镇大街	1935 年 2 月	1949 年末划归苏南行署上海县
真如	真如法医研究所内，1946 年迁季家库	1935 年	1952 年迁曹杨五村 22 号
虹口	士庆路 171 号	1942 年 7 月	—
复兴岛	复兴岛	1947 年 6 月	1954 年

资料来源：上海通志编纂委员会编：《上海通志》第 6 册，上海：上海人民出版社、上海社会科学院出版社，2005 年，第 4317 页。

① 《部办市区电话》，《交通部统计年报》1930 年，第 122—123 页。
② 上海电话局编：《交通部上海电话局业务概况（1934 年）》，民国图书电子版，第 27 页，上海图书馆藏。
③ 《上海电话局呈准交通部筹办闵行话局》，《申报》1934 年 7 月 20 日，第 12 版。

有南市、市中心、龙华、闸北等，总容量 4950 号；其他磁石和共电电话机容量共 900 号；尚有若干局所正在筹划改造自动机中（表5.2）。

表5.2 1937年上海电话局分局所话机容量

类目	南市	市中心	闵行	龙华	浦东	闸北	江湾	吴淞	真如
机式	自动	自动	磁石	自动	共电	自动	磁石	磁石	磁石
容量（号）	3000	300	50	150	600	1500	100	100	50

资料来源：《全国市内电话调查》，《电工》1937年第1期。

上海电话局局所数量的增加，自动机改造工程的完成，使话机容量提高，话务便捷，装置用户迅速增加。1920年，电话用户为409户，1923年增至1047户。1926年华洋通话达成后，用户数量再次快速增长，1928年为2027户，1933年达2907户，至1934年，用户总数为3936户（表5.3）。其中仅南市总局用户就达2384户。[1] 1935年，安装户数增至4231户。[2]

表5.3 1920—1934年上海电话局电话机械及用户统计

类目	1920年	1921年	1922年	1923年	1928年	1930年	1932年	1933年	1934年
交换机（个）	7	5	24	—	26	27	35	7 339	7 629
配线盘（个）	2	2	4	2	6	55	40	39	51
发电装置（个）	—	—	4	4	5	6	10	22	16
电池（个）	762	621	167	164	1 202	1 396	1 260	424	660
电话户数（户）	409	470	680	1 047	2 027	2 235	2 410	2 907	3 352
电话机（具）	517	536	712	1 130	2 168	2 348	2 611	3 226	3 745

资料来源：交通部交通史编纂委员会、铁道部交通史编纂委员会编纂：《近代交通史全编》（第14册），国家图书馆出版社，2009年，第223—227、237、241页；交通部统计科编：《中华民国十年交通部统计图表》，北京：北京和济印刷局代印，第282页；交通部统计科编：《中华民国十一年交通部统计图表》，北京：北京和济印刷局，1925年，第273页；交通部总务司第六科：《民国十七年度交通部统计年报》，无锡：无锡锡成印刷公司，1931年，第17、108—109页；交通部总务司第五科：《中华民国十九年交通部统计年报》，南京：南京大陆印书馆，1933年，第26、128—129页；交通部统计科：《中华民国二十一年交通部统计年报》，南京：南京大陆印书馆，1934年，第38、162—163页；交通部总务司统计科：《中华民国二十二年交通部统计年报》，国立中央图书馆印刷所，1935年，第164—166页；交通部总务司统计科：《交通统计半年报（民国二十三年一月至六月）》，国立中央图书馆印刷所，1935年，第158—160页。

注：1934年数据统计起止时间为1—6月。

---

[1] 《上海电话局之局务》，《申报》1935年2月14日，第13版。

[2] 上海电话局编：《交通部上海电话局业务概况（1935年）》，民国图书电子版，第24页，上海图书馆藏。

（二）线路发展，敷设范围扩大

上海电话局线路长度发展呈现螺旋式上升的趋势。清末，电话线分为架空裸线、架空铅包、地下铅包和水底铅包四种，"通常以采用架空裸线为最多，盖工省而费廉也"[①]。架空裸线仅有线路和线条，用料较为节省，施工比较简单。架空铅包、地下铅包和水底铅包除了线路和线条外，还包括一项心线，构造更加复杂。因统计数据的缺失，清末上海电话局线路长度不得而知。

北洋政府时期，1920年后线路里程数据起伏较大，以架空、地下和水底三种线路分列。架空线路发展最早，1922年始有地下电缆，出现地管和人孔等附件设施，1933年筹设浦东分局时开始敷设过浦水底电缆。线条长度由架空裸线和电缆心线两部分组成。线路样式的多样化发展，使施工难度逐渐增加，线路敷设技术不断进步，电话线路投资额逐步加大。受战事影响，上海电话局线路敷设在20世纪20年代遭受严重破坏。特别是受第一次直奉战争的影响，除去当年新铺线路长度，上海电话局1922年线路长度相比于上年减少180.2里[②]，电线杆减少1123只；其他不易受天灾人祸等因素影响的电缆、线条等里程仍有较大增长；地管、人孔等地下设施也得以兴建。

南京国民政府时期，1932年受"一·二八"事变影响，闸北、吴淞、真如、南翔等处电话工程，被日军炮火轰毁，损失颇巨[③]，该年上海电话局线路、电缆和电杆数下降；其他年份架空、地下和水底线路等均得到稳定快速的发展。1928—1934年共六年时间中，上海电话局线路长度增加1186千米，平均每年增长197.67千米；电缆长度增加103.47千米，平均每年增长17.25千米；线条长度增加11 279.14千米，平均每年增加1879.86千米；电杆数增加5057只，平均每年增加842.83只。其他如地管长度增加33.58千米，人孔数增加78个。随着电路长度的增加，电话线路敷设的日益复杂，电缆分线箱数在1930年被投入使用。在电话用户较为集中的区域，使用多芯电缆，连接分线箱，再从分线箱转接用户话机。这样可

[①] 交通部交通史编纂委员会、铁道部交通史编纂委员会编纂：《近代交通史全编》（第14册），北京：国家图书馆出版社，2009年，第198页。

[②] 1里=0.5千米。

[③] 《沪战中电话损失》，《申报》1932年12月20日，第11版。

以在某根电缆或电缆的某些芯出现问题时不用远距离更换电缆。至 1934
年，电缆分线箱已达 240 个（表 5.4）。在国民政府交通部的整顿、上海电
话局的努力及上海市公用局的策励之下，抗日战争全面爆发前上海电话局
的线路得以快速发展。

表 5.4　1920—1934 年上海电话局电话线路发展情况

年份	线路长度（里）	电缆长度（里）	线条长度（里）	地管长度（里）	人孔（个）	电缆头（个）	电缆分线箱（个）	电杆（只）
1920	215	29.29	1 860	—	—	19	—	2 183
1921	228	32.35	2 046.6	—	—	21	—	2 541
1922	47.80	39.16	12 383	31.30	35	39	—	1 418
1923	63.20	79.57	29 339	31.30	35	49	—	1 842
1928	125.10	127.70	43 680.62	40.36	35	106	—	3 424
1930	527.80	199.72	29 320.72	37.40	35	—	134	6 516
1932	435.20	146.88	32 755.02	38.18	35	—	151	6 127
1933	1 263.62	265.26	50 298.98	105.22	113	—	208	8 065
1934	2 497.10	334.64	66 238.9	107.52	113	—	240	8 481

资料来源：①《民国九年各处电话线路工程表》，第 205—208 页；《民国十年各处电话线路工程表》，
第 207—210 页；《民国十一年各处电话线路工程表》，第 211—212 页；《民国十二年各处电话线路工程表》，
第 213—216 页，交通部交通史编纂委员会、铁道部交通史编纂委员会编纂：《近代交通史全编》（第 14
册），北京：国家图书馆出版社，2009 年。②《电话线路》，载交通部总务司第六科：《中华民国十七年
交通部统计年报》，无锡：无锡锡成印刷公司，1931 年，第 106—107 页；《电话线路》，载交通部总务司
第五科：《中华民国十九年交通部统计年报》，南京：南京大陆印书馆，1933 年，第 126—127 页；《电话
线路》，载交通部总务司统计科：《中华民国二十一年交通部统计年报》，南京：南京大陆印书馆，1934
年，第 160—161 页；《电话线路》，载交通部总务司统计科：《中华民国二十二年交通部统计年报》，国
立中央图书馆印刷所，1935 年，第 162—163 页；《电话线路》，载交通部总务司统计科：《交通部统计半
年报（民国二十三年一月至六月）》，国立中央图书馆印刷所，1935 年，第 156—157 页。

注：1920—1923 年线路、线条、地管长度单位均为里；电缆长度单位为码；1928 年后各长度
单位为公里，表格中各数据均进行了相应的换算；1934 年数据统计起止时间为 1—6 月。

（三）设备改良，机械性能提升

与电话线路保持同步消长的还有电话机器数目。电话机器中，最重要
的设备为交换机（switch board）。所谓交换机，"为用户电话线之汇集机关，
其上有多种线路之设备"，接线生得用之或机器自动"为用户间作互相通话

之连接者"[1]。清末至民初，全国电话机制为人工接线电话制度。交换机类型分为磁石交换机和共电交换机。20世纪30年代，上海电话局开始改装自动机，交换机随之采用自动交换机。磁石交换机只适用于自电制电话，因其无供给传话电流的设备。此种用户话机构造较为复杂，须单个独立配备电池，用户使用电话时，须手摇磁石发电机转柄。共电交换机由电话局集中供给电力，所用电话机较磁石式简单，因其无须电瓶与磁石发电机之设备，"话局常备电流之供给，只须用户举起受话器，则电路立通"，"共电制所用蓄电池，必须充电"，"除须设置蓄电池外，又须有充电机械之设备"[2]。"自动电话用户自电话机，与共电制用户所用者相同，所多者只为一号盘，即用户用以叫号之器械"[3]，其供电方式由电话局统一配给。电话机器必不可少的组成部分为接线机（即交换机）、通话机（即电话机）和电池，当用户较多时，须配备发电装置。如同电话线路统计，1909年起，以省为单位，电话机器及电池数始有记载；1913—1919年，以全国为单位，暂未发现单个局所或各个省份的详细数据。

　　1920年以后电话机器数目统计仅以部办各局为限，分类方法与前不同，分为交换机、监督机、试线台、配线盘、电话机、试验器、电池、发电装置等8项。[4]上海电话局的监督机和试线台在1922—1928年保持1台，试验器在1920—1922年维持2—4台，其后由于自动话机的采用、管理方式的完善，此项设备未被采用。由于1925年12月华洋通话合同的签订、沪宁长途通话，特别是1933年后，上海电话局自动机改造工程渐次完成，新局所筹建完毕，电话局服务改进，通话便捷，商店、住户、机关、团体等都乐意使用电话，外加国民政府实施法币政策，市面活跃，使电话装户数量激增，迅速由2000余户增至将近5000户[5]，交换机和电话机快速增长，发电装置数量也有所增加。除20世纪20年代受战事因素影响外，随着30年代自动交换机改造工程的完成，原有磁石电话机逐渐减少，电池数量随之急剧降低（表5.3）。电话机器的消长变化，是交通部和上海市政府对上海电话局联合整顿的结果，

----

① 汤荷骧、易鼎新：《有线电话》，上海：商务印书馆，1933年，第45页。

② 汤荷骧、易鼎新：《有线电话》，上海：商务印书馆，1933年，第60—61页。

③ 汤荷骧、易鼎新：《有线电话》，上海：商务印书馆，1933年，第87页。

④ 交通部交通史编纂委员会、铁道部交通史编纂委员会编纂：《近代交通史全编》（第14册），北京：国家图书馆出版社，2009年，第222页。

⑤ 《上海电话局扩充零号接线台》，《申报》1937年3月24日，第10版。

电话局机器化程度越来越高，人工依赖性越来越少。

通过比较自动机启用前后话务人员总数可以得知，自动机改造后，电话局所需话务人员数量总体上大幅减少（表 5.5）。话务人员具体包括南市总局领班，以及各分局所副领班、班长、测量生、接线生，负责事项为电话接线及其故障排除。人工接线制度下，自动机启用前，上海电话局各局所话务人员总数为 131 人，外加总分局各股工作人员 6 人，共 137 人，其中男性 26 人，女性 111 人。自动机启用后，接线工作机器可自动完成，减少了对人工的依赖，分局所话务人员总数为 95 人，外加材料股工作人员 1 名，共 96 人，其中男性 20 人，女性 76 人。前后对比，话务人员减少 41 人，其中尤以南市总局减少人数为最，达 42 人；闸北分局因用户数量增长，话务繁重，增加班长、司机和打报传号者共 6 人。[1]

表 5.5　自动机启用前后上海电话局市内话务人员分配对比

类目		南市	闸北	龙华	江湾	吴淞	法华	真如	其他
启用前	交换机 种类	共电、磁石	磁石式	共电式	磁石式	磁石式	磁石式	磁石式	共电式
	容量（号）	2 030	480	280	100	100	20	50	140
	话务员人数（人）	75	15	8	4	3	3	3	20
启用后	交换机 种类	自动式	自动式	共电式	磁石式	磁石式	磁石式	磁石式	共电式
	容量（号）	3 000	1 500	280	100	100	20	50	160
	话务员人数（人）	33	21	7	4	3	3	3	21

资料来源：上海电话局：《交通部上海电话局业务概况（1933 年）》，第 22 页，上海图书馆藏。

（四）保证供给，话务维护较好

能否将话机维持至良好状态，及时处理电话障碍，是衡量电话局业务发展与否的一项重要指标。自动机改造前，随着线路机器的老化，外加受自然、人事等因素的影响，电话局机械、用户话机，乃至从电话局到用户屋内的线条线路，都极易发生障碍，以致影响电话局日常运转和用户正常通讯。就全国范围来看，"电话障碍之发生原因甚多，大致可分风、雪、雷、火、机械以及人事等项，其中以风之次数为最多，雨次之，而以雷、雪为最少"[2]。

① 上海电话局编：《交通部上海电话局业务概况（1933 年）》，第 22 页，上海图书馆藏。
② 交通部交通史编纂委员会、铁道部交通史编纂委员会编纂：《近代交通史全编》（第 14 册），北京：国家图书馆出版社，2009 年，第 248 页。

上海电话局地处沿海，台风、暴雨发生概率较大。另外，近代江浙战事频繁，上海首当其冲，电话局多次受战火影响，增加了电话发生障碍的概率。线路敷设面积广，尤其是架空电线和电缆暴露在户外，易受外力影响，事故种类以短线和混线两种最为常见。

1920—1934 年 9 年的数据显示，除了 1932 年线路故障次数占所有故障总数的 47.51%外，其他各年的线路故障比例均在 57%以上，其中 1922年、1923 年、1930 年、1933 年均在 62%以上，1921 年、1934 年在 71%以上，1920 年最高，达到 80.1%（表 5.6）。电话局内和用户屋内的故障也不在少数，用户广泛而分散，增加了管理难度。上海电话局维持局务不易，必须具备相当的紧急情况应对能力。围绕话机维修，电话局与用户的矛盾也不可避免。

表 5.6　1920—1934 年上海电话局障碍次数统计　（单位：次）

年份	局内	用户屋内	线路	总计
1920	178	608	3 164	3 950
1921	189	612	2 984	3 785
1922	1 012	1 054	3 602	5 668
1923	1 240	1 176	4 498	6 914
1928	4 372	4 671	12 141	21 184
1930	1 760	3 377	11 480	16 617
1932	3 252	4 250	6 791	14 293
1933	2 711	5 038	12 667	20 416
1934（1—6 月）	731	2 184	7 185	10 100

资料来源：交通部交通史编纂委员会、铁道部交通史编纂委员会编纂：《近代交通史全编》（第 14 册），北京：国家图书馆出版社，2009 年，第 259—262 页；交通部总务司第六科：《民国十七年度交通部统计年报》，无锡：无锡锡成印刷公司，1931 年，第 116—117 页；交通部总务司第五科：《中华民国十九年交通部统计年报》，南京：南京大陆图书馆，1933 年，第 136—137 页；交通部统计科：《中华民国二十一年交通部统计年报》，南京：南京大陆图书馆，1934 年，第 170—171 页；交通部总务司统计科：《中华民国二十二年交通部统计年报》，南京：国立中央图书馆印刷所，1935 年，第 172—173 页；交通部总务司统计科：《交通统计半年报（民国二十三年一月至六月）》，南京：国立中央图书馆印刷所，1935 年，第 166—167 页。

面对用户装修申报，上海电话局时有稽延。1927—1930 年，呈请市政府转函洽商报装修理电话事件共 21 桩，其中修理电话者 11 项，装置电机6 起，其他移机、电话不通者 4 次。申请者多为公司企业，也有救火会、学校和交通机构，电话通讯事关营业发展、安全保障等（表 5.7）。市政府档案记载，"市民之请求装置电话者，该局每事搪塞，而大都以正在呈请交通部拨款扩充设备为辞"；修理工程亦有拖延数日者，用户只有致函市公用局核办督促。市公用局为防止电话局稽延，"有碍市政发展"，多次转函电话局，请加速办理，提出"现在本市区内电话用户所以不见增多者，一因装设时不能即刻就绪，且常须担负贴费；二因装设后使用电话每感不灵便时，修理亦不捷速；三因与租界通话须每次另纳费大洋 5 分，倘能就此数点加以改良，以市区之大，人口之繁，电话用户不难与日俱增。用户既增，则机关费之成本亦可以减低，实为一举两得"。在用户申诉、市公用局呈请之下，交通部随即复函，"为谋话务之彻底改良起见，已决定将上海市电话全部改装自动话机，现正在积极进行之中，将来自动电话告成之后，话务必可使用户满意，新户可以随时报装，当无久报不装之弊"[1]，有效地督促了上海电话局话机改良速度的加快和装修效率的提高。

表5.7　1927—1930年上海电话局用户陈报请装电话及障碍事项统计

用户	陈报时间	事由	公用局办理情形
江南制纸公司	1927 年 8 月 18 日	每月勉强通话，不及 20 日且旋修旋阻	函转电话局，请嗣后按时查修
闸北水电公司	1928 年 1 月 1—5 日	电话接线开价过昂，且违背原议，延不动工	屡经函商，并派员接洽，始于 5 月 11 日解决
爱群女学校	1928 年 2 月 13 日	不通半月，迭请饬修，不理	请该局修理
复旦大学	1928 年 6 月 15 日	接线迟缓，发音亦欠清晰	正转电话局核办
上海救火联合会	1928 年 6 月 26 日	所装电话已历 11 年，收发不灵，恳请更换，以利火政	函转电话局派匠修复，据称通话颇佳，无更换必要
上海救火联合会	1928 年 7 月 9 日	西区 392 号分机时坏时修，近来半月不通，屡催不修，请饬修或另换	函转电话局，谓机件甚佳，唯听筒绳松动，已修理完善
华润泉	1928 年 7 月 21 日	10 日无 5 日可用，近复逾月不通，工匠说是机坏，屡催并不来修	检同原函，转请电话局核办，见复旋据函复，谓已修复
李星联	1928 年 8 月 29 日	以前每月两修，近则每星期损坏一次，随修随坏，据工匠说话机总线须更换，而局更不理	检同原函，转往该局，后得复谓已于本月 8 日更换新线，在过去二三月中并无每星期发生障碍之一次之事

① 《交通部电政司致公用局函，函复整顿上海电话局情形》，1930 年 12 月 15 日，Q5-3-2867，上海市档案馆藏。

续表

用户	陈报时间	事由	公用局办理情形
华润泉	1928 年 9 月 14 日	7 月 27 日修好，8 月 10 日起，一月中仍无 10 日完好，本月 4 日又生障碍，已两次去函仍未来修	9 月 19 日函请该局核办见复，并无回信，11 月 14 日再函催询，旋始回复，谓已饬工修复
沪南公共汽车公司	1928 年 12 月 14 日	请装，因无对线，未果	转函该局，复谓俟后办理
求新厂	1929 年 4 月 16 日	电话线损坏，租界公司与电话局互相推诿致不通，电话营业减少，多人解雇	公用局第三科郑科长亲往电话局接洽，允即派匠前往修理
求新厂	1929 年 5 月 11 日	电话迄未修理，请再催促	派员询问，据称已修复
求新厂	1929 年 5 月 16 日	14 日称修复，15 日晨间始通，今晨又坏，询问电话局无果，请即速修理	经函电话局，24 日复函，谓已与租界公司排除障碍，与 18 日照常通话
美成丝织等 9 户	1929 年 6 月 18 日	电话局称无材料，拒装机	转函，称现无材料，已呈请交通部核复
驻沪泰兴就业公所	1929 年 7 月 30 日	移置电话，久不办理，缴费月余，屡催未复	转函，据称无多余线料，不能移装
翔华电气公司	1929 年 8 月 23 日	装置未满两月，损坏已达 3 次，屡请修理无果，声音模糊，形同虚设	转函电话，迅予修理，或另换新机
大华铁工厂	1929 年 9 月 9 日	拟装电话一架，电话局称因电话甚少，需军政机关证明方得装设	转函话局早日装置，旋得复函谓该处电缆无空线，不能装置
郁警宇	1929 年 10 月 1 日	电话叫号，有半日或一日不能接通，请核办	函转话局核办
上海水泥公司	1930 年 5 月 30 日	电话时常不通，影响营业	函转话局核办
上海米行公会	1930 年 11 月 15 日	请电话局在沪南米行装电话 13 具，无效	函转话局核办
闸北水电公司	—	请在各大变压所至公司办事处之间装对讲电话多日，迄未办好	函转话局核办

　　资料来源：《上海电话局用户陈报请装电话障碍事项表》，"公用局致交通部电政司函"附件，1930 年 12 月 9 日，Q5-3-2867，上海市档案馆藏。

（五）财政独立，收支勉强相抵

　　相比于晚清，民国时期上海电话局在财政上已进入自负盈亏状态，不再依靠电政局财政拨款。电话局职员技工的薪金从营业收入中支付，减少了对全国电报业和中央交通部的依赖，开始致力于自身营业发展和财政独立。但由于诸多原因，电话局财政只能勉强维持收支相抵，甚至略有亏损的状态。

上海电话局收入项目有话费收入和附带收入。前者包括月租费、专线费、通话费、华洋通话费等，后者则有装机费、移机费、换机费、电铃费、过户费、赔偿费及其他类。支出项目包括营业支出和资本支出两大类。所谓营业支出主要有职员薪给、话务员薪给、技术员薪给、技工薪给、差役工食、办公费、修养维持费、职员奖恤金及其他等类。资本支出，乃是构建固定资产、无形资产和其他长期资产所支付的现金，用于电话局长期规划发展，具体包括房屋、土地、线路、机件、器具等购置费。此项支出数额巨大，尤其在 1932 年后，上海电话局每年仅资本支出一项，就达十几万元，如 1932 年为 142 511.67 元，1933 年为 162 062.28 元，1934 年为 143 660.59 元，即便如此，1933 年，上海电话局仍盈利 16 503.41 元（表 5.8）。

表5.8　1927—1934 年上海电话局收支情况　　　　（单位：元）

年份	收入	支出	盈亏情况
1927	129 000.00	132 000.00	−3 000.00
1928	188 000.00	190 000.00	−2 000.00
1929	210 000.00	237 000.00	−27 000.00
1930	230 000.00	243 000.00	−13 000.00
1931	245 000.00	256 000.00	−11 000.00
1932	240 742.11	385 720.65	−144 978.54
1933	459 769.00	443 265.59	16 503.41
1934（1—6 月）	324 899.33	321 716.74	3 182.59

　　资料来源：《交通部上海电话局最近五年统计调查表》，1933 年，Q5-3-2871，上海市档案馆藏；交通部统计科：《中华民国二十一年交通部统计年报》，南京：南京大陆印书馆，1934 年，第 172—175 页；交通部总务司统计科：《中华民国二十二年交通部统计年报》，南京：国立中央图书馆印刷所，1935 年，第 174—177 页；交通部总务司统计科：《交通部统计半年报（民国二十三年一月至六月）》，南京：国立中央图书馆印刷所，1935 年，第 168—171 页。

　　注：为简化会计处理，将所有资本支出作为收益性支出处理。在计算某年盈亏情况时，支出一项既包括该年营业支出，也计入该年的资本支出。

从长时段看，上海电话局财政状况仍存在改进空间。首先，上海电话局作为部管单位，被迫承担政军警欠费等额外行政负担。北洋政府时期，电话事业发展迟缓，外加军官电欠费严重，电话局收支难以平衡。20 世

20 年代以前，全国各地交通部部办电话局的营业多处于亏损状态。[①]"各局用户积欠电话租费，为数甚巨。揆其原因，虽由于一部分用户之不能按期缴纳，或有意延宕，而各局之既不加紧催收于先，复不照章停话撤机于后，日复一日，以致愈欠愈多，押费不足相抵，实亦难辞其因循怠忽之咎。"[②]上海电话局用户以政治军事机关为主，财务收入不免受影响。

南京国民政府交通部曾立志整理。1927 年 9 月，交通部致电各局长，"查各局财政困难，达于极点，亟应设法整理，以资补救"[③]。为杜绝军官电欠费，于 1928 年、1934 年国民政府先后颁布实施《官军电电报收费及限制办法》《查扣私事官军电电报办法》等，规范财务管理，改善电话局收支状况。1934 年，交通部饬令上海电话局等重订电话业务表册，催缴积欠租费，或者与押费相抵。[④]1937 年 6 月，国民政府行政院令饬交通部转令各部管电话局，通告各机关知照，"各地政军警机关时有使用电话，不付话费，影响电政颇巨"，自 1937 年 7 月 1 日起，各机关"使用电话，须一律付费"[⑤]。但各部管电话局财政状况并未立即得到改善。"北洋电信业历年军官电欠费达 3000 余万元"，"自民国政府成立，截至 1932 年 12 月，官电欠费共达 1697.7 余万元"，1933 年欠费达 300 万元。[⑥]即使是在上海电话局业务大力发展之时，也仅能勉强收支相抵。截至 1934 年 6 月，上海电话局积欠话费共 5220.25 元。[⑦]相比于租界电话公司，虽数额不大，但对于国营机构来说，却增加了财政负担。"大人先生""常有倒账情事发生"，致电信经营"大受影响，几乎不能维持"[⑧]。这笔亏空急需通过借款或增加租费填补，以维持经费周转，进行设备更新和业务发展。上海电话局等自动机改装工程"资本亦系借款而来，期本息约定以营业收入，除开支经费外，余数尚不足以偿付利息，遑论还本"[⑨]。军官电欠费让原本收支状况不佳的电

① 朱汉国、杨群：《中华民国史》（第十卷），成都：四川人民出版社，2006 年，第 148 页。

② 印发电话新式业务报告表通饬造应收各费由主管人员负责收取令，《交通部电政法令汇刊》1933 年第 2 期。

③ 《交部召集电政会议之两电》，《电友》1927 年第 9 期。

④ 桢：《一年来之电话业务》，《申报》1934 年 12 月 1 日，第 28 版。

⑤ 《行政院通令电话照章付费》，《申报》1937 年 6 月 8 日，第 10 版。

⑥ 《论官电欠费》，《申报》1934 年 6 月 1 日，第 22 版。

⑦ 《论电话欠费事》，《申报》1935 年 2 月 7 日，第 22 版。

⑧ 《电信商店》，《申报》1934 年 10 月 1 日，第 25 版。

⑨ 罗英：《电政的危机及其补救方法》，《交通杂志》1934 年第 4 期。

话局雪上加霜，财政状况窘迫。

  南京国民政府的各项措施，未能彻底解决政军警电话欠费问题。首先，上海电话局以政府部门自居，政军警机关作为实权阶层，凌驾于部管电话局之上。"政军机关为国家机关，其人员为公务人员，对于电话各费，应按照定章缴付，毫无疑义。乃以积习相承，政军机关请装话机，或发长途电话，当时多藉口军事关系，急如星火，事后多藉口经费支绌，延不照付。交部经济上之损失，固不堪言。各政军机关道德上之亏缺，尤为可惜者也。夫以数元一具之电话月租费，或数元或数角一次之长途电话费，在各政军机关之预算中，不过九牛一毛，此项区区话费，揆之军政机关现有财力，决能应付，徒以狃于积习，不肯付给。而电政机关慑于威权，疏于职责，对于上项机关所欠话费，以前未按月催收，亦为主因。"[①]这一问题的产生，表面上源于军阀干涉电政的积习和军政机关道德的欠缺，实则由于国民政府交通部对电局的管理仍旧未能逃离北洋时期的窠臼，没能处理好政府部门管制和电话局自主经营的关系。交通部将地方电话局视为政府机关的一部分，上海电话局必然需要承担许多额外的行政成本。虽然南京国民政府一直强调电话局角色转变，但积重难返，上海电话局没能在其成立时甩掉沉重的政治、经济包袱，造成财政预决算难以按照正常和健康的方式进行。

  其次，上海电话局会计方式落后，加剧了财政困难。长期以来，上海电话局实行收支会计方式。此项财务制度到 20 世纪 30 年代备受诟病。南京国民政府成立后，实施改革，使电报、电话等事业初具财产会计、损益会计的雏形。上海电话局作为部办电话局，其会计制度具有以下几点缺陷：①资产负债账目记录不全；②材料账目手续不完备；③若干记账方式未免混乱。上海电话局收支会计缺乏严谨性和科学性，"既不能表示一事业之财政状况，复不能表示一期间中之营业情形"，亟待改革。[②]落后的会计方式不能精确反映上海电话业和上海电话局的经营、管理成效，反而会造成许多呆账、死账，影响了电话业和电话局的长期规划发展。

  以话机押机费一项而论，上海电话局各个用户所受押机费数额不一，有 5 元者，有 20 元者，有 50 元者，"参差纷岐，殊不一律"。1934 年 7 月，交通部饬令整理，"一律改收国币 50 元，以一事权，而便稽核"，规定所有

  ① 松：《政军机关使用电话应缴付现费》，《大公报》（天津）1937 年 6 月 8 日，第 3 张第 11 版。

  ② 潘序伦：《电政会计之亟待改革》，《交通杂志》1933 年第 1 期。

1933 年 5 月以前所装之用户，在 1934 年 7 月 30 日以前，携带旧收据，连同应补缴银数，至电话局营业股调换新收据。[①]事实证明，此项置措难以实行。该年 9 月 17 日，上海电话局发出通告，"用户遵照手续办理者，已属多数，但尚有少数用户，存心观望，殊属非是"，将清理截止日期宽限至 9 月 20 日，请用户补缴差额，否则"停止通话"[②]。然一月有余，尚有百余用户未前往补缴押机费。10 月 28 日，上海电话局不得不再次通告："务希于 10 月 31 日以前，来局补缴，领换新收据，以完手续，而资结束，如再延误，致本局重违部令，殊多未便，届时对于贵用户电话，亦惟有遵章停止通话，至所受损失，碍难负责。"[③]政策实施前后变化，账务管理松散混乱，造成上海电话局财政状况一直未能有较大改观。

最后，上海电话局因交通部管缘故，长期以为公用事业服务、满足民众通讯需求为要，并适当照顾到市区内工商经济发展的现状，取费不以高昂为准，在某种程度上造成了电话局收支难以达到平衡的结果。时人评论："交通部年来对于改进电信事业之政策，完全以公众利益为前提。凡一切有利于公众之设施，殆莫不力谋推进，以期公众享用之普遍。"[④]电话机件设施的更新和维护，需要巨额的财政支出，对部管单位而言，上海电话局政治负担重，话费收入有限，难免陷入支绌的境地。"电话原为便利通信之设备，故其目的在谋如何使应用者得获最高之便利，所谓最高之便利者，有二含义：其一，即在技术上予以用户以最良之服务；其二，即在费用上予用户亦最轻之负担。"[⑤]上海电话局一无财政补贴，二无相当收入，很难做到兼顾效率和公平。1933 年提高电话租费的举措，不但使电话局收入增高，电话机件得到改良，而且乐于使用者增加，业务得到推广，便是极好的反证。

综上所述，上海电话局经过长期发展，虽然存有一些不足，但是在电话线路得到延长、电话机械得以改良、话机容量也着力扩充等方面取得进步，其成绩不可因之抹杀。上海电话局局所建设数量得到增加，20 世纪初仅 2 个，到 20 年代扩充到 6 个，30 年代再度新建 6 所（表 5.1）。特别是南京国民政府时期厉行改进，外加上海市政府协力合作，使上海电话局局

① 《上海电话局改收用户押机费》，《申报》1934 年 7 月 11 日，第 13 版。
② 《电话局催缴押机费》，《申报》1934 年 9 月 18 日，第 15 版。
③ 《上海电话局通告用户缴纳机费》，《申报》1934 年 10 月 29 日，第 12 版。
④ 骅：《今后之电话业务》，《申报》1935 年 7 月 16 日，第 18 版。
⑤ 麟：《电话租费及保证金缴纳办法之改进》，《申报》1936 年 1 月 16 日，第 20 版。

务刷新，电话事业定位准确，电政人员勤勉努力，用户权利责任明朗，电话供求关系趋于良性，电话事业取得较大发展。上海电话局线路之勘修、机件之整理、新式设备之运用，使用户使用电话较往昔更加便利；话务稽查制度、职员考核规定、接线生接线规则等的实行，改良了话务服务，提高了电话局工作效率；装机和换机等费用减低，保证金之分期缴付等措施的实行，增加了话机安装，显示出了良好的发展态势。由于抗日战争全面爆发，此种发展进程被打断。

二、租界电话公司经营成果

电话作为一项公用事业，其规划发展是市政建设的重要内容。"从总体讲，城市幅员、人口、城市化程度、现代化程度、经济发展程度等，与公用事业的发展成正变关系。从局部时间阶段看，电话事业的发展也会随着当时的政治、经济、军事状况相关而起伏。有时候政府的政策也会在一段时期内对公用事业起促进或阻滞发展的作用。"①"租界市政建设是与近代商业、工业发展相适应的，而县城市政建设则是与传统的农业社会相适应的。"②租界市政当局对电话事业的管理，反映了租界市政建设的先进性和租界管理的科学性。租界较为安定的社会环境为电话事业的发展提供了得天独厚的外在条件。远离华界复杂的政治局势和频繁的战事，上海租界这一"大班的城市""买卖的城市"，"它是为这个目的而建立起来的，而买卖则始终是它的主要特征"③，交换和交流成为业务开展、日常生活的常态。电话通讯客观上适应了城市经济社会发展的需求。不同于华界上海电话局交通部管，租界现代企业公司的经营方式和特许专营的管理模式，赋予电话业发展较大的活力和动力。在诸多合力之下，租界电话事业朝着健康有序的轨道前进，取得了不错的经营成果。

（一）局所建设快速发展

租界电话局所建设速度远远早于并快于华界，很多局所的构建从1901华洋德律风公司就开始了。早期电话用户不多，话线不长，话局较

---

① 张观复：《从历史资料看上海公用事业的发展规律》，《城市公用事业》1998 年第 2 期。
② 熊月之：《论上海租界的双重影响》，《史林》1987 年第 3 期。
③ 〔英〕霍塞著，纪明译：《出卖的上海滩》，北京：商务印书馆，1962 年，第 193 页。

小，电话经营单位仅需提供交换机，将各个分散的电话机连接通话，外商经营的电话均为单局制。各分散电话经营单位被统一规整后，电话局所逐渐增多。1882 年丹麦商大北电报公司开通近代租界第一个电话交换所，当时用户仅有 68 户。同年，上海互助协会电话交换所安装电话 30 多线。中国东洋德律风公司统一接盘租界电话业务后，将原有的大北电报公司交换所和上海互助协会电话交换所收归旗下，在大北电报公司电话交换所的基础上开通磁石式人工电话交换所一个，后迁至四川路 14 号。中国东洋德律风公司电话业务发展迟缓，至 1900 年公司结束营业时，电话用户约360 线。

随着城市发展和人口的增加，电话用户因工商经济发展而快速增加，电话用户常在数千以上，有复式交换机以资应用；当达到数万号以上时，"城市之电话就宜采用分局制度，将全城分为若干区，每区内在话线之中心点设立一电话分局。本区内电话用户之话线皆中止与此分局之交换机上。同一区域内之用户通话时，则分局之接线生为之连接"，"各分局之间有多对之电线互相联络，俾各局之接线生可以为本局用户接通其他分局之用户"[①]。多局制的采用可节省话线开支，提高通话效率，便于日常管理，分散大型电话局财产，避免因意外事故或机件损坏及电源中断而遭受巨大损失。随着用户数量逐渐增多，电话经营单位的局所建设也不断发展（表 5.9）。

表 5.9　近代租界电话公司局所建设概况

交换所	地址	开通时间	所属单位	备注
大北电话公司电话交换所	外滩 7 号	1882 年 2 月	大北电报公司	1883 年停用
上海电话互助协会电话交换所	九江路 2 号	1882 年 4 月	立德洋行	1883 年停用
东洋德律风公司电话交换所	外滩 7 号，后迁至四川路 4 号	1883 年	中国东洋德律风公司	1900 年停用
中央	汉口路 14 号	1900 年 8 月	上海华洋德律风公司	1910 年 5 月停用
西区（临时）	静安寺路卡德路	1901 年夏	上海华洋德律风公司	1903 年 3 月停用
东区（临时）	熙华德路	1901 年夏	上海华洋德律风公司	1903 年 3 月停用
中央	江西路 24（A）号	1910 年 5 月	上海华洋德律风公司	1927 年 11 月改为自动式

---

① 汤荷骧、易鼎新：《有线电话》，上海：商务印书馆，1933 年，第 78 页。

交换所	地址	开通时间	所属单位	备注
杨树浦	杨树浦路	1912 年 12 月	上海华洋德律风公司	1924 年 3 月停用
西区	静安寺路白克路	1915 年 10 月	上海华洋德律风公司	1931 年 8 月停用
北区	海宁路	1917 年 12 月	上海华洋德律风公司	1932 年 2 月停用
东区	溪兰路	1924 年 3 月	上海华洋德律风公司	1931 年 8 月停用
路升	忆定盘路 99 号	1926 年 6 月	上海华洋德律风公司	新建自动交换机
虹桥	虹桥路	1926 年 5 月	上海华洋德律风公司	新建自动交换机
毕勋	毕勋路	1929 年 11 月	上海华洋德律风公司	1931 年 8 月停用
中央	江西中路 232 号	1910 年 5 月	上海电话公司	前华洋德律风公司中央交换所
路升	江苏路 563 弄 31 号	1926 年 6 月	上海电话公司	前华洋德律风公司路升交换所
虹桥	虹桥路 1933 号	1926 年 5 月	上海电话公司	前华洋德律风公司虹桥交换所
西区	泰兴路 230 号	1932 年 3 月	上海电话公司	新建自动交换机
北区	海宁路 556 号	1932 年 2 月	上海电话公司	新建自动交换机
汇山	长阳路 244 号	1931 年 8 月	上海电话公司	新建自动交换机
毕勋	汾阳路 61 号	1931 年 8 月	上海电话公司	新建自动交换机
敏体尼	云南南路 106 号	1931 年 12 月	上海电话公司	新建自动交换机
福建	福建中路 460 号	1931 年 9 月	上海电话公司	新建自动交换机

资料来源：上海通志编纂委员会编：《上海通志》（第 6 册），上海：上海人民出版社、上海社会科学院出版社，2005 年，第 4314—4315 页。

英商华洋德律风公司期间，电话事业得到快速发展，1898 年初开放 107 线，1907 年 11 月达 2832 线。随着用户数量的增加，1910 年中央交换所安装的共电和磁石人工交换机开通。1912 年，电话局所由单局制发展为多局制。至 1920 年后，西区、毕勋等电话交换所相继安装共电式人工交换机。电话局所的发展，为容纳更多数量的用户提供了线路保障。1922 年华洋德律风公司实装用户 14 059 线。[①] 1924 年，公司建成东区自动电话交换所。至此，公司拥有 3 个人工电话交换所和 1 个自动电话交换所，用户达 15 000 余线。[②]

① 《德律风公司将开年会》，《申报》1923 年 5 月 27 日，第 18 版。
② 《法租界商联会反对电话加价昨讯》，《申报》1924 年 12 月 22 日，第 13 版。

到 1929 年 11 月，公司已开通西区静安寺路临时、东区熙华德路临时、江西路中央、杨树浦、西区、北区、东区、路升、虹桥与毕勋等 10 个电话交换所。1930 年用户达到 26 281 线。1930 年 8 月 5 日，美商上海电话公司接盘英商上海华洋德律风公司东区、中央、西区、北区、路升、虹桥、毕勋 7 个电话局所和在建的福建、汇山、敏体尼、毕勋、北区、西区 6 个自动交换所局房。与工部局签订合约后，公司积极购置新屋及最新机件，以期在最短时间将租界电话制度改为自动式。"新计划之一部分，如福建路及毕勋路新屋之图样等，早经华洋德律风公司缮就，故于新公司接管时，该新屋早已兴工建造矣。其他如西区、北区、东区及敏体尼区之接线间新屋，亦陆续筹备就绪，同时并向外洋订购有 33 000 用户之自动旋转式总机，及新式长途电话接线台"[①]，于 1931 年 8 月开始筹建，最终在 1932 年 3 月 26 日完成自动电话改造工程，先后开通了汇山、毕勋、福建、敏体尼、北区和西区等 6 个旋转制自动电话局所，沿用了原华洋德律风公司中央、路升和虹桥 3 个电话交换所。同时，将中央交换所人工交换设备、西区、北区、毕勋人工交换所和东区自动交换所停用。至此，美商上海电话公司有局所 9 个，营业区域也由最初的租界局部延伸至整个租界，南市、闸北、浦东等越界筑路地区，有效地保证了电话畅通，扩大了话机容量，发展了电话用户。1932 年底，电话用户达 31 633 户（表 5.10）。到 1949 年 5 月上海解放时，美商上海电话公司拥有 9 个电话交换所，其中 7 个为自动电话局，用户达 59 945 线。[②]

表 5.10　1930—1945 年上海电话公司户数和话机数目　　（单位：户）

年份（年）	电话户数			话机总数		
	商业	住宅	总数	商业	住宅	总数
1930	—	—	26 281	—	—	33 537
1931	—	—	27 052	—	—	36 360
1932	—	—	31 633	—	—	42 537
1933	19 919	14 825	34 744	—	—	46 915
1934	21 265	16 645	37 910	34 062	17 912	51 974
1935	19 382	15 725	35 107	31 950	16 916	48 866

① 《电话历史》，《上海电话公司杂志》1938 年第 3 册，J-0920，上海图书馆藏。
② 《上海各种公用事业概况：上海电话公司》，1949 年 3 月，Y12-1-78-135，上海市档案馆藏。

年份（年）	电话户数			话机总数		
	商业	住宅	总数	商业	住宅	总数
1936	20 953	17 073	38 026	34 729	18 778	53 507
1937	15 487	14 800	30 287	27 795	16 637	44 432
1938	24 715	20 139	44 854	39 583	22 504	62 087
1939	32 280	22 503	54 783	51 801	25 688	77 489
1940	34 454	22 890	57 344	58 281	27 275	85 556
1941	36 565	23 717	60 282	60 773	27 995	88 768
1942	36 537	23 485	60 022	60 415	27 573	87 988
1943	36 705	22 696	59 401	61 188	26 612	87 800
1944	37 134	22 602	59 736	61 876	26 521	88 397
1945	36 438	22 452	58 890	59 567	26 383	85 950

资料来源：*Shanghai Telephone Company FED. TNC. U.S.A.*：*Working Lines and Stations*，1946 年 2 月 15 日，Q5-3-5282，上海市档案馆藏。

（二）电话号簿影响广泛

电话号簿是电话事业发展的重要见证。电话号簿为电话经营单位免费分送用户检索电话号码，辅助电话使用的工具书，其刊印源于华洋德律风公司。华洋德律风公司规定将用户行名簿每年修订两次，分为中英文两种，按户分发，"所有用户迁徙、装卸等情，每年在 9 月 25 日及 3 月 24 日以前，俱能列入本届新簿"[1]。为适应用户需要，上海电话公司亦"编纂电话簿两次，以求准确"，按户分发。[2]每次汇集用户信息结束前，预先在报纸上公布广告："在新电话簿未出版之前，赶速装置电话，大名便可列入"[3]，印行后由用户自行到电话公司营业科领取。同时公司保有少数额外本，其他如需用者，可缴纳少额费用购买。后来由于自动机改造，电话号码增多等原因，更改、补列者时有存在，为防止用户查看旧有电话号簿而打错号码，维护用户和电话公司双方的利益，每次于新号码簿出版之时，公司号召用户送回旧簿给公司，因故不能送还者，建议将所有旧簿一律毁弃。

[1]《德律风公司修订行名簿》，《申报》1923 年 4 月 12 日，第 18 版。
[2]《上海电话公司按户分发电话簿》，《申报》1935 年 12 月 3 日，第 11 版。
[3]《新电话簿付印在即》，《申报》1936 年 3 月 9 日，第 4 版。

电话号簿页数与电话用户数量保持同步消长。最早的电话号码表为英商华洋德律风公司于 1900 年 7 月 7 日编印发行，实际刊登户名和号码 93 个。次年出版《华洋德律风公司行名簿》，采用直排电话号码与用户名称的排版格式，按用户名称首字排列，共 36 页。1908 年，华洋德律风公司印《行名簿》，按学堂、钱庄票号、保险、栈号、铁路、报馆、人寿、木行、煤号、栈房、公所总会、番菜酒馆、五金号、报关行等用户分类，共 83 页。随着电话事业发展，用户的增加，1919 年，号簿所刊号码为 9000 号，篇幅 223 页。1926 年，《行名簿》改称《电话用户簿》，开始刊登"购物指南"，页码数量骤然增加。1927 年，工商行业广告大量被刊印于号簿内，采用插页、横条、直条、扉页与切口等多种广告形式，全册号簿 682 页。1928 年，号簿封面与封底均套色印刷，色泽鲜艳，制作精美。为节约成本，防止新旧电话号簿混淆，公司向用户免费赠送号簿的方式改为由用户携带旧号簿赴指定处所掉换新号簿，每号限赠 1 册。1900—1929 年，华洋德律风出版英文电话号簿 50 册，中文号簿 19 册。华界上海电话局学习租界，亦印刷号簿赠送用户，如 1927 年新用户电话簿"除以笔画多寡编列用户次序外，并附有南市、闸北、江湾、南翔、吴淞电话检查对照表，首数页刊载装设章程及共电式、磁石式华洋公司通话长途通话用法暨各项章程价目表，至为完备"[1]。华租两界号簿分开印刷，仅赠送本公司或局所用户使用，其他用户须出资购阅。

美商上海电话公司经营租界电话业务后，电话号簿页数迅速增加。1930 年 10 月，上海电话公司出版中文号簿，约 700 页，刊登 25 000 余号，广告商户约 6400 号。1932 年，号簿改称《上海电话公司电话簿》。1933 年，由横式装订本改为直式装订本，为节约篇幅以刊登更多号码，除缩小字行外，还将每页所登号码与户名由单栏式改为双栏式，检索方法除沿用计数笔画外，增加《康熙字典》部首法。1933 年，上海电话局编印的电话号簿，共 67 页，电话号码约 2800 号，另外包括公用电话号码、地址及少量的按电话号码为序的户名。1935 年 6 月，上海电话公司改编出版夏季电话簿，"为增进用户检查效率起见，于原有笔画检字法外，亦加入四角号码检字表于首端。此后电话用户，于检查上，当更为便利"[2]。抗日战争开始后，电话用户频繁变动，美商上海电话公司全年发行中英文版电话簿 4 册，为历年次数最多。

---

① 《上海电话新号簿出版》，《申报》1927 年 2 月 14 日，第 15 版。

② 《上海电话公司电话簿采用四角号码检字法》，《申报》1935 年 6 月 13 日，第 12 版。

受时局和战事影响，1937 年末电话户数锐减，上海电话公司实装用户 30 287 线，比上一年下降 18.8%，电话机减少 10 525 部。该年冬季版《上海电话公司电话簿》仅 316 页。此后，电话户数几经变化。日伪侵占租界后于 1942 年曾编印发行日文版《上海电话番号簿》257 页，刊登用户约 9 500 号，未有中文版电话号簿印刷。抗日战争胜利后，上海电话公司与新成立的上海电信局于 1947 年 2 月联合出版《上海电话号簿》，采用转盘与活页存储用户号码等相关资料，其中"分类电话号簿：购买指南目录"项，分典当、旅栈、米店、衣庄等 993 类，共 367 页。①据统计，1930—1949 年，出版号簿 47 册，其中英文版 25 册、中文版 19 册、日文版 2 册、中日文版 1 册。②

关于电话号簿的具体内容分布，以 1949 年《电话号簿及购物指南》为例，全册共 820 页，其主体部分由用户须知栏、分类行业栏目录、分类行业栏、用户名号栏笔画检字目录、用户名号栏五部分组成，页末附"旧新路名对照表"。电话号簿分为"分类行业栏"和"用户名号栏"，采用以分类行业和用户名号首字笔画数目为序，以行业类别或用户名称为类的索引方法。刊登用户 62 000 号，包括工厂、企业、商店、重要个人如上海电话局及其局长各科等的用户名称、地址和电话，每页分三栏排列。其中"分类行业栏"又名"购物指南"，页中或夹杂若干条商业广告，形式多样，或整版巨幅，或页中掺杂，或小型花哨，或设置为名片形状，或采用大号描黑字体，表明行业名、经营内容、地址及联系电话等信息。用户名号栏几乎无显明广告，仅将若干条用大号标黑字体，以达醒目效果。③

电话号簿所纳入的电话使用者涉及近代上海社会的各个领域，涵盖全面，内容庞杂。各个门类或者按照用户姓名分类，或者按照职业分类。电话用户数如此之多，关涉电话使用的社会领域如此之广，"编印号簿，着实不是件容易的事……一册数百页甚至上千页全书，每一页都是撑得满满的，细小的铅字，扁的夹条，都要特别当心，比排印论文书记要难得多"④。电话号簿内容的丰富决定了其印刷出版前的"编辑难，分类难"。上海电话号簿被比喻为"百科全书"。"这其中有值得发掘的无尽宝藏；这是一部活泼

① 洪深：《读"上海电话号簿"》，《大学》1947 年第 3、4 期合刊，D2-0-2699-57，上海市档案馆藏。
② 上海通志编纂委员会编：《上海通志》（第 6 册），上海：上海人民出版社、上海社会科学院出版社，2005 年，第 4349 页。
③ 《上海电话号簿及购物指南》，1949 年，Y15-1-195，上海市档案馆藏。
④ 《电话簿背后的故事》，《一四七画报》1947 年第 16 期。

多姿的社会史；这是上海四百万市民集体创作的交响曲；从这里，你多少可以晓得一点，上海有些什么人？为什么有这么多的人？一日二十四小时他们在忙些什么。"戏剧专家、作者洪深阅读电话号簿始于1927年，并坚持20年。通过分析，他认为通过人名可以窥见其性别差异，店号的取法透视着功用原则，或为祝祷，或为标语口号；电话号簿内容变迁记录了历史的沧桑，如1947年《上海电话号簿》较之1937年《上海电话公司电话簿》，相隔十年，前者"已不见'月迺家'。已不见'三菱'公司，已不见无数的'株式会社'"①。近代上海电话号簿包含内容丰富，影响广泛，折射出近代上海电话事业及近代上海社会的发展轨迹。

　　电话号簿一经印行，每日检索使用千万次，影响广泛。除了电话用户基本信息外，后期逐渐增加市政设施电话公告、服务项目种类、用户须知、电话使用方法、电话价目表、商业广告、新旧路名对照表等。就商业广告而论，电话号簿涉及面广，使用频繁，刊登者甚为踊跃，公司收入丰厚。广告形式多样，如"为便利用户起见，簿内用户行名住址，可用较大之字刊印，只须每年预缴刊费银五两。又用户营业性质，亦可用小字附注其旁，其刊费每年每行预缴五两，不满一行者作一行算，此外复添设广告，如欲刊登者，可向公司接洽"②。1947年，由于增加闸北等区域的电话号码，全册号簿从上年的400多页增加到682页，于上年下半年由小沙渡路某印刷厂承印，计划印刷8万本。"因为电话簿上的广告收效颇大，所以封面封底都有老客户的，旁人是不容易挖得到的"，祥生汽车公司和上天殡仪馆为争夺该年电话号簿内广告版面而上演了一场争夺战。祥生与上天在电话号簿内原本都有自己的席位，但得知位于两者之间的拜耳药厂的一条广告地位空了出来后，双方均有意扩大自身的版面，并与电话公司广告员进行积极交涉，争夺激烈，最后祥生胜出。广告员见原云飞汽车公司封面边条（中缝）广告位未定通知，故打算将之拨给上天殡仪馆，被云飞得知后，大兴问罪之师，认为电话公司广告员行为未得到其同意，有违惯例。云飞受战争重创后，由数巨贾集资，极力扩充市场，对此广告席位不肯放弃，电话公司广告员限于两难境地。③电话号簿广告刊登如此紧俏，电话公司广告费

---

① 洪深：《读"上海电话号簿"》，《大学》1947年第3、4期合刊，D2-0-2699-57，上海市档案馆藏。
② 《德律风公司修订行名簿》，《申报》1923年4月12日，第18版。
③ 《电话簿广告争夺战》，《上海特写》1946年第27期。

收入"大得惊人"，"封面和封底，每条高度 1 寸，500 万一条，共计 20 条 1 万万元；中缝全条 1000 万元；缝里全张 2000 万元，两全张计 4000 万元；里页全张为 500 万元，以 30 张计算，共计 100 005 000 万元；电话住户号码页，分上下 2 条，每条高度 1 寸，10 条 50 万元，以 600 页计算，共计 2400 面，计 1 万万元以上，还有其他里页大小广告，其数尚难统计。就以上统计，电话公司这笔广告费已有 5 万万元的局数，除去纸张印刷装订费外，笃定又可稳稳的老捞赚一大票。若以小报一年的广告费收入，恐怕也抵不到它五分之一呢"[1]。电话号簿如此巨大的社会影响力与电话事业的发展密不可分。

（三）财务收支状况良好

相比于上海电话局，租界电话事业的财务预决算稍显复杂。除各种日常营业收入和支出外，租界电话公司收入一项还包括股票和债券收益，支出除了营业费用之外，还包括特许权使用费、维持费、捐税、外商管理费、折旧准备金等。受社会局势和经营状况的影响，股票面额上涨，公司股票发行不仅能够增加资本总额，还可获取一定的差额收益。华洋德律风公司股票面额为 50 两。辛亥间，公司股票市价在 60 两左右；第一次世界大战前，一度涨到 115 两；1916 年 2 月股票市价则为 97—98 两。[2]1921—1924年，华洋德律风公司曾前后三次发行股票 20 000 股：1921 年 11 月发行股票 5000 股，每股售价银 70 两。[3]1922 年 8 月至 1924 年年底分两次共售出股票 150 000 股，第一次实际售出 9356 股，每股售价 60 两；[4]第二次募足5644 股，每股售价 75 两。[5]据统计，前后获利共 278 220 两。历年盈余分配股息、红利、董事会报酬，提取股息准备金、公司公积金、债券准备金、外人职员酬劳等外，如果尚有余额，可将之滚存下年。历年盈余金可拿出一部分用于投资，购买债券等，如 1923 年华洋德律风公司将战时所购金榜债券出售，获利 19 422.60 两。[6]特许权报酬金和特别捐税，是作为获得营业执照的交换而向公共租界工部局和法租界公董局支付的费用项目。上海

---

① 《电话簿的广告费》，《新上海》1947 年，上海图书馆藏。
② 《德律风公司之营业》，《申报》1916 年 2 月 7 日，第 10 版。
③ 《德律风公司股东会记，追认续增资本案》，《申报》1921 年 11 月 6 日，第 15 版。
④ 《德律风公司通告认股截止期》，《申报》1922 年 9 月 23 日，第 16 版。
⑤ 《德律风公司股东会记》，《申报》1924 年 6 月 4 日，第 14 版。
⑥ 《德律风公司股东会记》，《申报》1924 年 6 月 4 日，第 14 版。

电话公司为美商经营，须"向它的母公司——美国国际电话电报公司按月缴纳当月营业收入的 4.5% 作为总公司的管理费，缴纳当月购买器材货价总额的 5% 作为佣金，还有其他名目繁多的费用上交母公司"①。公司收入总额除去营业开支及上述支出总额，即为该年净入。作为外资企业，支出一项还会受到汇率影响，在换算结盈时，须计入国币和美元的汇兑盈亏后，才是公司的最后净盈。

剔除时局因素的影响，租界电话公司经营状况良好，股息派发及时，红利充裕。1919—1926 年，华洋德律风公司纯盈金额均在银 20 万两左右，受专营权庇护，无业内竞争，盈余较有保障（表 5.11）。公司纯盈款项由股东视该年盈利状况公决分配，除提取一定的董事会费、公积金、股息准备金及外人职员酬劳外，大部分作为股息和红利分派给股东，若干余额滚存下年，若余额不足则从股息准备金中提取，以保证股息和董事报酬等按时按额派发。华洋德律风公司经营租界电话之际，股东股息派发较为固定，一般均为每股 4 两；1923 年达到最高，为每股 4.5 两；1925 年后略有下降，

表 5.11　1919—1927 年华洋德律风公司财务状况

年份	纯盈（银两）	股东分红
1919	约 236 640	股息每股 4 两，又红利 1.5 两
1920	约 252 437	股息每股 4 两，再加红利 2 两
1921	257 672.13	每股派银 4 两，红利止发
1922	186 478.70	—
1923	188 621.76	股息每股 4.5 两
1924	202 057.52	—
1925	202 113.33	股息每股 3.75 两
1926	186 667.60	股息每股 3.75 两
1927	211 524.51	股息每股 3.75 两

资料来源：《德律风公司之营业报告》，《申报》1920 年 5 月 20 日，第 15 版；《德律风公司年会记》，《申报》1921 年 6 月 1 日，第 10 版；《德律风公司常年会记》，《申报》1922 年 6 月 1 日，第 13 版；《德律风公司将开年会》，《申报》1923 年 5 月 27 日，第 18 版；《德律风公司将开股东会》，《申报》1924 年 5 月 28 日，第 14 版；《华洋德律风公司股东会记》，《申报》1926 年 6 月 17 日，第 15 版；《华洋德律风公司上年度营业报告》，《申报》1927 年 6 月 9 日，第 15 版；《华洋德律风公司营业报告》，《申报》1928 年 6 月 7 日，第 16 版。

---

① 中共上海市邮电管理局委员会：《上海电话公司职工运动史》，北京：中共党史出版社，1991 年，第 8 页。

每股仅为 3.75 两。红利一项，自 1921 年停发。此事源于公司经营面临着严峻的财政投资问题。由于"一、公司几年前对公共租界和法租界的发展缺乏预见；二、公司没能力筹集必要的资金进行扩建；三、公司在战争年代及随后不久被迫安装了各种混杂的设备"[①]，旧式接线电话越来越不能满足日益增长的市内通讯需求，人们对公司服务质量愈加不满，公司迫切需要筹集 800 万两巨额资金，进行自动话机改造。为缓解财政压力，公司一面增加股票发行，一面停发股东红利。在 1922 年公司股东常会上，公司宣称上年"获利丰厚"，实际纯盈额亦达银 257 672.13 两，"然而电话办理腐败情形却为公众所诟病"，经股东讨论决定"止分发每股应得之红利银 2 两，移充改良电话之用"[②]。1930 年 4 月，由于资金困难，围绕自动话制式，公司与工部局意见不一，董事会代表主席来伯里论断："查（自动话机）重要器械之定购既受延搁，而上海公众需要又已迅速发展，董事恐公司将来必感受伟大之不利也必矣。"[③]公司陷入财政困难。

　　上海电话公司接手租界电话事业后，与两租界当局签订电话专营合约，收益较有保障，但因公司支出较多，股东实际分红数额有限。一方面，上海电话公司与公共租界工部局和法租界公董局签订的特许专营权规定，"公司每年可获得依投资总额8%，再加2%的净收益，以此为议定电话费率的标准。倘现行费率使公司之净收益少于或多于10%的营业投资总额时，公司与两租界当局可议定修正费率"，屡次上调话费，保证高额利润。[④]1933—1940 年以来，电话公司净入多在 200 万元左右，甚至高达 400 余万两。除去兑换盈亏后，净益亦达几十万元到几百万元（表 5.12）。另一方面，由于历年采办材料、添置新机、扩大线路营业范围，公司开支过巨，同时受汇率影响，净益（除开支，不除红利）不少，分红却较股东期望值低。1938 年公司红利为 6.8 厘，1939 年为 6 厘。1940 年红利增加为 7.5 厘（即每股票面 10 元，分利 0.75 元），派发股东股息共 863 565 元。当年公司资金 11 514 200 元，每股 10 元，分为 1 151 420 股。发行公债、银行欠款两项相加，共负债 20 993 006 元，

　　① 上海市档案馆编：《工部局董事会会议录》（第 24 册），上海：上海古籍出版社，2001 年，第 570-571 页。
　　② 《德律风公司常年会记》，《申报》1922 年 6 月 1 日，第 13 版。
　　③ 《德律风公司改定合同之草案》，《申报》1925 年 4 月 15 日，第 14 版。
　　④ 中共上海市邮电管理局委员会编：《上海电话公司职工运动史》，北京：中共党史出版社，1991 年，第 8 页。

其中银行借款为 8 890 146 元,包括汇丰银行借款 6 750 000 元、透支 1 140 146 元;花旗银行借款 1 000 000 元。[①]1941—1947 年 9 月,日军占领及战后初期,受非常军管,且通货膨胀影响,公司一直未能派发股息。[②]战后整理所需巨额费用亦未能通过发行股票以吸引新资本的方式来解决。

表 5.12　1933—1940 年上海电话公司盈利情况　　（单位：元）

年份	净入	净益
1933	1 773 862	−195 427.26
1934	2 241 157	497 789
1935	2 446 262	430 789
1936	2 180 709	577 103
1937	2 431 654	927 995
1938	2 467 306	948 199
1939	4 218 916	2 861 747
1940	4 032 146	2 349 505

资料来源:《电话公司发表去年净益四十九万余元》,《申报》1935 年 6 月 30 日,第 12 版;《上海电话公司 1940 年之报告》,《经济论丛》1941 年第 4 期。

（四）话务服务快捷高效

除华洋德律风公司经营后期、日伪军管及战后出现服务不良、供不应求等现象外,租界电话公司服务快捷高效,均能较好地满足市民通讯需求。公共租界工部局特许合约赋予公司经营电话权的同时,保证了公司服务质量。特许权规定,当有 1/3 用户对公司服务不满时,工部局有权对其经营状况进行调查,决定是否继续保持其经营权利。20 世纪 20 年代,原有的人工接线机制越来越不适应日益增长的通讯需求,接线迟缓,用户颇有怨言。华洋德律风公司在安装自动话机时,因资金问题不得不将接线延缓,另外,其采用的自动话机种类相互间也未能协调,中外用户集体抗议。照 1908 年特许合同规定之 30 年期限,华洋德律风公司理应可经营至 1937 年。实际上,在工部局裁夺下,华洋德律风公司于 1930 年 8 月已将相关财产转让给财力更雄厚、更能胜任自动机改造工程的国际电报电话公司。上海电

---

① 《上海电话公司 1940 年之报告》,《经济论丛》1941 年第 4 期。
② 《上海电话公司战后电话服务问题之报告》,1947 年 9 月 30 日,Q5-3-5277,上海市档案馆藏。

话公司成立后，投入巨资，于 1932 年完成租界范围内自动话机改造工程，保证了优良的话务服务质量。

话务服务状况一般指接线是否及时、装修是否迅速、话机容量是否能够满足装户需求、与经济社会发展状况是否相适应等。电话使用，贵在灵通。电话接线是否及时，受线路负荷、话机容量、人事管理等因素影响，当使用人数过多时，往往导致线路拥塞，接线处迟缓。第一次世界大战期间，因材料运输困难，机件不敷应用，华洋德律风公司曾致函用户"尽力辅助公司"，"非遇必要，勿发电话，并勿许儿童仆役及闲人随意需用电"[①]，以保持线路通畅。话务人员工作效率亦会影响通话速度，特别在早期人工接线电话制度时。20 世纪 20 年代，沪上各大报纸均记载有"电话腐败"之新闻。1921 年 5 月 10 日，上海特区消防组织主管人员致函公共租界工部局，说明火警电话不通极其严重，延误了火灾救援工作的开展，导致他们不得不主要依赖街道报警系统。[②]1928 年 12 月 22 日，一位署名为 CoopurBlau 的外籍用户写信述明，其电话自前一天的下午起，就不能接到任何呼叫或者拨打出去，他的不少朋友也有这样的抱怨，请求予以解决。[③]有股东提出，其原因在于"监督不善，且缺乏有经验之人所致"，建议聘用满意之雇员，聘请英国有电话经验之人员司监督之责。[④]也有人认为，抱怨者多由于其自身性急，"上海司机人，可于 4.8 秒中成之，拆线仅费时 3.4 秒，而伦敦电话公司之，则需时 6.1 秒，拆线必费 5.6 秒，以此推测，上海电话实较伦敦为良，至于每日所生之困难，亦逐渐减少"[⑤]，言下之意，公司服务状况良好。上海电话公司经营租界电话业后，一方面，采用自动话机，提供话机工作效率；另一方面采用按次收费制，减少不必要通话。至战前 5 秒钟内接获表轨声达到 100%，人们不由得感叹，自动机改造完成后"不要再受接线生的气"[⑥]。日伪期间，电话管理不良，每线通话次数虽

---

① 《德律风公司之困难》，《申报》1919 年 1 月 9 日，第 10 版。

② 《上海公共租界工部局总办处关于对电话服务提出抗议事》，1921 年 5 月 10 日，U1-3-1280，上海市档案馆藏。

③ 《上海公共租界工部局总办处关于对电话预定费的申诉事》，1928 年 12 月 22 日，U1-3-2026，上海市档案馆藏。

④ 《德律风公司常年会记》，《申报》1922 年 6 月 1 日，第 13 版。

⑤ 《德律风公司将开年会》，《申报》1923 年 5 月 27 日，第 18 版。

⑥ 韬奋：《自动电话的功德无量》，《生活》1927 年第 8 期。

低，表轧声情形仍极为恶劣。1944 年 12 月，每线每日接通电话次数虽仅为 9.89 次，5 秒钟内接获表轧声百分数却低至 37.8%（表 5.13）。战后，上海电话公司虽大力整顿线路，实行累进收费制，以期减少电话使用不当等现象，但由于电话通讯需求激增，每日每线通话次数居高不下，话机损耗，线路拥堵，话务服务一直未能达到战前水平。据公司统计，"倘用户能减少其唤打次数约 20%，表轧声之良好情形，即可恢复至 100%"[①]。

表 5.13　1935—1947 年上海电话公司话务服务情况

时间	全电话系统平均每线每日接通电话次数（次）	全电话系统 5 秒钟内接获表轧声百分数（%）	说明
1935 年	14.83	99.6	租费实行均一制
1936 年 12 月	7.77	100	按次计费
1938 年 12 月	9.97	100	抗日战争，按次收费
1940 年 12 月	11.42	93.3	抗日战争，按次收费
1942 年 12 月	9.28	94.6	公司被日本人占据
1943 年 12 月	10.78	62.4	公司被日本人占据
1944 年 12 月	9.89	37.8	公司被日本人占据
1945 年 12 月	9.17	83.0	战后时期
1946 年 12 月	11.84	81.1	战后时期
1947 年 5 月	13.08	79.3	战后时期
1947 年 6 月	13.24	82.6	战后时期
1947 年 7 月	13.07	86.2	战后时期
1947 年 8 月	12.04	90.4	战后时期

　　资料来源：《上海电话公司战后电话服务问题之增补报告》，1947 年 10 月 21 日，Q5-3-5277，上海市档案馆藏。

　　在较长时间内，租界电话公司的交换机容量均能适应市民需求。为促进营业增长，电话公司大力进行话机推销。租界工商经济的发展，亦使电话装户需求不断增长。1930—1945 年，电话户数增长了 32 609 户，话机安装增加了 52 413 具，平均每年增加用户约 2038.06 户、增加话机 3275.81 具，其中尤以商业用户为多（表 5.10）。为应付众多的电话服务申请，必须保证充足的话机设备和材料，其数量足使交换所设备容量不断增加。上海电话公司与美国国际电话电报公司关系密切，保证了电话设备和材料的供

---

　　① 《上海电话公司战后电话服务问题之增补报告》，1947 年 10 月 21 日，Q5-3-5277，上海市档案馆藏。

应。1936 年"全国仅有电话 175 000 具，合每万人有电话 3.9 具，与各国相差甚远"，1939 年美国每百人享用电话 15.09 具，法国则为 3.70 具。[①] 1930年上海租界每百人拥有电话 2.32 具，1936 年达 3.23 具。[②] 此数值接近当时世界一般水平，大大超出同期全国水平。

战后，由于资金困难，材料缺乏，申装用户颇多，上海电话公司机件容量逐渐不足。至 1949 年，上海电话公司共 11 分局所的交换机容量，已装户数多数已达到 96% 以上，汾阳局甲甚至高达 99.90%；所有设备总容量为 62 300 号，实装 59 927 号，装户比率高达 96.19%，几近饱和（表 5.14）。截至 1947 年 7 月 14 日，尚有未经照办的电话服务申请 16 999 件。电话局所在进行容量规划时，必须使预计的通话次数远远多于实际的通话次数，"倘同时唤打之实际次数较设计者为多，则若干用户之唤打必遭迟延，因若干机件业经完全占用，非至一个或数个用户通话完毕，该项机件仍归空闲后，不复能供使用，此项情形之结果，即为表轨声或接线员回答之迟缓，

表 5.14　1949 年上海电话公司各交换所设备容量概况

局名	号码首字或首二字	机件制式	设备容量（号）	实装号数（号）	装满百分比（%）
中央局	1	24 伏旋转自动	7 700	7 629	99.08
江苏局	2	共电人接	4 100	3 950	96.34
虹桥局	29	共电人接	300	200	66.67
西局甲	3	48 伏旋转自动	9 900	9 870	99.70
西局乙	60、61	48 伏旋转自动	700	598	85.43
西局乙	62	半自动	2 000	1 979	98.95
北局	4	48 伏旋转自动	6 800	5 329	78.37
汇山局	5	48 伏旋转自动	3 300	2 924	88.61
汾阳局甲	7	48 伏旋转自动	9 900	9 890	99.90
汾阳局乙	68、69	半自动	1 000	980	98.00
云南局	8	48 伏旋转自动	8 600	8 589	99.87
福建局	9	48 伏旋转自动	8 000	7 989	99.87
合计			62 300	59 927	96.19

资料来源：《上海各种公用事业概况：上海电话公司》，1949 年 3 月，Y12-1-78-135，上海市档案馆藏。

[①] 黄修青：《我国之电话制造工业》，《资源委员会季刊》1945 年第 2 期。
[②] *Shanghai Telephone Company FED. INC. U.S.A.: Population and Telephone Density*，1946 年 2 月 15 日，Q5-3-5282，上海市档案馆藏。

除将交换所交换设备扩充之外，别无补救之法"①。战后，电话公司在话机容量、话线负荷方面遭遇窘境。

话机报修方面，租界电话公司处理较为高效。虽然战后器材缺乏，人员不足，工作繁重，但公司亦能快速解决绝大部分报修问题。据统计，1940年7—9月设备障碍达30 465次，营业话线障碍2小时内修好者占63.4%，住宅话线障碍4小时内修好者占81.3%；1941年为36 469次，营业话线障碍2小时内修好者占54.4%，住宅话线障碍4小时内修好者占75.3%；1947年总障碍次数为54 372次，营业话线障碍2小时内修好者占69.6%，住宅话线障碍4小时内修好者占65.6%。②报修工作以2小时或4小时为单位计算，充分说明公司对工作效率之重视。

从总体上看，租界电话事业的发展状况与租界繁荣的工商经济保持了同步，取得了瞩目成绩。从1882年大北电报公司第一个交换所开始到1949年上海电话公司，特别是自19世纪末华洋德律风公司经营租界电话事业后，在局所建设、用户数量、话机改制、服务质量等方面均有显著进步。1930年，华洋德律风公司结束营业时，电话局所共6个，电话用户26 000余户。上海电话公司经过自动机改造，局所扩建，到1932年拥有局所9个。至抗日战争前，用户增加4000余户。上海沦陷后，租界作为"孤岛"，人口急剧增加，经济畸形繁荣，电话用户也随之出现较大的增幅，在短短的4年内，增加话线约30 000户，话机安装增加44 000余具。日伪时期及战后，电话户数亦居高不下。在此期间，电话号簿页数随用户的增多而增加。由于运用广泛，电话号簿广告成为公司一项重要的业务。租界市政当局的特许权规制，使租界电话公司话务服务一旦出现缺陷，将面临招标出售的命运，这促使了租界电话业在长时段内要保持优质服务和良好口碑。另外，由于受战事和对供求关系估计不足的影响，战后电话公司也存在财务困难、装修迟延、接线不通等现象。

由于两界工商经济发展水平、所处的社会政治环境、公用事业管理方式等方面的不同，上海市电话局、租界电话公司呈现出不同的发展态势。租界电话事业起步早，发展迅速。华界电话业起步稍晚，发展较为迟缓。从绝对数值上比较，上海电话局话机容量和安装户数远不及租界电话公司。

---

① 《上海电话公司战后电话服务问题之报告》，1947年9月30日，Q5-3-5277，上海市档案馆藏。

② 《上海电话公司战后电话服务问题之增补报告》，1947年10月21日，Q5-3-5277，上海市档案馆藏。

华界战事频繁，租界相对安稳，客观上对两界业务发展造成一定影响。两界不同的经营管理理念，是电话事业发展状况不同的根本原因。华界为中央交通部管，实为政府机构，与政军警等实权单位关系密切，难以避免军官电欠费情况的发生；电话取费相对低廉，收入有限，难以支付高额的改良费用，话局业务发展迟缓。租界电话事业是在企业经营、特许权规制的模式下，电话公司具有较大的自主经营权及较大的追求效率和利润的原动力。在相对高效和科学的经营管理之下，包括广告、推销手段的运用等，电话事业突飞猛进。

第二节　城市商民的电话使用及其影响

随着电话公用事业的发展，20 世纪 30 年代，上海电话通讯"乃成为公私接洽之必需品，几至家有户设之概"[①]。电话等公用事业对城市发展和市民生活影响巨大，在市民生活中占有重要地位。"公用事业是城市的基础设施之一，是城市生活重要的组成部分。公用事业方便了城市生活，促进了城市向近代化方向发展。公用事业是城市的一个窗口，人们一进入城市，从公用事业的发展水平就可以看到这个城市的现代化程度。"[②]电话用途主要分为商情传递和日常交际两部分。依据电话用途的差别，电话用户被分为两类，"凡电话之用途大部为营业者，则列入营业用户。至于电话偶然用于接洽营业，其余大多数时间作社交或家庭事件者则列入住宅用户"[③]。对于有些部门如会所、学校、团体等非营利性组织来说，电话作为一项互相联络的方式，在公务往来方面不可缺少。"盖电话者，商战之利器，社交之灵魂也。"[④]近代上海电话事业的发展，较好地适应了城市发展、社会进步、经济繁荣和市民生活改善的需求。电话在人们的商务往来、日常交际、工作开展中发挥着重要的媒介作用，对人们的生活产生了较大影响，促进了城市社会的变迁。

---

① 陈炎林：《上海地产大全》，上海：上海书店，1933 年，第 254 页。
② 上海市公用事业管理局：《上海公用事业（1840—1986）》，上海：上海人民出版社，1991 年，绪论，第 5 页。
③ 陈炎林：《上海地产大全》，上海：上海书店，1933 年，第 264 页。
④ 郑小慧：《电话之能为君节省及获得者》，《上海电话公司杂志》1934 年第 8 期，J-0920，上海市图书馆藏。

一、电话通信与近代上海工商贸易

电话成为近代上海工商业发展上不可或缺的通讯工具。上海是近代中国一个典型的因商而兴的城市，商务活动的开展迫切需要市场信息传达的快捷准确，以把握市场导向，决定出入收放之计，加快货物周转，减少货物囤积，牟取高额利润。"现今商情之起伏，无不与国际经济政治有关。在此纵横错综情形之下，经营商业者，除必具有商业上之知识外，尤须注意商场之消息如何也。所谓商场消息者，不仅必知某种商品之价格，且须以现在情形，以推测将来之趋势是也。商品价格之高下，依国际市场之供求而定，其变动甚速，其利益甚大。然苟昧于时势，忽于时机，决不能收什一之利，故消息灵通者，实握操奇计赢之枢纽。"[①]电讯事业的兴起和发展反映了工商经济的通讯需求，配合了近代上海市内外贸易的发展。电话自产生后，便成为近代上海加快生产要素流通、配置市场资源、促进商务往来的有力工具；它的使用改变了零售商业的性质，使大的百货商店诞生于世，对近代上海工商业经济的繁荣起到了不可估量的作用。

（一）工商业区重要的沟通手段

自电话引入上海，大小工商业者均充分认识到其具有传递信息、开拓商机的优点，并将之视作一种重要的通讯工具和必要设备。电话线路的敷设甚至直接影响到城市工商企业和公司店铺的择址与分布。当代上海作家程乃珊的祖父程慕灏，为近代上海金融界商人，其电话为38600，地址为福煦路931号。据她回忆，"随着西方电器开始在上海市场出现，电扇、无线电、电熨斗、电暖炉乃至电冰箱，都是作为一种身份象征和生活质量的标志，唯电话，从一开始就作为一种工具"，"上海人早就懂得资讯的重要性。电话铃声，意味着机会、转机和金钱！老上海的小洋房公寓、新式弄堂，电话已像抽水马桶一样为必备的设施，连在要倒马桶的石库门弄堂里，电话也不属奢华的摆设，而成一种设备。不少精明的房东在石库门房子楼梯转角公用地位装上部电话，租金和租客都会直线上升"；"再草根、再简陋的居民点，弄堂口烟纸店总归有部电话：老板赚点蝇头小利，市井

---

① 桢：《商情与电信》，《申报》1935年11月1日，第17版。

街坊也方便不少"①。不仅街区小店认识到电话积聚人气的作用，富商巨贾更是重视电话通讯在生意场上的重要性。清末巨商胡雪岩十分看重使用电话。②"棉纱大王""面粉大王"荣宗敬在选择公司上海新总部地址时，放弃了新开河一块风水宝地，"因电话不便，再买江西路二亩八分"，如此公司和外埠各厂均可通过电话传递消息。③江西路毗邻外滩，金融机构汇聚，是近代上海著名的商业区，相比于华租交界的新开河，电话等公用设施齐全，服务便利，为工商业的发展创造了良好的投资环境。电话对于荣氏家族企业扩展具有重要作用，"随着业务的增长，他要求各厂经理每天中午打电话向他请示"，"有电话在手，荣宗敬充分利用上海作为中国通信中心、金融中心和船运中心的地位，在 20 世纪 20 年代和 30 年代初期，竭力扩大申新的生产、销售及购买业务"，他利用电话向他的工厂经理们发布指示，让他们用蒸汽轮船运输成品等。④由此可见，电话在企业社会关系网构建中占据重要地位。

上海自从有电话事业，招商局随即"装设局用电话，与各公事房及码头通话。从此以后，商场乃逐渐装设德律风，而成商业上不可少之工具焉"⑤。近代上海随便一份报纸上就可看见各种类型的商务广告，其中除了包含商号、工厂和公司的名称、业务、商标、地址等外，最重要的一条信息即所在单位的联系电话，以之作为其拓展业务、招商引资、推销商品和提供服务的必要渠道。商号中最为常见的有银钱业、保险业、地产业、旅馆业、影院、菜馆、商场等，制造厂商以毛棉纺织染业、丝绸业、化工、机械电工、饮食、建筑、印刷、日用品等为主。这些电话用户均集中于近代上海的工商业区。其中商业区具体包括"外滩、四川路、江西路一带"，"这里汇集了大量的银行、钱庄、保险公司"，还有"南京路、霞飞路、四川路等商业街。特别是南京路更是集中了一大批的名店，如先施、永安、新新、大新等"；"工业区主要在城区的外围，如黄浦江边的杨树浦是全市

① 程乃珊：《趣谈电话》，上海《新闻晚报》2010 年 9 月 11 日，第 13 版。

② 高念华：《胡雪岩故居修复研究》，北京：文物出版社，2002 年，第 251 页。

③ 上海社会科学院经济研究所经济史组：《荣家企业史料》（上册），上海：上海人民出版社，1962 年，第 95—96 页。

④ 〔美〕高家龙著，程麟荪译：《大公司与关系网——中国境内的西方、日本和华商大企业（1880—1937）》，上海：上海社会科学院出版社，2002 年，第 158—159 页。

⑤ 吉安：《电话考》，《申报》1935 年 9 月 17 日，第 14 版。

最大的工业制造区，沪西苏州河边和法租界的南面的肇嘉浜一带也是重要的工业区"①。工厂、公司电话使用者多集中于杨树浦路、徐家汇路、江苏路、北京路、南京东路、小沙渡路、南市等区域。

　　作为通商大埠，近代上海的营业电话一直占电话用户总数的大部分。以上海电话局用户职业类别来看，1908 年用户总数为 102 户，其中商店 82户，占总数的 80.39%；1909 年用户总数为 117 户，商店 85 户，占总数的72.65%；1920 年用户总数为 409 户，公司、工厂、银行、医院、商号、旅馆、戏院等 174 户，占总数的 42.54%；1921 年用户总数为 470 户，公司、工厂、银行、医院、商号、旅馆、饭庄、戏院等 259 户，占总数的 55.11%；1922 年营业类共 422 户，占用户总数的 62.06%；1923 年营业类用户为 694户，占总数的 66.28%。②1882 年，大北电报公司第一个电话交换所为外商银行、饭店、洋行第一批 10 个用户安装电话。至 1900 年，华洋德律风公司电话交换所开放通话初期电话 107 线，其中绝大多数是营业电话。1907年上海租界电话用户约 2823 线，其中营业电话就达 2300 多线，约占用户总数的 81%。随着公司调整收费标准，大力推进住宅电话的安装，营业电话所占比例虽有所下降，如 1930 年营业电话为 16 643 线，约占总数的 63%；1934 年营业电话用户为 21 265 线，约占总数的 56%，但其相对而言仍然保持着优势地位。③除了工商业户主等主要的电话使用者外，还有一些其他人群安装的电话亦属营业范围之列，如报馆、律师、会计师、建筑师等事务所、商界会所等。对于自由职业者，如医生、律师、会计师等，在其日常的业务开展中，电话起着非常重要的沟通作用。

　　商业电话拨打次数在电话话务中占绝大部分。根据战后上海电话公司的业务报告，商业电话每日每线平均通话次数约是普通住宅用户的 3 倍。与订户和话机安装增加保持同步，用户每日平均通话次数不断增长，其中以商业用户为甚。1945 年 9 月，电话公司装户 62 673 线，安装话机 92 648具。至 1949 年 4 月，用户线数为 67 000 余线，安装话机达到 10 余万具。战后，上海市民大部分时间平均每日拨打电话约 11 次，其中商业用户平均

---

① 王少卿：《晚清上海地价及其对早期城市化的影响》，《史学月刊》2009 年第 4 期。

② 交通部交通史编纂委员会、铁道部交通史编纂委员会编纂：《近代交通史全编》（第 14 册），北京：国家图书馆出版社，2009 年，第 229、230、236—241 页。

③ 上海通志编纂委员会编：《上海通志》（第 6 册），上海：上海人民出版社、上海社会科学院出版社，2005 年，第 4334—4335 页。

每日拨打次数一直远远高于住宅用户，大体保持增长趋势，到 1949 年，多达 16 余次。与此同时，所有用户每日平均通话总数由 1945 年 9 月的 480 900 次，增加到 1949 年 4 月的 721 800 次（表 5.15）。综上可知，近代上海工商市场行情活跃，电话通讯在商界中扮演着重要的角色，电话在商业沟通中具有较高的使用率。

表 5.15　1945 年 9 月至 1949 年 4 月上海电话公司报告用户通话频率

报告时间	用户线数（线）	话机总数（具）	每日每线平均通话次数（次）			所有用户每日平均通话总数（次）	繁忙时间每一线呼叫率（Bhoma）	每次呼叫平均占用时间（秒）
			商户	住宅	总平均			
1945 年 9 月	62 673	92 648	10.58	4.79	8.37	480 900	2.15	76
1945 年 10 月	62 938	92 558	10.47	4.83	8.31	477 800	2.20	76
1945 年 11 月	63 072	92 427	11.81	4.93	9.15	522 500	2.36	76
1945 年 12 月	62 219	90 839	11.80	4.67	9.04	515 700	2.38	76
1946 年 1 月	61 064	88 937	12.29	4.96	9.41	526 300	2.43	76
1946 年 2 月	59 969	87 201	13.14	5.40	10.09	556 200	2.57	76
1946 年 3 月	60 228	87 492	14.67	5.75	11.17	612 800	2.56	76
1946 年 4 月	60 585	87 988	14.99	5.67	11.32	626 700	2.46	76
1946 年 5 月	60 949	88 600	15.16	5.58	11.39	635 500	2.53	76
1946 年 6 月	61 060	89 087	14.43	5.31	10.84	606 500	2.51	76
1946 年 9 月	61 621	90 801	15.10	5.68	11.39	—	2.62	76
1946 年 10 月	61 760	91 424	16.15	5.80	12.10	682 400	2.59	76
1946 年 11 月	61 816	91 435	15.71	5.61	11.77	664 800	2.58	76
1946 年 12 月	61 900	91 474	15.79	5.65	11.84	668 600	2.59	76
1947 年 1 月	62 056	91 577	16.13	5.99	12.18	690 200	2.62	76
1947 年 2 月	62 145	91 657	14.83	5.99	11.39	646 200	2.62	76
1947 年 3 月	62 253	91 777	16.44	5.39	12.32	700 200	2.62	76
1947 年 5 月	63 393	91 840	17.38	6.35	13.08	745 500	2.66	76
1947 年 6 月	62 488	91 847	17.64	6.37	13.24	755 600	2.69	76
1947 年 7 月	62 765	92 329	17.34	6.42	13.07	747 700	2.63	76
1947 年 8 月	63 006	92 773	15.95	5.94	12.04	689 600	2.60	76
1947 年 9 月	63 107	93 000	16.28	6.05	12.28	704 400	2.67	76
1947 年 10 月	63 405	93 431	17.51	6.12	13.07	753 400	2.68	76
1947 年 11 月	63 581	93 948	16.88	5.88	12.56	725 300	2.60	76
1947 年 12 月	63 687	94 920	16.72	5.74	12.42	717 400	2.68	77
1948 年 1 月	63 886	95 207	16.28	5.84	12.20	706 600	2.72	77
1948 年 2 月	64 029	95 371	15.57	5.73	11.72	680 100	2.67	77

续表

报告时间	用户线数（线）	话机总数（具）	每日每线平均通话次数（次）			所有用户每日平均通话总数（次）	繁忙时间每一线呼叫率（Bhoma）	每次呼叫平均占用时间（秒）
			商户	住宅	总平均			
1948 年 3 月	64 121	95 547	15.86	5.61	11.85	688 700	2.74	77
1948 年 4 月	64 402	95 853	16.63	5.52	12.28	715 100	2.62	77
1948 年 5 月	64 578	96 098	15.78	5.22	11.64	680 100	2.69	77
1948 年 6 月	64 765	96 350	16.57	5.29	12.15	712 200	2.71	75
1948 年 7 月	64 906	96 618	16.40	5.39	12.09	709 900	2.62	75
1948 年 8 月	65 002	96 719	15.00	4.70	10.97	666 200	2.45	75
1948 年 9 月	64 817	96 570	12.55	4.09	9.24	544 000	2.38	75
1948 年 10 月	64 870	96 708	12.74	4.60	9.56	564 400	2.51	75
1948 年 11 月	64 928	96 993	14.67	5.34	11.02	652 000	2.57	75
1948 年 12 月	64 980	97 166	15.24	5.47	11.42	676 500	2.63	75
1949 年 1 月	66 524	98 792	15.37	5.28	11.42	676 100	2.47	75
1949 年 2 月	66 846	99 225	15.10	5.39	11.34	690 400	2.72	75
1949 年 3 月	67 275	99 838	16.08	5.11	11.83	722 700	2.75	75
1949 年 4 月	67 451	101 464	16.13	4.98	11.81	721 800	2.63	75

资料来源：*Shanghai Telephone Company*，*Federal INC. U.S.A. Business Report*（1945—1949），Q5-3-5268、Q5-3-5269，上海市档案馆藏。

（二）货物销售的能干"员工"

租界电话公司广告将"电话"塑造为"能干的推销员"，工商业者通过电话通讯，达到推广业务、销售货物的目的。电话广告虽然是电话公司作为一种促进市民安装电话的商业策略和商业话语，却紧扣人们生活的方方面面，反映了其具有一定的社会存在性。电话公司通过大量的电话广告，试图推广话机安装。一个成功的广告经销商，必然是一个优秀的心理学家。成功的广告宣传必然是对有关心理学原理的自觉地或不自觉地运用。"广告心理学的作用是促使广告传播突破常识水平，使广告传播符合人的心理规律，并有效地应用这一规律，使得广告的内容能够顺利地进入消费者的内心世界。"从广告心理学的角度来看，"一个出色的、能打动人心的广告"，具有"唤起消费者的注意""启发消费者的联想""说服消费者行动"等三个基本特征。[1]近代上

① 吴柏林：《广告心理学》，北京：清华大学出版社，2011 年，第 4、5 页。

海电话广告具备了客观存在的社会依据。各种形象生动的图示，映射出近代上海城市人们生活方式的变化；电话广告里面呈现的电话商业服务信息，展现了近代上海的社会变迁（图5.1）。

图5.1　1936年6月4日《申报》电话广告

广告宣传中，安装电话是商家进行业务拓展的良策，没有电话，事业发展将受到严重影响。上海电话公司自动机改造目标即"使电话服务，为各界所乐用而不能须臾离也"①。"在商界里，时间就是金钱，节省时间和劳力的最合算办法就是装置电话。你想有了电话，何等便利，就是远在几里以外之主客立刻可以通话，一切重大生意只要打一个电话，立刻可以成功，又省事，又称心，又迅速，越用得多，越便宜。"②电话可谓"开展营业的门径"③。拥有电话，"商界人士，如在左右"④。在电话经营者的话语构建中，对工商业者而言，使用电话与否存在着"四通八达，财源茂盛"和"与世隔绝，日坐愁城"⑤的天壤之别，在激烈的商贸竞争中和危急关头，电话的作用不可限量。电话的使用为各界市民所必需，为商界开拓业务提供市场基础。

百货商店、汽车公司、影戏院等利用电话便利的优点，通过"昭告电话"推出电话购物、送货送票到手、上门接客这一新式的商品和服务销售方式。20世纪20年代，"商家已有电话订货、订票和订座的服务"，而非

---

① 《电话之改良由于雄厚之资本》，《申报》本埠增刊1932年4月24日，第3版。

② 《装了电话，你们就可以不必白跑了》，《申报》本埠增刊1936年7月31日，第2版。

③ 《开展营业的门径》，《申报》本埠增刊1935年9月13日，第3版。

④ 《商界人士，如在左右》，《申报》本埠增刊1932年11月20日，第6版。

⑤ 《你愿与世隔绝日坐愁城，还是四通八达，财源茂盛》，《申报》本埠增刊1936年5月15日，第1版。

使用"最原始的人力走街串巷扯着喉咙叫"的办法兜揽生意。① "上海的商店总装设有一具电话，因此许多人便发明了'电话购货'的这一条'生意经。'"②早期出租汽车因车费昂贵使大部分市民望而却步，20世纪30年代各公司降低车费，改善服务并加紧宣传，推出电话叫车等服务项目以招揽顾客。在广告宣传中，云飞出租汽车公司凸显业务电话"30189"，谐音为"岁临宴杯酒"，试图给潜在的消费者留下深刻的印象；祥生出租汽车公司抓住广大市民的爱国心理，利用"公司的新电话号码为'40000'"，宣传"四万万同胞，拨四万号电话，坐四万号车子"③，使其业务大为拓展。其他百货公司、影戏院等均利用电话推出电话送货、订座、送票等业务，以方便主顾，招揽生意（图5.2）。

图5.2　1936年11月29日《申报》电话广告

（三）"商情"传递的便利工具

电话通讯在传递商情、拓展业务中起着重要的作用。古代商人如需得知商情，一般只能通过托人四方打听，只有少数富商巨贾才有财力专设私驿。据史料记载，北魏时，洛阳"有刘宝者，最为富室，州郡都会之处，皆立一宅，各养马十匹。至于盐粟贵贱，市价高下，所在一例。舟车所通，足迹所履，莫不商贩焉"④。近代出现了民信局和邮政局，后来还有电报。对于一些有对外贸易合作关系的商户而言，他们联络外商重要的一项沟通

① 程乃珊：《趣谈电话》，上海《新闻晚报》2010年9月11日，第13版。
② 王礼安：《上海风物画》，重庆：古今书屋，1945年，第70—71页。
③ 魏明康、姚海明、姜伟：《中国近代企业家传略》，上海：上海人民出版社，1989年，第194页。
④ 《洛阳伽蓝记》卷4，载刘广生、赵梅庄：《中国古代邮驿史》，北京：人民邮电出版社，1999年，第608页。

方式为收发商务电报。电话引进以后，人们逐渐将市内发达的电话系统应用于海外商务电报的收发，使有需要的商户不用到电报局即可发送或者第一时间得知电报内容。"欲求消息之灵通，近者莫于利用电话，远者莫于利用电报，尤莫于利用电话收发电报。盖电报之功用，在于秘密报告商情，电话之功用，在于本埠或邻区谈议交易。惟国际消息，瞬息万变，电报通信，愈速愈妙，故以电话收发电报，无须差役奔走之烦，只须向当地电报局申请登记后，在办事室中，用电话传递电报，不数分钟，消息达到目的地，尤为通信中止捷径。"①此项业务使用之泛，工商部门为此特别制定了相应的"市内电话收发电报办法"，作为一项工商法规实施，对申请手续、收发办法及保密方案等均做出详细的规定。②由于制度健全、服务周到，极大地提高了商务信息沟通的效率，商户纷纷采用，电报局营业额日渐增加。③其他各电报收发处也纷纷将自己的电话号码布告四方。上海邮政管理局受其启发，采用电话通知商号等收件人领取包裹的办法。开通这两项业务的前提是商户已安装电话，商户与电话通讯关系紧密。

从事股票、证券、房地产等生意者，更是将电话奉为联络业务、传递信息的重要法宝。20 世纪 20 年代，上海的交易所进入极盛时期，先后成立的交易所多达 140 多家。④电话已成为经纪人必不可少的办公用品。"上海人做股票（吃交易所饭）中介历史悠久，老早就明白信息流通的重要。一只电话、一张写字台就可自做老板，成立公司，也真有不少就此起步成为拥有一层楼面的、写字台上有一溜几只电话的大老板。"⑤《子夜》是茅盾长篇小说的代表作，舞台设置于 20 世纪 30 年代初的上海，展示了大都市生活的方方面面。其中就有证券市场上利用电话声嘶力竭火拼场景的生动描述："交易所里比小菜场还要嘈杂些""台上拍板的，和拿着电话听筒的，全涨红了脸，扬着手，张开嘴巴大叫""现在交易所的早市已经结束……那两排经纪人房间里不时响着叮令……的电话"⑥。战后，投机之风大盛，"所谓纱号、金号、银行者林立，而经营此项事业者，端赖消息之传递迅速，

① 桢：《商情与电信》，《申报》1935 年 11 月 1 日，第 17 版。
② 《市内电话收发电报办法摘要》，《工商半月刊》1933 年第 5 卷。
③ 《电话收发电报实行后交际电报营业激增》，《申报》1935 年 7 月 29 日，第 10 版。
④ 张仲礼：《近代上海城市研究（1840—1949 年）》，上海：上海人民出版社，2008 年，第 117 页。
⑤ 程乃珊：《趣谈电话》，上海《新闻晚报》2010 年 9 月 11 日，第 13 版。
⑥ 吴福辉：《茅盾代表作》上，北京：华夏出版社，2008 年，第 183、187 页。

是以电话乃为此辈必备物件"。由于电话公司供过于求，线路不敷分配，一度出现许多投机者贿赂公司职员私装电话案件。①被审查者尤以黑市交易聚集的河南路、江西路与宁波路为多，"若辈因欲先尤知黑市波动，故在写字间与面纱交易号之间，装置秘密电话线，事被警务处发觉"②。市证券商业同业公会多次呈请公用局、警察局发还没收的电话机，提出电话机属于会员正当财产，"自被切断话线不能通话，蒙受损失实为繁重"，证券市场开业在即，"通话工具亟须重行装置"③。近代上海首富、房地产大亨哈同，到上海时身无分文，在电话公司看来，后来正是由于他依靠电话"传递消息，忠实服务，到后来才发了几千万的家私"，其他依靠电话发财的在上海"触目皆是"④。虽然此种说法难免有将电话功用夸大的嫌疑，但也一定程度上说明了近代上海商人对电话的倚重。

（四）媒体采访新闻的利器

对于通讯社、报馆等媒体机构而言，电话更是一项不可多得的新闻采访利器。现代著名新闻学家戈公振作过精辟的论述，在报纸刚出现的时候，新闻搜集依赖于信差驿卒的传递，所得材料受空间和时间的限制，"既不广远普遍，又不新颖详明"；电报运用于报界后，"千里万里外之各处消息，在昔须经数日数旬数月之时间，费多量之人力，方能传到者，今于一夕之间，已可藉电报之传递而收得，次晨即可披露于报纸，公之社会"；电话发明后，"传递消息之便利，益见增加"，"两地之间，口中所发语言之音，可用电线传达。通电话者，如晤谈一室之内，彼此径相探问消息，电报号码翻译之繁难得以免去。报馆得此，对于异地新闻消息，不难立刻探询明白，较用电报通信之为易，自属更胜一筹。报纸上之新闻赖以进步者，良足多也"⑤。电话的使用促进了报纸业的发展。

近代上海报馆十分重视电话的安装及其价格的优惠。1936 年 1 月，申报馆已有新闻采访专用电话 4 线，但仍旧未能满足日益繁重的新闻采访工

---

① 《行贿私装电话，抄出七户一并拆除，依诈欺罪提出公诉》，《申报》1941 年 3 月 2 日，第 11 版。

② 《投机字号私装电话，捕房严密侦查，已有多人被捕诘讯》，《申报》1942 年 6 月 25 日，第 4 版。

③ 《上海市政府与财政部等关于恢复上证券大楼被拆除电话机事件往来函》，载上海市档案馆编：《旧上海的证券交易所》，上海：上海古籍出版社，1992 年，第 175—179 页。

④ 徐永焕：《江西路畔牢骚声》，《上海电话公司杂志》1934 年第 2 期，J-0920，上海图书馆藏。

⑤ 戈公振：《报纸与电信》，《电信》1930 年第 2 期。

作，因此，申报馆致函上海电话公司，"为求应付目前复杂情态，使新闻线索更趋迅捷起见"，拟请加装一具话机。[1]1946 年电话实行累进收费后，有媒体人士呼吁，"电话收费计数，以累进制计算，这是一个好方法，可以减少非必要的通话"，"投机者一次生意进出，是几十万几百万，200 元电话费原属小数，不必计较。最是新闻机关，不打电话，消息无从采访，打一次要200 元，真觉得有说不出的痛苦"，希望电话如邮政电报一样，对文化业在价格上实行优惠。[2]申报馆为此要求交通部上海电信局宽限长途通话时间，使新闻采访电话按照普通电话的七折计费。后长途电话时间由 3 次宽限至 6 次，晚间 21 时至翌晨 7 时新闻长话七折计费。[3]新闻媒体机构电话采访时间较长，迫切需要较为便宜的电话服务。

二、电话通信与近代上海市民生活

利用电话可以便捷地加强联络，增进感情，交流信息，拓展视野，特别是在日常生活一些紧急、琐碎事件的处理中，因此，住宅电话安装开始得到推广。20 世纪初的上海已经形成了一种开放、活泼、高效的社会风气，人们重视信息收集，注重交往沟通。由于工商业经济的发展，各种奇珍异品竞相出现于大街小巷的橱窗货柜。物质生活的丰富多彩与精神世界的七彩斑斓相互碰撞，使人们迫切地希望更多的交流与互动，电话的出现恰好反映并满足了这种需求。电话在日常生活中的广泛应用，适应了近代上海快速生活节奏的需要，便利了人们的日常生活，提高了人们的生活质量；随着人们生活理念和价值观念的改变，新式生活方式和沟通手段得以衍生，近代上海人的心理特征和邻里关系得以重塑；电话缩短了人们相互之间的时空距离，促进了人际互动，提高了信息交流效率；电话即时联络的特征，使人们交际圈不断扩展的同时也使他们面临更多的人际难题，需要更多的时间和精力应对更多浅层次的复杂社会关系。

（一）家庭生活质量的保障

虽然住宅电话相对营业电话用户人数较少，但其呈逐年增加的趋势，

① 《申报馆致上海电话公司函》，1936 年 1 月 7 日，Q430-1-111-10，上海市档案馆藏。
② 丙生：《电话费》，《礼拜六》1946 年第 24 期。
③ 《交通部上海电话局致申报馆函》，1947 年 5 月 24 日，Q430-1-111，上海市档案馆藏。

在 1900 年仅 6 线，1901 年增加至 100 多线，1905 年为 380 线。之后快速增加，1912 年有 942 线，1919 年有 2959 线，1925 年有 7154 线。1930 年达 9638 线，占当时实装用户号线总数的 36.7%。美商上海电话公司建成自动电话后，通话质量得以改善，住宅电话月租适度降低，住宅电话安装快速增加，仅 1932 年就新装话机 3000 多线。抗日战争全面爆发后，上海沦为"孤岛"，租界地区出现畸形发展，住宅电话也随之剧增，1938 年达到20 139 线，比 1931 年增加一倍，之后因为战局原因，曾有几度起伏，但始终保持着相当数量。[①]与商业电话不同，住宅电话使用次数较为稳定，不会随工商经济兴衰而波动。1945 年 9 月至 1949 年 4 月，在此约 4 年的时间内，住宅电话每日每线平均通话次数一般为 4—6 次（表 5.15）。

1. 沟通外界的桥梁

在家庭生活中，电话被电话公司称为"家费中重要的开销"，给人们带来各种便利。通过情景构造，电话公司为城市商民描绘了一幅"电话为家庭生活、日常交际之必需"的长卷。人们通过电话，可与汽车公司、酒楼、戏院、药房、医院、救火会、巡捕房、家中母亲、公事房父亲、朋友等交流方便[②]，也可与银行、栈房、证券交易所、海陆空转运公司等联系通畅。[③]上海电话公司还强调，上述描叙往往挂一漏万，"电话的服务真是无穷尽的千变万化，诸君现在用着，也不知道以后为的什么事再用她。当您装置电话的时候，以为方便买卖东西，或同朋友谈谈天来破寂寞……或有许多别的理由要用她。没有人能够将电话的功用，分门别类的写出来，因为她像人事一样的繁杂，没有人可以算得清楚"[④]。电话用途广泛，使人们生活舒适，对人们的裨益甚大，"如果没有电话，正像离开了社会一般"，交际应酬等"都要受到阻碍"，将"过着孤独而单调的生活"[⑤]。电话成为家庭与外界沟通的桥梁（图 5.3）。

---

① 上海通志编纂委员会编：《上海通志》（第 6 册），上海：上海人民出版社、上海社会科学院出版社，2005 年，第 4337 页。

② 《电话乃家庭之必需》，《申报》本埠增刊 1932 年 5 月 23 日，第 3 版。

③ 《商业各界，如在左右》，《申报》本埠增刊 1932 年 12 月 25 日，第 4 版。

④ 《"电话"服务的价值》，《申报》本埠增刊 1932 年 7 月 26 日，第 3 版；1932 年 7 月 31 日，第 4 版。

⑤ 《你愿与世隔绝日坐愁城，还是四通八达，财源茂盛》，《申报》本埠增刊 1936 年 5 月 15 日，第 1 版。

图 5.3　1932 年 5 月 23 日、1934 年 10 月 28 日《申报》电话广告

使用住宅电话者除了工、商、政及文化界等相关人士外，大部分为那些富裕人家中的太太和小姐。她们经常通过电话聊天，互相交流最近四大公司新进了哪些时髦商品、大光明戏院里新近放映什么电影、某家舞厅新装了冷气等①；或者通过电话购货让大型商场直接将自己心仪的货品送上门，不用遭遇春雨、夏日、秋风、冬雪。②人们还可利用电话在影戏院订座，省了不少麻烦，"在京戏馆里电话更有较大的用处，凡更换戏目，或北方有享盛名的戏子来时，接客的弃目往往先用电话去通知他们的老主顾，同时戏除中最好的几排位子可为他们留下"③。正如电话公司所言，现代新式家庭中不置电话，"真好似住在独家村，与外界隔绝一样"，如果家里没有电话，"家里有了事，拿什么去告知丈夫呢？拿什么去约姊妹们打牌或作其他消遣呢？""家中有客来了，拿什么去通知菜馆添菜呢？"④取景于近代上海的小说《围城》《子夜》中亦有不少关于电话使用的场景描写，如九姨太嘲讽完冯云卿后，急于赴约，"换好了衣服，坐上了打电话雇来的汽车"⑤（图 5.4）。

① 张健主编：《老电话》，上海：上海古籍出版社，2002 年，第 66—70 页。
② 《家有电话，春雨夏日秋风冬雪都不怕》，《申报》本埠增刊 1934 年 10 月 28 日，第 6 版。
③ 韩德卿：《电话与家庭生活》，《上海电话公司杂志》1934 年第 1 期，J-0920，上海图书馆藏。
④ 徐永焕：《江西路畔牢骚声》，《上海电话公司杂志》1934 年第 2 期，J-0920，上海图书馆藏。
⑤ 吴福辉：《茅盾代表作》（上册），北京：华夏出版社，2008 年，第 135 页。

图 5.4　1932 年 9 月 6 日《申报》电话广告

2. 寻求援助的帮手

电话在人们日常生活中的另一项重要作用即处理紧急事务。"电话最大之价值乃其对于生命财产之保护。家中有一电话，即随时可得社会之各种保护。在紧急之际，电话能召请医生、救火会、警务处、他种助力。不论用户是否需要上述各种利益，立即可得服务之事实，能使用户有自恃及平静之心。"①

首先，报告盗匪。近代上海战事频仍，盗匪横行，极大地威胁到普通市民的人身财产安全。利用电话可以加强联络，防患于未然。1884 年，工部局巡捕房更新通讯设备，用电话代替原来的电报联系，将各岗警及辖区所设电话通告市民，安装电话者在遇到紧急情况时可及时与捕房取得联系。这一利用电话防范紧急情况的方法受到推广，"电话通信实为辅助警政之最要机关"②逐渐成为警界的共识。1929 年 2 月，市公安第三区区长聂元勋"以浦东上海特别市有一区五个分所，地面辽阔，交通阻塞，每感鞭长莫及"，提出添办浦东各所队电话，"以收消息灵便之效"。他举例，旧历除夕晚浦东区金家桥镇发生大劫案，该镇警力单薄，不能于最短时间内报警兜捕。临近洋泾、东沟二区公安分所闻悉，派警到场时，盗贼早已强抢完毕，分头逃窜，任由其漏网逍遥法外。"揆其原因，实由各分所无电话互相通报，以至误事。"后经公用局局长黄伯樵核准，查勘路线，进行安设。③

其次，利用电话可以方便快捷地报告火警。由于近代上海房租高昂，房产业对建筑的违章改建等又屡禁不止，火灾隐患堪忧。原有的警钟、警

①《对社会之服务》，《上海电话公司杂志》1934 年第 1 期，J-0920，上海图书馆藏。
②《闸北与南市接通电话》，《申报》1910 年 4 月 16 日，第 19 版。
③《浦东市区将设电话》，《申报》1929 年 2 月 17 日，第 15 版。

铃等火警预报方式传播里程有限，火灾信息反馈速度慢、确切性不足，救火会往往难以及时赶到火灾现场，使居民深受其害。20 世纪 20 年代以后，电话使用愈加广泛，电话报警成为市民汇报火灾的首选方式。电话报警保证了火灾现场的信息沟通，它与瞭望塔、消防水龙头等消防配备一起使用，对有效地控制火灾、降低损失、保障人们人身财产安全起到重要的作用。①

最后，如果突发疾病，也可通过电话与医疗单位取得联系，获得及时的救援和治疗。为了方便主顾，有些药店还电话接收抓药和煎药的工作，"当然医生看病开了方即跑了，但是药方须到药店去配，以前这是仆人的差使，他把各种的药品从药店拿回家，放在滚水中煎，病人就服他煎下地药汁。现在有了电话给药店，他们立刻派人用脚踏车接方，而且能代病家煎药，煎好后用热水瓶送到病人家"②。通过电话，病患可获得较好的照顾。

3. 获取信息的渠道

电话与市民的紧密关系还有很多。人们可以通过电话联系电话公司得知天气情况，决定自己的行程，或者打电话咨询问讯台，还可以通过询问查找某个联系人号码，询问准确时间等。仅以报时一项业务而言，平日电话公司十几个接线生最忙的时候，每一分钟需要应答两次，夜晚也会有三名接线生值班。③1936 年 10 月租界电话公司推出代答电话服务，以便利那些因公事繁忙未能及时接到电话的人们。④《上海内幕》《上海一日》等报告文学中，载有大量电话使用情节的描述，住宅电话与人们日常生活密切关系。电话用途如此广泛，无怪乎上海电话公司将电话服务比作日常生活服务中的娘姨。⑤

（二）新式生活方式的衍生

电话通讯快捷省事这一特点适应了近代上海快速的生活节奏。"当此物质文明之世，社会之现象日益繁华，生计之竞争日益剧烈。凡通都大市，往来行人，莫不纷纷援援，忙碌异常，甚至于拥挤时，路为之塞。如有要

---

① 罗苏文：《近代上海：都市社会与生活》，北京：中华书局，2006 年，第 36—37 页。
② 韩德卿：《电话与家庭生活》，《上海电话公司杂志》1934 年第 1 期，J-0920，上海图书馆藏。
③ 王韦：《上海内幕》，载张研，孙燕京主编：《民国史料丛刊》（第 696 册），郑州：大象出版社，2009 年，第 26 页。
④ 《租界电话公司发起代答电话服务》，《申报》1936 年 9 月 17 日，第 11 版。
⑤ 《娘姨就是服务中的口头语》，《申报》本埠增刊 1934 年 12 月 16 日，第 6 版。

事，欲急达到目的地者，必至迟延，或至误事，令人无所措手，而莫之适从。"①"电话不独能省写信通函或指挥职员之时间，且能增进朋辈友谊"，"与朋辈接谈，毋需乎跋涉长途或鹄立久候"②，"每举听筒，时间可节，精神可保"，"节时间者，吾人有意见欲达，便能立即借其宣达对方；保精神者，将挥函通讯、传递谒见种种手续节省"，"故电话实为世界营业上最经济之工具"③。通过与传统的接洽方式比较，人们逐渐认识到，电话作为一种新兴的通讯工具，具有生动形象，周期短，速度快，节省时间、精力和金钱等特点。随着电话通讯的普遍应用，以往人们对于时空的看法也随之发生改变，崇尚舒适、快捷、高效的生活理念和价值取向随之诞生。

电话的实际运用，是对传统生活方式、人际交往模式的一次变革。随着人们对电话通讯优点的认同，电话使用者越来越多，涵盖人群越来越广泛，包括商户、妇女和儿童等。电话开始成为人们日常生活的必需品，电话安装成为家庭生活的常备。"在未探访朋友以前，最好先打一个电话给他"④，电话预约，悄然成为一种礼貌和时尚。"宴客约会尽可利用电话不必等待烦恼；接洽事情尽可利用电话不必徒劳往返，购买货品尽可利用电话不必长途跋涉"⑤，"等人最讨厌，有了电话立刻可以解决"⑥，一旦人们遇到需要接洽的时候，自然想到电话可以很好地消除麻烦，减少等待。在电话公司的宣传攻势下，在人们的思维习惯和心理活动中，电话与舒适生活、高效办事、礼貌预约等逐渐形成一种必然联系。随着电话的使用，人际交往模式发生转变，传统面议、通信的交流方式逐渐减少，通过电话通讯即时达到传递消息的次数越来越多；电话请客、电话送礼、电话订座、电话解决危急、电话购物等时髦生活方式衍生。

（三）城市人际关系的改变

电话通讯改变了城市人际关系。电话使用一定程度上加剧了城市社会网"弱关系"趋向，降低了城市社会网"强关系"趋向。所谓"强关系是

① 陈炳麟：《公用电话》，《上海电话公司杂志》1934 年第 11 期，J-0920，上海图书馆藏。
② 《节省精神与时间是等于节省金钱》，《申报》本埠增刊 1932 年 11 月 27 日，第 7 版。
③ 《商界人士，如在左右》，《申报》本埠增刊 1932 年 11 月 20 日，第 6 版。
④ 《在未探访朋友以前，最好先打一个电话给他》，《申报》本埠增刊 1934 年 7 月 22 日，第 6 版。
⑤ 《热天利用电话，万事迅速爽快》，《申报》本埠增刊 1936 年 7 月 25 日，第 1 版。
⑥ 《等人最讨厌，有了电话立刻可以解决》，《申报》本埠增刊 1936 年 7 月 3 日，第 2 版。

指人们在其中投入更多时间、更多感情，并且彼此更为亲密也更为频繁地提供互惠性服务的关系。弱关系是指那种自我卷入不多甚至没有卷入的关系"①。电话的使用增加了人们交往的广度和频度，也使这种高频率的人际关系趋于"弱关系"化。

电话的使用使人际互动突破了时空的屏障，促进了人的流动。"直到电话的出现，几乎所有的人类交往都受到地域的限制，大多数人只和那些能够见面的人交往"，电话通讯使人们在思想、行动和各种需要的满足上具有更多的选择性，结交朋友的范围和类型不再受到血缘和地缘的限制，"因此就有解放之感"②。伴随着通话次数的增加，人们交往范围和规模不断扩大。1932 年，上海电话局全年普通通话总数为 10 242 720 次，华洋通话 2 834 091次。③1934 年，用户每日市内呼数 38 900 次。由于闸北、龙华、江湾、吴淞、真如等局所之租界电话，均由南市"0"号人工中继台转接，再达租界中央局自动机之接线器，故南市与租界通话繁忙时间（上午 11—12 时）去话呼数为 1015 次，占线时间平均 133 秒。④ 1935 年市内呼叫，每日约有51 000 次，平均每用户 12 次。最繁忙时间每用户呼数为 1.6 次，平均占线时间 100 秒。市区至特区电话，每日约计 16 000 次，特区来话，居去话半数。租界为商业中心，"商户往来，多须仰求该区，故互通话务，有上项二比一之差异，占线时间略长，约 130 秒"⑤。上海电话公司方面，"在 1931年，自动电话尚未通话前，每一用户之每日平均通话次数仅 7.12 次"，1934年达 14.81 次。⑥1945 年 9 月，近代上海拥有电话的市民每日每线平均次数为 8.37 次，每日平均通话总数为 480 900 次；到 1947 年 6 月，此种通过电话交往的次数愈发频繁，电话拥有者每日每线平均次数为 13.24 次，每日平均通话总数为 755 600 次，每次呼叫平均占用时间则仅为 76 秒（表 5.15）。随着电话用户的增加，短时电话通讯在人们日常生活尤其是商户中使用频率显著增加。

① 〔美〕戴维·波普诺著，李强等译：《社会学》，北京：中国人民大学出版社，1999 年，第 135 页。

② 〔美〕伊锡尔·德·索拉·普尔主编，邓天颖译：《电话的社会影响》，北京：中国人民大学出版社，2008 年，第 207、266 页。

③ 《交通部上海电话局概况统计表（1932—1933 年）》，1933 年，Q5-3-2871，上海市档案馆藏。

④ 《上海电话局之局务》，《申报》1935 年 2 月 14 日，第 13 版。

⑤ 上海电话局：《交通部上海电话局业务概况（1935 年）》，第 24 页，上海图书馆藏。

⑥ 《需要更佳之价格》，《上海电话公司杂志》1935 年第 1 期，J-0920，上海图书馆藏。

　　随着事务性交往的增多，人们在历次交往中投入的感情有限，感情较弱、较浅，相互之间亲密的程度也愈发降低。"人们并不是投入全部的人格，而是限定在角色之间的互动，因此人们之间减少了感情上的联系，更多了些功利的色彩。"①随着电话通讯业的快速发展及社会交往广度的扩展和交往频度的增加，浅层次的关系逐渐增多，城市人际互动和社会交往的内在驱动随之改变，"传统熟人社会将渐渐隐去，社会关系工具化，人际交往非情感化。慢慢地，个体已不可能与众多的交往对象建立起互相理解、互相信任、深入持久的关系"②。一则小品文描述到，张先生一早听到电话就不免生气，他银行中的经理刘裕周也因为电话打扰到其休息而不高兴，他的同事李如罦一接着电话就皱眉头，"在近代物质文明的建设里边，电话固然得着许多人的同情，然而也引起了不少人的仇恨"③。通过电话，城市市民相互之间短时、高频的联系不断增多。通话对象众多，不管相识与否，不论感情生疏，人们打电话，更多地倾向于信息交流和商品交换，而非感情沟通。电话通话快捷在给予人们便利的同时，也让人们无处可躲，随时可以被人找到，没有私人空间。随着人们交际范围的扩大化，情感投入的渐少化，人们愈来愈被一种应付差事和敷衍人情的心态笼罩，电话使频繁的人际交往成为一种无奈和压力。

　　在电话通讯的促使之下，城市流动性增强，人际关系缺乏持久性，使得长时间互动过程的可能性降低，互惠交换的可能性也随之变小，建立那种相互之间稳定而频繁的互惠交换关系成为难题。从某种程度上看，电话通讯充当了"信息桥"的角色。依照美国社会学家格拉诺维的论断，虽然所有的弱关系不一定都能充当信息桥，但能够充当信息桥的必定是弱关系。电话通讯在某种程度上使此种城市弱关系更加凸显。

　　随着电话此种新兴通讯工具的诞生和使用，城市社区邻里关系也悄然发生改变。电话公司为推广电话安装有意无意地引导和利用社会心理。早期电话用户较少，电话公司采取以时间为单位的计费方式，如按年、季、月等收费。用户不论拨打电话多少次，话费均按照定额收取。为节省开支，

　　① 张鸿雁：《城市·空间·人际——中外城市社会发展比较研究》，南京：东南大学出版社，2003年，第56页。
　　② 陆汉文：《现代性与生活世界的变迁——20世纪二三十年代中国城市居民日常生活的社会学研究》，北京：社会科学文献出版社，2005年，第186页。
　　③ 《电话》，《论语》1937年第113期。

市民借打、共用电话的现象较多。1936 年 3 月 1 日，上海电话公司实行按次收费，以减少借打和共用电话现象，增加电话安装户数，拓展业务，减少话机负荷。借助报刊媒介，上海电话公司营造了一种电话为日常必需、借打可恶的社会心理，"谚云'冷饭好吃，冷面难看'，借打电话往往看人冷面，遭人厌恶，装置电话所费无几，可不即刻装置一架，非特便利非凡，并可增加营业，免遭人恶"①。"偶然借打电话一次，自属情不可却，一再借用，不但麻烦，简直被人讨厌，暗里摇头，认为'太不识相'。"②通过电话广告宣传，"借打可恶"等社会氛围的营造和社会心理的影响，电话基本月租的减低，使上海电话公司成功地获取了一大批住宅电话用户。在电话公司话语权中，"借打电话"成为人们心目中一种"可耻"的行为，邻里关系和人际关系随之变得微妙。

三、电话通信与近代上海女性角色

电话通讯促进了近代上海城市女性社会角色的再塑。社会角色（social role），"指的是社会对拥有某种社会位置或身份的人所持有的期望"，"每个社会地位，不论是先赋或是自致，都有一个预期角色会伴随而来"③。在中国传统文化价值观主导之下，女性社会角色被固化，贤妻良母是传统女性的毕生追求，相夫教子是她们的主要社会职业，深闺宅院成为其主要活动区域，安分守己、温婉内敛是她们社会形象的最生动刻画。随着 19 世纪末 20 世纪初女性解放运动的兴起和发展，传统女性社会角色被重新塑造，社会各界开始通过各方渠道构建符合现代社会需求的新女性角色。到 20 世纪前期，近代城市女性已树立了开放、独立、时髦、积极的社会新形象。

电话作为近代科学技术发展的新兴产物，成为近代城市新女性装点精彩生活的必备。民国广受大众欢迎的《良友》画报，主要读者群之一，就是城市女性。画报内容不时有对电话科技相关知识的介绍。其中一期，封面为手握话筒、做打电话状的当时著名影星胡蝶。电话与女性、科技进步、时尚生活紧密联系起来。电话无疑为近代城市女性进入现代生活打开了一

①《何必看别人的冷淡面孔，你自己也装一只好了》，《申报》本埠增刊 1936 年 3 月 11 日，第 2 版。
②《人家暗里摇头你知道么》，《申报》本埠增刊 1936 年 3 月 18 日，第 5 版。
③〔美〕理查德·谢弗著，刘鹤群、房智慧译：《社会学与生活》，北京：世界图书出版公司，2013 年，第 128 页。

扇门，也理应成为我们今天研究城市女性的一扇窗。电话通讯的使用和推广，冲破了封建礼教对女性的禁锢，提高了传统社会对女性的期望；推动了女性冲破封闭保守的传统社会角色定位，加强了她们与外部世界的联系；冲击了原有社会结构和家庭层级的束缚，使城市女性从家庭中走出，成为社会的主体。

（一）期待破冰

电话通讯作为女性从深闺到外界的最后过渡，促使了女性转变封闭、保守的传统社会性格，树立起民国开放、积极的新女性形象。随着电话线路延伸至住宅，传统旧家庭奉行之"内言不出于阃，外言不入于阃"的封建礼教受到冲击。原本大多数处于深宅大院、高墙闺阁的传统女性不得不直接面对社会，开始主动或被动地与外部世界接触。

在近代上海电话用户构成中，住宅电话数量所占比例仅次于商号，远远多于戏院、菜馆、旅社、报馆、事务所、医院、银行、工厂、会所、学校、军政部门等。上海租界住宅电话 1930 年达 9638 线，占实际安装总户数的 36.7%；1938 年达 20 139 线，占实际安装总户数的 44.9%。[①]住宅电话线路的延伸与增加，不可避免地将原本"与世隔绝"的传统女性与外界联系起来，使她们开始通过电话此种"传声筒"向外界发声。

女性对外交流和言论机会的增多，使传统女性内敛、含蓄的性格特征面临着挑战，前所未有的社交新问题随之出现。1924 年 5 月，时人杜伯超给友人打电话，友人不在家，接电话的女性支吾许久没能做出自我介绍。杜伯超逼问无果，领会许久才知是友人的夫人，造成尴尬。他提出，当时即便是开通的妇女，有了自己的名号，也大都不肯宣示出来，如若下次在电话中遇到此种情景，女性究竟该如何自称。[②]男性作为传统社会的主体，通过"电话中的小问题"提出女性社会参与等话题，有利于人们打破世俗偏见，促使两性平等对话。在社会尤其是在男性社会的呼吁、理解、参与和帮助之下，才有可能出现女性自觉、自发、主动、积极地进行自我社会角色重塑。

---

① 上海通志编纂委员会：《上海通志》（第 6 册），上海：上海人民出版社、上海社会科学院出版社，2005 年，第 4337 页。

② 杜伯超：《电话中小问题》，《申报》1924 年 5 月 21 日，第 18 版。

随着电话传递消息此种通讯手段的推广，近代城市女性勇敢、大方、得体地宣扬、展示自我，成为一种时代呼唤和社会需求。针对上述问题，很快热心读者出谋划策，认为女性受中国传统社会道德约束，因循守旧，生性羞怯，不肯直接对外宣布自己的身份和名字；主张在电话中女性可以讲"某某是我的外子"，这样谁都明白她就是某某的妻子了。①采用"外子"此种古时的文雅称呼，来回避传统女性直接面对外界的羞涩、尴尬和难堪，不失为一种权宜之计。但是，作为电话通讯衍生的社交新问题，近代女性如何冲破传统女性解放的最后一道屏障，勇于战胜自我，走出深闺，塑造大胆、主动、积极的社会新角色，成为近代舆论关注的新问题。近代城市女性社会角色的再塑在各方探讨中成为一种可能。

（二）心理突破

电话通讯改变了女性传统的社交方式，成为广大城市女性与外部世界联系的纽带，增加了她们与外部世界沟通的概率。相比于书信往来、见面会商等传统社交方式，电话可以缩短时空距离，节约时间、精力和金钱，"语言交通，首推电话，听筒一举，谈吐可闻，殊方无异比邻，缩地竟然有术，不亦便哉"②。 在崇尚舒适、快捷、高效的生活理念和价值取向下，电话互通、电话购物、电话订座、电话解决危急、电话约客、电话雇车等时髦生活方式随之衍生，增加了广大女性接触新鲜事物、探索未知世界的机会。

近代新女性是住宅电话的最主要受益者。在上海电话公司自动电话尚未通话前，1931 年每一用户每日平均通话次数 7.12 次；自动电话启动后，1934 年每户平均通话次数达 14.81 次。1945 年 9 月至 1949 年 4 月，在此约 4 年的时间内，近代上海住宅电话每日每线平均通话次数为 4—6 次，每次呼叫平均占用时间 75—77 秒。③通过电话联络，她们频频出入商场、餐馆、戏院、影院、游乐场、舞场、公园等公共场所，便利了生活，丰富了人生，享受着闺阁以外的精彩世界。

伴随着电话通讯的推广，近代城市女性与外界的沟通频率增加，社

---

① 进留云僧：《解决电话中的小问题》，《申报》1924 年 5 月 23 日，第 18 版。
② 《电话观》，《申报本埠增刊》1925 年 6 月 8 日，第 1-2 版。
③ *Shanghai Telephone Company*，*Federal INC. U.S.A. Business Report*（1945—1949），Q5-3-5268、Q5-3-5269，上海市档案馆藏。

会角色的转变和女性解放运动的开展逐渐加快。这引起了部分人士对电话的怨愤。最富代表性的例子，就是张世昭。学问、能力、家世都非常不错的张先生，娶了一位"妇女界的美人""交际界的名花""文艺界的诗人""时装表演会冠军"，"张太太既喜欢交男朋友，男朋友又喜欢来找张太太，外边来的电话，十回有九回是找张太太的"。起初张先生还为张太太在社会上所受的欢迎而骄傲。后来，张太太的电话越来越多，应酬越来越多，张先生逐渐由不高兴发展到暴怒。①表面上，张世昭先生不满意的是原有的正常家庭生活被频繁的电话通讯所打扰和破坏。根本问题在于女性社会角色在过渡时期从旧到新的转变，引起了男性社会的不满。电话通讯充当了此种转变的桥梁，成为人们憎恶的对象。

电话通讯密切了女性与外界的联系，丰富了她们的生活，使传统女性形象得到颠覆。男权社会在复杂矛盾的心情下，既期待女性的蜕变，又害怕女性的新生。张先生先是得意于夫人的众多女性新称谓，但日常生活中妻子的社交日渐频繁，使其不满情绪日益增加。由此可见，民国城市女性社会角色再塑的同时，同样伴随着女性自身的心理蜕变和男权社会的心理调适。

（三）身影展现

女性社会角色的再塑，建立在其自身经济独立的基础上。"女子的地位，常随经济的变化为转移"，"果能如此有经济独立的能力……男女间一切不平等的道德与条件，也可以无形消失了"②。经济地位的改变，关键在于职业的获取。"女子若有了独立性的职业，便有了独立的经济。经济既能独立，虽不说社交公开，自然会社交公开；虽不说婚姻自由，自然会婚姻自由。"③在电话通讯发展下，人工接线需求日益增多。由于女性具有先天优势，电话接线生渐渐由年轻、有知识的女性来担任。据统计，其人数还不在少量。女接线生这一新式职业女性群体的产生，冲击了原有的社会结构和家庭层级。传统女性从家庭中走出，逐渐成为社会的主体。

电话通讯的问世和推广，"催生出第一批女白领——电话接线小姐"，她们"堪为新女性楷模"，"从事的绝对是当时最先进的科技行业"④。女电

---

① 《电话》，《论语》1937 年第 113 期。
② 李达：《女子解放论文》，《解放与改造》1919 年第 3 期。
③ 陈问涛：《提倡独立性的女子职业》，《妇女杂志》1921 年第 7 卷第 8 号。
④ 程乃珊：《趣谈电话》，上海《新闻晚报》2010 年 9 月 11 日，第 13 版。

话接线生分为两种，一种是在电话局和电话公司工作，由于女性更加细心且易于管理，20 世纪 20 年代，近代上海华租两界电话经营机构先后选用女性替代男性从事电话接线的工作；一种是在大百货公司、旅馆、饭店、银行及其他规模较大的机关或公司工作，此类机构"只装了一部总机，各部再分若干分机"，业务繁忙，需要专门的接线人员代为接听，"女子大都是比男子来得娴静与细心，所以接线几乎都是女性的"[1]。人数最多时，仅上海电话公司一家就拥有女接线生 400 余人。

女接线生经济独立、收入可观、衣着时髦，在妇女职业中地位最高。工作"每天分为三班，每班八小时工作，逢早、夜班均用汽车接送"，"待遇较任何女子职业为佳"，电话局所一说"月计 45 元，较之每月 10 余元收入之小学教员，有天壤之别"[2]，另一说法，每月可拿底薪 30 元，其他还有生活津贴、米贴等，工资"总和可以相当于一个普通的银行职员"[3]。大型公司写字间中听电话者则有 60—90 元，比较之下，"旧式商店中职员月薪约 30 元，一般店员 10—20 元"[4]。她们接受过相当水平的教育，一般具有中学以上的文凭。据说当时在中西女塾及圣玛利亚的高才生均寻着门路来做接线生。在接线生被正式派定工作前，均要通过重重考核。另外，她们工作时不仅需要动作敏捷，还得熟悉各地方言，讲一口流利的英语，懂日语，才能胜任，因为当时的电话户主中，外地人和外侨占据相当大的比例。

女接线生这一新式职业，自诞生起，就被作为传统家庭妇女形象——贤妻良母的对立面来看待。民国城市女性外出工作，抛却男性附庸的传统形象包袱，需要冲破重重障碍，最为直接的阻力来自家庭和社会的束缚。在近代报告文学的塑造下，李美珍等女接线生便是怀抱"一颗纯洁的服务社会的心"走上工作岗位的，但同时面临"女子最好的职业是出嫁"的传统女性社会角色定位的困扰。[5]对于女性自身而言，"女子走出家庭，谋求经济独立，减弱了女子对男子的依赖心，改变了女子被封锁于家庭、事事服

---

① 柯洛：《女接线生素描》，《新上海》1946 年第 35 期。

② 铁儿：《地位崇高之妇女职业》，《上海特写》1946 年第 8 期。

③ 林玉：《电话公司的接线生》，《海涛》1946 年第 35 期。

④ 忻平：《从上海发现历史——现代化进程中的上海人及其社会生活》，上海：上海人民出版社，1996 年，第 254 页。

⑤ 王韦：《电话接线生》，《上海内幕》，载张研，孙燕京主编：《民国史料丛刊》（第 696 册），郑州：大象出版社，2009 年，第 25—37 页。

从于男子的不平等状况，扩大了女子的眼界，发展了女子的个性，提高了女子参与社会活动的能力"①。女接线生促进了家庭、婚姻观念的变革，冲击着传统的社会文化、心理和习惯。

　　一般上海人对女子"抛头露面出去外头混"抱有偏见，对于女子做接线生"更加不满，怕给人家笑话"，说她们做"电话听筒"。女接线生们自己"固然是为了生活问题，主要的原因，还是为了逃避家庭中的烦恼"，追求自由的生活。此类新式女性被当时开放媒体评价为"努力向上为她自己前途而奋斗的女孩子"②。1933 年由上海联华影业公司摄制的无声电影《三个摩登女郎》，影片中除了大明星和追星族两名陪衬女郎外，主角摩登女郎，即阮玲玉饰演的电话接线生周淑贞。电影讲述了周淑贞如何历经磨难，成为无产阶级战士的故事。③近代上海女电话接线生作为都市新女性的典型代表，是时代进步和思想解放的代言人。电话通讯事业的发展在促使传统女性由贤妻良母到个体人，再到女国民的角色转变，达到社交公开、婚姻自由，直至投身革命活动及其他政治运动中，起到重要的催化作用。

　　（四）深远影响

　　电话线路的延伸，创造了相对而言较为开放包容的社会氛围，便于城市女性挣脱世俗观念的束缚，扭转传统社会角色的定位。电话与书报、邮信筒、照相机等一样，均是现代生活用品。女性与之发生关联，表明女性开始介入现代生活方式，女性真正突破高墙深院的限制，走向庭院、街市乃至郊外等更广阔的公共空间。传统女性只有在"声音"上率先突破自我，向外界发声，才有可能进一步做到"身体"上开始走出家庭，使其活动区域和社交范围不断扩展。早在民国初期，新文化运动先驱杨潮声等人就曾呼吁社交公开，"我们人类在上古的时候，并没有什么礼教不礼教，就没有什么男女问题。自从有了这礼教两个字，那么男女有起了界域了！有起了礼防了！男女交际秘密起来了！男女的情感变得不可以对人说的了！"④在

① 徐胜萍：《五四时期中国妇女地位的变迁》，《东北师大学报（哲学社会科学版）》2000 年第 6 期。
② 《电话事件》，《银行通讯》1948 年第 54 期。
③ 王荣华主编：《上海大辞典》（中册），上海：上海辞书出版社，2007 年，第 1287 页。
④ 杨潮声：《男女社交公开》，《新青年》1919 年第 6 卷第 4 号，第 439—440 页。

思想观念更新和社会大众倡导之下，近代城市公共空间开始有了新女性的活动踪迹。"最近十年以前，沪地途行之女子，仅属下流社会中人。彼驾车静安寺路者，多蔽以帷幔焉。今则上等妇女，仰首独行，赴肆购物，所在皆是。"①电话通讯使社会氛围更加趋于开放和自由，女性不再局限于传统社会狭窄的时空范围之内。电话通讯为女性实现自我突破提供了动力。

民国城市女性通过电话通讯这一媒介，走向更为广阔的天地。民国各个电话经营单位，都大力地宣传电话广告。尤其从 1930 年开始，电话广告开始大量地针对女性，将之作为潜在的主要消费群体。通过报刊广告，勾勒出一幅幅城市女性使用电话的场景：女性舒适地躺在床上接打电话；女性悠闲地坐在餐桌旁一边喝茶一边拨打电话；家庭妇女通过电话联系医生、救火会、巡捕房等，拨打电话联系朋友约会打牌等。当然，民国城市女性社会角色的转变并非一日之功。女性独立走向外界的过程中必然衍生出许多新问题。例如，由于电话线路的延伸，致使一些"洋场恶少"可以通过电话轻薄、骚扰女性等。女性想要做到真正的自尊、自信、自立、自强，需要社会大环境的随之改变，也要建立在女性内心真正强大的前提之下。

四、电话通信与近代上海城市消防

火灾、水患与战争等城市灾害，是构成近代城市发展的重大威胁。因此，构建方便、快速的火灾警报系统，是城市消防事业中重要的一环。"救灾信息传递渠道是否畅通、传递的方式是否先进等不仅直接关系着救灾的成效，而且也是考察中国社会近代化的一个窗口。"②学界以往的研究大多着眼于报灾制度，或报刊、电报等在自然灾害信息传播中的作用，从灾情传播速度和传播渠道的增加等方面进行了探讨，落脚点为消防技术和消防制度的现代化。在公共治理理论的视角下，城市消防等城市公共事业管理理应顺应公共领域由管理到治理的变革趋势。所谓城市火灾治理，即强调消防工程中多元主体的参与、合作、协调，具体工作包括健康的消防安全意识培养、合理的预警机制构建、高效的扑救工作开展等。作为近代率先引进发展电话业的城市，上海最早将电话通讯运用于城市火灾警报系统。

---

① 润石：《中华妇女界之新气象》，《妇女杂志》1916 年第 2 卷第 9 号，第 12 页。
② 武艳敏：《近代化的视窗：国民政府时期（1927—1937）救灾信息传递之考察》，《山东师范大学学报（人文社会科学版）》2010 年第 1 期。

自电话事业兴起后，通过电话向租界火政处、华界救火会通达灾情，电话作为一种现代消防通信技术，在近代上海城市火灾治理中扮演了重要角色，使传统城市火灾治理产生了较大改变。

（一）传统城市火灾治理面临的挑战

近代上海火患频仍，给普通市民的人身财产安全带来严重危胁，城市管理面临繁重的火灾治理工作。随着工商业经济的发展，大量人口的聚集，近代上海屋荒严重，居住拥挤，且由于工厂和房屋建筑大多为砖木结构，安全措施和消防制度均不完善，近代上海火灾发生呈现出次数频繁、时间分散、现场复杂、损失惨重等特征。

首先，火灾发生次数频繁。其中以公共租界为最甚，法租界和华界次之。据工部局火政处报告，1932—1940 年，公共租界救火会收到火警警报日均 2—3 次。年总次数，以 1939 年为最高纪录，共接到火警及特别警报 1113 次，其中火警 983 次。有 1 日共接警报 25 次，有 78 日每日接到警报 3 次，有 77 日每日接到警报 2 次，全年共 365 日，仅 29 日无应救警报。[①]相比于公共租界，法租界人口少，面积小，火警次数较少，但也逐年递增（图 5.5）。1934 年法租界火政处收到火警 233 次，为可统计的数据

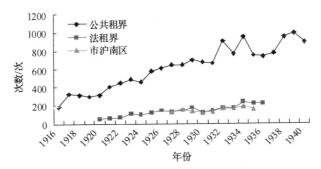

图 5.5　1916—1940 年上海各区火警警报次数变化图

资料来源：《1916 年以来火警或虚警次数表》，《上海公共租界工部局年报》，1932 年，第 91—92 页；《1933 年至 1938 年火警及特别警报次数一览表》，《上海公共租界工部局年报》，1938 年，第 209 页，大成老旧刊全文数据库；《1939 年及 1940 年本处救火队应救之火警及特别警报详细统计比较表》，《火政处报告》，《上海公共租界工部局年报》，1940 年，第 242—243 页，J—0009，上海图书馆藏；王寿林：《上海消防百年记事》，上海：上海科学技术出版社，1994 年，第 83—84 页。

---

① 《火政处报告》，《上海公共租界工部局年报》1939 年第 10 期，第 181—182 页。所谓特别警报，即如房屋倾塌、煤气爆炸、电缆折断等引起的危机情况预报。

中之最高。根据沪南闸北救火会报告，1930 年华界起火 308 次[①]，1934
年多达 455 次，被焚毁或濒临危险的瓦房、草房、货物、车辆等达 1592
件。[②]

其次，火灾发生时间分散，具有突发性、紧急性等特点。根据公共租
界工部局火政处统计，近代上海火灾从周一至周日发生概率几乎一致，一
年 365 天，每天都有可能发生；从每天的时间分布来看，一天 24 小时，时
刻都有火情出现的危险；观诸具体时间分布，其中尤以夜深人静时发生概
率为最甚（表 5.16）。位于不同起火时间段的火灾具有不同的特点，"查起
火时间，以往灵起于傍晚以后，盖星星之火，不易发觉，偶然遗失落于暗
陬，而酿成巨祸者，数见不鲜。今则多起于白昼，瞬息即足以燎原，是知
火灾之猖獗，又非过去可比"[③]。救火会等机构须有针对性地采取不同的扑
救措施。

表 5.16　1932 年上海公共租界每月每日火警时间次数表　（单位：次）

时间	一月	二月	三月	四月	五月	六月	七月	八月	九月	十月	十一月	十二月	总计
24—6 时	15	15	5	14	1	12	7	8	3	19	15	10	124
6—12 时	14	18	21	17	12	7	12	11	14	20	22	20	188
12—18 时	24	27	28	29	14	13	25	20	17	31	22	25	275
18—24 时	30	33	31	24	19	15	24	18	19	36	20	44	313
总计	83	93	85	84	46	47	68	57	53	106	79	99	900

资料来源：《本年每月每日火警时间次数表》，《上海公共租界工部局年报》，1932 年，第 93 页，大
成老旧刊全文数据库。

最后，城市火灾治理面临的情形复杂多变，火灾扑救工作难度系数
大为增加。"普通火灾固不必犹豫考虑，'迅速'乃为先决条件。如果火
势燎原，灾情复杂，加以当时处置失当，则即可造成不堪设想之后果。
职是之故，指挥官应将灾情分析，立定围攻方略，断然应付，更将建筑
构造、内藏货物、风势趋向、延烧围范、四周环境以及生命危害程度，
均宜详密探索，另下施行有效防御对策。"[④]近代上海火灾发生场所多样，

---

① 《火灾统计》，《上海市社会局业务报告》1930 年第 4—5 期。
② 《上海市火灾统计》，《社会半月刊》1934 年第 2—12 期、1935 年第 13 期。
③ 《消防刍言》，《市政评论》1947 年第 5 期。
④ 叶斌勇：《火场实务》，《上海警察》1949 年第 7 期。

以住宅区为最多，商号、公司、工厂、堆栈次之。失慎原因复杂，大多由遗火、油灯、走电及其他不明者引起。究其根本，与房屋结构及居住条件有重要的关系。简易棚户较多为临时搭建的草屋，华式建筑多为旧式里弄房屋和石库门住宅。由于房租昂贵，一般民众难以负担，因此，多居住在简易栅里且居住拥挤，饮煮时多用极易燃烧之稻草、煤油，导致失火机会较多，火灾次数随之增加。"除很富有的人家外，多是一屋住数家，前后客堂、前后楼、亭子间、二层阁楼、灶披间等，都可分租几家的，饮食起居皆在一幢房子里面，燃烧又大半用煤油炉、风炉、炭炉等，往往有发生火灾的危险。"①许多民居也被移作工厂或仓库，容纳大量雇工。为了防止工人上班时间外出，雇主将窗户和出口封死。这样在密闭空间中，一旦遇到火源，极易延烧从而引发火患。据消防处统计，1947 年第一季度上海起火原因，"由于火油者二十次，由于汽油者十六次，由于柴油者七次，由于食油者四次，由于柏油者三次，总计由油类而起火者，共五十八次之多。其余则为走电、烟屑、棉花、柴草及原因不明者所占去，然被灾家数之多，则以棚户为最惨。因此消防之法，即应从各种原因，加意注意，方能幸免"②。针对不同的失火情形和相异的火灾场所，处于火灾发生末端的救火会，在信息沟通阻隔的情况下，面临着巨大的扑救工作挑战。

　　近代上海火灾发生的以上特点，要求火灾治理具有完善的灾情收集系统和极强的应变能力。火灾发生后，救火会可否确切得知消息，第一时间赶至现场，展开确实有效的救援工作，关系着能否有效地遏制火势、减少人员伤亡和财产损失。近代上海城区街道狭窄，人口众多，城垣阻隔，消息不灵，如若发生火患而扑救不及，往往容易致使零星小火酿成蔓延之势，火烧时间有时长至十数小时，焚毁房屋多至数百家，造成严重的人员伤亡和经济损失。历年火灾伤亡人员众多，每年因火灾丧身人数从十几到几十不等，受伤者时达一二百人，造成的经济损失亦在几十万元到几百万元，给上海市民正常的生产生活造成严重威胁（表 5.17）。因此，防患于未然，在火灾发生初期，于星星之火爆发之初即予扑救，阻遏火势于萌芽之际；注意消防之法，针对火灾情形的不同，采取恰当的扑救方案异常重要。这

①《火灾统计》，《社会月刊》1929 年第 12 期。
②《消防刍言》，《市政评论》1947 年第 5 期。

不仅要求城市火灾治理时普通市民健康消防安全意识的培养、消防现场正确指挥和协调的合作，而且要保持火灾消息传递灵通、沟通顺畅。

表 5.17　1929—1940 年工部局火政处统计火灾人员伤亡及财物损失

年份	死亡人数（人）	受伤人数（人）	约计财物损失（元）
1929	45	151	717 685
1930	17	126	14 700 59
1931	18	111	1 174 287
1932	19	168	2 983 435
1933	95	157	1 587 945
1934	42	215	909 146
1935	47	249	1 534 780
1936	40	157	957 401
1937	27	210	11 685 720
1938	33	143	2 006 123
1939	68	263	5 027 298
1940	41	180	8 095 993
合计	492	2130	38 149 872

资料来源：①《近十年公共租界及界外本局马路区域内因火警而损失之财物所值比较表》，《上海公共租界工部局年报》，1938—1939 年，第 169—170、179—180 页，大成老旧刊全文数据库；《火政处报告》，《上海公共租界工部局年报》，1940 年，第 241 页，J—0009，上海图书馆藏。②1929—1930 年死伤人数统计，《上海公共租界工部局年报》，1930 年，张研、孙燕京主编：《民国史料丛刊》233，大象出版社，2009 年，第 25—26 页；1931—1932 年死伤人数统计，《上海公共租界工部局年报》，1932 年，第 74—75 页；1933—1939 年火警及特别警报详细统计比较表（死伤人数），《上海公共租界工部局年报》，1933—1939 年，第 102、142、147、161—162、207—208、206—207 页，大成老旧刊全文数据库；1939—1940 年火灾死伤人数统计，《1939 年及 1940 年本处救火队应救之火警及特别警报详细统计比较表》，《火政处报告》，《上海公共租界工部局年报》，1940 年，第 242—243 页，J—0009，上海图书馆藏。

但在传统火灾救护机制中，城市消防存在着主体单一、消息迟滞、沟通困难等问题。从传发警报到出勤扑救，救火会均发挥着独一无二的重要作用，市政当局、普通市民等由于客观原因的限制，在城市消防工作中处于相对被动的地位。随着火灾次数的增加、火患时间的分散、火灾情形的多变，传统的火情传递方式亟待改良。早期发现火警，由发现者或巡捕口头通知救火会队员。1871 年后始建造瞭望台和警钟楼，采用瞭望配合鸣钟的方式传递火警信息。它虽相比脚力而言较快捷，却仍旧有缺憾，"惟是望台发见火警，非失火家冒穿屋顶，方能瞥见，然一经火势冒穿屋顶，所谓已经燎原，纵竭力喷浇，非延数家不可"①。在以警钟为主要传递火患信号手段的同时，开始了电铃、电报报警。电铃易使人瞬间产生警觉，却难以使救火会立时得知具体的火灾详情。电报虽可较快地提供火情汇报，但须专人进行电码传译，难以普遍推广。在很大程度上，火灾预警体系的参与主体仍被局限于救火会内部少数人员中；瞭望台、电铃、电报等火警传递方式的革新，亦未能解决火灾现场与救火会的信息沟通问题，这严重局限了火情传递的灵通和信息沟通的顺畅。

（二）城市火警电话的采用、宣传及火灾治理成效

"公共治理的前提是多元主体参与，并且强调各主体都对其在治理结构中的角色、分工和定位等有明确的认知。"②近代上海电话事业起步最早，电话通讯应用于城市消防，火警专用电话的采用、改良和宣传，以及城市电话通讯网络的构建，便于广大市民直接参与警报传递，有利于救火会快速接到火情汇报，为形成一整套火灾预警交互机制创造了可能，为构建政府、救火会、巡捕房、普通市民等各个社会主体共同参与的火灾扑救治理机制提供了条件，促进了近代上海城市火灾治理工作的开展。

1. 电话通讯的应用，提高了城市消防火警传递的效率

电话是利用电流传递声音的通讯装置，在传递消息方面具有即时、形象、方便等特点。电话通讯可提高火警传递速度，逐渐取代火警钟、电铃和电报等方式，成为通传火灾的最主要方式。电话发明的第二年，即1877年它就传到了上海。1882年2月，丹麦大北电话公司首先获准在公共租界架设电话线，专为外国在沪企业和机构装设电话。随后，英商上海电话互助协会、中国东洋德律风公司等也取得电话的经营资格。同年3月，中国东洋德律风公司提出为各捕房、救火会和他们的电话局及为用户提供免费通话的设想。1885年，工部局决定接受该公司的提议，为8个新交通要道处的巡捕亭架设电话机，并使其与中央捕房火政处和电话局相连，以便及时通报火警。由此，遭遇火灾的普通市民可通过人工接线电话，将灾情汇报给中央巡捕房，辗转救火会以寻求救援，这是我国近代城市火灾治理中

①《闸北救火会请警署装电话》，《申报》1927年10月21日，第10版。
②刘晓亮：《城市消防治理的变革阻力与实现路径》，《城市问题》2012年第1期。

首次采用电话报告火警。

20 世纪的前 10 年，为进一步保证火警传递效率，租界火政处、华界救火会先后采用火警专用电话。遇到火警，人们可直接拨打公共租界"中央 366 号"或"150 号"、法租界"中央 102 号"等专用火警电话来报告火警。不过，此时火警电话总机仍与巡捕房的总机连在一起。随着租界面积的扩增，火灾次数的频繁，为加强灭火的调度与指挥，1937—1938 年，火政处改造了各个消防区队的电话设备，使其拥有一套独立于巡捕房的电话系统。各个消防区队既可自己从外线电话中接警，又可直接接受火政处控制室的指令，赶赴火场，极大地缩短了从接到火警电话到救火会赶赴火场的时间。[①]火警钟等报警方式逐渐被废止，但钟楼上仍有专人日夜眺望，一旦遇有火警，立即用电话报告给救火会或巡捕房。

为弥补人工接线电话汇报火警的不足，1917 年，华界也开始设置火警专用电话。上海电话局原有人工接线电话在火警传达过程中，显示出缺陷，经常发生接线生延不通电，救火会驱车寻觅，耽误了救火的时机，因而造成重大损失。例如，1916 年 12 月 2 日凌晨，四牌楼老恒昌首饰店起火，警钟楼急用电话通知各区救火会，却因接线生睡觉脱岗，无法通达。各区救火会听闻警钟，也准备用电话询问详细情况，仍无法接应。待救火会赶至现场施救，火势已延及旁边 4 个店铺，半个小时后才熄灭，共烧毁七幢房屋，致 2 人死亡。上海救火联合会以"救火会赴救之快慢，实与全市生命财产具有密切之关系"[②]，装用电话，本为传达紧急消息灵通起见，却由于接线生疏忽，酿成严重后果，开会议决要求整顿电话局。次年，交通部将原电话局局长陶鞠如撤职，核准救火联合会所请，仿照租界救火会办法，改设电话专机，以使报警敏捷，加快赴救迅速。

2. 专用电话的宣传，改变了城市消防管理中的一元结构

除了硬件设施的完善，近代上海华租两界各个市政当局还加强了火警专用电话的宣传工作，以方便普通市民利用电话报告火警，争取被及时援救。除了将各消防队和总控制室的电话号码登报公布外，在历年的《上海电话公司电话簿》中，均载有近代上海各个分区救火会的电话号码及拨打

---

① 李采芹主编：《中国消防通史》（下册），北京：群众出版社，2002 年，第 1399—1400 页。
② 《内地电话局耽误火警》，《申报》1916 年 12 月 3 日，第 11 版。

办法，如 1937 年近代上海冬季电话号簿将华租三界火警电话刊布如下。

各区火警分由不同区域的救火联合会负责。一旦发生火灾，市民可通过电话联络，寻求最近分区救火会的扑救援助。长期以来，由于华租两界存在不同的电话经营单位，上海电话公司用户就近拨打华界火警电话，抑或上海电话局用户就近拨打租界火警电话时，须拨打"02"或"0"号人工转接（表 5.18），一定程度上影响了灾情转达速度。租界被收回后，近代上海消防处电话被重新整理刊布。原来的华租两界被重新划分为东、西、南、北、中、浦东和吴淞等 7 区，各区火警电话分别为：沪中和沪东 15440 号；沪北 61690 号；沪西 20979 号；沪南 70121 号；浦东 74044 号；吴淞 65014号，港口消防队另设 14805 号。华租火警电话转接被取消，改变为直接叫拨。上海电话公司用户如在拨打紧急电话不通时，还可直接拨打"00"，将火灾发生地点和详细情况直接报告有关部门。[①]

表 5.18　1937 年上海各区救火会电话及拨打方式

区域	火警电话及使用	各区救火会联系电话	拨打办法
公共租界		15440	上海电话公司用户直拨；上海电话局用户先拨"0"，再转接
法租界		80079	
华界	市中心区	市中心区 77222	上海电话公司用户先拨"02"，再转接；上海电话局用户直拨；闸北区北四川路一带上海电话公司越界筑路用户，直拨租界专设火警电话 45588
	南市	南市 21111 或 21112	
	浦东	浦东 55	
	闸北	闸北 42155 或 42255；45588	
	龙华	南市 21111 或 21112	

资料来源：《上海电话公司电话簿》，1937 年冬季，上海图书馆藏。

公共租界工部局火政处将消防电话广而告之的做法得到市民的模仿。在之前较长时间内，华界居民和铺户得知救火会电话号码的方式，只能通过各区救火会自行刊布的传单。1931 年 6 月，上海市公用局见"公共租界及法租界警务当局为市民报警便利起见，于电话簿之封面上印有报警电话号码，以期报警迅捷，用意良善"，经与上海市公安局及电话局商议，将上海市区火警电话分为南市、闸北、浦东、沪西 4 区，"各设一号，凡各该区内无论属于区或所或分所或派出所辖境内发生警报，

---

① 《上海电话号簿及购物指南》，1949 年，Y15-1-195，上海市档案馆藏。

无问昼夜，均可向该号电话报告，以期敏捷"①，其中，南市"91 号"、闸北"16 号"、浦东"华洋 64153 号"、沪西"华洋 27979 号"，极大地方便了市民进行火警预报。

市政机构对火警专用电话的宣传，增加了火警专用电话的传播，提高了普通市民对火警专用电话的使用率，推动了城市消防管理一元结构的解体。市政当局开始承担起火灾治理工作，改变了传统城市火灾治理中的政府职责缺失状态，通过传达火警报告办法做好信息服务工作；城市消防管理中的普通市民开始改变被动等待援助的角色，积极主动地参与城市火灾治理；各界救火机构亦可从传统消防管理中的收集火情、普及消防知识等全线工作抽离出来，专注于火灾扑救。

3. 市民电话的普及，促进了城市火灾治理主体的多元化

电话业的诞生，促进了消防专用电话的设置。城市电话的普及，方便了广大市民及时寻求消防援助。电话通讯网络的构建，为城市市民拨打火警专用电话创造了前提。

传统依靠人力传递火情的方式，不如使用警钟快捷。虽然警钟、电铃、电报等的使用较为快速，但火警收集和传递工作在很大程度上仍被局限于救火会内部。电话通讯网络的建构，可将更广泛的市民群体纳入火警预报体系中。据统计，1930 年，"德国每 28 人有一架电话，英国 3 人，法国 59 人，美国 65 人，中国每 4200 人，才有一架电话"②。1933 年上海拥有人口约 150 万，电话 44 605 部，平均每百人拥有电话数约 2.97 部。这一数值远远超出同期香港、北平、广州等其他城市的水平③，但仍旧难以满足大多数市民的需求，特别是较为偏远的区域。近代上海电话装户以商户、工厂等居多，住宅用户一般以较高社会地位和收入者为主，推广公用电话的装置，是增加电话使用人群，方便火警预报，应付紧急事件的良好办法。为增进市民便利，华租两界大力推进公用电话的安置。1931 年 7 月，市区拥有公用电话仅 6 处，为"使多数市民尽量享用，且对于每日使用时间加以限制亦觉不便"，市公用局考虑以铺户

① 《公用局致公安局函，为建议于电话号簿封面上加印报警电话号码请见复》，1931 年 6 月 12 日，Q5-3-2767，上海市档案馆藏。

② 《各国电话与人口的平均》，《兴华》1930 年第 20 期。

③ 《1933 年全世界电话电报统计》，《交通职工月报》1934 年第 10 期。

代管的方式大力推广公用电话。①12 月 11 日，相关办法正式核准施行，"凡在市内市郊繁荣、交通冲要地点，上海电话局电话线路所及之处铺户"均可申请代管公用电话，"以每日 24 小时全部开放为原则"②，普通市民遇有火警等紧急事件时，可随时使用。至 1936 年，华界地区公用电话有 124 部、租界 213 部。③战后，较多地方的电话装置毁于炮火，电话设备等物质紧缺，"除门禁森严之大工厂外，几均无电话装置，市民既感不便，而尤要者，凡遇火警，盗警及市民有急病等情时，若无电话可通，及至人力到达，已酿成巨祸"，1947 年，上海市参议会向市政府提出，"装置公用电话以利市民而固治安案"，认为在闸北及四郊"装公共电话，实急不可缓"④。公用电话的安装，电话使用者的增加，保证了更多市民利用电话报告火警渠道的畅通。

火灾发生后，相关情况一般可通过以下几种方式传达到救火会：市民直接拨打火警电话到救火会；捕房得知消息后转达给救火会；望警员通过望警厅发现火警；职员及信差接到口讯；报警机等。以上几种方法，以火灾现场市民直接拨打救火会电话最为快捷、确切，火灾得到及时而有效扑救的几率也最大。事实上，近代上海火警报告也以电话接到者为最多。比较工部局火政处火警及特别警报通达方式，1933—1940 年的 8 年中，"由电话接到警报"次数约占所有火警警报总数的 57.32%（表 5.19）。其他如"由捕房接到""由望警厅接到"及"法租界救火会接到"等三种方式，也无法完全排除利用电话以转达火情的情况发生。普通市民自觉利用电话通讯报告火警，在近代上海消防事业中扮演重要角色；市民电话的普及，促进了城市火灾治理主体的多元化。

4. 预警交互机制的形成，提高了城市火灾治理的成效

通过电话，普通市民、巡捕房等社会主体均可参与到火灾治理中，救火会可能于最短的时间内得知火灾发生的地点、火灾引发的原因及火灾周

① 《公用局函电话局，开送代管公用电话办法草案请察核》，1931 年 7 月 2 日，Q5-3-700，上海市档案馆藏。

② 《上海市代管公用电话办》，"电话局致公用局函"附件，1931 年 12 月 17 日，Q5-3-700，上海市档案馆藏。

③ 上海通志编纂委员会编：《上海通志》（第 6 册），上海：上海人民出版社、上海社会科学院出版社，2005 年，第 4340 页。

④ 《上海市参议会请市政府转上海电信局在闸北及四郊装置公共电话的文件》，1947 年，Q109-1-527，上海市档案馆藏。

围的地理情况，以最快的速度赶至火灾现场，并采取适当的扑救方案，有效地遏制火势，尽可能最大限度地减少人员伤亡和财物损失。

表 5.19　1933—1940 年工部局火政处火警传递方式比较

年份 \ 方式次数	警报总数（次）	电话接到者（人）	捕房接到者（人）	望警厅接到者（人）	职员及信差接到者（人）	法租界救火会接到者（人）	报警机接到者（人）	电话接到火警比率（%）
1933	812	497	165	84	66	0	0	61.21
1934	1000	591	211	122	75	1	0	59.10
1935	791	473	159	95	64	0	0	59.80
1936	786	401	214	99	71	1	0	51.02
1937	906	393	329	53	131	0	0	43.38
1938	1056	525	275	142	112	2	0	49.72
1939	1113	709	186	144	74	0	0	63.70
1940	991	684	147	93	65	0	2	69.02
总计	7455	4273	1686	832	658	4	2	57.32

资料来源：①《1933 年及 1934 年之火警及特别警报详细统计比较表》,《上海公共租界工部局年报》，1934 年，第 102 页；《1934 年及 1935 年之火警及特别警报详细统计比较表》,《上海公共租界工部局年报》，1935 年，第 142 页；《1935 年及 1936 年之火警及特别警报详细统计比较表》,《上海公共租界工部局年报》，1936 年，第 147 页，《1936 年及 1937 年之火警及特别警报详细统计比较表》,《上海公共租界工部局年报》1937 年，第 161—162 页；《1937 年及 1938 年本处救火队施救之火警及特别警报详细统计比较表》,《上海公共租界工部局年报》，1938 年，第 207—208 页；《1938 年及 1939 年本处救火队施救之火警及特别警报详细统计比较表》,《上海公共租界工部局年报》，1939 年，第 206—207 页，大成老旧刊全文数据库。②《1939 年及 1940 年本处救火队应救之火警及特别警报详细统计比较表》,《火政处报告》,《上海公共租界工部局年报》，1940 年，第 242—243 页，J—0009，上海图书馆藏。

1908—1937 年，虽然火灾次数逐年递增，但据工部局火政处统计，此段时间内，公共租界界内外火灾损失财物的价值占被燃财物总价值的百分率，整体上呈逐年下降的趋势。尤其是自 1922 年之后的 15 年中，除个别年份因战事而较高外，其他年份损失率均被维持在一个低稳定的状态（图 5.6）。这种低稳定的状态离不开租界救火会消防设施的现代化和消防管理的科学化。消防技术装备的近代化主要标志之一即"以电话通讯报警代替以瞭望台、警钟、警旗、警灯报警"[1]。在诸多设备更新中，电话通讯报警无疑具有独特的地位，"各救火会虽均备设救火利器，然全在到场神速，庶

① 李采芹主编：《中国消防通史》（下册），北京：群众出版社，2002 年，第 1372 页。

可立时扑灭，减轻灾害。但到地之神速，尚在信息灵通，而消息灵通，莫过于打电话通知，救火会便可立刻驱车驰往"①。上海作为近代率先引进电话的城市，到 20 世纪 30 年代中期，其电话用户人数达到 50 000 余户，另尚有若干公用电话。这一庞大的通讯网络有效地运用到火灾预警系统，在快速报告火警、争取有效扑救、减低火灾损失方面发挥了重要作用。

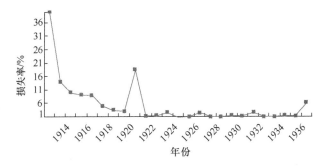

图 5.6　1908—1937 年工部局火政处统计火灾损失率曲线图

资料来源：《1908 以来火灾损失之百分率统计》，《火政处报告》，《上海公共租界工部局年报》，1932 年，第 74 页；《1933—1934 年火灾损失之百分率》，《火政处报告》，《上海公共租界工部局年报》1934 年，第 78 页；《1935—1936 年火灾损失之百分率》，《火政处报告》，《上海公共租界工部局年报》，1936 年，第 119 页；《1937 年火灾损失之百分率》，《火政处报告》，《上海公共租界工部局年报》，1937 年，第 111 页，大成老旧刊全文数据库

　　构建多方主体合作的火灾治理体系被列为近代市政建设的目标。20 世纪三四十年代时，这一目标已成为许多市政专家的共识："我国各都市消防业务，依照行政组织属于警察的一部。因为负责当局的忽视，社会人士不注意，到今天还滞留在消极灭火工作的阶段。如何急起直追，迎头赶上，增进消防工作效率，减少火灾损失，尚有待于当局于决心和市民的合作。"②电话通讯在城市消防事业中的运用推动了火灾治理中多元主体的合作进程。近代上海火警专用电话的采用、改良和宣传，以及城市电话通讯网络的构建，为火灾预警交互机制的形成创造了可能，有利于构建政府、救火会、巡捕房、普通市民等各个相关主体共同参与的火灾扑救治理机制。它的形成解决了传统城市消防主体单一、消息迟滞、沟通困难等问题，改变了城市消防管理中的一元结构，促进了城市火灾治理主体的多元化，加快了火警消息的传递，方便

---

　　① 《闸北救火会请警署署装电话》，《申报》1927 年 10 月 21 日，第 10 版。

　　② 《市政与消防》，《市政评论》1947 年第 5 期。

了火灾信息的沟通，提高了城市火灾治理的成效。电话通讯作为一项近代先进科技的产物，运用于城市火灾治理，其优点不仅在于快捷，而且重在方便，易于推广。在火灾预警交互机制之下，广大市民由被动地等待援救，转变为主动地请求施救；火情汇报由原始的口头传达，转变为现代的电讯交通。相比原有的警钟、电铃、电报等方式，通过电话报告火警，更加快速、准确、方便，也更容易普及，方便了广大市民报告火患以便能及时寻求扑救；为救火会快速赶赴火灾现场，有效地遏制火患，保证市民人身财产安全，最大限度地降低损失，提供了先决条件。

总之，近代上海电话公用事业的发展及电话通讯快捷准确、用途广泛等特点，适应了近代城市工商业发展、社会生活节奏加快及人们信息交流的需要，能够满足诸多人群在商业、公务、人际上的沟通需求。在上海电话事业的发展过程中，其最初的服务对象为外籍人员和公司，后来逐渐出现华人。就其年达几十银元甚至上百银元的租费而言，安装者一般为有固定职业、较高收入和广泛人际交往者，如商人、医生、律师等，或者如工部局、巡捕房等市政管理机关及救火会等社会服务机构。随着社会的发展、经济的繁荣，人们生活水平的提高及人们思想观念的转变，电话逐渐被推广开来，使用者越来越多，电话与人们的生产生活联系愈加紧密。市政当局为"使多数市民尽量享用"，除营业电话与住宅电话外，还大力推进适宜地点与火车站公用电话设施的发展。普通市民倘若遇有紧急事情，可随时使用。1934 年前半年租界地区公用电话通话次数达 97 924 次，华界地区为 27 580 次。到 1935 年，仅仅 4 月租界地区公用电话通话次数就达 28 000 次，华界地区约为 10 000 次。①

电话通讯作为信息传播方式的一种，在近代上海社会发展和市民生活中发挥着重要的作用。传统传播学研究往往仅关注信息的传播内容，随着信息传播技术的快速发展、更替，人们开始意识到传播技术本身的重大影响。在现代传播学派看来，"大众传播真正显示威力，颠覆人类社会生活的传统思想观念和生活方式是从 19 世纪初电话的发明开始的"。电话技术的出现，对人类社会的组织关系形成了结构性的冲击，改变了社会组织结构、社会关系和生活形态；电话作为人们生活的一部分，"缔造了一个同步参与、

---

① 上海电话局：《交通部上海电话局业务概况（1935）》，第 33 页，上海图书馆藏。

无距离沟通的崭新空间，人类社会生活的时间和空间被重新书写"①。近代上海商民对电话的使用改变了城市时空布局，在有形的空间外，构建了一个更为便捷舒适的无形时空。电话公用事业的发展改变了城市居民社会交往方式、工商业市场沟通方式、女性社会参与方式和火警警报传达方式；满足了日常人际交往需要，有助于保障人们生命财产安全，提高了人们的生活质量，改变了人们的生活方式和人际关系；便捷了商务信息的沟通，缩短了货物周转和销售周期，促进了信息和物质的流动，促进了商业的发展；打破了阻隔女性和外界的围墙，塑造了独立、开放、时尚的新式女性形象；构建起多方参与的火灾扑救治理机制，促进了城市火灾治理的近代化，使城市社会生活呈现出全新的形态。此外，在电话使用的过程中，随着市民权意识的增长，电话用户逐渐加强了彼此之间的联系，通过组织电话用户联合会等团体来进行权益维护。②电话通讯的推广与使用，既是近代上海市民生活变迁的一面镜子，也是近代上海城市现代化的强大助推器，在城市公用事业的管理和发展中占有重要的地位。

---

① 〔美〕伊锡尔·德·索拉·普尔主编，邓天颖译：《电话的社会影响》，北京：中国人民大学出版社，2008 年，译者序，第 2 页。

② 霍慧新：《上海电话用户团体研究（1925—1937）》，华中师范大学硕士学位论文，2010 年，第 74—75 页。

结　语

作为一种市政基础设施建设，城市公用事业与市民生活质量、工商业经济发展、城市社会发展等密切相关，它具有前期投资大、回报周期长等特点。公用事业如何更好地适应城市社会发展，达到效益的最大化，关键在于如何处理好成本控制和保证民用两者之间的关系。所谓成本控制，指在公用事业发展过程中，对财务和管理上各种耗费进行系统计算和调节，尽可能降低成本的行为。保证民用，指能够创办公用事业，使一般市民有的用、用得起、用得好。近代中国公用事业产生于城市，开始于租界。上海作为近代工商大埠，电话公用事业起步早，发展快，其管理和发展与城市社会密切相关。

一、三大影响因素

近代上海电话公用事业管理和发展过程中成本控制和保证民用的同时实现，意味着电话公用事业收益最大化的达成。选择何种途径实现，是一项复杂的系统工程。电话公用事业作为近代一项新兴服务业，其相关制度建设未能及时完善，外加近代中国政治形势复杂，权力体系庞杂，因此，在管理和发展过程中，难免受到各种因素的影响。此种因素具体包括用户需求、主权意识和发展环境等。电话公用事业的性质决定，无论其管理主体和运营模式如何，用户需求和意愿均不能被忽视；清末以来由于中外关系的特殊性，民族主义思潮的高涨，使国人在本能上将一切有关外国的东西均置于主权的高度，经营主体选择和业务合作事项具有一定的局限性；近代上海开埠，华租分立，使两界形成不同的政治经济发展环境，在客观上决定了华租电话公用事业的提供方式，影响了华租两界电话公用事业的发展模式。

（一）用户需求

无论以何种形式进行电话公用管理，尊重市民需求，都是电话管理方和经营方无法规避的问题。国民政府交通部和上海市政府围绕上海市内电话经营权进行博弈时，除了法律条文和中央决议的援引外，其中最为重要的一项，即哪种管理方式更能满足于民众的通讯需求。交通部以部办可兼顾全国范围内电话普遍性发展为由，上海市政府则提出电话市营可及时了解市民需求，使电话业发展与市政建设同步。在商办淞阳电话公司收归公营事件中，淞阳商民集体呈请上海市政府设法保障民营电话公用事业，一定程度上使上海市政府和上海电话局在积极统一市内电话管理权属过程中无法完全忽视民意，推延了电话公司收归时间。在越界筑路电话管理权维护案件中，上海市政府和上海电话公司虽然均有各自的权力诉求，但又都无法忽视当地居户不断增加的通讯需求，均试图以此作为自身的交涉筹码。经过艰难的商议，双方最终从便利民众的大局出发，达成妥协。1932 年 10 月 2 日上海市公用局、上海电话局、上海电话公司三方续议临时合约会议召开，公用局提出"自旧通话合同满期至今，已 656 日；自临时合约草案签订以来，亦已 346 日，此案久悬不决，住户以不能装用电话感觉不便，公司应负延不签订正约之咎"。上海电话公司代表鲍德表示，因工部局尚未同意，故未能签订正约，但装用电话者甚多，"为谋人民便利起见，总希望想一妥善方法"[①]。博弈双方均以"便利民用"为借口，来扩大自己的道德张力和争取舆论的支持。正是此点，使临时合约的签订具有可能性。

在电话公用事业经营管理过程中，地方绅商作为电话用户的代表，在华洋接线、业务改良、赈捐承担问题上发表意见，对上海电话局形成一种隐形权力约束；电话用户作为电话的使用者，在承担一定责任和义务的同时，围绕电话价格的厘定、话务服务质量、电话经营主体确定等，成立相关的用户团体，或集体或零散地与上海电话局、公共租界工部局、外商电话公司等进行多次交涉。此种意志的表达，一定程度上遏制了电话增价幅度，延缓了加价时间，迫使经营者及时更新设备，改善服务，保证优良的话务质量。

（二）主权意识

电话公用事业管理经营权，在近代被视作一项主权，受到高度重视和

---

① 《1932 年 10 月 2 日下午 3 时与上海电话公司续议临时合约会议记录》，"公用局致电话局函"附件，1932 年 10 月 8 日，Q5-3-1779，上海市档案馆藏。

严格维护。近代公营和商办电话业的出现，源于主权的捍卫。鉴于外商在租界经营电话业，清末电政督办大臣奏请由电报局兼办电话，在国力尚不充裕的情况下，允许民间集资商办，其初衷在于杜绝外人染指。随后各项法规条文的制定，逐渐将这一初衷文本化和制度化。北洋政府 1915 年颁布的《电信条例》，在法律上第一次明确了电信事业由国家经营的原则。[①]南京国民政府 1929 年《电信条例》的实施，更是在中央政府集权趋势下对电信业国有的再次明确。[②]鉴于全国各地电话事业部办、省办、市办和商办的不同状况，清末邮传部及民国交通部所颁布的针对地方和商办电话的管理规章，无一例外地对外商、外资坚决进行抵制。清末《各省设立电话暂行章程》将各省自办电话分为官办和商办两类，规定各绅商资本杜绝外资，否则一经查出，产业归公[③]；北洋政府《私设电话规则》要求投资者以中国人为限，违者没收其资本的全部或一部分。[④]

近代上海租界特殊的政治地理位置，使外商电话公司得以延续和发展。租界电话管理权的丧失和对外商形象的畸形理解，使中国政府因主权藩篱，在上海电话华洋接线问题上迟迟未能做出思维转变。在越界电话权争取上，面对租界外商电话公司不允遵守中国法令、要求增加营业面积等问题，上海市政府表现出坚定的主权原则性。这一方面反映了近代中国电话经营作为一种国权的严重性，另一方面也有出于忌惮上海公共租界工部局趁机扩张租界的考虑。特别是在 20 世纪二三十年代民族主义思潮、收回租界呼声日益高涨的情形下，上海电话公司提出的诸多要求，使上海市政府和普通民众在情感上难以接受。当时有媒体评论，"工部局主张上海电话公司得在越界筑路两旁若干区域装设电话，我方则坚决反对，此系我国主权，不可丧失"[⑤]。一般市民认为，此举"简直是用户向市政府缴一笔税捐，就可以分户把本市的这种公用事业经营权，零零星星卖掉，而租界电话公司却毫不费代价，公然得到市政府的同意，侵入了一个新区，开始它的万年营业"，这种"只贪近利的'缴税'办法"，"一定构成将来收回越界筑路区之后华商强营电

① 交通部、铁道部交通史编纂委员会：《交通史电政编》（第 1 集），交通部总务司，1936 年，第 413—415 页。
② 《电信条例》，《交通公报》1929 年第 73 期。
③ 《邮传部批准各省电话暂行章程》，《申报》1910 年 3 月 25 日，第 18 版。
④ 交通部、铁道部交通史编纂委员会：《交通史电政编》第 1 集，交通部总务司，1936 年，第 104—105 页。
⑤ 《越界筑路电话案》，《申报》1932 年 10 月 6 日，第 9 版。

话和电力的难关，也就是构成那损害主权的原动力"①。迫于越界地区住户
电话通讯需求的压力，中方开始进行营业权管理角色的反思。主权亦成为
用户使用权益的护身符。在力争租界主权和反对加价运动中，"外人专为营
利"的形象被人为夸大。

（三）发展环境

近代上海独特的社会历史环境，使华租两界电话公用事业的管理方式
和发展模式呈现不同特点。

租界的存在，客观上为租界电话事业的发展提供了一个较为安稳的投
资环境。公共租界工部局外人自治的特性，使其在公用事业提供方式上，
较早地引用现代公司企业经营及"政府"规制的模式。在此模式下，外商
投资具有收益保障，同时兼具公共事业服务的质量和价格约束。1882—1949
年，近代上海租界电话公用事业经营者主要经历了中国东洋德律风公司、
华洋德律风公司和上海电话公司等。在电话公司制度规范下，经营者的更
替并非迫于外力介入，而是通过自身经营状况决定。如此，电话公司管理
方式越来越完善，经营规模越来越大，电话公用事业发展越来越迅速。

华界则不同，一方面，近代中国民族资本主义规模小、资金少、技
术力量薄弱，无力承担电话公用事业早期建设巨额的投资成本，即使有
淞阳电话公司等的创办，因财力有限，其服务范围也仅囿于一隅。在奉
"国有"为圭臬的演变下，中央权力被绝对化。除交通部办外，其他商
办、省办和市营电话均成为过渡阶段的权宜之计。部办已成事实的地方，
改归市营无法达成。商办电话亦须收归部办。上海特别市政府成立后，
市政府争取上海电话局管理权无法达成；市区空间拓展后，商办淞阳电
话公司被国民政府交通部廉价并购。交通部直接管理和经营上海电话局
成为常态。另一方面，从清末到南京国民政府时期，政权更替频繁，权
力中心不断转移；由于军阀混战，地方与中央分庭抗礼，电话局局长一
职更换频繁，局务举措无从贯彻。电信法规虽规定交通部具有电话特殊
处置和整顿取缔权，却在地方法规上对中央与地方的权力分配模糊不
清，导致国民政府交通部与上海市政府在电话管理权上有分歧，客观上
局限了局务整顿和规划。江浙战争、"一·二八"事变、"七七事变"等

---

① 《越界的电话和电力》，《华年》1932 年第 36 期。

战事的发生，给电话局造成了直接的经济损失。

二、两条实现路径

近代上海电话公用事业的发展主要经历了清末、北洋政府时期和南京国民政府时期三个不同的历史阶段，具有华界、租界两种截然不同的经营模式。此种格局的形成，直接源于近代上海特殊的历史地理环境，并与国家电信政策、社会通讯需求等密切相关。电话公用事业管理和发展的效益最大化包括两个层面的含义：经济效益的最大化和社会效益的最大化。从某种程度上看，公用事业的性质，决定了电话公用事业必须首先满足社会效益的最大化，其次才是经济效益的最大化。但在财政困境的特殊背景下，经济效益的最大化，是社会效益最大化的前提。华租两界体现出两种不同的发展路径。不同时期和不同区域的电话业发展呈现出不同特点，华界上海电话局经历了从"官僚衙门"到"商业机构"的漫长角色转变，租界电话公用事业一直为"政府"规制下的企业经营。

（一）电话局：公用为本

清末以来，华界上海电话局经历了从"官僚化衙门"到"商业化机构"的长期过渡。此种转变，并非否认电话作为公用事业所应具备的服务公众性质，而是"以商业的眼光，谋营业的发展"。此举意味着电话局运营理念的转变。

晚清时期，电话局被视为是附属于电报的"副业"，成为官僚攘权夺利的对象。北洋政府时期，上海电话局在业务推进上受到多级政府部门和多重政治力量牵掣，同时蕴含扭转原有管理思路的契机。1925 年 3 月，华洋接线事宜办理中，局长鲍启元提出，"外交"不同于"电话"、局长亦"官"亦"公司经理人"、电话公用事业的营业可"官办"可"商办"及"无论中国人、外国人均有使用电话需求"等看法，不但对搁置良久的华洋接线问题的解决具有突破性意义，而且预示了电话局运营模式定位的巨大改变。南京国民政府时期，在众多电信业内人士的呼吁下，局务管理兼顾效率和服务的倾向越来越明显。此点在 1929 年国民政府交通部颁布实施的《电信条例》和《民营公用事业监督条例》对职员职责和局务管理的强调中可以窥见。1932 年，上海电话局局长徐学禹主张局务办理"事业商业化"。国民政府交通部和上海电话局的各项举措，如人事系统的梳理、局务职工的稽核、财务会计的改革、业务改良的努力等，有利于减少官僚作风、提高工作效率、满足用户需求。上海市公用局放下权力之见，选择与电话局共谋事业发展，客观上也促进了电话事业发展与市政建设的同步。

上海电话局经营理念的调试，既是满足社会通讯的需要，也是为电话局生存发展所迫。近代特殊的社会政治环境，赋予上海电话局管理和发展的典型特征。首先，复杂的行政体系使局务开展颇受局促，管理成本高昂；其次，越界电话的不断延伸，迫使电话局面临着营业范围和装户数量的威胁；再次，以公用服务为本，考虑到界内工商经济发展水平远不如租界，市民话费承担能力有限，话费收取长期以"不亏本"为度；最后，电话局收支常年入不敷出或者勉强相抵，使经费筹措困难，技术无从改良，业务发展窒碍，形成恶性循环。

北洋政府时期到南京国民政府时期的"商业化"提倡，试图让电话局摆脱行政束缚，大力发展营业，增加电话装户，适当提高话费，改善财政困境。在电话局思路的转变下，南京国民政府时期电话局业务得到快速发展，20 世纪 30 年代新建局所 6 所，改造自动话机 4800 具。线路敷设快速增长，相比于 1923 年（由于战事，1924—1927 年相关数据缺乏），1934 年电杆数量增加 6639 只、话机安装数量增加 2615 具。由于自动话机的使用，话务人员得到精简，通话质量得到改进。1933 年后租费的提高，适当保证了电话局的收益，改善了清末以来财政的窘迫局面，除 40 余万的支出外，当年仍盈利 16 503.41 元，增加了电话局后续发展动力。

（二）公司：利益优先

在现代企业经营、"政府"专营特许模式之下，租界电话公司很好地解决了公用事业发展过程中资本融合和利益分配的问题。在现代企业的经营方式下，租界电话事业通过股份制达到了资本积聚的目的，有效地解决了电话作为一种公用事业早期投资额度大、后期改良成本高的问题；公司组织结构严密、人事精简、使用高级人才，均有利于形成高效专业的管理团体；由于与国外公司的紧密联系，电话机械器材的供给较有保障；商业化的业务推广手段、广告刊登和职员推销运动的运用，使电话通讯能很快被人们所熟知甚至接受，电话作为一种公用事业产品迅速得到推广，较好地满足了市民通讯需求，从而促进了电话公司业务拓展。

私人企业的性质决定了租界电话公司经营的趋利性。电话公用事业作为一种高效产品，必然具有获取高额利润的原动力。如何使此种收益限度不违背电话公用服务特性，取决于租界市政当局的管理模式。特许权的产生和历次的修改，均源于电话改良的初衷。通过它的设计和运用，公共租界工部局达到了建设界内良好电话通讯设施的目的。公共租界工部局依据公司服务质量和财务状况，决定是否授予或者继续授予特许权。电话公司作为公用事业服务提供者，在获得专营特许权后，受利润的驱使，不得不大力发展业务，同时不得不尽量满足公众"物美价廉"的要求。在历次因电话公司改章收费而引起用户反对运动时，工部局均坚持依照特许权合同条款行事，不致使其自身限于被裁决的被动境地；也适当顾及社会舆论和公众意见，必要时引入外国电话专家等第三方进行调查考察，以拿出比较能令人信服的报告依据，试图在公司利益保障和电话服务质量、经营主体变更及社会秩序稳定之间达到平衡。特许权的规制，在一定时间段内保证了公司经营地位和用户群体的稳定性，使企业可安心投放资本、更新设备、发展线路；同时敦促企业节省开支、改进服务、提高效率，从公用事业公众服务的角度，保证通话质量和价格公道，弥补特许专营权下缺乏竞争可能导致价格垄断的诸多弊端。在电话公司良好经营状况之下，公共租界工部局等作为市政当局，以默认的方式成为此项特权的拥有者和授予者，亦可从中获取一定的经济利益和行政便利。

在公司企业模式下，受利润原动力的驱使，经营者会千方百计地保证良好服务质量。可是，一旦平静的发展态势遭遇外部社会环境变化时，电话公用事业的发展便会面临着企业破产和业务中止的风险，市政当局在必要时需要对电话公用事业提供政策支持和财政补贴。战后，市内电话整理工作即上海市政府在外商私营公用事业模式下规避风险的探索。由于租界收回，上海市政府对上海电话公司的管理地位被确定，既收回了国家主权，也意味着承担起保障公共服务的责任；市政府允许外商企业的存在，解决了战后电话公用事业发展上资本、技术和管理的难题，也不得不为公司的持续发展考虑。为兼顾服务公众和公司收益，国民政府采取了保护公司原有资产、中央财政补贴、提供优惠借贷、频繁累进加价等举措，同时督促外商公司提高装修效率，在战后电话业务整顿上取得了一定成效。

综上所述，近代上海华租电话公用事业管理和发展的两种模式，均体现出收益最大化取向。上海电话局原本注重通过低收费达到公平，使电话公用事业发展达到社会收益最大化，但遇到现实的财政问题时，这种公平极其有限。由于线路敷设范围有限，遇到界外装设申请时，须额外添设杆线。在财力不支的情况下，上海电话局只能通过收取界外工程费、加杆费、界外维持费等，达到服务的覆盖。上海电话公司注重效率，话线范围广泛，通话质量优良，面对用户申请，可以充分满足。但是外商公司具有经济收益最大化的原动力，此种效率也是受利润的驱使，使电话租费不断攀升。供求双方围绕电话加价、按次收费及电话主权的冲突频发。华界"商业化"的转变与租界"特许权"的实施，在一定程度上缓解了电话公用事业发展过程中公平和效率、社会收益和经济收益两对矛盾。

三、一种模式探讨

中美合资公司构想的提出，是上海市政府进行的一项管理和发展战后电话公用事业的模式探讨。此种探讨，既是迫于财力、人力、物力的局限，也是受原租界经营方式的启发，反映了近代电信制度和管理思想的演变。

1925 年 12 月华洋电话接线的达成，是中外双方在电话公用事业管理和发展上的首次合作；1933 年 4 月《电话临时合约》的签订，是现实层面上将外商越界电话经营纳入中方管理体系下的尝试；1933 年 11 月国民政府对《民营公用事业监督条例》进行修改，从制度层面上，将国民政府特许下民营电话公司引入外股或抵借外债的行为合法化。[①]

战后上海市公用局局长赵曾珏对外商经营电话事业于主权无碍的主张，是城市公用事业管理者在管理思想上的一次解放。在其指导下，战后上海电话公司平稳过渡，在保障通讯业务供应的同时，对其进行了大力整顿。为根本解决战后电话服务长期规划发展问题，上海市政府提出以中美合资方式管理发展市内电话事业的主张。此种做法实际包括三

---

① 吴其焯编：《农工商业法规汇辑》，天津：百城书局，1935 年，第 380—382 页。

个方面：①将交通部管上海电信局的市内电话部分由公营改归商办；②继续保持美商国际电话电报公司部分股权和管理；③以专营权的形式，确定上海市政府监督指导地位及交通部最高监督机关地位。此举意味着市内电话经营性质和管理方式的巨大改变，不但取消了公营部办，而且融入了外资外商，还更改了中央和地方的管理权属。它虽有利于战后电话制度统一、改良计划实施，以最小的行政成本和经济支出，获取电话公用事业管理和发展最大化收益，但它却无法逾越近代中国权力畛域和主权意识的藩篱，因而遭到国民政府行政院的一致否决。由于环境所限及解放战争的爆发，此种模式的探索最终被搁置。电话公用事业的快速健康发展，只有强国家或强社会提供强大的后盾和支撑，才能不断满足日益增长的城市经济、社会发展需求。

参 考 文 献

一、历史档案

电话使用及其他调查档案，Q349、Q407、Q464、Q78、Y12、Y15，上海市档案馆藏。

日伪上海特别市政府档案，R1、R10、R19、R22、R48，上海市档案馆藏。

上海电话公司：《上海电话公司电话簿》，1937年冬季，上海图书馆藏。

上海电话局：《交通部上海电话局业务概况》，1933、1934、1935年，上海图书馆藏。

上海公共租界工部局档案，U1，上海市档案馆藏。

上海市参议会档案，Q109，上海市档案馆藏。

上海市公用局档案，Q5，上海市档案馆藏。

上海市内电话制度技术委员会：《上海市内电话制度技术委员会报告书》，1946年8月20日，上海图书馆藏。

《邮传部交通统计表，第一次电政统计表》上卷，光绪三十三年，上海图书馆藏。

《邮传部交通统计表，邮传部第二次统计表》电政上，光绪三十四年，上海图书馆藏。

《邮传部交通统计表，邮传部第三次统计表》电政上，宣统元年，上海图书馆藏。

二、报纸期刊

《申报》、《民国日报》（上海）、《上海公共租界工部局年报》、《上海电话公司杂志》、《电友》、《交通杂志》等。

三、资料汇编

北京大学国际政治系编：《中国现代史统计资料选编》，郑州：河南人民出版社，1985年。

交通部、铁道部交通史编纂委员会：《交通史电政编》，南京：交通部总务司，1936年。

交通部交通史编纂委员会、铁道部交通史编纂委员会编纂：《近代交通史全编》，北京：国家图书馆出版社，2009年。

南京国民政府主计处统计局编：《中华民国统计提要》，上海：商务印书馆，
　　1940年。

全国图书馆文献缩微复制中心：《民国时期上海史料文献丛编》，北京：全国图书馆文
　　献缩微复制中心，2009年。

全国图书馆文献缩微复制中心：《民国时期市政建设史料选编》，北京：全国图书馆文
　　献缩微复制中心，2009年。

全国图书馆文献缩微复制中心：《早期上海经济文献汇编》，北京：全国图书馆文献缩
　　微复制中心，2004年。

上海市档案馆编：《工部局董事会会议录》，上海：上海古籍出版社，2001年。

上海市政协文史资料委员会编：《上海文史资料存稿汇编》，上海：上海古籍出版社，
　　2001年。

沈云龙主编：《近代中国国史料丛刊续辑》，台北：文海出版社，1976年。

沈云龙主编：《近代中国史料丛刊》，台北：文海出版社，1971年。

沈云龙主编：《近代中国史料丛刊三编》，台北：文海出版社，1989年。

严中平等编：《中国近代经济史统计资料选辑》，北京：科学出版社，1955年。

张研、孙燕京主编：《民国史料丛刊》，郑州：大象出版社，2009年。

周谷城主编：《民国丛书》，上海：上海书店，1992年。

四、其他史料

（清）池志征、葛元熙、黄式权：《上海滩与上海人：淞南梦影录》，上海：上海古籍出
　　版社，1989年。

（清）郭嵩焘：《郭嵩焘日记》（第3卷），长沙：湖南人民出版社，1982年。

（清）薛福成：《出使英法意比四国日记》，长沙：岳麓书社，1985年。

《市内电话使用手册》编写组：《市内电话使用手册》，北京：人民邮电出版社，1986年。

蔡君时主编：《上海公用事业志》，上海：上海社会科学院出版社，2000年。

郭天成等主编：《闸北区志》，上海：上海社会科学院出版社，1998年。

上海市公用事业管理局编：《上海公用事业（1840—1986）》，上海：上海人民出版社，
　　1991年。

上海通志编纂委员会编：《上海通志》，上海：上海人民出版社、上海社会科学院出版
　　社，2005年。

石士助、高庆升主编：《上海全书》，上海：学林出版社，1989年。

史梅定主编：《上海租界志》，上海：上海社会科学院出版社，2001年。

吴成平主编：《上海名人辞典（1840—1998）》，上海：上海辞书出版社，2001年。

熊月之主编：《上海名人名事名物大观》，上海：上海人民出版社，2005年。

五、著作类

〔法〕安克强著，张培德、辛文锋、肖庆璋译：《1927—1937 年的上海市政权、地方性
　　和现代化》，上海：上海古籍出版社，2004 年。

〔法〕白吉尔著，王菊、赵念国译：《上海史：走向现代之路》，上海：上海社会科学院
　　出版社，2005 年。

〔法〕梅朋、傅立德著，倪静兰译：《上海法租界史》，上海：上海人民出版社，1983 年。

〔美〕霍塞著，纪明译：《出卖的上海滩》，上海：商务印书馆，1962 年。

〔美〕罗洛夫著，王江龙译：《人际传播——社会交换论》，上海：上海译文出版社，
　　1991 年。

〔美〕伊锡尔·德·索拉·普尔主编，邓天颖译：《电话的社会影响》，北京：中国人民
　　大学出版社，2008 年。

〔日〕小浜正子著，葛涛译：《近代上海的公共性与国家》，上海：上海古籍出版社，
　　2003 年。

〔英〕雷穆森著，许逸凡、赵地译：《天津：插图本史纲》，天津：天津印字馆，1925 年。

白寿彝：《中国交通史》，上海：上海书店，1984 年。

曹现强等：《市政公用事业改革与监管研究——中国公共经济与公共政策研究报告》（中
　　英文版），北京：中国财政经济出版社，2009 年。

陈明：《中国城市公用事业民营化研究》，北京：中国经济出版社，2008 年。

陈培爱主编：《现代广告学概论》（第三版），北京：首都经济贸易大学出版社，2004 年。

陈无我：《老上海三十年见闻录》，上海：上海书店出版社，1997 年。

陈炎林：《上海地产大全》，上海：上海地产研究所，1933 年。

戴烽：《公共参与——场域视野下的观察》，北京：商务印书馆，2010 年。

董修甲：《京沪杭汉四大都市之市政》，上海：上海大东书局，1931 年。

樊果：《陌生的"守夜人"——上海公共租界工部局经济职能研究》，天津：天津古籍
　　出版社，2012 年。

韩光军：《现代广告学》，北京：首都经济贸易大学出版社，2003 年。

何一民主编：《近代中国城市发展与社会变迁：1840—1949 年》，北京：科学出版社，
　　2004 年。

嵇尚洲：《中国企业制度变迁研究》，北京：经济管理出版社，2010 年。

金家凤：《中国交通之发展及其趋向》，上海：正中书局，1937 年。

九三学社中央研究室编：《中国科学家回忆录》（第 2 辑），北京：学苑出版社，1990 年。

乐正：《近代上海人社会心态（1860—1910）》，上海：上海人民出版社，1991 年。

李采芹主编：《中国消防通史》（下册），北京：群众出版社，2002 年。

李长莉：《晚清上海社会的变迁——生活与伦理的近代化》，天津：天津人民出版社，
　　2002 年。

李天纲：《人文上海——市民的空间》，上海：上海教育出版社，2004 年。

李新等主编：《中华民国史》，上海：中华书局，2011 年。

李元信编纂：《环球中国名人传略》（上海工商各界之部），上海：环球出版社，
1944 年。

梁峰：《知识与自由》，北京：知识产权出版社，2007 年。

林克主编：《上海研究论丛》，上海：上海人民出版社，2007 年。

刘光华：《交通》，上海：商务印书馆，1927 年。

刘广生：《中国古代邮驿史》，北京：人民邮电出版社 1986 年。

刘海岩：《空间与社会：近代天津城市的演变》，天津：天津社会科学院出版社，
2003 年。

刘惠吾：《上海近代史》（上、下册），上海：华东师范大学出版社，1985 年。

刘锡汉，李宗琦主编：《长江流域的文明起源与发展》，武汉：武汉出版社，2006 年。

楼祖诒：《中国邮驿发达史》，北京：中华书局，1948 年。

楼祖诒：《中国邮驿史料》，北京：人民邮电出版社，1953 年。

卢汉超：《霓虹灯外：20 世纪初日常生活中的上海》，上海：上海古籍出版社，2004 年。

陆汉文：《现代性与生活世界的变迁：二十世纪二三十年代中国城市居民日常生活的社
会学研究》，北京：社会科学文献出版社，2005 年。

罗澍伟主编：《近代天津城市史》，北京：中国社会科学出版社，1992 年。

罗苏文：《近代上海都市社会与生活》，北京：中华书局，2006 年。

罗苏文：《上海传奇：文明嬗变的侧影（1553—1949）》，上海：上海人民出版社，2004 年。

马长林主编：《租界里的上海》，上海：上海社会科学院出版社，2003 年。

彭澎：《政府角色论》，北京：中国社会科学出版社，2002 年。

皮明庥主编：《近代武汉城市史》，北京：中国社会科学出版社，1993 年。

谯枢铭等：《上海史研究》，上海：学林出版社，1984 年。

上海人民出版社编：《上海的故事》（第 3 册），上海：上海人民出版社，1979 年。

上海社会科学院历史研究所编：《史苑英华——上海社会科学院历史研究所论文精选》，
上海：上海社会科学院出版社，2008 年。

上海市档案馆编：《档案里的上海》，上海：上海辞书出版社，2006 年。

上海通志馆编：《上海历史上的今天》，上海：上海画报出版社，2007 年。

史明正：《走向近代化的北京城：城市建设与社会变革》，北京：北京大学出版社，1995 年。

苏智良主编：《上海：近代文明的形态》，上海：上海辞书出版社，2004 年。

孙激扬主编：《邮电史话》，大连：大连海事大学出版社，2006 年。

汤荷骧、易鼎新：《有线电话》，上海：商务印书馆，1933 年。

唐振常主编，《上海史研究》（二编），上海：学林出版社，1988 年。

涂文学：《城市早期现代化的黄金时代——1930 年代汉口的市政改革》，北京：中国社
会科学出版社，2009 年。

王垂芳主编：《洋商史：上海 1843—1956》，上海：上海社会科学院出版社，2007 年。

王广起：《公用事业的市场运营与政府规制》，北京：中国社会科学出版社，2008 年。

王礼安：《上海风物画》，重庆：古今书屋，1945 年。

王鹏程等编，《上海史研究》，上海：学林出版社，1984 年。

王寿林：《上海消防百年记事》，上海：上海科学技术出版社，1994 年。

王雅莉主编：《市政管理学》，北京：中国财政经济出版社，2002 年。

隗瀛涛主编：《近代重庆城市史》，成都：四川大学出版社，1991 年。

魏明康、姚海明、姜伟编：《中国近代企业家传略》，上海：上海人民出版社，1989 年。

吴柏林编著：《广告心理学》，北京：清华大学出版社，2011 年。

吴亮：《老上海已逝的时光》，南京：江苏美术出版社，1998 年。

吴申元编：《上海最早的种种》，上海：华东师范大学出版社，1989 年。

夏书章：《市政学引论》，北京：中共中央党校出版社，1994 年。

谢彬：《中国邮电航空史》，北京：中华书局，1928 年。

忻平：《从上海发现历史——现代化进程中的上海人及其社会生活（1927—1937）》（修
订版），上海：上海大学出版社，2009 年。

忻平：《从上海发现历史——现代化进程中上海人及其社会生活（1927—1937）》，北京：
人民出版社，1996 年。

熊月之、周武主编：《海外上海学》，上海：上海古籍出版社，2004 年。

熊月之、周武主编：《上海：一座现代化都市的编年史》，上海：上海书店出版社，2009
年。

熊月之：《都市空间、社群与市民生活》，上海：上海社会科学院出版社，2008 年。

熊月之主编：《上海通史》，上海：上海人民出版社，1999 年。

徐公肃等：《上海公共租界史稿》（上海史资料丛刊），上海：上海人民出版社，1980 年。

徐雪筠、陈曾年、许维雍等：《上海近代社会经济发展概况（1882—1931）》，上海：上
海社会科学出版社，1985 年。

徐应昶：《电话》，上海：商务印书馆，1933 年。

徐宗威：《公权市场——中国·市政公用事业·特许经营》，北京：机械工业出版社，
2009 年。

许涤新，吴承明编：《中国资本主义发展史》，北京：人民出版社，2003 年。

薛君度、刘志琴主编：《近代中国社会生活与观念变迁》，北京：中国社会科学出版社，
2001 年。

薛理勇：《旧上海租界史话》，上海：上海社会科学院出版社，2002 年。

阎崇年：《中国都市生活史》，台湾：文津出版社，1980 年。

姚公鹤：《上海闲话》，上海：上海古籍出版社，1989 年。

叶亚廉，夏林根主编：《上海的发端》，上海：上海翻译出版公司，1992 年。

邮电史编辑室编：《中国近代邮电史》，北京：人民邮电出版社，1984 年。

虞和平：《商会与中国早期现代化》，上海：上海人民出版社，1993 年。

张健主编：《老电话》，上海：上海古籍出版社，2002 年。

张鹏：《都市形态的历史根基——上海公共租界市政发展与都市变迁研究》，上海：同济大学出版社，2008 年。

张笑川：《近代上海闸北居民社会生活》，上海：上海辞书出版社，2009 年。

张心澂：《中国现代交通史》，上海：上海书店，1931 年。

张仲礼、熊月之、沈祖炜主编：《长江沿江城市与中国近代化》，上海：上海人民出版社，2002 年。

张仲礼主编：《近代上海城市研究（1840—1949 年）》，上海：上海人民出版社，2008 年。

赵可：《市政改革与城市发展》，北京：中国大百科全书出版社，2004 年。

赵曾珏：《上海之公用事业》，上海：商务印书馆，1949 年。

郑逸梅：《艺林散叶续编》，上海：中华书局，2005 年。

中共上海市邮电管理局委员会编：《上海电话公司职工运动史》，北京：中共党史出版社，1991 年。

中国电信上海公司编著：《电信的记忆——上海电信 138 年》，上海：文汇出版社，2009 年。

中国晚报工作者协会学术委员会主编：《中国晚报学》，上海：上海辞书出版社，2001 年。

中华书局编辑部编：《纪念辛亥革命七十周年学术讨论会论文集》（上），上海：中华书局，1983 年。

周积明、宋德金：《中国社会史论》（下），武汉：湖北教育出版社，2005 年。

周松青：《上海地方自治研究（1905—1927）》，上海：上海社会科学院出版社，2005 年。

周异斌、罗志渊：《中国宪政发展史》，重庆：大东书局，1944 年。

朱汉国、杨群主编：《中华民国史》，成都：四川人民出版社，2006 年。

朱汉国编：《中国社会通史·民国卷》，太原：山西教育出版社，1996 年。

朱君毅：《民国时期的政府统计工作》，北京：中国统计出版社，1988 年。

朱敏彦主编：《上海历史上的今天》，上海：上海画报出版社，2007 年。

朱英：《近代中国商人与社会》，武汉：湖北教育出版社，2002 年。

朱英主编：《中国近代同业公会与当代行业协会》，北京：中国人民大学出版社，2004 年。

朱作同、梅益主编：《上海一日》，上海：华美出版社，1938 年。

邹依仁：《旧上海人口变迁的研究》，上海：上海人民出版，1980 年。

六、论文类

陈文彬：《民营公用事业："监理"还是"监督"？——关于近代上海公用事业管理方式的一场官商之争（1927—1930）》，《中国经济史研究》，2006 年第 2 期。

戴鞍钢：《近代上海与长江三角洲的邮电通讯》，《江汉论坛》，2007 年第 3 期。

樊果：《近代上海公共租界工部局经济职能研究》，《中国经济史研究》，2012 年第 1 期。

方秋梅：《自来水与清末民初汉口的城市生活》，《武汉大学学报》（人文科学版），2009
　年第 2 期。

霍慧新：《电话通讯与 1877—1937 年间的上海商民生活》，《重庆邮电大学学报》（社会
　科学版），2013 年第 1 期。

李卫东：《从会长负责到委员主持：1927 年上海律师公会改组述论》，《江苏社会科学》，
　2007 年第 3 期。

刘海岩：《20 世纪前期天津水供给与城市生活的变迁》，《近代史研究》，2008 年第 1 期。

刘华明：《近代上海地区交通运输、邮电通讯工具的变迁（1840—1949）》，《史学月刊》，
　1999 年第 3 期。

刘华明：《近代上海地区交通运输、邮电通讯工具的变迁（1840—1949）》，《史学月刊》，
　1999 年第 3 期。

卢汉超：《论上海租界华人参政运动的爱国性质》，《社会科学》，1984 年第 4 期。

卢汉超：《上海租界华人参政运动述论》，《上海史研究》，1988 年。

彭南生：《抗捐与争权：市民权运动与上海马路商界联合会的兴起》，《江汉论坛》，2009
　年第 5 期。

吴士英：《论租界对近代中国社会的复杂影响》，《文史哲》，1998 年第 5 期。

武艳敏：《近代化的视窗：国民政府时期（1927—1937）救灾信息传递之考察》，《山东
　师范大学学报》（人文社会科学版），2010 年第 1 期。

邢建榕：《水电煤：近代上海公用事业演进及华洋不同心态》，《史学月刊》，2004 年第
　4 期。

熊月之、罗苏文、周武：《略论近代上海市政》，《学术月刊》，1999 年第 6 期。

熊月之：《从华洋分处到华洋共处（上、中、下篇）：华洋合处的格局》，《社会观察》，
　2005 年第 7、8、9 期。

熊月之：《近代租界类城市的复杂影响》，《文史知识》，2011 年第 7 期。

熊月之：《论上海租界的双重影响》，《史林》，1987 年第 3 期。

袁燮铭：《晚清上海公共租界政权运作机制述论》，《史林》，1999 年第 3 期。

张观复：《从历史资料看上海公用事业的发展规律》，《城市公用事业》，1998 年第 2 期。

张伟：《简论上海租界的越界筑路》，《学术月刊》，2000 年第 8 期。

张仲礼：《关于中国民族资本在二十年代的发展问题》，《社会科学》，1983 年第 10 期。

钟义盛：《上海市政建设的近代化进程及其启迪》，《社会科学》，1995 年第 1 期。

周绍荣：《租界对中国城市近代化的影响》，《江汉论坛》，1995 年第 11 期。

朱英：《20 世纪中国民间社团发展演变的历史轨迹》，《华中理工大学学报》（社会科学
　版），1999 年第 4 期。

朱英：《近代上海商业的兴盛与海派文化的形成及发展》，《三峡大学学报》（人文社会
　科学版），2001 年第 4 期。

七、未刊学位论文

陈常妹：《民国时期城市公用事业管理模式研究》，南昌大学硕士学位论文，2007 年。

陈婉燕：《近代直隶（河北）天主教会医疗卫生事业研究》，河北师范大学硕士学位论文，2011 年。

狄瑞波：《上海公共租界内华洋关系之研究（1928—1937）——以"华洋共管"的工部局为考察中心》，浙江大学硕士学位论文，2007 年。

杜丽红：《20 世纪 30 年代的北平城市管理》，中国社会科学院博士学位论文，2002 年。

樊鹏：《新旧之间：近代呼和浩特城市建设与变迁研究（1840—1945）》，内蒙古大学硕士学位论文，2011 年。

方番：《1930 年代前后安庆城建的历史时空及其特征研究》，安徽大学硕士学位论文，2010 年。

谷银波：《清末民初的京师自来水公司》，郑州大学硕士学位论文，2003 年。

何刚：《近代视角下的田园城市理论研究》，四川大学硕士学位论文，2007 年。

霍慧新：《上海电话用户团体研究（1925—1937）》，华中师范大学硕士学位论文，2010 年。

蒋露露：《民国时期广州城市生活给水与排水考察》，暨南大学硕士学位论文，2008 年。

孔令彬：《上海房客团体研究（1921—1937）》，华中师范大学硕士学位论文，2009 年。

李蓉：《清末民初民族资本投资近代城市水电公用事业问题初探（1900—1911）》，湖南师范大学硕士学位论文，2010 年。

李文惠：《民国时期广州公共市场初探》，暨南大学硕士学位论文，2010 年。

刘雪屏：《清末电信业的历史考察》，山东师范大学硕士学位论文，2000 年。

罗桂林：《现代城市的建构——1927—1937 年福州的市政管理与公共事业》，厦门大学博士学位论文，2006 年。

邱红梅：《董修甲的市政思想及其在汉口的实践》，华中师范大学硕士学位论文，2002 年。

苏全友：《清末邮传部研究》，华中师范大学博士学位论文，2005 年。

谭慧施：《晚清民国时期广州自来水事业与城市近代化》，广州大学硕士学位论文，2007 年。

田玲玲：《矛盾与冲突：北京自来水公司的早期发展（1908—1928）》，首都师范大学硕士学位论文，2009 年。

佟银霞：《刘纪文与民国时期南京市政建设及管理（1927—1930）》，东北师范大学硕士学位论文，2007 年。

王德海：《政府接管前后的广州自来水公司（1905—1938）》，华南师范大学硕士学位论文，2007 年。

王醒：《济南市政建设与城市现代化研究（1904—1937）》，山东师范大学硕士学位论文，2010 年。

向明亮：《近代武汉公用事业研究——以电气自来水为中心（1906—1938）》，华中师范大学博士学位论文，2010 年。

辛超：《二十世纪二十年代广州市制改革与市政建设》，暨南大学硕士学位论文，2010 年。

张锋：《朱启钤与北京市政建设》，首都师范大学硕士学位论文，2007 年。

张政：《国民政府与民国电信业（1927—1949）》，广西师范大学硕士学位论文，2006 年。

赵国正：《民国时期杭州公用事业研究——以杭州自来水厂为例》，浙江大学硕士学位论文，2008 年。

郑美霞：《近代岳阳城市变迁初探》，湖南师范大学硕士学位论文，2008 年。

周利敏：《民国时期上海市公用局发展公用事业政策研究》，东华大学硕士学位论文，2004 年。